社会心理学与健康

（原书第3版）

沃尔夫冈·斯特罗毕（Wolfgang Stroebe） 著

王 蓉 席仲恩 译

重庆大学出版社

前　言

《社会心理学与健康》第三版是对前一版的广泛修订，它基本上是一本新书。我们更新了第二版中保留下来的部分，增加了大量的新内容，并替换了三分之一以上的原始参考文献。本书的规模不断扩大，所涉及的很多领域也更加全面。而所有这些都是在原来的结构框架下实现的。因此，章和节的标题几乎没有改变，章节数也和第二版一样。

进行全面修订的原因至少有三个。第一，社会心理学对行为的理解已经发生了革命性的变化。传统上，社会心理学家认为行为是“理性的”，是有意识考虑后的结果，是信仰、态度和社会规范作用的结果。但是，越来越多的证据表明，行为经常受到自动化反应倾向的影响，而个体并不能控制这种倾向。由于这种自动化反应倾向对于健康行为的改变有着强大的破坏作用，因此用一本书集中探讨这个课题就非常重要。令人吃惊的是，迄今为止，除了极少数情况外，健康心理学家在自己的研究中却忽视了这种作用。第二，健康心理学是一个非常活跃的研究领域。在第二版问世以来的十年间里，已经有大量的研究结果发表，其中有很多研究与本书中讨论的主题有关。第三，本书采用了大量的流行病学文献，尽管如此，基本的科学视角并没有改变，而且该视角从一开始就奠定了本书的框架基础。虽然健康心理学是一种跨学科研究，涉及医学、社会学和经济学等领域，而且这些视角都得到了充分的呈现，但是本书的主要焦点是社会心理学和健康问题。因此，本书中提到的健康问题研究是在社会心理学理论指导下的研究，而且是由社会心理学家进行的。

写一本书，作者需要多方面的支持。我非常感谢 Henk Aants、Guido van Konigbruggen 和 Esther Papies 这些乌特勒支饮食研究小组的成员，感谢他们与我合作完成了我的所有饮食研究，感谢他们对我在饮食研究领域看法上产生的影响。我还感谢 John de Wit,感谢他就艾滋病或艾滋病病毒这一章节给我的有用建议。最后,我要感谢跨学科社会学工作小组的成员们。在过去的三十年间,工作组每年两次的会议让我领会到了对社会行为进行经济分析的重要性。

沃尔夫冈·斯特罗毕

目　录

第 1 章　健康与疾病概念的变化 …… 1
现代寿命的增加 …… 1
从疾病控制到健康促进 …… 4
行为对健康的影响 …… 5
压力对健康的影响 …… 7
从疾病的生物医学模型到生物心理社会模型 …… 7
社会心理学与健康 …… 8
本书概貌 …… 9
第 2 章　健康行为的决定因素:有意行动和自动化行动 …… 11
态度、信念、目标、意图、行为 …… 12
健康行为 …… 20
熟虑行为模型 …… 22
超越理由和计划:意图脱轨之时 …… 40
小结与结论 …… 54
第 3 章　超越说服:健康行为的矫正 …… 57
改变的本质 …… 57
公共健康模型 …… 67
说服的限制条件 …… 76
健康促进的实施环境 …… 81
治疗模型:改变和维持改变 …… 86
小结与结论 …… 93

第 4 章　行为与健康:过度胃口 ······ 95

吸　烟 ······ 95

酒精和酒精滥用 ······ 115

饮食控制、超重与肥胖 ······ 141

小结与结论 ······ 169

第 5 章　行为与健康:自我保护 ······ 170

健康饮食 ······ 170

体育活动 ······ 177

HIV 感染和艾滋病的预防 ······ 192

意外伤害的预防和控制 ······ 206

小结与结论 ······ 210

第 6 章　压力与健康 ······ 212

生理压力与适应性的崩溃 ······ 212

心理社会压力与健康 ······ 214

具体生活事件对健康的影响:以丧偶为例 ······ 221

心理社会压力是如何影响健康的? ······ 229

小结与结论 ······ 240

第 7 章　压力—健康关系的调节因素 ······ 242

应对策略 ······ 242

应对资源:压力与健康间的调节剂 ······ 249

压力与健康关系的其他调节者 ······ 265

小结与结论 ······ 270

第 8 章　社会心理在健康促进中的作用 ······ 272

劝说的局限性 ······ 272

健康教育的副作用 ······ 274

超越劝导:改变激励结构 ······ 275

自由与约束 ······ 276

小结与结论 ······ 277

后记 ······ 279

第1章 健康与疾病概念的变化

虽然健康和长寿是大部分人的重要目标,但是稍加思索就会发现,很有必要说服人们,健康和长寿并不是唯一目标。经济学的分析法暗示,存在一个"最佳"预期寿命。在这个寿命点上,每增加一年寿命的效用价值要小于为了多活这一年所需要花费的时间和其他资源的价值。所以,一个人可能会成为重度吸烟者或者工作狂,从而省缺了所有的运动,其中的原因并不是他不了解后果或者"没有能力"使用自己掌握的信息,而是对他来说,缩短的寿命的价值并不与戒烟或降低工作强度所付出的代价相等……因此,从经济学分析法的角度看,大部分(即使不是全部)死亡都是某种程度的"自杀"。因为在某种意义上,如果用更多的资源来延长生命,那么死亡是会被推迟的。

(Becker 1976:10,11)

现代寿命的增加

医学已经取得了巨大进步。自17世纪以来,对身体的认识和对疾病过程的了解不断发展。虽然起初发展缓慢,但是自世纪之交以来,医学发展非常迅速。医学知识的增长似乎大大增加了寿命。在美国,2007年人均寿命是77.9岁,而在1900年人均寿命是48岁(Matarazzo,1984;CDC,2010)。预期寿命增加的主要原因是,基本消除了19世纪末20世纪初那些会导致死亡的大多数传染病,包括肺炎和流感、肺结核、白喉、猩红热、麻疹、伤寒、脊髓灰质炎,等等。因此,虽然在1900年,将近40%的死亡是由11种主要传染病引起的,但是到了1973年,只有6%的死亡由这些传染病造成(McKinlay and McKinlay,1981)。虽然在1981—1995年,由传染病引起的死亡率有所上升,但这主要是由艾滋病这一新型传染疾病造成的。不过到了1996年,这一增长趋势有所改变,由传染病引起的死亡人数开始再次下降(Armstrong et al.,1999)。表1.1

体现了 20 世纪死亡原因的重大变化情况。

表 1.1　1900 年、1940 年、1980 年和 2007 年在美国引起死亡的十大原因

死亡原因	1990 年	1940 年	1980 年	2007 年
肺炎和流感	1	5	6	8
肺结核(包括所有类型的肺结核)	2	7		
痢疾、肠炎和肠道溃疡	3			
心脏病	4	1	1	1
血管性颅内病变	5	3		
肾炎(包括所有类型的肾炎)	6	4		9
各种事故[a]	7	6	4	5
癌症[b]	8	2	2	2
衰老/阿尔茨海默病	9			6
白喉	10			
糖尿病		8	7	7
机动车辆事故		9		
早产		10		
脑血管疾病			3	3
慢性阻塞性肺病			5	4
肝硬化			8	
动脉粥样硬化			9	
自杀			10	9
败血病				10

注:a.此类事故在 1900 年和 1940 年不包括机动车辆事故,但是在 1980 年和 1992 年包括机动车辆事故。

b.此类癌症在 1900 年和 1940 年包括癌症和其他恶性肿瘤,在 1980 年和 2007 年变为包括所有类型的恶性肿瘤。

资料来源: Matarazzo(1984);Cardner et al(1996);CDC(2010)。

由于在这一时期,关于传染病产生原因的医学知识大幅度增加,疫苗和其他化学疗法等干预措施得到广泛应用,因此该时期传染病死亡率的下降理应归结为新医疗措施的功效。但是,这也许会成为另外一个仅仅根据相关证据就得出不成熟的因果推断的例子。毕竟,在同一时期,大部分工业化社会的生活条件也得到了很大改善。在西方人口大国中,营养不良的问题得到了解决,那些与水和食物有关的严重健康威胁因素，也随着供水和污水处理条件的改善而消除。

图1.1是9种常见传染病引起的标准化死亡率因为美国特定医疗措施的下降情况。从图中可以看出，在这些有效医疗干预措施出现之前，由这几种主要传染病引起的死亡率就已经开始下降。Mckinkay和Mckinlay(1981:26)根据自己的分析结果总结出：大约自1900年以来，医疗措施(包括化疗措施和预防性医疗措施)对美国死亡率整体下降的影响似乎很小……Mckeown(1979)对来自英格兰和威尔士的数据进行了更加广泛的分析，据此他也得出了类似的结论。

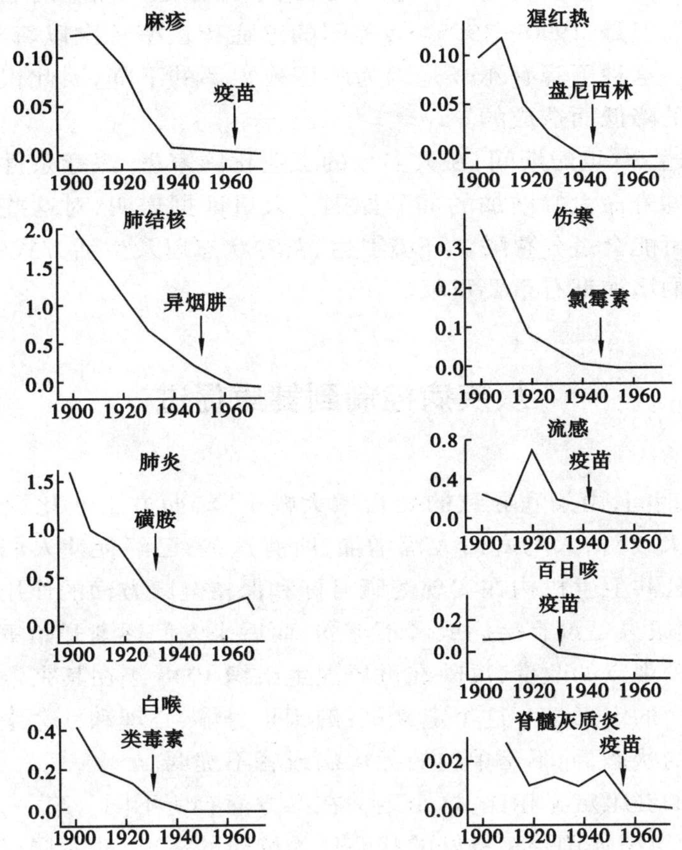

图1.1　1900—1973年与美国特定医疗措施有关的9种常见传染病引起的(每千人)标准化死亡率的下降情况

资料来源：McKinlay and McKinlay(1981)。

如今，引发死亡的主要疾病是心血管疾病(即心脏病和中风)以及癌症，其中在美国和其他工业化国家中，有接近30%的死亡是由心血管疾病造成的。在20世纪上半叶，虽然心血管疾病导致的死亡人数有所增加，但是这种形势已经改变。过去的40年里，在美国和其他几个工业化国家中，由心脏病和中风引起的死亡人数有小幅的下降且下降趋势稳定。

虽然医疗条件的改善毫无疑问是死亡率下降的原因之一，但是在此期间，美国人生活方式的重大改变也是另一个原因。Goldman 和 Cook（1984）甚至估计：1968—1976 年，在美国观察到的心脏病死亡率下降情况，多半与生活方式的改变有关，特别是与血清胆固醇水平和吸烟量的降低有关。

遗憾的是，尽管医疗条件得到了改善，生活方式也发生了重大变化，但是自 1950 年以来，在许多工业化国家，由癌症引起的死亡人数不降反升。这种上升几乎完全是由于肺癌的增多造成的，其中四分之一以上的癌症死亡是由肺癌引起的。但是，1990—1995 年，美国的癌症死亡率首次以每年 0.6% 的比率持续下降。这种下降有 40% 是因为肺癌死亡率的下降，因此很可能是美国烟民吸烟量的降低而造成的。

综上所述，20 世纪期间，在大多数的工业化国家里，医疗条件的改善似乎只是导致平均寿命大幅增加的部分原因。大量证据表明，对这些改变纯粹进行医学解释可能会过分狭隘。环境卫生、营养状态以及生活方式的改变，所有这些对寿命的增加都有重要贡献。

从疾病控制到健康促进

20 世纪期间，由染病导致的死亡率大幅下降，西方工业化国家平均生活条件得到极大改善，人均寿命大幅增加，所有这些，已经促使人们重新思考健康的意义及公共卫生机构在实现健康目标和保持健康方面的作用。人们过去长期认为，健康只是没有疾病或者不虚弱，而后来人们逐渐开始重视健康的积极方面。这种观点的改变，反映在世界卫生组织 1948 年在其宪章中对健康给出的有影响力的定义中。这个定义是：健康是身体、心理和社会幸福感各方面都处于良好的状态，而不是单纯的无疾病或者不虚弱。

和以前的健康定义相比，这个定义在两方面有所不同。第一，在这个定义中，世界卫生组织强调要将良好的状态作为健康的标准，从而摒弃了用虚负词汇来定义健康的传统观点，即摒弃了把健康定义为无疾病这一做法。第二，通过承认健康状态可以在多个不同的维度上有所差异，即在身体、心理和社会幸福感方面有差异，该定义废弃了只强调身体健康这一先前定义的典型做法。

人们对预防疾病和促进健康的干预措施越来越感兴趣，这使得公共卫生策略的焦点更加注重健康促进。所谓健康促进，就是综合教育、政治、法规和组织方面的支持，有计划地帮助人们采取有益于个人、团体或社区健康的行动和生活方式。将健康促进作为一种政策的国家已经把健康促进定位在了源头预防方面，以改变造成最多死亡人数的诸种生活方式因素，例如吸烟、过度饮酒、高脂肪饮食、久坐式生活方式等。健康促进通过两种方法影响人们的生活方式，一种是健康教育，另一种是经济和法律措施。教育包括传授知识或技巧。因此，健康教育即让个人、团体或社区了解某些生活方式对健康产生的后果，并且传授人们改变自己不良行为的技巧。经济或法律措施，例如提高烟草税或出台安全带法，是改变影响行为的激励机制。健康促进还采用了一些非针对生活方式的方法，像为了保护健康而使环境发生变化，例如汽车安全措施。

行为对健康的影响

Belloc 等人（Belloc and Breslow，1972；Belloc，1973；Breslow and Enstrom，1980）关于一些相当无害健康行为的前瞻性研究结果，比任何一组数据都更能说明，我们的健康受到自己生活方式的影响。1965 年，这些研究者对来自加利福尼亚州阿拉米达县的 6 928 位居民代表进行了询问，问他们是否做以下 7 个方面与健康有关的事情：

1.每天睡觉七到八个小时。

2.几乎每天都吃早餐。

3.从来不或者很少在两餐之间吃东西。

4.目前处在或者接近与身高相匹配的体重范围。

5.从来不吸烟。

6.适量饮酒或者从不饮酒。

7.定期参加体育运动。

研究者当时发现：良好的行为与正面的健康状态相关联；具有所有良好行为的人要比不这样做的人更健康；这种关联与年龄、性别和经济状况无关。

但是，两组随访研究结果最引人注目。研究中，通过查阅死亡记录簿，研究者探索了这些健康习惯和寿命之间的关系。在五年半之后进行第一次随访时，已有 371 人死亡。当把 1965 年最初的健康行为与之后的死亡人数进行相关分析时，研究者发现：一个人践行这些“良好”的健康行为越多，这个人就越有可能在接下来五年半的时间内存活（见图 1.2）。

九年半之后，研究者进行了第二次随访。这次调查证实了之前的研究发现，因为研究者再一次观察到，健康行为与年龄调整后的死亡率之间呈反比关系。践行所有 7 种健康行为的男子，其死亡率仅仅是践行 0~3 种这些健康行为男子的 28%；而践行所有这些健康行为的女子，其死亡率是践行 0~3 种这些健康行为女子的 43%。研究者还观察到，在九年半的时间里，每一个人的健康行为习惯都很稳定。

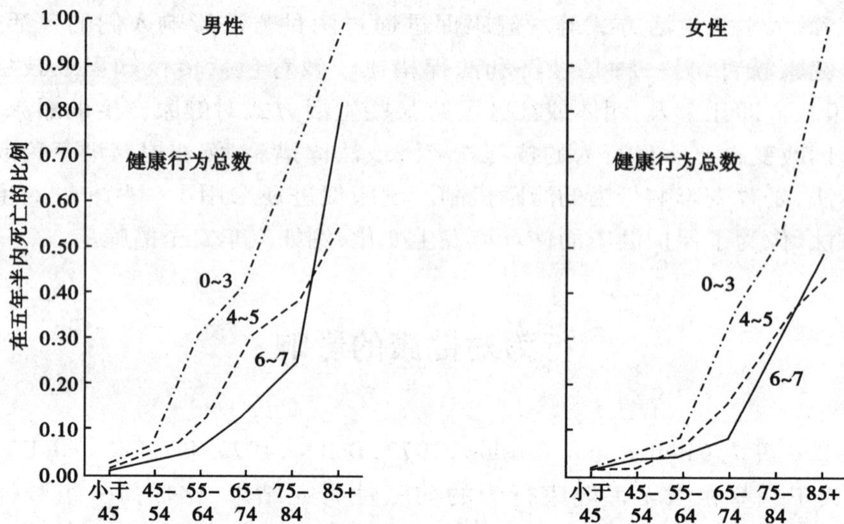

图 1.2　与男性和女性各小组遵循的健康行为的数量有关的各年龄段死亡率

资料来源:Matarazzo(1984)。

关于生活方式因素和其他可改变原因对美国死亡率影响的分析结果,也凸显了生活方式因素对于保持健康和预防疾病的重要性。这些分析是美国疾病控制和预防中心于 1977 年和 1990 年进行的。Mokdad 等人(2004)对这些分析进行了更新。由于这些分析得出的结论非常相似,这里,我们把重点放在 McGinnis 和 Foege(1993)的那份报告上,因为这份报告被引用得最多。这些作者估计,1990 年在美国发生的死亡人数大约为 214.8 万,其中 50%的死亡由可改变因素引起。超过 40%的过早死亡起因于生活方式因素,例如吸烟、错误饮食、静坐式生活方式、过度饮酒、危险性行为、违禁药品使用、枪支、机动车辆事故。此外,可改变原因包括可预防性传染病(不包括人类免疫缺陷病毒*)和有毒物质引起的死亡。这些有毒物质包括职业危害、环境污染物、食物和水污染物以及商业产品成分等,它们构成了对人类健康的威胁。如果个体或团体采取了适当措施,那么这些死亡发生的时间就会被推迟。正是在这个意义上,我们说所有这些死亡都属于过早死亡。

这些研究结果有助于支持 Becker(1976)的论断:在一定程度上,大多数的死亡是由自身原因造成的。至少在某种意义上,如果人们保持 Belloc 和 Breslow(1972)所定义的"良好"健康行为,死亡就会推迟。从个人层面讲,这项研究的一个重要启示是:对健康负有责任的不仅是医疗行业,我们每一个人

* 人类免疫缺陷病毒,即艾滋病病毒,下文为描述方便,统一简称 HIV。

都可能对自己的健康产生重大影响。从制度层面讲，研究结果强调预防措施（即源头预防）的潜在效果，这些预防措施的重点是，说服人们保持良好的健康习惯，并改变不良的健康习惯。

然而，需要重点强调的是，延长寿命只是健康促进的目标之一，甚至还算不上最重要的目标。即使保持最健康的生活方式，我们也不可能活到140岁，这是我们不得不接受的事实。我们鼓励大家保持健康的生活方式，不仅仅是为了延长大家的寿命，更是为了帮助大家能够健康得更长久一些，能够在老年时享受积极的生活，在垂暮之年不会遭受疼痛、虚弱和慢性病的折磨。因此，健康促进的重要目标是，通过推迟慢性病的发生和延长有效寿命来提高生活质量，使大家成功地老去。在垂暮之年，成功老去有两个主要方面：一个是患病和因病致残的概率低；另一个是身体功能和认知功能高。

压力对健康的影响

压力这个概念大家经常听到，也经常谈到，因此似乎不需要什么定义。关于日常生活中由于压力而引起的不良健康后果，可谓遍布流行杂志的建议专栏。就连青少年们也向老师抱怨，作业太多，压力太大。众所周知，压力会对身体和心理健康造成负面影响，这就像吸烟过量或饮酒过量一样。

在第6章我们将会看到，今天我们已有足够的证据证明，心理社会压力会对健康造成损害。在某种程度上，生活中的压力事件所导致的健康后果，是通过内分泌系统、免疫系统以及自主神经系统的变化而产生的。对身体压力源对于健康的影响感兴趣的读者，可参阅Selye（1976）的经典著作。但是，心理社会压力也会导致不健康的行为，例如不规律的饮食习惯，吸烟量、饮酒量和药物摄入量增加等，从而使压力与疾病之间有了关系。还有，压力通常也是人们生活方式造成的结果。因此，我们对行为对于健康的影响很感兴趣，是因为这和压力与疾病的研究密不可分。

从疾病的生物医学模型到生物心理社会模型

生活方式和心理社会压力对健康和疾病有重要的决定作用，这在生物医学模型的框架内很难被接受。几百年来，这一模型是占主导地位的疾病模型（Engel，1977）。生物医学模型假定，对于每一种疾病，都存在一种可以客观辨认的主要生物病因。我们就根据Kent和Hart（1987）合著的《人类疾病导论》

(*Introduction of Human Disease*)这本标准医学教科书来说明这一模型。本书中说,疾病发源于外部或者内部损伤……外部病因分为身体病因、化学病因和微生物病因……内部病因分为血管病因、免疫病因和代谢病因。由于行为因素并没有被认为是潜在的病因,因此并没有作为诊断过程的一部分来评估。

由于生物医学模型只关注生物病因,因此它忽视了这样一个事实,大多数疾病是社会、心理以及生物事件相互作用的产物。疾病生物模型的逻辑是,医生不需要担心心理社会事件,因为这些事件在他们的责任和权限之外。因此,对于通过改变健康信念、态度和行为这些预防措施来减少慢性病的发病率,生物医学模型的引导作用很小。

在认识到这些问题的情况下,Engel(1977)对生物医学模型进行了拓展,把心理社会因素纳入了科学的方程式中,提出了一个生物心理社会模型。该模型认为,生物因素、心理社会因素以及社会因素,这些都是健康与疾病的重大决定因素。根据这种思路,在医疗诊断中应始终考虑生物、心理社会和社会诸因素之间的相互作用,这样才能更好地评估健康状况,提出有效的治疗建议。

社会心理学与健康

在工业化国家中,生活方式和心理社会压力对心血管病、癌症、损伤和其他主要死因的发病率和死亡率有重大影响。人们对于这一点的逐渐认识是1970年代健康心理学得以发展的原因之一。作为一个领域,健康心理学把心理学中有关健康保持、疾病预防以及疾病调理的知识整合在了一起。对于人类健康,社会心理学在过去曾经作出了重要贡献,在未来也必将作出重大贡献,这是因为人们的生活方式很可能是由健康态度和健康观念决定的。要做到有效预防,就必须实现生活方式上的重大改变,而这种改变必须依靠大众传播,大众传播又必须应用社会心理学中关于态度和行为改变的科学技术。

最近,社会心理学家对压力研究越来越感兴趣,其原因在于大多数的压力生活事件与社交关系的破裂有关,例如离婚和丧亲。此外,压力事件对健康造成的影响不仅取决于这些事件的性质,还取决于个人应对危机的能力,以及受到来自亲戚、朋友以及社交网络中其他成员的支持程度。最后一点是,尽管在某种程度上,由于大脑对生理过程(如身体免疫反应)有影响,把损害健康的习惯(例如吸烟和酗酒)作为应对策略也会改变压力对健康的影响。因此,社会因素不仅对确定许多生活事件的压力性质起着重要作用,而且也可以是压力与健康之间关系的调节者。

社会心理学家也对健康心理学的另外一个重要领域作出了重大贡献，即对于医疗保健系统的分析和改进作出了重大贡献。医疗保健系统涉及医生与病人之间的关系、医疗过程的合规性、医疗过程中的有关焦虑，以及协助行业中的职业倦怠等。虽然对关于这些问题的社会心理学研究做个综述也很必要，但在本书中我们并没有这么做。由于篇幅的限制，任何关于社会心理学对于健康贡献的全面综述都只能是肤浅的、表面的。因此我们选择了另外一种方式，我们挑选了一些方面进行深入分析。社会心理学有助于研究医疗保健系统，对此感兴趣的读者可以阅读 Taylor(2011)的有关综述。

本书概貌

人为什么会有损害自身健康的行为？我们又如何影响这些有损健康的行为呢？为了回答这些问题，我们需要知道并了解那些决定健康行为接纳和保持的因素和过程。在第 2 章中，我们介绍了几个健康和社会心理学的主要行为模型，以便为分析健康行为的决定因素提供理论框架。所有这些模型都假定行为是有意的举动，它受到人们对结果和规范的信念引导。但是，最近有越来越多的证据表明，行为经常是自动化的，是由冲动驱动的，行为人甚至对此毫无觉察。第 2 章讨论了这方面的研究，并就如何与有意行动模型整合问题提出了一些建议。第 3 章讨论了行为变化的策略。我认为，健康行为的改变基本上要经历两个阶段。在第一个阶段，需要告知个体某些行为方式对于健康的危害，并说服个体改变这些有害健康的行为方式。这个阶段可以通过公共健康干预措施(例如健康教育)来完成。因为人们通常不能改变有损健康的行为方式，所以就需要经历第二个阶段。在第二个阶段中，要告诉人们如何改变有损健康的行为方式，并告诉人们如何保持这种改变。第二个阶段通常要靠临床干预措施。第 3 章介绍了公共卫生路径和临床干预措施的概貌。

接下来的两章讨论与健康有关的主要行为风险因素。第 4 章集中讨论有损健康的行为，例如吸烟、酗酒和过度饮食。这些行为属于上瘾行为。也就是说，这些行为一旦过度，人们就很难控制。第 5 章讨论自我保护行为，例如健康饮食、保护自己免遭意外事故、避免感染艾滋病。一般情况下，这类自我保护行为更受个体意志力的控制。在讨论这些风险因素时，我会评论有关这些行为会造成负面健康后果的经验证据，我还会评论公共卫生策略在改变这些行为方面的有效性。

第 6 章我会讨论社会心理压力的成因和后果。压力性生活事件与发病风险率的增加有关。压力性生活事件对健康的影响有两方面：一方面是通过大脑对生理过程产生影响;另一方面是采取错误的、有害健康的应对方法。

第 7 章我对有助于个体应对压力性生活事件的外在和内在资源做了综述。关于外在应对资源,我主要聚焦在社会支持对减轻压力影响方面的良好效果,并讨论了假定会影响这种关系的心理和生物机理。关于内在应对资源的讨论主要围绕坚韧性和乐观人格这两个方面。最后,我对把敌意作为压力的人格调节因素进行了讨论,因此它并不反映应对资源。

第 8 章是全书的总结。在这一章,我就社会心理学家对公共卫生事业作出的贡献进行了反思。社会心理学家通过理论和策略,帮助人们改变那些有损健康的行为,减轻人们的心理压力。我赞成采取综合性的公共卫生干预措施,既通过说服教育,也通过措施激励,双管齐下,以改变人们有损健康的行为方式。我还认为,关于行为风险因素的研究需要重新定位,应该减少关注总寿命的延长,而更多地关注积极寿命的延长和成功老去。让人们生活得更健康、更有价值要降低发病率,而不是降低死亡率。对于个体是这样,对于整个社会也是这样。

第2章　健康行为的决定因素：有意行动和自动化行动

尽管人们知道像吸烟或不良饮食这些行为会损害自己的健康，但是，他们为什么还是要这么做呢？有没有办法改变这些不良行为呢？本章将介绍健康和社会心理学中的几种理论模型，以便为分析健康行为的决定因素提供理论框架。了解这些决定因素将有助于我们在以下各章对行为改变策略的潜在效果进行评价。

心理学中有几种行为模型，它们要么是专门用来预测健康行为（例如健康信念模型、保护动机理论）的，要么是一般的行为模型（例如理性行动理论、计划行为理论）。在本章的前半部分，我将综合评论这些模型。这些模型强调有意识的信息加工过程。这些模型将行为看成有意决策的终点，并且假定，行为者是在权衡了各种行为选择方案的利弊之后才采取行动的。

虽然这些模型还可以凑合着预测健康行为，但是，它们所描绘的关于我们如何采取健康有关行动的画面，却是不切合实际的。大家都理解这样一种说法：通往地狱之路是由善意铺就的。人们决定戒烟，并且相信自己会成功戒烟，可是，当他们与都在吸烟的朋友一起坐在酒吧外面时，他们会发现自己也点上了一支烟。或者，人们正在节食，并且决定午餐只吃一份沙拉。但是，点菜时他们看到菜单上自己喜欢的菜品，就会为自己也点上三道菜，还包括一份甜点。在这种情况下，自我控制能力已经丧失，取而代之的是冲动行为。由于只关注有意行动，经典理论忽略了自动和无意识过程可以对人们的行为产生强有力影响这一事实。在过去的几十年里，社会心理学家（以及一些健康心理学家）已经发现了这种疏忽。今天，已经有很多理论和研究在探索无意识对行为的影响。

本章的第一节将会把态度、信念、目标和意图作为行为的主要决定因素进行讨论。由于本书关注的是与健康有关的行为（简称“健康行为”），因此在第一节的最后，我对这种行为作出了简单的定义，并对健康行为的结构予以讨论。在本章的第二节中,我评论了主导健康行为研究的经典行为理论,它们是健康信念模型、保护动机理论、理性行动理论和计划行为理论。这些理论都属于有意行动理论。除健康信念模型外,它们都假定,态度和信念对行为的影响要通过意图这个中介。由于意图对行为测量结果变异的解释还不完全,在第二节的最后,我将执行意图分为更加具体的意图进行讨论,经证明,这样可以改善行为预测结果。

虽然加入执行意图大大提高了健康行为的预测效果,但是,所能解释的行为变异还是不足一半。有意行动模型这种缺陷的一个主要原因是,人们的行为经常受到自动化过程的影响,而自动化过程却不能自我觉察。本章的最后将对这些过程进行评论。

态度、信念、目标、意图、行为

由于大多数的行为模型都一致认为,态度、信念和意图是行为的决定因素,并对行为起着中心作用,因此,本小节将对这些重要概念进行定义,并对它们之间的关系加以讨论。

态度概念的变化

态度反映人们的好恶以及他们评价周围世界的方法。传统的观点把态度当作评价人对于评价对象的倾向性。一个需要表达态度的对象称为态度对象,该对象可以是物理环境或社会环境中任何可辨别的方面,例如事物(汽车和药物)、人类(医生和英国人)、行为(慢跑和饮酒),甚至抽象观念(宗教和健康)。社会心理学家一般将反映态度的评价性倾向分为三类:认知型评价反应、情感型评价反应、行为型评价反应。

认知型评价反应即对态度对象的想法或信念。例如,对慢跑的积极态度可能与相信慢跑有助于减肥、有助于增强体质和降低高血压这样的信念有关。这种信念是态度对象(如慢跑)与各种属性之间可觉察到的链接,而这些属性可能得到正面评价,也可能得到负面评价(如低体重、高血压)。

情感型评价反应是人们经历的与态度对象有关的各种情感。这些评价反应的范围也是从非常正面到非常负面。例如,当人们想起高脂肪类食物或卷烟气味时,可能会产生厌恶感;而一想到体育运动,人们则会感觉良好。

行为型评价反应包括对态度对象采取的公开行动,这些行动既可能隐含正面的评价,也可能隐含负面的评价。因此,人们无论天气如何都定期慢跑,要求吸烟者不要在他们面前吸烟。行为反应还包括了行为意图。因此,上个季节连那么大的滑雪裤都穿不进的经历,可能使人产生下一周就开始减肥的意图。同样,一个吸烟的人如果知道了自己某个吸烟的同事或朋友刚刚死于肺癌,他/她也会产生戒烟的意图。

态度的内隐和外显量度:挑战态度概念的同一性

把态度定义为一种评价性的倾向,而这种倾向性又是态度的认知反应、情感反应和行为反应的深层基础,那么这就意味着,不同类型的评价反应之间具有某种一致性:对于我们认为好的行为,我们就应该有良好的感觉,而且有明显的亲身去做的意图。我们经常发现,人们对态度的言语表述和自己的外显行动之间不一致,这就使得态度的上述概念受到不一致性的压力(如 LaPiére,1934;Wicker,1969),并进而受到了来自使用内隐态度测量研究的挑战。与基于个体自我报告的外显量度相比,态度的典型内隐量度是以反应时为基础来对态度进行悄悄的评估。关于内隐态度的研究,再次引发了曾有过的争论:由外显自我报告推断出的态度与通过观察参试行为方式推断出的态度不一致。

是态度本身是内隐的呢,还是测量态度的程序是内隐的?对此,态度研究者之间的观点有些不一致。因此,我们将首先介绍两种常用的内隐态度测量方法,即“情感启动”和“内隐联想测验”。情感启动程序是,每一次都让受试听到态度对象的名称,或者看到态度对象的图片。随后,给受试呈献一些正面的或负面的形容词(例如“有用”“有价值”或“令人厌恶”),并让受试尽可能快地指出,这些形容词的意思到底是正面的,还是负面的。判断所需要的时间(即反应时)就是一个因变型的量度。可见,情感启动量度的基本思想是,通过检测启动刺激对随后呈献的目标刺激(即形容词)进行情感分类的速度,来估计受试对于启动刺激(即态度对象)的态度。其假定是,听到或看到态度对象会自动激活评价性的反应,而该评价性反应要么会促进对下一个刺激(即形容词)的评价性反应,要么会抑制对下一个刺激的评价性反应。到底是促进还是抑制,这取决于态度对象和形容词之间在评价意义上是相似还是不同。假如态度对象为一幅奶油蛋糕图片,并且反应者对奶油蛋糕的评价是负面的。那么,奶油蛋糕的呈现会自动激活负面评价。如果随后出现的形容词也具有负面意义(例如“失败”),那么反应者就能够较快地指出目标形容词的评价含义。相反,如果形容词具有正面意义(例如“假期”),那么,态度启动刚刚激活了的负面评价反应,就会减慢反应者的反应速度。

与情感启动方法一样,内隐联想测验用反应时来推断内隐态度。本质上该程序是通过正面和负面评价来评估两种概念之间的联系程度。对两个按键赋予双重意义,于是,根据参试对反应键的使用情况就可以推断出反应时。例如,在用内隐联想测验评估对于饮用啤酒的态度时,要求参试把刺激分成给定的四类，其中两种是目标类别（例如啤酒和水的图片），另外两种是属性类别（例如令人愉快的词语和令人不愉快的词语）。在一组试验中，啤酒图片和正面评价词语（例如假期和欢乐）共用一个键，水的图片和负面评价词语（例如失败和事故）共用另一个键。在第二组试验中，啤酒和令人不愉快的词语共用一个键，水和令人愉快的词语共用另一个键。内隐联想测验深层的基本假设是，分类成绩是分配到同一个键上的类别与记忆的联系程度的反映。对于饮啤酒者来说，当啤酒和正面评价词语共用一个键而水和负面评价词语共用另一个键时，任务就更容易一些，即反应时更短；而对于不喜欢喝啤酒的人来说，只有在另一种组合的条件下，任务才会更容易些。因此，两组试验中反应时的不同就构成对啤酒态度的内隐量度。

情感启动方法和内隐联想测验这两种内隐态度测量程序，评估的都是个体对态度对象的自动化态度反应情况。通过自动过程影响行为的正是这些自发性的评价反应。自动化过程是那些发生时没有意图，也没有努力或意识的过程，对其他同时发生的认知过程也不构成干扰。今天，已经有大量的证据表明，对于在个人控制之外的行为，内隐态度量度比外显态度量度能更好地进行预测，特别是在个体对态度对象的所说和所做不一致时更是这样。个体控制行为的机会越少或动机越低，这种不一致性就越大，因而，在预测这种行为时，内隐态度量度比外显态度量度就更加优越。例如，大量研究已经表明，对于微妙的人种间行为来说，内隐种族态度是可靠的预测因素。Davidio 等人（1997）指出，在与黑人或白人进行访谈互动时，以启动量度为基础的态度估计与受访表现出的非言语行为之间存在对应关系。内隐偏见量度预测，访谈时，黑人受访视觉接触水平较低，且眨眼频率较高。这两点，现代种族主义量度都没有预测到。Wilson 等人（2000）发现，偏见的情感启动量度与白人参试接触黑人同盟手的次数显著相关。他们让参试完成的任务是，让白人参试与各自的黑人同盟不得不共同用一支笔。介绍的最后一项研究是关于肥胖者偏见的研究。Bessenoff 和 Sherman（2000）发现，用肥胖和纤瘦女性图片的情感启动测量结果与参试稍后将自己的椅子放得离肥胖女性椅子的距离相关。

在种族态度中，个人情感可能会与社会规范相冲突。与此不同的是，在健康行为领域中，最常见的冲突是个人喜好与个人目标之间的冲突。例如，想着节食的人就处于这样一种矛盾状态：他们既喜欢美味可口的高热量食物，又知道吃这类食物会危及自己的减肥目标。同样，力图戒烟的人也处在矛盾状态中：他们既有吸烟的冲动，又知道继续吸烟会缩短自己的寿命。

任何时候，只要存在个人好恶与社会规范或个人目标的冲突，外显态度量度反映出的，都可能是个体对态度对象情感反应与违背目标预期后果之间的妥协。例如，总想节食的人知道，尽管自己非常喜欢冰激凌，但是吃冰激凌会危及自己的减肥计划。由于这两种信念会影响他们对于冰激凌(或吃冰激凌)态度的外显测量结果,因此,外显测量出的态度比相应的内隐测量出的态度更负面,这是因为内隐测量出的态度主要取决于人们吃冰激凌时的情感体验。

态度稳定吗?或者,态度依赖环境吗?

关于把态度定义为倾向的另外一个挑战来自态度往往依赖于环境这一证据。我们这样定义态度暗含了我们期望人们的态度具有稳定性。Eagly 和 Chaiken(1993)提出,评价反应是内部倾向就意味着人们的态度经过一定时间后就会相对稳定下来。在这种假定下,Eagly 和 Chaiken 的观点与态度研究中的传统观点一致。传统观点设想,态度是习得的结构,这些结构宿住在长时记忆之中,在遇到态度对象时得以激活。这种观点就是所谓的“文件柜模型”。之所以这样取名,是因为这种观点把态度设想为评价给定态度对象时可以参阅的心理文件。

最近几十年来,这种观点一直遭到有关证据的挑战。这类证据暗示,态度持续的时间以及稳定程度都可能远比传统上假定的要更短和更低。根据这一观点,态度会随着时间的推移而变化,并且似乎取决于人们在给定时刻的所思所想。支持把态度看作结构观点的人反对人们在进行评价判断时要用到以前存储在记忆中的态度。他们假定,个体的判断“在线”完成的,是基于要么当时给人们看到或听到的信息,要么是在当时情境下想到的信息。这种把态度看作在线判断的构思,与评价性判断是深层倾向之表现的观点不一致。

关于态度的稳定性和易变性,都有经验证据的支持。有政治态度会持续很多年甚至一生的证据,例如 Alwin 等人(1991)和 Marwell 等人(1987)的研究;也有态度会随着环境的变化而变化的证据,例如,Wilson 及其同事证明,当人们分析自己为什么会坚持自己的态度时,人们就会改变自己的态度。而且,对于广泛的态度对象,人们的态度都会改变,包括对政治候选人态度的改变(Wilson, et al., 1989)和约会对象态度的改变(Wilson and Kraft, 1993)。

怎样才能协调这些不一致呢?支持态度是结构这种观点的理论家建议,一种可能的解决方案是,否认态度是不稳定的,因而是不能用来预测行为的。这些理论家认为,尽管是在每一次遇到态度对象时做出在线态度判断,但是,态度应该在每个时间点上都保持稳定,从而使人们可以利用类似的信息资源。例如,由于多年来可口可乐的味道或者广告活动不可能有根本性的变化,因此,我们对于可口可乐的态度可能保持稳定,即使该态度是在日复一日的生活中形成的。

让人们每次遇到态度对象时都重新建立自己的态度,这似乎令人难以置信,也不切实际。因此,我们倾向于支持另外一个方案,即把态度放在一个强弱连续统上。该连续统的一端是无态度,另一端是强烈而明确的态度。无态度是指,对于个体来说,事情要么太新奇、要么无关紧要,因此个体对此尚未形成态度;强烈而明确态度是指,对于个体来说,事情既熟悉又重要,因此个体已经对此形成了强烈而明确的态度。当要求人们评价新奇且不熟悉的刺激时,他们就没有什么选择,因而只能根据手头的信息形成自己的在线评价。与此不同的是,当要求人们评价他们已经熟悉多年并且对之拥有大量信息的对象时,人们可能在很久以前就做出了决定,因此就能够在做判断时依靠这些既有的评价性知识结构。在讨论态度与信念之间的关系时,我将进一步讨论这个问题。

对定义态度概念的启示

本节中讨论的证据,使我们看到了把态度这个概念定义为倾向时所存在的问题。内隐态度与外显态度之间的差异以及态度的环境依赖,这两方面都很难与“不同的评价性反应是一个深层倾向之表现”的假定相协调。尽管这种协调并不是不可以实现,而且已经提出了一些似乎合理的说明,但是我还是更倾向于 Zanna 和 Rempel(1988)对态度所下的定义,即态度是在评价维度上对刺激对象进行的分类。这个定义并没有隐含态度判断是某种深层倾向的反映,情感和行为反应是评价判断的相关因素。如果不把分类仅仅局限于认知过程,而是包括了意识层面之下发生的正面和负面情感反应,那么,与“把态度当作一种倾向的反映来评价”的定义相比,Zanna 和 Rempel 提出的这个定义与以上讨论过的证据更加一致。

态度和信念之间的关系

人们的态度与人们对于态度对象的信念有关,这也说得过去。事实上,大多数态度认知理论的基础假定都是,态度是与对象有联系的属性的结果,同时也是对于这些属性评价的结果。同样也假定,对于给定行为的态度,就是人们觉察出的关于这种行为后果的作用,以及对于这些后果评价的作用。但是,由于通过内隐量度评估出的态度反映的是自发评价反应的结果,因此人们会期望,与信念之间关系更强烈的是外显量度测出的态度,而不是内隐量度测出的态度。

数量上,可以用期望—价值模型来表示态度与信念之间的关系。根据这类模型,个体对于某个行动的态度,取决于个体对该行为的可能结果所赋予的主观价值或效用,每一个价值或效用都要用该结果可能发生的主观概率加权。因此,一个人对于亲自参加体育运动的态度就可能是,这个人所感觉到的参加该体育运动与某些后果之间联系的可能性(即期望)的作用结果,也同时是他/她对于这些后果的评价(即价值、主观效应)的作用结果,这些后果包括低血压或身体健康等和评价(即,价值或主观效用)有关的可能性。我们可以用下面的公式来表示这些信念一起作用而产生态度的方式:

$$A = \sum b_{i} e_{i}$$

从这个公式可以看出,与态度对象相联系的特定属性的主观概率(b)要乘以对于该属性的主观评价(e),然后把所有的乘积加起来。对于那些与享乐有关的、构成部分自我控制困境的态度对象(例如食物、饮料和卷烟),人们可能会期望,对内隐态度量度中的信念的权重要相对高一些,对外显量度中的信念的权重要相对低一些。但是,对于享用这些态度对象的潜在的长期负面效应,对外显测量结果的影响会更大。

Fishbein 和 Ajzen(1975)强调指出:个体对于态度对象的态度,并不是由个体对该对象的所有信念决定的,而是由其中为数不多的突出信念决定的,即由那些在特定情况下认知可以高度抵达的信念决定的。由于信念的这种可抵达性取决于情境线索,Aizen 和 Fishbein(2000)因关于信念与态度之间关系的构思(期望×价值)与态度随环境的变化而变化的观点是一致的。

态度、目标和意图之间的关系

目标可看作是所期盼的最终状态的认知代表。因此,目标就是人们正面评价的状态,因而人们对于目标持正面态度。但是,期盼并不能构成人们采纳最终状态作为目标的充分理由。例如,人们可能对定期慢跑持正面态度,但是他们可能从来都不去慢跑。之所以这样,可能会有各种理由。例如,如果个体每周打 3 次网球,此外在周末还去长距离的自行车旅行,那么,他们就会认为再没有必要慢跑,因为他们已经做了大量的体育运动。要把正面评价的最终状态作为目标,人们必须感觉到他们的目前状态与目标状态之间存在差异。所期盼的最终状态要成为目标,还必须具备第二个特点。那就是,人们要能够觉察到,这个状态是可以达到的。例如,在美国,尽管大多数的吸烟者声称自己希望戒烟,但是很多吸烟者并没有试着戒烟,其原因是无数次的失败尝试使他们确信,戒烟这个目标对于他们难以实现。但是,即使某个目标既值得期盼又可以实现,即使目前状态和最终状态之间存在差异,如果实现该目标会妨碍其他更加期盼目标的实现时,个体可能仍然不会接纳这个目标。例如,一个超重的人可能希望减肥,也相信减肥是可能的。但是,由于有节制地享用美味可口的高热量食物会干扰自己的口福,于是,这个超重者可能就不会把减肥作为自己的目标,或者,至少不会始终如一地去实现这个目标。

目标的抽象程度差别也很大。例如,想成为一个更好的人就是一个非常抽象的目标,而想下午六点在家吃饭则是一个非常具体的目标。抽象目标和具体目标之间的重大差别是实现方法的多与少。目标越抽象,实现它的潜在方法就越多。比如,使自己成为一个更好的人就会有无数的方法,可能是饭后自动提出清理餐桌,也可能是捐钱给慈善事业;可下午六点在家吃晚餐却是一个很具体的行为。所以,通过目标来预测一个人的具体行为时,目标越不抽象,预测起来就越容易。

目标一旦采纳,人们就已经形成要实现该目标的意图。和目标一样,意图的抽象程度存在差异,个体为了实现既定意图而采取的行动也各不相同。需要注意的一个重要区别是,目标意图和执行意图。目标意图(更多时候称为行为意图)只指定旨在不久将来执行的行为,而执行意图则要指定执行该行为的确切时间和确切环境。

意图强度量度表示的是对目标的致力程度。目标致力程度反映的是个体决心实现特定目标的程度。在稍后就要讨论的蓄意行为模型中,把行为意图(即想要做出某具体行为的意图)看作是行为和态度之间的关键中介可变因素。最近,在行为预测中很重要的内容,变成了在具体时间具体环境下执行某具体行为的更加具体的执行意图。

态度与行为之间的关系

社会心理学研究经常发现不了态度和似乎与态度有关的行为之间的实质性联系。这种失败,在那些把很一般的态度与更具体的行为联系起来的研究中更有可能发生。例如,Ajzen 和 Timko(1986)的一项关于健康态度与行为的研究发现,像定期检查牙齿或服用维生素补充剂之类的具体健康行为,在绝大多数情况下都与关于健康保护的一般态度不相关。

在关于态度与行为之间关系的研究中,我们经常发现不一致现象。但这并不意味着,我们就应该抛弃态度是行为的预测因素或决定因素的想法。自1970 年代以来,社会心理学家一直都在研究态度量度预测行为的条件。在对态度与行为之间关系研究的广泛分析中,Fishbein 和 Ajzen(1975)以及 Ajzen 和 Fishbein(1977)发现,要发现态度与行为之间的强烈关系,首先必须满足两个条件:一个是关于态度和行为的测量结果要可靠;一个是关于态度和行为的测量结果要兼容。

可靠性

可靠性也称信度。很多关于态度与行为之间关系的经典文献之所以未能发现这种关系,是因为它们企图在态度和单一行为之间建立关系。正如 Ajzen 和 Fishbein(1977)以及 Epstein(1979)指出的那样,单一行为由一组独特的因素决定,作为行为倾向的量度是不可靠的。例如,在特定情况下,即使一个吸烟很厉害的人也可能拒绝吸烟,譬如说患了重感冒,或者不喜欢某个牌子的烟。只有把很多个场合下的行为反应平均之后,场合因素的影响才会被抵消。因此,当我们比较平均吸烟数量时,才会发现重度吸烟者比轻度吸烟者或不吸烟者平均消费的卷烟数量要更多。把同一行为在多种情况下的表现合并起来可以提高测量结果的跨时间稳定性,这一点已经有大量的证据证实。

兼容性

使用可靠测量结果是获得态度量度和行为量度之间高度相关的必要条件,但不是充分条件。为了确保态度量度与行为量度之间的强相关,两者的测量结果不仅必须可靠而且还必须兼容。要使态度量度和行为量度兼容,那么,两者就必须在同一个抽象性水平上评估。Ajzen 和 Fishbein(1977)提出了一些评价态度量度和行为量度之间兼容性的标准。每一个行为都包括 4 个具体因素:(a)具体行动;(b)为给定目标而为;(c)在给定环境中为之;(d)在给定时间点为之。兼容性原则具体要求,态度量度和行为量度要兼容,两者的目标、行动、环境以及时间要素都要在同一个普遍性或特殊性水平上评估。

例如,一个人对于有益健康的生活方式的态度就只是定出了目标,但却没有定出达到这一目标所需要的行动、环境以及时间要素。实现健康目标的方法很多。健康的生活方式由许多可以在许多不同时间和许多不同环境下执行的健康行为构成。一个与该总体性态度相兼容的行为量度,就必须汇集不同环境和不同时间的各种不同健康行为。

与这种假定一致,Ajzen 和 Timko(1986)报道称:关于健康维护的总体态度的量度,与自陈报告中参试执行具体健康保护行为的频数并不显著相关,但与汇集了很多不同健康保护行为的行为指标显著相关。该行为指标所汇集的那些行为涉及健康的不同方面,而且已经在不同的环境和时间条件下都执行过。

如果我们的兴趣是预测具体行为,那么,一个评估了关于做出该具体行为的态度的量度就与该具体行为的量度相兼容。因此,Ajzen 和 Timko(1986)能够用关于这些行为的同样具体态度成功地预测具体的健康行为。例如,文章报道,参试"定期检查牙齿"的频数与他们"对于定期牙齿检查"的态度之间的相关系数为 0.46。

Kraus(1995)已经表明态度量度和行为量度的兼容性对于确定态度与行为之间关系的重要性。整合分析是一组把独立研究结果整合起来的统计技术。使用这些技术,人们就可能把一个课题的各方面研究结果在同一个尺度

(效应大小)上加以量化。这样,人们就能够比较不同研究的结果,并考察所有这些研究发现结合在一起总的结果。Kraus(1995)找到了 8 项研究,这些研究在保持其他因素不变的同时调整了态度量度与行为量度之间的兼容性水平。它们研究的行为包括从参加特殊心理实验到献血,再到关于避孕药服用情况的自陈报告。Kraus 的研究结果是,对于兼容性水平最低的相关系数的直接平均,其值为 $r=0.13$;当调高兼容性水平后,平均相关性变为$r=0.54$。

兼容性原则对于态度策略和行为变化具有启示意义。和预测一样,在尝试改变行为的过程中应该遵守兼容性原则。因此,在为了改变某种具体健康行为而进行的大众媒体活动中,就应该使用一些其主要目的就是改变这些具体行为的信念论据,而不是去关注一般性健康问题。例如,要说服人们降低饮食中的胆固醇,仅仅指出冠心病是心脏的主要杀手和/或高胆固醇水平有损心脏,就可能不会非常有效。为了影响人们改变饮食习惯,可能还不得不说明,饮食方面非常具体的改变,像少吃动物脂肪和红肉等会对血液胆固醇水平产生好的影响,血清胆固醇的降低会进而降低患冠心病的风险。

一系列有关态度与行为之间关系的整合研究都报道,态度与行为之间存在很大的关系。这表明,大多数研究中所使用的关于态度和行为的测量工具既可靠也兼容。根据对 88 项有关态度与行为之间关系研究的整合分析,Kraus(1995)得出,态度与行为之间的平均相关系数为 $r=0.38$。Six(1996)从以 644 项独立研究为基础的更加广泛的整合分析中发现了类似的结果,即态度与行为之间的平均相关系数为 $r=0.36$。不过,健康行为领域的平均相关系数(基于 69 项研究)仅为 $r=0.23$,与整个行为领域的总平均相关系数性比,还是稍微偏低。

健康行为

在下一节讨论各经典行为理论之前,简要讨论一下本书所关注的健康行为问题也许很有用处。健康行为的典型定义是,个体为了提高或保持自己的健康水平而做出的行为。有时,研究者还进一步把健康行为分为有损健康的行为和保护或增进健康的行为。有损健康的行为是指吸烟或过度饮酒之类对健康具有负面效应的行为,保护或增进健康的行为是指运动或吃健康饮食之类对健康具有正面效应的行为。然而,人们甚至会出于一些与健康无关的原因频繁从事某些增进健康的行为。例如,许多人节食是为了改善自己的容貌,而不是为了提高自己的健康水平。

因此,人们完全有理由提出另外一个客观的健康行为定义,而不是一个意在后果的主观的健康定义。这样,我们就可以用健康行为这个术语来指称那些已经表明对践行者的健康有益处的行为,例如锻炼、吃足够量的水果和蔬菜等。然后,我们就可以用“有损健康的行为”这个术语来表示那些已经知道对健康有损害的行为。这种健康损害要么是由于未能践行健康增强行为(例如缺乏锻炼),要么是由于践行了某些已经知道对健康有害的行为(例如吸烟)。

Vickers 等人(1990)对 40 个不同健康行为的评级结果进行了因素分析。基于分析结果,他们得出结论:健康行为域由以下 4 个相关但彼此在经验上并没有明显区别的维度构成:

- **健康行为**,其反映项目可以是,“我运动的目的是保持健康”“我限制自己对咖啡、糖、脂肪之类食物的摄入量”“我服用维生素补充剂”;
- **事故控制**,其反映项目可以是,“我家里有急救箱”“我及时修理我家周围的受损物”;
- **交通冒险**,其反映项目可以是,“我开车过程中不超速”“我严格遵守交通规则以避免事故”;
- **物质冒险**,其反映项目可以是,“我不喝酒”,或者,“我不吸烟或吸无烟烟草”。

在以上 4 类行为中,健康行为和事故控制之间正相关,物质冒险和交通冒险之间也正相关。因此,Vickers 等人建议,在最为一般的层面上,可以把健康行为看作两大类,即“预防性行为”和“冒险性行为”,这两类行为之间负相关。尽管这些维度似乎映射了行动者对自身行为的觉察方式,但我们在本书中不采用这些概念。正如前面提到的那样,我们所要用的是能够反映健康相关行为客观后果,且能区分健康增强行为(或简称健康行为)和健康有害行为的术语。

关于有损健康行为的聚类研究报告称,这类行为呈现收敛模式。这些研究聚焦于 4 个主要生活方式危险因素(吸烟、酗酒、缺乏水果和蔬菜、缺乏体育运动)之间的关系,并通常都报道称,这些行为聚为一类。例如,Poortinga(2007)指出基于 2003 年英格兰健康调查结果的研究发现,42%的样本有两个生活方式危险因素,25%的样本有 3 个或 3 个以上的生活方式危险因素,5%的样本有全部 4 种生活方式危险因素。Schuit 等人(2002)指出在荷兰人群中,20%的样本有 3 种或 3 种以上的危险行为。就 Vickers 等人(1990)提出的分类而言,吸烟和饮酒反映的是物质冒险行为,而缺乏水果和蔬菜以及缺乏体育运动反映的则是非有益健康行为。

熟虑行为模型

本节将讨论几十年来一直对健康行为研究起指导作用的 4 种主要模型，即健康信念模型、保护动机论、理性行动论、计划行为论。这些模型假定：在行动之前，个体会考虑他们自己所能够获取的信息，并考虑各种可行备选方案可能产生的不同结果。在没有冲突认知使得决策变得困难的情况下，这种考虑可能瞬间完成。此外，人们也可能经常根据自己早先就已经形成的意图行事。

这些模型属于期望—价值模型中的一类。期望—价值模型假定，在不同行为方案之间作出的决定建立在两类认知之上。一类是，给定行为将导致一系列预期结果这种主观可能性；另一类是对行动结果的评价。在各种备选行动方案中，个体会选择那些最有可能会产生正面结果或避免产生负面结果的方案。除健康信念模型之外，这些理论假定，态度和信念对行为产生的影响会受到（目标）意图的影响。在本节的最后部分，我会把实施意图视为更加具体的意图进行讨论。已经证明，这种方法可以提高行为预测的效果。

健康信念模型

健康信念模型最初是由美国公共卫生署的社会心理学家提出的，目的是了解人们为什么不能（至少在早期）利用疾病预防或筛选试验，以便在早期就能检测出与明显症状不相关的疾病。后来，该模型也被用来研究患者对症状作出的反应和对规定医疗方案的遵守或坚持情况。在这些应用过程中，这种模型得到了很大的发展。

模　型

健康信念模型假定，个体执行给定健康行为的可能性，是个体对自己容易感染特定疾病的相信程度以及对生病后果严重性的认知结果。易染病性和后果的严重性一起决定了疾病的“察觉威胁”（见图 2.1）。例如，经常与各种性伴侣进行无保护措施性交的性活跃学生，可能会担心自己感染上性传播疾病（察觉易感染性）。很明显，感染上这种疾病可能会造成严重后果（察觉严重性）。

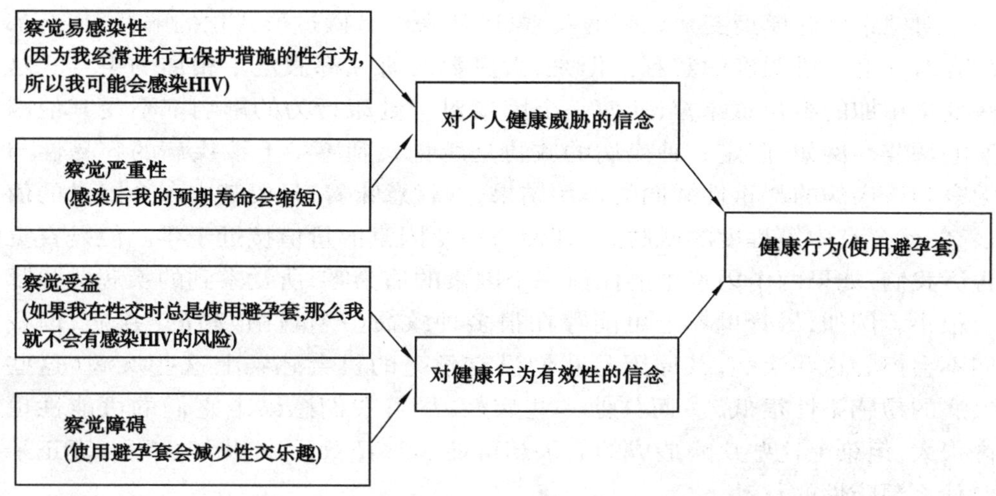

图2.1　应用于减少性交风险行为的健康信念模型
资料来源:根据 Stroebe 和 de Wit(1996)文献改编。

鉴于感染疾病的某种威胁,执行特定健康行为的可能性将进一步取决于个体对这种行为会产生的益处大于"障碍"(例如代价、不便或疼痛)的相信程度。例如,学生是否会决定使用避孕套,这将取决于学生本人这么做对个人健康的益处是否大于其代价的评估,其中的代价包括使用避孕套会减少性快感,或者,(对于女性而言)如果必须与性伴侣进行协商,这样可能会很尴尬。

Rosenstock(1974)提出,"行动线索"可能是引发适当健康行为的必要条件。这可能是内在线索(例如身体症状),或者是外在线索(例如大众媒体活动、医疗建议或同龄朋友的死去和生活方式)。例如,我们研究中的性活跃学生在性交后并没有患上皮肤病之前,或者在论文报道异性恋者之间的艾滋病传播正在加速之前,他们很可能会继续犹豫要不要使用避孕套。因此,行动线索可能有效的一个原因是,它可以增强健康威胁与个人的相关性。行动线索可能有效的第二个原因是,它可能会促使个体想起自己已经具有的相关知识。因此,如果一名吸烟者的朋友患上了严重的冠心病,这会使得这名吸烟者想起自己关于吸烟和心脏病的所有知识,而这些知识又是这名吸烟者经常尽量不去想的知识。结果,这名吸烟者就可能会决定再次尝试戒烟。行动线索可能会刺激行为的第三个原因是,它可以形成部分的执行意图。执行意图从属于目标意图,它规定应该在什么时间和什么地点以什么样的方式产生导致目标达成的反应。例如,如果个体已经形成一进入其办公室就给她的医生打电话以便在第二天预约看病的执行意图,那么,进入其办公室就可能充当了行动线索。通过形成执行意图,人们把自己的行为控制交给预期的情境线索,当在现实中遇到这种线索时,就可以自动地引发反应。

对健康信念模型变量之间的关系,还从来没有做过形式化的解释,甚至都没有对其进行过明确的解释。但是,大多数的研究都假定了相加的组合。这些变量相加的组合意味着,任何一个因素对于健康行为的影响都不受其他因素的调节。例如,假定一种疾病的威胁是所觉察到感染上该疾病的容易性与觉察到该疾病的严重性共同的作用结果,这就意味着,只要其中一个因素的值很高,就会有中等程度的威胁感,即使另一个因素的量值接近于零。但是直觉告诉我们,如果两个因素中的任何一个因素的值为零,所觉察到的疾病威胁都会很小。例如,尽管世界上可能存在很多种致命(严重性很高的)疾病,但我们不会担心这些疾病,其原因是我们没有丝毫的机会感染上这些疾病(这些疾病的易感染性很低)。而其他一些疾病,尽管我们感染上它们的可能性也许很大,但染上这些疾病造成的后果却可能非常轻微,因此我们也不会真正采取什么预防性的行动。

我们可以通过相乘的组合来表示,每一种因素对健康行为的影响都取决于其他因素的水平。与相加的组合相比,因素相乘的组合尽管在直觉上更加可信,但是,健康研究者并没有示明,威胁的严重性与威胁的容易性之间存在着相乘的组合关系。

健康信念模型的另一个缺点是,它没有把很多重要的健康行为决定因素包括进来。例如,这种模型并没有考虑有损健康行为方式的潜在积极面(如吸烟的乐趣),或者,没有考虑很多健康行为受欢迎的原因完全与健康无关(如控制体重和运动这两者的动机经常是想要变得好看而不是变得健康)。此外,尽管有大量的证据表明,如果人们认为自己做不到某些健康保护行为(例如坚持健康饮食或戒烟),那他们就可能不会这样做,但是,健康信念模型并没有把该自我效能(即个体相信自己能够采取健康保护行动的程度)因素包括其中。该模型的另外一个缺点是,它没有考虑社会影响因素,例如理性行为模型和计划行为模型中的主观模范因素(后面,我们将会讨论这两种模型)。最后,健康信念模型还假定,对个人健康威胁和健康行为的有效性的信念,不通过行为意图这一中介就直接影响行为。但是,有证据表明,信念对行为的影响通常要通过行为意图这一中介。可见,该模型与证据并不一致。

根据健康信念模型,尽管个体实际上很容易染病,但是由于多种原因,他们并没有改变自己的健康行为。例如,人们普遍倾向于低估自己的健康风险而高估他人的健康风险。因此,尽管他们承认进食高脂肪食物会增加患心脏病的风险,但是他们同时也觉得进食高脂肪食物也会使身体变得特别强壮,从而得到某种保护。但是,如果他们怀疑健康保护措施的有效性,或者认为需要自己付出太大的努力,那么,即使个体真正觉察到了威胁,他们也可能不采取这种健康保护措施。因此,任何旨在改变健康行为的媒体活动都应该包括一些论据,以便使人们相信:除非他们在某些方面改变自己的生活方式,否则就会导致严重的健康后果,而且,采取具体的健康行为可以大大降低健康风险。

健康信念模型的经验评价

Janz 和 Becker(1984)指出,根据健康信念模型对 46 项研究进行了综合评论。在所评论的研究中,18 项研究使用了前瞻性设计,28 项研究使用了回顾性设计。为了评估支持该模型的证据,他们对每一个维度都设置了一个"显著性比",该比就是模型在给定维度上的具有统计显著性的研究发现数量,除以该维度上所有报告了显著性水平的研究的总数量。得到的每个维度的"显著性比"分别是,障碍(89%);易感染性(81%);受益(78%);严重性(65%)。Janz 和 Becker 将这些结果解读为健康信念模型的实质性证据。

但是,两个变量之间的联系具有统计显著性这一事实,并没有提供多少关于关系强度的信息。为了计算联系的强度,我们需要得到关于"效应大小"的信息。因为,"效应大小"能够使我们计算出不同成分单独或者联合一起所能解释的健康行为的方差。Harrison 等人(1992)正好为我们提供了这一信息。但令人遗憾的是,Harrison 等人选取原初性实证研究的条件异常严格,从而使他们的分析仅仅建立在 16 项实证性原初研究之上,且其中的 6 项研究就已经包含在 Janz 和 Becker1984 年发表的那篇研究综述之中。Harrison 等人发现,总体上说,健康信念模型中的 4 种维度都与健康行为显著正相关。但是,任何一个维度所能解释的健康行为方差都不到 10%。与理性行为模型和计划行为模型的整合分析发现(模型解释了 1/3 的行为方差)相比,Harrison 等人的发现只能是一种微弱关系。但是,很难对这些结果进行比较。原因是,Harrison 等人并没有分析健康信念模型 4 种维度的"联合"效应。所有预测因素的联合效应可能会远远大于各个因素的独立效应。

对规划干预措施的意义

根据健康信念模型,如果人们相信自己容易染上某种疾病,相信患上这种疾病会产生严重的后果,同时也相信采取预防措施会使自己变得更加强壮或者能降低疾病的严重性,相信采取预防措施的受益会超过预期的代价,那么,他们就很可能采取这种预防措施。通过对 105 项关于恐惧诉求对说服的影响的整合研究,Hoog 等人(2007)找到证据表明,让人们相信自己容易遭受某种严重健康风险,对他们采取保护措施的意图,甚至是实际行为,都有强烈的影响。强调反应的效能可以增加沟通的说服效果,至少就意图而言会这样。对行为并没有什么影响。

这些研究发现支持这样一个假定:健康信念模型找出了一些构成健康行

为的核心信念。但是,我们必须牢记,关于可能引起恐惧感的沟通,对其影响的研究通常要选择新奇的健康问题,以保证参试对这些问题毫不知情。个体一旦知道了健康风险,在可能引起恐惧感的沟通中,再进一步强调这种威胁就不会有多大效果。例如,如今在美国仍然吸烟的大多数烟民都想戒烟。因此,再为他们提示更多关于吸烟的健康风险就不起什么作用。他们不愿意戒烟的原因是,他们觉得自己戒不了烟。正如我们稍后将看到的那样,个体对自己执行某种行为(即自我效能;觉察到的行为控制)能力的感觉,对于以劝说人们改变健康行为为目的的沟通,有着重要的调节作用。可是,健康信念模型却没有包括这个因素,而它只是诸多具有重要调节作用的因素之一。

保护动机论

虽然保护动机论已经得到了检验,且检验的情境主要是各种可能引起恐惧感的沟通,但该学说的原始版本企图具体说明健康信念模型中的某些成分之间的代数关系。根据这一学说,保护动机(即执行某种健康保护行为的动机)取决于以下 3 种因素:

1.关于有害事件所觉察到的严重性;

2.关于事件所觉察到的可能性或易感染性;

3.关于所推荐反应对于避免有害事件的效能。

该模型并没有把所推荐反应的代价作为一个变量包括进来。

根据此模型,如果吸烟者处在一项强调吸烟是导致肺癌的原因活动之中,那么,该吸烟者的反应就取决于其对以下问题的回答:

1.患上肺癌会糟糕到什么程度?

2.我患上肺癌的可能性有多大?

3.戒烟会把我患上肺癌的风险降低到什么程度?

此模型假定,这 3 种因素以相乘的组合方式决定着保护动机的强度。更具体些说就是,假定保护动机的强度是这 3 种变量代数积的单调递增函数。

对原始保护动机模型的一次检验

Rogers 和 Mewborn(1976)用了 3 组实验对保护动机论所预测的结果进行检验。检验通过吸烟、交通安全和性病这 3 个主题诱发受试的恐惧诉求。实验通过恐惧所引发的沟通,在两个水平上操控保护动机论的 3 个关键变量:被描述事件的高危害性与低危害性;事件发生的高可能性与低可能性;所推荐应对反应的高效能与低效能。这 3 组研究的结果各不相同,而且结果并没有明确支持模型。具体而言,3 组实验中没有一组实验表现出 3 方面的交互作用(觉察易感染性×觉察严重性×觉察应对效能)的证据,而这种交互作用正是建立在模型诸因素相乘的组合基础之上的预期效应。

Sutton(1982)指出,Rogers 和 Mewborn(1976)报告的研究结果之所以未能支持模型,其原因可能是,觉察到的效能和易感染性之间并不是相互独立的,这也正是该模型所假定的情况。人们在多大程度上认为所推荐的措施能够降低有危害事件的发生,他们就在多大程度上觉察到推荐给自己采用的措施是有效的。因此,觉察到的效能永远不会超过觉察到的易感染性。Sutton(1982)认为,这一点导致了实验某些条件的不一致。例如,在"高效能"和"低易感染性"条件下,尽管受试事先就知道自己染上该疾病的可能性很小,但还是告诉他们,采取某些保护措施会大大降低他们患上这种疾病的危险。这种不一致现象可以解释,为什么实验检验未能发现模型所预测的多种交互效应。

修正后的保护动机模型

在修正后的保护动机论中,Rogers(1983)等研究者摒弃了各种因素以乘积形式组合起来的概念,此外,还增加了几个保护动机的决定因素,从而拓展了保护动机学说。在所增加的诸因素中,自我效能也许是最为重要的一个。根据 Bandura(1986)的定义,自我效能是一个人对自己能够执行特定行动的信念。尽管有些人对吸烟饮酒行为持负面态度,但如果他们认为自己太过虚弱或太过上瘾而不能戒除这些不良习惯的话,他们就可能没有动力去戒烟或戒酒。把自我效能因素纳入健康保护行为模型之中就会改善模型的预测效果。这次修正还合并了健康信念模型中的觉察障碍概念(称为"反应代价"),并增加了一个相关概念,即与"不良顺应"反应(例如继续饮酒或吸烟的乐趣,因不进行健康检查而节省出来的时间和精力)有关的奖励。

修正后的模型假定,一个人保护自身免遭危险的动机,是以下4种信念正面作用的结果:

1.该威胁很严重;

2.此人本身很脆弱;

3.此人有能力做出应对反应;

4.该应对反应能有效减小威胁。

执行该顺应反应的动机受到反应代价的负面影响,也受到不良顺应反应所可能受到的奖励的负面影响。

更具体一些说,Rogers 把这6种变量分成了两类,分别冠名为威胁评估和应对评估(见图2.2)。威胁评估以对严重性和易感染性因素的考虑为基础,这一点看上去也合理。毕竟,从继续吸烟中体验到的威胁,是能够反映在可能出现的健康后果的严重性和遭受这些后果的可能性上的。但是,把不良顺应反应(例如继续吸烟)的内在奖励和外在奖励都归入威胁评估这一概念之中,可就不大合理了。也许,把这些奖励归在反应代价之下会更好一些。毕竟,针对有损健康行为后果所引发威胁的顺应性反应是:停止这种行为;结果,还要剥夺自己享受这种行为所可能带来快乐感。假定会影响应对评估的因素有应对反应的效能,有个体对自己执行该应对反应能力的感觉(即自我效能),还有所推荐行为的代价。

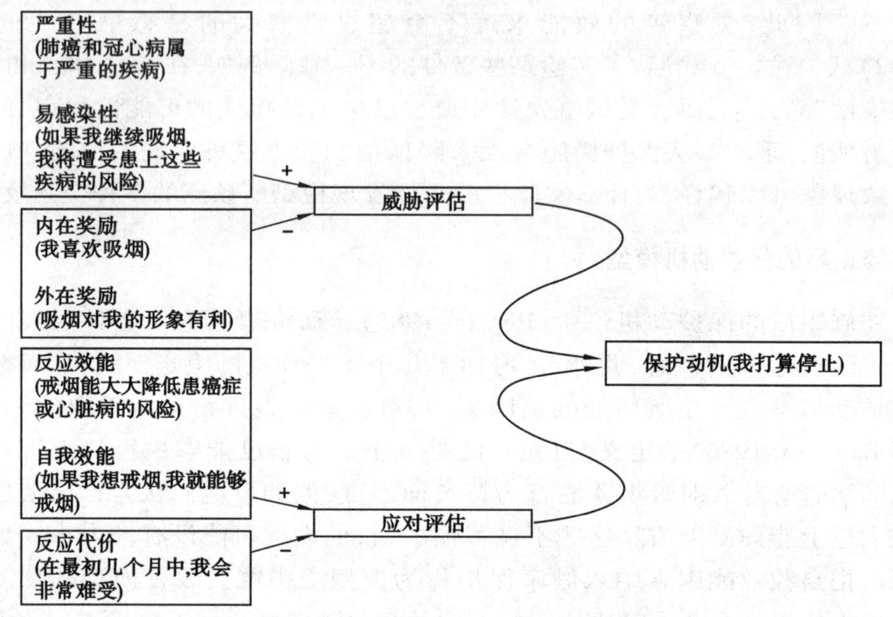

图 2.2 保护动机论在减少吸烟方面的应用

资料来源:根据 Stroebe 和 de Wit(1996)的研究改编。

Rogers 设定,种类之内存在因素的相加组合,但是种类之间有相乘组合的影响。因此假定,严重性和易感染性以相加的组合方式确定威胁评估。但是,应对评估和威胁评估以相乘的方式组合。因此,只有当应对评估由中度升到高度时,威胁评估的增加才会增强保护动机。例如,当应对评估很低时,由于自我效能很低的缘故,所增加的威胁评估值不会增强采取保护行动的意图。Rogers(1983)对有关这些假定的研究做了综合评述。

对修正后保护动机模型的实证检验

对修正后的保护动机论与健康信念模型所做的实证比较结果得出,通常都有利于保护动机。例如,Seydel 等人(1990)发现,保护动机论的优势就在于它纳入了自我效能。Wurtele 和 Maddux(1987)发现,正如健康信念模型所预测的那样,预测因素是通过行为意图来影响行为的,而不是直接影响行为的。发表于 2000 年的关于保护动机论的两项整合分析研究都很支持修正后模型的预测结果。

对保护动机论的两项整合分析研究都发现,意图和保护行为都与模型所假定的决定因素有关。但是,与威胁评估诸变量(即易感染性、严重性、奖励)相比,意图和行为与应对评估(即自我效能、反应效能、反应代价)的关系更加密切。Milne 等人(2000)发表的整合分析把列入分析的研究进一步分成两类。一类是同时测量保护行为和保护动机变量,即横向研究;另一类是先测量保护动机变量,稍后再测量保护行为,即前瞻性研究。和人们的期望一样,在前瞻性研究中,模型中的变量与行为之间的所有关联性都比在横向研究中的更弱。事实上,在前瞻性研究中,严重性和反应效能不再与行为显著关联。尽管相关性从 0. 80 降到了 0. 40,但是意图仍然是行为的最强预测因素。

对干预的启示

很遗憾,这两项整合分析研究都没有检验保护动机论关于威胁和应对评估变量的乘积组合假定。具体而言,支持威胁评估和自我效能乘积组合的证据,可能对干预规划具有重要的启示意义。例如,要是已经发现给定行为领域的自我效能在目标人群中的占比相对较高(即如果大多数个体都觉得自己有能力开展所推荐的健康保护行动),那么,提供增加易感染性或严重性的信息就会使保护动机增强,从而使行动的意图也得以增强。在这些条件下,个体觉察到的危险越大,他们就越有可能采取行动。相反,当自我效能很低时,即当个体感觉自己不能够采取给定的行动(例如为了减肥而节食)时,增强易感染性就不会导致意图的增强。在后一组条件下,与其强调危险,还不如向个体提供增强自我效能的信息,因为后者可能比前者更有效。然而,尽管还没有证据支持威胁和应对评估变量的乘积组合作用,但是,人们一致发现应对评估变量与健康相关行为有更强烈的关联。这一事实告诉我们,除非意图也指向应对评估这一目标,不然意图就可能会失效。对于有损健康的行为,例如吸烟或不安全的性行为,由于人们知道这些行为对健康有危害,因此,甚至不需要强调对健康的危害,干预措施也可能奏效。

理性行动论与计划行为论

在健康领域,健康信念模型和保护动机论已经引发了大量的研究。然而,在过去的几十年里,也出现了几个更为一般性的行为模型,这些模型也应用在了健康领域。显然,再继续沉溺在那些特殊健康行为理论之中就不是很经济了,除非这些特殊理论预测的成功率大于一般性的行为模型。理性行动论和计划行为论就是这些一般性社会心理行为模型中的两个。对于这两个最为重要的理论,人们已经进行了广泛的检验,并且已经用它们成功地预测过许多不同种类的行为。由于计划行为论仅仅是理性行动论的延伸(在前者中加入觉察行为控制作为意图和行为的进一步预测因素),所以我们将在本节中一起讨论这两个理论。

理性行动论

理性行动论是预测行为意图的理论,它假定行为是执行某行为意图的作用结果。执行给定行为的意图表明了个体对达到该行为目标决心的大小,因此,意图反映了行为人对于目标的担当。根据理性行动论,行为意图由个人执行某种行为的态度和主观规范所决定(见图 2.3)。例如,一个人对于体育锻炼的态度,反映的就是这个人所感觉到自己可能参加该项体育锻炼的程度,以及对于某些觉察到的后果的评价。这些觉察到的后果,类似于变得更健康或降低患心脏病危险之类的,与个体参加体育锻炼的可能性联系在一起。

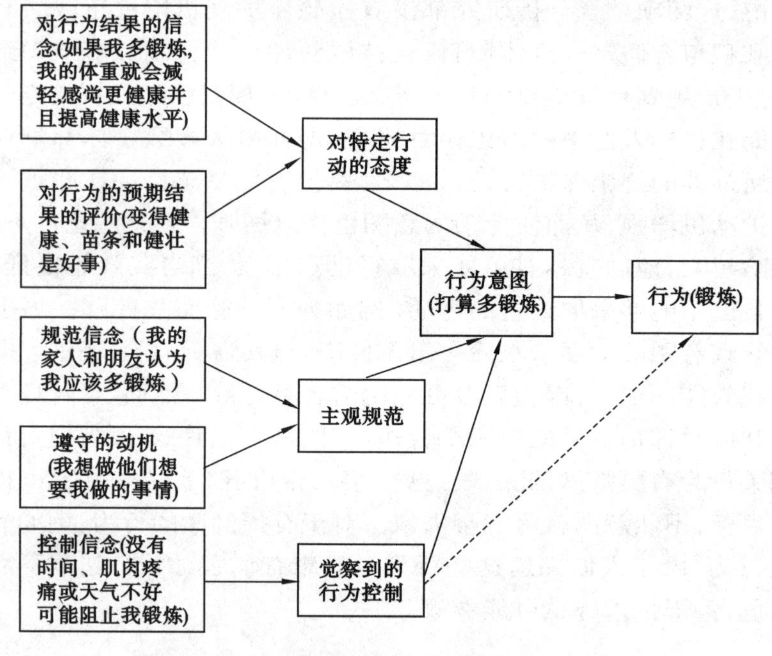

图 2.3 计划行为理论在体育锻炼意图中的应用

主观规范把规范信念和遵守动机结合在一起。规范信念指的是,人们对那些(对自己而言)重要人物对自己行事方式的期许的信念。例如,一名女性会相信,她丈夫不希望她沉溺于危险的运动之中,或者,她丈夫希望她减肥。不过,规范信念是否会影响意图,这将取决于一个人是否愿意遵守这种规范。因此,主观规范就是以遵守动机为权重的规范信念。模型就是对这些主观规范的量化。量化的方式是,主观可能性乘以遵守动机。其中,主观可能性是特定他人(所指)认为一个人该执行某行为的可能性,遵守动机是一个人遵守那个所指他人期望的动机。这些乘积类似于计算出的行为态度期望值 x,而且,还要把对于各种明显所指人的乘积都全部加起来。尽管个体在执行以前从未做过的新行为时需要费些心思,即使在新情境中执行熟悉的行动也需要费些心思,不过,在旧情境中执行那些重复过一次又一次的行为是自动完成的。但是,由于意图涉及某种目标意识,所有意图是被自动激活的并不意味着行为也是被自动引发的。同样,在我准备好离家去工作时,要驾驶自己汽车的意图就被自动激活(即,我不需要专心考虑到达工作地点所需要的最佳交通工具),尽管如此,我通常是会意识到这一意图的。

通过改变态度,情境因素也会影响给定情境中执行具体行为的意图。正如前面提到的那样,个体对在具体情境中执行具体行为的态度,是建立在有限的显著信念(即结果信念)基础之上的,这些显著信念在此特定时刻是可以意识到的。因此,一个人对吃一个汉堡包的态度,可能会受到此人对汉堡含有热量以及吃汉堡会使自己的体重问题进一步恶化这一信念的强烈影响。但是,当该个体经过一家汉堡包店且闻到烤肉和油炸洋葱的香味时,此人此时对吃汉堡包的态度,就可能会受到另一种截然不同信念的严重影响:吃汉堡包会让我非常快乐,明天少吃点就很容易补救今天的放纵。与这些假定相一致,Ajzen 等人(2004)提出:在假设情境中,个体通常都会高估自己为美好事业支付金钱的意愿。这种高估可以归因于信念和态度在两种情境中的变化,其中,在假设情境中,个体持有更多有利自己的信念和态度。

对理性行动论的实证评价

实证检验已经对理性行动论成功预测行为意图和实际行为的情况进行了评估,评估的行为范围非常广泛。理性行动论模型已经应用在了献血、计划生育、快餐店用餐、吸食大麻、母亲的婴儿喂养行为、牙齿卫生行为以及堕胎问题等研究中。通过对113篇文章的整合分析,van dan Putte(1991)研究该模型的各种适用情况。虽然没有发表,但建立在150组参试基础上的结果显示:对于通过态度和主观规范预测意图,相关系数 r 的平均值为0.68;对于通过意图预测行为,相关系数 r 的平均值为0.62。因此,态度和主观规范一起解释了大约46%的意图方差,意图解释了大约38%的行为方差。其他整合分析得出的意图和行为之间的相关性更低一些。Randall 和 Wolff(1994)指出,根据98项研究计算出平均相关性 $r=0.45$。根据加权平均相关性 $r=0.40$ 的170项研究,Six(1996)得出的意图和行为之间的相关性还要低。

理性行动论中的疏漏

尽管理性行动论就成功预测意图和行为而言还说得过去,但一些研究者也对它提出了批评。这些研究者认为,意图和行为还受一些其他因素的影响,而这些因素并没有包含在该理性行动模型之中。在健康行为环境中,其他决定因素中最令人感兴趣的就是往日的行为。Bentler 和 Speckart(1979)研究发现,将自我报告中酒精、大麻和烈性毒品的摄入量作为因变量,能够改善理性行动模型对未来行为的预测效果,即使在对意图进行统计控制的情况下。这一发现也在大量关于体育锻炼、避孕套使用以及安全带使用的研究中得到了反复验证。多元回归分析表明,在这些后来的研究中,加入往日行为得到的预测效果,要超过仅仅在意图基础上得到的预测效果。

意志控制问题

即使在对意图进行统计控制的情况下加入往日行为变量也会提高对未来行为的预测效果,这一发现代表了其他一些因素也影响着行为,但是理性行动论并没有把这些因素考虑进来。解释这些发现时我们必须牢记,理性行动论对意图决定因素提供的是一个理论解释。意图仅仅反映行事的动机。对行动的执行不仅取决于动机,而且还取决于行为是否在个体的意志控制之下(即行为是否可以实现)。如果个体可以随意决定要不要执行一个行为,那么,该行为就在该个体的意志控制之下。因此,往日行为所能反映的是那些不在个体意志控制之下因素的影响。

诸多因素都可以降低个体对自己行动的控制程度。有些行动可能已经变得很平常或成了习惯,人们不假思索就予以执行。例如,吸烟的人可以在不经意间或者无意识间点着卷烟或烟斗。因为往日行为也可能受到行为人自身习惯的影响,所以把往日行为纳入模型可以改善预测效果,即使对意图实行了统计控制。

行动需要其他人的技能、能力、机会和协作。这一事实也可能降低个体对自己行动的控制程度。Eagly 和 Chaiken(1993)指出,绝大多数支持理性行动论的研究只涉及相对简单的行为,这些简单行为并不要求多少资源和技巧。Fishbein 和 Ajzen(1975)已经意识到这个问题。不过他们当时认为,人们在形成自己的行动意图时,可能会考虑对资源或他人协作的需要。于是,资源的改变将会导致意图的改变。例如,如果某人打算星期一晚上与朋友打网球,在得知这位朋友生了病时,此人就可能改变自己打网球的意图。这种外部条件的意外改变,是为什么在意图评估和行动评估间隔很短时意图可以更好地预测行为的原因之一。

虽然这种观点合乎道理,但是,理性行动模型对意志完全控制之下行为的限制严重制约了自身的适用性。进一步的审视表明,很少有行为是在个体意志的完全控制之下的。即使是像刷牙这样的简单行动,其执行也取决于一个人有没有牙刷和牙膏。

计划行为论

在以上推理的引导下，Ajzen(1988,2005)对理性行动论进行了修改，并发展出了计划行为论。计划行为论把觉察到的对被预测行为的控制并入一个新增加的行为预测因素(见图 2.3)。直接评估觉察到的行为可控度的方法有两种：一种是通过询问参试在多大程度上控制着给定行为的执行；另一种是通过评估那些假定可以确定觉察行为控制的控制信念。计划行为论假定，通过意图，觉察到的行为控制间接地影响行为。在某些条件下，觉察到的行为控制也可以直接影响未通过意图中介的行为(见图 2.3)。

我们将看到，有大量的证据支持该理论在觉察行为控制方面的预测作用。不过，也有批评指出，觉察行为控制在不同的研究中的操作方式缺乏一致性。Kraft 等人(2005)和 Rodgers 等人(2008)指出，在实证研究中需要区分 3 种控制，即"觉察控制""觉察困难""自我效能"。其中，"觉察控制"反映的是个体觉得自己掌控行为的程度，"觉察困难"反映的是个体觉得自己执行特定行为的难易程度，"自我效能"反映的是人们对行动人能力的评判，或者行动人对自身执行特定行动以达到意想水平的自信程度。Rogers 等人(2008)通过对 15 项关于包含了 3 种类型控制单独变量的计划行为论研究的整合分析发现，自我效能与意图和行为的联系最强。在控制了态度、主观规范、觉察控制，以及觉察困难之后，自我效能对意图和行为预测所贡献的方差大为增加，而觉察控制和觉察困难的方差贡献要小得多。

觉察到的行为控制影响意图这一假定与动机的期望价值论一致。那些没有能力或机会实现某种目标的人们会对自己的意图进行相应的调整，因为，意图部分由人们对自己可以实现目标的可能性(即目标的可达性)来决定。

例如，那些根据过去的表现知道自己没有能力在课程上得到所期望优秀分数的学生，可能会把自己的成绩意图和目标调整得更低但更加现实。

在直觉上，觉察到的行为控制与未通过意图中介(图 2.3 中用虚线标识)的行为之间不太可能有直接关系，因为，这种关系取决于个体对实际控制情况感知的准确性。例如，如果一个学生有坚定的意图，打算听每周星期三上午八点的课，但是该生同时也知道，自己的那辆旧汽车有时会出问题，从而使自己错过上课时间。这名学生就会觉得自己对上课这件事没有十足的把握。如果该生的控制觉察准确，也就是说学生的汽车时不时地抛锚，从而使学生上不了课。这种情况下，加入觉察行为控制这一变量，就会把仅仅建立在意图基础上的预测效果进一步提高。

值得注意的是，和通过中介的意图相比，觉察到的行为控制与行为之间的直接联系具有不太相同的理论地位。虽然觉察到的行为控制对意图有因果影响(例如我的恐高症就使我不能形成攀登艾格峰北壁的意图),但是,对行为产生“因果”影响的,并不是觉察到的行为控制,而是实际上对行为所缺乏的控制。因此,使学生不能按时正常上课的,是实际发生的汽车故障,而不是学生关于汽车会发生故障的这种期望。

也可以用后一个例子来说明,如果主体觉察到的行为控制真实反映了控制的实际水平,它就只会把(仅仅以意图为基础的)行为的预测效果进一步提高。假如这名学生决定购买一辆新汽车,于是就消除了她无法正常上课的阻碍。在这种情况下,之前评估得到的觉察行为控制就不会把行为的预测效果再进一步提高。

为了证明这种假设,Ajzen 和 Madden(1986)做了一项研究,结果支持了这个假定。在这项关于学生打算获得 A(最好的课程成绩)和他们实际所获得成绩的研究中,Ajzen 和 Madden 发现:只有在期末对觉察行为控制进行评估时,觉察行为控制与行为之间的直接联系才会出现。这时,学生已经通过课程项目和考试反馈得到了相关课程的成绩信息。在开学时评估得到的行为控制结果,并不能使在意图基础上得到的行为预测效果有任何提高。假如在整个学期的学习过程中,学生对自己课程分数的控制变得更加现实,那么,这一发现就表明,即使学生意识到获得 A 的可能性很低,但是他们还是不改变自己得 A 的意图。对于不是那么重要的目标,学生也许会依据更加现实的控制感来调整自己的意图。在这种情况下,觉察行为控制可能并不会对基于目前更加现实的意图的预测效果有所改善。人们是否会根据自己的控制感来调节自己的意图,这可能要取决于目标的重要性。

觉察行为控制的决定因素

影响觉察行为控制的因素,既可能存在于个体之内,也可能存在于个体之外。内在因素包括信息、技能、能力、冲动、推动感等。我们对自己健康行为的控制,通常就受到那些统称为“意志力”的内在因素的威胁。因此,尽管有健康问题或体重问题的人有看医生或减肥的坚定意图,但过去的经验可能告诉他们,自己是不可能去执行这些意图的。外在因素包括机会和对他人的依赖等。例如,我们知道,只是在雪没有融化,而且老板也允许我们准时离开办公室的条件下,我们明天才会去越野滑雪。

Terry 和 O'leary(1995)建议,应该把内在因素的控制和外在因素的控制分开来评估,这也是 Armitage 和 Conner(1999)的建议。一方面,对内在因素(即动机或能力)控制的信念会反映在自我效能上;另一方面,觉察行为控制会反映在对那些影响行为的更加外在因素的控制上。Terry 和 O'leary(1995)示明,自我效能只影响意图,与行为没有直接联系,而觉察行为控制只与行为有关,与意图没有关系。不过,在 Armitage 和 Conner(1999)关于食用低脂肪食物问题的研究结果中,未能重现 Terry 和 O'leary 的这些研究发现。

以上两组结果之间的区别就在于效能期望与结果期望之间的区别。效能期望是,如果一个人努力执行某个行为,此人就有能力执行该行为。例如,胖子也许有些自信,相信自己能够大大减少每天的热量摄入。但是,减少热量摄入并不必然会大幅度降低体重。因此,在这个例子中,效能期望是觉得自己能够减少热量摄入的可能性,结果期望是这种热量减少将必然引起体重大幅度降低。最早 Ajzen 和 Madden(1986)提出的觉察行为控制概念,包括了结果期望和效能期望两个方面的内容。

计划行为模型的实证评价

第一项发表的关于计划行为模型的检验是研究减肥问题的 Schifter 和 Ajzen(1985)。研究中,首先要求女性大学生说出各自对于6周减肥计划的态度、主观规范、觉察行为控制以及意图。此外,就像对一般态度和人格因素一样,也对参试制订的减肥计划的详细程度做了评估。与计划行为理论一致,建立在态度、主观规范和觉察行为控制基础上的减肥意图相当准确地预测了减肥意图。但是,觉察行为控制和意图只是在中等程度上成功地预测了参试在6周时间里实际减少的体重,其中觉察行为控制是更好一些的预测因素。正如预期的那样,对于减少体重,觉察行为控制与意图之间存在交互作用:只是对那些相信自己如果愿意就能够控制热量摄入的参试,强烈的减肥意图才会让她们减掉更多的体重。那些在开始阶段制订了详细计划的参试,也倾向于减少更多的体重。

自那以后,大量检验计划行为模型的实证研究结果发表了出来。这些结果倾向于支持模型的核心预测:除非所涉及的给定行为在个体意志的完全控制之下,不然,基于计划行为模型的行为预测效果都优于基于理性行动论的预测效果。Armitage 和 Conner(2001)分析了对142项关于计划行为论的独立检验。在整合分析的基础上,Armitage 和 Conner 指出:态度、主观规范和觉察行为控制与意图的平均多重相关性为 $r=0.63$,解释了40%的方差。觉察行为控制和意图与行为之间的平均多重相关性为 $r=0.54$,解释了29%的行为方差。觉察行为控制使意图的预测平均增加了6%(控制态度和规范),使行为的预测平均增加了2%。

一项集中研究计划行为论在健康领域中应用的整合分析报告了类似研究结果。Godin 和 Kok(1996)对于意图预测,平均多重相关性为 $r=0.64$。对行动和觉察行为控制的态度是意图变异的最常见显著贡献者。行为预测产生的

平均多重相关性为 $r=0.58$。因此，大约 1/3 的健康行为方差可以由意图和觉察行为控制的组合效应解释。在 1/2 评论的研究中，觉察行为控制都显著地提高了行为预测的效果，尽管意图仍然是最重要的预测因素。正如人们期望的那样，对于意志控制作用可能很小的成瘾行为，觉察行为控制对行为预测的贡献最大。

对干预措施的启示

根据计划行为论，设计成功干预措施的第一步是，确定想要影响的具体行为。例如，如果想要说服男同性恋避免进行不安全的性行为，那就必须首先确定这些同性恋可能从事的各种不同类型的不安全性行为，并确定他们可能与谁一起发生这些不安全的性行为。和长期稳定的性交伴侣发生性行为时，"协商安全"可能是一个可行的安全策略；但与临时性交伴侣发生性行为时，"协商安全"可能就不是。也有证据表明：与稳定性交伴侣发生的安全性行为是由意图决定的，但是，临时性交伴侣间的安全性行为，则主要是由觉察控制预测的。

确定好了想要影响的行为之后，第二步就是用实证的方法来评估，看这种行为是主要由行为意图决定的呢，还是由觉察行为控制决定的。在行为主要是由觉察行为控制所预测的例外情况下，还必须进一步检查意图与行为之间缺乏联系的原因。在健康行为领域，意图与行为之间缺乏联系的常见原因是，意图的方差变异很小。例如，大多数的男性同性恋都有避免与临时性交伴侣进行没有保护措施的肛交行为的意图，但有些人并没有成功实现该意图。由于那些不能成功实现这种意图的男同性恋的觉察行为控制能力经常很低，控制变量就成了比意图更好的行为预测因素。在这种情况下，也许只好通过例如技能训练来尽量提高他们的控制能力。

在行为主要由相关行为意图决定的更通常情况下，人们不得不评估行为执行的程度，这种意图是由态度、规范或觉察行为控制决定的。如果行为主要在态度的控制之下，那么，通过影响规范信念来改变这种行为的企图就不会成功。同样，如果某一组成员如此这般做的原因是他们相信对自己重要的人希望他们这样做，那么改变他们对这种行为态度的尝试，对他们的意图几乎不会产生多大影响。最后，如果行为意图主要是由觉察控制决定的（例如，我没有尝试戒烟，因为过去的经验告诉我，我是不会成功戒烟的），那么，影响他们对于吸烟的态度（例如通过指出抽烟的健康危险），或者告诉他们，他们的小孩希望他们戒烟，所有这些，对他们的意图很可能都不会产生多大的影响。

一旦知道了哪种意图决定因素（即态度、主观规范、觉察行为控制）最重要，那么就应该找出隐藏在该因素下面的显著信念。不过，并不是所有在给定行为领域里面显著的信念都与相关行为有强烈的关系。例如,尽管吸烟对健康的负面影响是吸烟行为的显著结果,但是,吸烟有害健康这一信念不再能够把吸烟者和非吸烟者区分开来。因此,吸烟对健康有害这样的信息,不可能说服吸烟者摒弃他们的吸烟习惯。同样,Sheeran 等人(1999)通过对避孕套使用决定因素的广泛整合分析发现,觉察到的感染艾滋病的威胁与同性恋使用避孕套的情况只有微弱的联系。因此,通过让人们了解 HIV 和艾滋病危险的干预措施,对于提高避孕套使用率很可能不会奏效。要想确实提高避孕套的使用率,就需要把干预措施的焦点集中在那些最能够把倾向于使用避孕套和不倾向于使用避孕套的人区分开来的信念上。

如果总是在这种分析的基础上设计干预措施,那么,就可以避免很多代价高昂的失败。荷兰教育电视台曾经开办过一个关于艾滋病的健康教育节目。关于这套节目有效性的研究发现可以作为这一论断的例证。这项研究使用问卷,对两组男性和女性中学生在两个时间点上进行了评估。问卷调查的内容包括与 HIV 相关的知识及对于使用避孕套的态度、使用避孕套的觉察规范、使用避孕套的觉察行为控制,以及对于使用避孕套的意图。在两次评估的间隔期间,让一半受试观看了关于艾滋病的健康教育节目,而没有让另一半受试观看该健康教育节目。

学生报告称,他们从这个节目中获得了大量的新信息。干预组对于相关知识的了解有了显著提高,这与这些自我报告结果一致。然而,尽管干预影响了关于 HIV 的知识,但是并没有影响人们使用避孕套的意图。决定意图的,只有关于使用避孕套的态度、觉察(到的)规范以及觉察(到的)有效性。这一发现与其他研究结果一致。那些其他研究显示,无论是知识,还是觉察到的易感染性,似乎都与降低 HIV 感染的行为犯险没有关系。这些发现的明显启示意义是,在以后关于艾滋病的运动中,应该少强调一些关于艾滋病的知识,多关注一些关于避孕套使用的态度、主观规范以及觉察有效性。

缩小意图与行为之间的横沟:形成实施意图

尽管行为意图是一个很好的行为预测因素,但是仍有改善的空间。Sheeran(2002)指出,在对系列整合分析进行综合分析的基础上得出,估计行为变量方差中的28%由意图解释。考虑到测量结果既无完美的信度也无完美的效度,即使完美无缺的理论,也永远解释不了行为方差的100%。因此,这些所解释的行为方差比例,可能低估了意图与行为之间联系的强度。但是,即使我们承认,测量结果中的很多人工杂质衰减了意图与行为之间的关联程度,但是意图与行为之间的横沟仍然很大,足以激发研究人员开发技术,以缩小这条横沟。

最成功的技术莫过于说服人们形成更为具体的实施意图。行为意图的形式为"我打算做X",但实施意图的形式为"我打算在Y情境下做X"(即,如果情境是Y,那么行为是X)。因此,实施意图是最具体的目标,这种目标属于那种只能通过在特定的时间点、特定的情境下执行特定的行为才能实现的目标。评估实施意图效能的典型情况是:研究中先测量意图,之后,实施意图就得以引发;这时,要求一半参试说出自己曾经打算执行给定行为的时间和地点;通过这种方法,就能评估出实施意图的效能。

例如,Sheeran 和 Orbell(2000)要求正在参加一项英格兰医疗实践项目的妇女说明,她们打算在接下来的3个月之内接受子宫颈涂片检查的意图强度,这些妇女都是应该接受子宫颈涂片检查的女性。然后,研究者要求这些参试中的一半说出自己会在什么时候、什么地点、以什么方式预约以完成这项检查。这样就指导参试完成了实施意图的形成工作。要求个体形成实施意图,显著提高了参检率:把参检率从没有实施意图人群的69%一下提高到了有实施意图人群的92%,而这两组参试的行为意图强度并没有差异。许多研究也报告了类似的结果,而且涉及的行为范围很宽。Gollwizer 和 Sheeran(2006)指出,引发实施意图对缩小意图与行为之间横沟的效应值介于中和大之间($d=0.65$)。

实施意图是如何起作用的? 人们未执行自己意图的一种理由是,在机会出现时,他们只是"忘记"了还要执行意图这件事。通过明确指出行为应该执行的时间和情境,所指出情境环境线索的心理表征得到激活,变得高度容易通达,从而确保人们在遇到自己计划要执行的情境时,一下就想起自己的意图。进而,实施意图的形成也会建立(或者加强)情境线索与实施目标反应之间的联系。结果,实施意图的形成提高了人们在特定情境出现时想起行为意图的可能性。

为了支持这些假定,Sheeran(2002)通过对 Sheeran 和 Orbell(2000)研究的重新分析,发现74%的参试在确定了实施意图的当日就预约了子宫颈涂片检查之事。Aarts 等人(1998)指出,为实施意图的记忆效应提供了更加直接的证据。在这次研究中,Aarts 等人要求学生参试到自助餐厅去(明显是为了记录下各种食物的价格),但是要求参试在去这家自助餐厅的路上得先到系办公室领一下食品消费券。办公室的地址描述是:"走廊的那端""第一扇回转门后面""靠近红色消防软管"。为了引发实施意图,要求一半的参试对领取消费券所需的步骤进行规划。要求控制条件下的参试对"花掉"这些消费券所需的步骤(无关规划条件)进行规划。

在干预任务之后,前往自助餐厅之前,要求参试完成一项词汇判断任务(好让参试评估一下概念的认知通达性)。在词汇判断任务中出现的词汇,包括了关键性的词语“走廊”“回转门”“红色”和“消防软管”。就像预期的那样,形成实施意图的参试识别关键性词语所用的时间更短,而且更有可能在去自助餐厅的路上领取消费券。这与假定的结果一致:情境线索(即回转门和红色消防软管)具有更高的认知通达性,以中介的方式影响了实施意图对行为的作用。换言之,形成过实施意图的个体更加成功地领取了消费券,原因是他们更加能够受到情境线索的提醒去执行该行动。

对于只需要付出很少努力的行动,例如打电话预约或者领取消费券,在适当时间得到提醒也许就足以确保该行动得到执行。对于已经烂熟且容易执行的行动,甚至作为对情景线索的反应就自动得以执行。对于难以执行的行为,例如戒烟或减少热量摄入,仅仅提醒一下意图就能确保行动得到执行,这好像不大有人会相信。不过,与实验人员沟通实施意图也可能增加个体在研究中执行该行为的承诺力度。因为在研究当中,必须要记录下参试的实施意图。

Ajzen 等人(2009)的研究表明了承诺的重要性。他们在析因设计中,对承诺和实施意图进行了操纵。先要求受试形成意图:在四月具体的一天对地方性和全国性的新闻广播评级;到了四月之后,参试要么接到要求,要他们选一个具体的日期来完成此项任务(实施意图),要么没有被要求选出一天。为了把操纵拦腰截断,要求一半参试签署承诺书,承诺自己会完成这项研究,但没有要求另一半参试签署这种承诺书。承诺和实施意图的形成两者一起把服从率提高了大约20%。然而,这两个因素之间的显著交互作用表明:形成实施意图只对那些没有承诺的个体有效。

形成实施意图也导致了自我承诺,这种自我承诺应该增大目标违反的显著性,因此,在个体未能执行自己意图的情况下就会有一种预期的罪恶感。例如,如果一个人形成实施意图,要在 12 月 31 日午夜开始戒烟,那么,此人在第二年 1 月 1 日所吸的任何一根烟,都明显违反了该实施意图。相反,如果一个人违反了在不久的将来戒烟这一目标意图,那么,这个人就不可能体验到明显的目标违反效应。原因是,仍然不清楚,在哪个时间点上还继续吸烟会违反此戒烟意图。

目前,绝大多数关于实施意图的研究都是用趋达型目标做的,是让个体形成执行特定行动的意图,特定情境一旦出现,就执行特定的行动。与趋达型目标不同的是回避型目标。趋达型目标是,在个体有不执行意图行动的危险时提醒个体继续下去;回避型目标则是,必须提醒人们抑制住不需要的反应。遗憾的是,大量的健康行为涉及的都是回避型目标,例如抵挡住卷烟或高脂肪食物的诱惑。

实现回避型目标的困难是,对于实施意图的“如果部分”,通常还没有一清二楚的线索,因为典型情况下,人们并不知道自己会在什么时候、什么地点被诱惑征服。不过,目前有几种策略供个体用来形成实施意图,以帮助他们抵挡住具体的诱惑。在每一种情况下,个体都首先需要确定出自己向目标诱惑屈服的高危情境;其次,个体需要考虑可能有助于自己抵挡诱惑的应对反应;再次,进行把应对反应与情境联系起来的认知训练。这种实施意图的有效性,不仅取决于个体是否能在正确的时刻想起应对策略,还取决于该应对策略是否真的能帮助他们抵挡住诱惑。一种可能是,把应对反应与诱惑体验本身联系起来。例如,如果我们抵御不住巧克力。那么,在即将向巧克力屈服和要吃之前,我们可以回想一下上一次的诱惑体验。于是,我们就会形成实施意图,每当我们体验到这种渴望时,我们就可以想起自己的节食计划,想起减肥的各种理由。另一种做法是,我们可以用避免购买巧克力的方法,在更早的阶段实施干预。我们可以这样形成自己的实施意图:每当我们看见摆在超市货架上的巧克力并忍不住想把它放入我们的购物车时,想一想自己的节食计划(或者想一想,体重减少几斤后自己会有多么好看)。

对于回避型目标,目前关于实施意图有效性的实证研究尽管不是很多,但还是有一些。例如,Achtziger 等人(2008)在研究中指出,让人们形成这样的实施意图:每当他们想起某种(之前被确定为具有诱惑性的)零食时,他们就应当忽略这种想法。尽管所有参试都减少了特定零食的摄入量,但是,形成过实施意图个体的零食摄入量减少的幅度显著增大。Adriaanse 等人(2009)在研究中指出,要求受试找出在哪种具体的情境下(例如感觉无聊的时候、进行社交的时候),自己特别抵御不住吃不健康零食的诱惑。然后,研究人员教导受试在这些情境下用健康零食取代不健康零食。有了这些实施意图后,人们不健康零食的摄入量得以减少,而健康零食的摄入量有所增加。在一项即将发表的研究中,van Koningsbruggen 等人要求受试,对于每一个需要他们记住的诱惑性零食,都要说出各自上一次忍不住吃它的时间。然后,研究人员教导形成实施意图,以在下一次忍不住要吃零食 X 或 Y 的时候想起自己的节食计划。结果也一样,在接下来的两个星期里,有实施意图的受试吃零食的可能性更小。可见,毫无疑问,实施意图的形成会提高人们执行自己意图的可能性,即使这个意图是对诱惑的回避。

超越理由和计划:意图脱轨之时

在前一部分中,我对行为的各种经典理论做了评述。这些理论都把行动看作对行为各种备选方案的可能后果进行了仔细考虑的结果。这些理论要么含蓄地、要么明确地假定,信念和态度对行为的影响是通过意图这个中介而起作用的。被假定为行为最直接原因的正是此意图。但是,正如我们前面讨论中所指出的那样,各种意图一起也只能解释很有限的行为。在意图和行为之间,存在一条很大的横沟。而且,造成这条横沟的主要是个体,是那些未能执行自己意图的个体。在这一部分,我将讨论外在线索在没有意识干预的情况下是如何自动触发行为,从而使我们的良好意图成功脱离轨道。

有一种假定认为,目标追求始终反映意识的过程,在这一过程中,人们既意识到了目标的存在,也意识到了自己追求该目标的意图。我首先要评述的,就是那些挑战这一假定的研究。目标可以在人们毫无意识的情况下由环境线索激发,支持这种说法的证据越来越多。只要这些由环境启动的目标与我们有意识追求的目标意图一致,冲突就不会出现。如果我们的节食意图被商店橱窗里显示的我们臃肿的形象所加强,那么,环境启动就不会干扰我们的有意图行为。

但是很遗憾,环境启动因素往往使我们的自我控制变得糟糕。要么糖果店橱窗里陈列的甜点令人垂涎欲滴,要么隔壁餐厅里的美食飘香四溢,这些都会启动进食快乐的目标,但同时又会破坏我们节食的坚定意图,从而危及我们的减肥计划。只要我们有强烈动机去追求减肥、戒酒或戒烟的长期目标,只要我们能够完全专注于根据自己的意图行事,我们就能够抵挡住这些诱惑。然而,在我们的动机资源或认知资源被用尽之后,我们也许就不能坚持自己的良好意图。

目标的自动影响和有意影响

在意图没有形成的情况下,环境线索就可以触发目标导向行为,这条证据颇有启发意义。无意识目标追求理论与有意识目标追求理论的共同基本假定是:目标是以有关行为或结果的意欲状态在心理上表征的。目标是可以得到的、个体持正面态度的结果。进而言之,目标若要能够激起追求欲,那么,在个体的实际状态与意欲状态之间必须存在差异。与有意识意图一样,无意识目标也是由态度、社会规范以及觉察行为控制决定的。主要的差别是,无意识目标追求理论假定:目标可以无意识地被激活、被追求,而不需要个体形成有意识的意图。有意识的目标追求理论假定,目标之前就存在于行动者的意识之中,并构成其知识结构的一部分,包括目标本身、目标实现的环境(机会)以及到达目标所需要采取的行动(手段)。

认知通达性指的是,储存在记忆中的信息可以被提取的容易程度和速度。启动因素指那些能够增强认知构念通达性的触发刺激。启动指的是这样的一种现象,在一种环境下接触过一个物体或单词,不仅增加该物体或概念心理表征的通达性,而且也增加关联物体或概念的通达性。结果,在随后不相关的环境中,被激活的概念会在一定时间段内,对个体的行为产生非意想的影响,而个体却意识不到这种影响。通过让个体接触目标物体(例如蛋糕),或者接触过去经常与目标追求联系在一起的情境线索(例如酒吧的开门时间、晚餐时间),就可以在意识之外把目标激活。

很多研究已经表明,启动可以在个体没有意识到启动因素或者目标的情况下激活目标。例如,Holland 等人(2005)指出,让一半的参试在没有意识到一种多用途清洁剂气味存在的情况下接触这种气味。当要求参试列出在当天剩余时间里所希望开展的 5 种家庭活动时,与没有接触这种清洁剂气味的个体相比,更多接触了这种清洁剂气味的个体把清洗列为自己的目标。这暗示,清洁剂的气味增加了清洗概念的通达性,在要求提取家庭活动的计划和目标时,参试便用了这个概念。

在这项研究中,研究者只是表明,目标启动对目标设定产生了影响。也有充足的证据示明,启动能够影响目标实施。例如,Bargh 等人(2005)在研究中指出,悄悄地让参试接触"合作"和"共享"之类的词语以启动合作目标。之后,参试参加了资源困境任务。在任务中参试可以为了自身的利益保留任何利润或者补充公共资源池。与(没有被启动的)控制组参试相比,受合作目标启动的参试更有可能补充公共资源。对于接触到明显合作目标的参试,在他们身上也观察到了同样的效果。但是,在(之后评估的)比赛期间,只有在得到明确指示的参试身上发现合作意图与合作行为程度相关,在由于启动而形成了意图的参试身上,并没有发现这种关系。因此,受合作有关词汇启动的个体,参与了更具合作性的行为。很明显,他们没有形成打算执行这种行为的有意识意图。

如前面讨论的那样,为了使行为被采纳为目标,行为的心理表征不仅必须具有认知通达性,而且还必须与正面情感关联。因此,用"合作"和"共享"这类词语启动就不会增加人们的合作性,除非他们确实喜欢以合作的方式行事。Custers 和 Aarts(2005)系列研究中示明:除非行为目标与正面情感相关联,否则是不会被采纳的。在大部分这些研究中,Custers 和 Aarts 用评价性条件反射技术,把先前的中性目标与正面情感联系起来。在这些评价性条件反射的试验阶段,让目标以下意识的方式出现,而让用作无条件刺激的正面词语和中性词语通过上意识的方式出现。这一过程不仅可以操控参试对目标的态度(即目标是否与正面或中性情感相关联),它还提高了行为目标的认知通达性。

于是,Custers 和 Aarts(2005)示明:对先前中性的行为目标进行正面条件反射训练,不仅让人们更加想要做出该行为(用口头选择任务评估),而且还影响了行为。在其中的一项研究中,让"做数字序列谜题"这一相对中性的行为要么与评价性条件反射任务中的正面词语关联,要么与评价性条件反射任务中的中性词语关联(实验4)。之后告知参试,如果时间充裕,在做数字序列谜题之前,他们还要完成另外一项任务。这是一项只需要点击鼠标就可以完成的任务。任务要求,参试必须根据指定的模式点击复选框从而完成5个屏幕的复选任务。由于可以假定,个体越是想做之后的谜题,他们完成任务的速度就越快,所以,个体完成点击鼠标任务的速度是对目标趋达行为的一种量度。正如预测的那样,如果事前用正面词语而不是中性词语对做谜题这项任务进行过条件反射训练,那么参试完成的速度就会更快。进而,当正面目标已经无意识地被采纳,个体完成的速度也同样快。研究中,实验人员教导参试说,如果他们能够完成谜题,那将令人满意。

在另一项研究中,Custers 和 Aarts 采用了一种对学生来说具有正面价值的目标——"社交"。在看上去像3个独立实验的第一部分中,研究人员要么通过社交词语,下意识地启动参试以操控社交的认知通达性,要么通过中性词语启动参试以操控社交的认知通达性。之后,参试必须执行鼠标点击任务。还必须告知参试,如果时间充裕,他们还可以参加抽奖活动,奖品是将在当周后期举行的学生"舞蹈节"门票。这次,参试完成鼠标点击任务的速度也是兴趣的因变量。在实验的最后,用内隐态度量具评估参试的社交评价。和预测的一致,鼠标点击任务完成的速度越快,参试对社交的态度就越积极。但是,只有在社交目标下意识启动过的参试中,才出现这种关联性。因此,只有当社交目标属于有吸引力的目标并且在认知上可以通达时,它才可以影响行为。

可是,值得注意的是,这些研究中的目标启动只是引起了行为的改变,这是人们故意引发的。因此,Bargh 等人(2001)指出,参加资源困境任务这一行为属于参试的有意行为,是参试对主试指示的反应。无意识启动只影响比赛的方式,而不是比赛是否举行这一事实。同样,Custers 和 Aarts(2005a,2007)指出,启动影响了鼠标点击任务的执行速度,而没有影响参试是否执行任务这一事实。因此,接触食物启动因素能诱导慢性节食者在不知不觉中沉溺于高热量食物之中,这似乎不大可信。但是,由于涉及自我控制困境(例如沉溺于高热量食物或者陷入戒烟意图之中)的目标与正面情感强烈相关(否则就不存在困境),启动能很容易地转变此类困境中的微妙平衡局面。

自我控制困境及其解决方案

只要无意识启动的目标与人们有意识追求的意图一致,就不会出现目标冲突。但是,从健康心理学的观点看,人们的意图与行为之间之所以存在差异的最重要原因是,在诱惑面前不能把欲望推迟。这些诱惑提高了之前被抑制着的享乐目标的认知通达性,而享乐目标与个人长期目标并不一致。长期目标的问题在于,将来某个时期的苗条身材或更长的寿命,常常并没有当下的冰激凌或凉爽的葡萄酒那样令人有受益感。因此,无论诱惑是以破坏当天节食计划的冰激凌或巧克力形式出现,还是以摧毁一天或一周无酒计划的凉爽葡萄酒的形式出现,重要的是,意图与行为之间的横沟是自我控制的崩溃。而自我控制或自我调节又是人们为了个人标准或目标而调节自己行为、注意力以及情绪的能力,包括重造或改变自己的内心反应以及中断自己不好的行为倾向并克制自己不去执行这些倾向。

在社会心理学中,有几种模型都是在理论上说明这种失控现象的。其中有些模型还区分了两种不同的系统。一种是负面的、不需要努力的、快速的、由直觉和情感引导的体验系统,另一种是有意的、需要努力的、基于逻辑的、缓慢的理性分析系统。理性系统处在意识的控制之下,其运行与前面一章中描述的模型一致。与此不同,体验系统的运行是自动的,没有多少意识输入。

这种双重系统理论的一个极好例子是由 Strack 和 Deutsch(2004)提出的熟虑—冲动模型。该模型已经频繁地应用于健康行为领域。熟虑—冲动模型将自我调节设想为冲动系统与熟虑系统之间的冲突。模型假定,冲动的出现源自长时记忆中联想串的激活。这些联想串是由外部刺激和外部刺激的情感反应及行为倾向的联合激活创造的。例如,通过反复食用冰激凌,冰激凌的概念、对冰激凌体验的正面情感反应以及引起正面情感反应的行为(即,用舌头舔冰激凌甜筒)就变得相关。一旦被学会,这类联想串就能够被知觉输入(例如看见一个冰激凌摊)或内在刺激(例如想念冰激凌)所触发。此人在将来遇到此类冰激凌刺激时,这种"冰激凌串"可能会被再次激活,从而自动触发想要购买并且吃冰激凌的相应冲动。

与此不同,熟虑系统使用的信息是关于潜在后果价值和可能性的知识。经过对这些信息的权衡和整合,形成更喜欢某个行为的决定。尽管冲动系统几乎不需要什么资源,但是,熟虑系统需要很多的认知本领。因此,个体必须同时具有深思熟虑的动机和使用熟虑系统的能力。如果问题不重要,或者认知资源被用尽,或者被投入其他任务之中,那么,个体就无法使用自己的熟虑系统。由于冲动系统始终都处于运行状态,所以,那些干扰熟虑系统的因素就会引起由冲动导致的行为。因此,熟虑—冲动模型使人们认为:在个体不具有明确动机或不能掌控情况时,与态度的外显量度结果相比,态度的内隐量度结果能更好地预测行为。与此相反,当个体具有动机且能够掌控情况时,态度的外显量度结果应该能更好地预测行为。

鉴于熟虑—冲动模型假定,由于态度或冲动的自动激活使得意图失效,我们的目标冲突模型提出,尽管目标往往被自动激活,但是在面对诱惑时,违反个人目标的个体是意识到了自己所做的事情的。在这种情况下,个体会感受到冲突,他们通常并不是不做任何斗争就向诱惑屈服。我们模型的初衷是,说明慢性节食者为什么常常不能成功坚持自己的低热量进食计划,但是,该模型适用于任何自我控制困境的情况。这时,个体不得不在眼前但短时的获益与长期但持久的结果之间做出选择。

为了解释对节食情况的目标冲突模型,让慢性节食者体验了两种动机或目标之间的冲突。这两种目标是进食乐趣目标和体重控制目标。至少,对于从高热量食物中获得进食乐趣的人们来说,这两种目标是不相容的。由于他们一次又一次地努力控制自己的体重,因此,对于慢性节食者而言,他们的节食目标是高度可通达的,比进食乐趣目标占据着更重要心理位置。因此,在没有美味佳肴刺激的情况下,他们没有必要投入任何动机或认知资源以确保自己的节食计划。然而,由于我们生活在食物丰富的环境中,总会接触到一些代表美味佳肴的刺激,让慢性节食者进食乐趣目标的通达性升高。熟食店的窗口、汉堡摊飘出的烤肉香味、涂了一层巧克力的冰激凌图片等,这些都能触发我们的饮食乐趣目标,促使我们向美味佳肴靠近。如果慢性节食者具备很强的动机和高度认知能力,能把自己的注意力集中到节食目标上,那他们可能就会成功地抵挡住诱惑。但是,如果他们的动机或认知资源被用尽,进食乐趣目标就会占主导地位,自我控制冲突也会变得强烈。不幸的是,慢性节食者在斗争过程中很容易缴械:各种美味佳肴的刺激不断撩拨我们,使我们的进食乐趣目标成为主导目标,抑制我们控制饮食的种种想法。由于内隐态度引发自发评价性反应,自发评价性反应又反映诱惑物的吸引力,所以,我们的模型还可以预测,在动机或认知资源被用尽的情况下,内隐态度变量比外显态度变量能更好地预测行为变量。

态度对行为的自动影响

正如前面讨论过的那样,由内隐态度量度所评估的态度反映的是对态度对象的自动评价结果,这种评价是前意识的,而由外显态度量度所评估得到的态度分数反映的则是建立在对于备择行动的信念和期望后果基础之上的评价。尽管内隐和外显态度量度经常趋同,但是在某些条件下,两者变得趋异。其中,自我控制困境就属于这两者趋异的一个方面。当即刻便可得到的享乐受益体验与减肥、戒酒或忠实于婚姻这样的长期个人目标相违背时,自我控制困境就会出现。享乐体验越令人向往且我们的动机和认知控制资源越低,自我控制就会越发困难。因为内隐量度是享乐体验的直接反映,而外显量度要受到对违反个人目标的潜在负面后果信念的严重影响,所以,在自我控制资源被用尽时,内隐量度就成为行为较好的预测变量,但在人们有能力、有动机施加自我控制时,外显量度就能够更好地预测行为。

多项研究结果都支持这些假定。在这些研究中,既用内隐量度评估了人们对这些有诱惑力食物的态度,也用外显量度进行了评估;然后,再在控制资源非常丰富或被用尽的条件下,测量这些食物的摄入量。例如,Friese 等人(2008)研究(实验 1)指出,研究者分别用内隐联想测验和外显态度量具测量了参试对于巧克力和水果的态度。通过让参试从一个装有 5 种不同小水果和 5 种不同小巧克力棒的盒子中选择 5 个,研究者评估了参试的水果与巧克力摄入量。通过让一半参试在高认知负荷条件(必须记住一个 8 位数)下进行选择而让另一半参试在低认知负荷条件(必须记住一个 1 位数)下进行选择的方法,研究者对参试的认知资源进行了操控。测量中的因变量是所选择的巧克力棒的数量。与预测一致,在预测选择方面,认知负荷操控与态度量度类型有显著的交互作用。简单斜率分析表明:在低认知负荷条件下,预测所选巧克力棒数量的是外显量度,而不是内隐量度;但在高认知负荷条件下,效果则相反。

在第二项实验中,Friese 等人(2008)通过自我损耗操控法对参试的动机资源进行了操控。根据由 Baumeister 等人(1998)提出的自我调节模型(该模型影响力很大),自我控制施加能力所依赖的资源很有限,对自我控制的任何施加都会耗尽这一资源。Baumeister 等人用肌肉类比自我控制资源的耗尽:就像对肌肉施加力量会使肌肉疲劳一样,施加自我控制也会耗尽自我控制资源,从而降低人们施加自我控制的能力。有几项研究示明,自我的损耗会降低克制标准对健康有关结果的影响。不过,这些研究没有涉及对内隐态度的测量。如前所论,向诱惑屈服的可能性一方面取决于自己控制资源(动机和能力)量的相对多少,另一方面取决于诱惑力的大小。诱惑力越大且自己的控制资源越少,我们向诱惑屈服的概率就越大。

Friese 等人(2008)还用内隐和外显态度量度测量了参试对薯片的态度。通过让参试观看可以激发他们情绪的电影,研究者对自我损耗进行了操控。实验中,告诉处在自我损耗条件下的参试要抑制住自己的情绪,而告诉处在控制条件下的参试要流露出自己的情绪。看完电影后,参试必须从多个维度对薯片样本的味道进行评级。测量中的因变量就是参试吃掉的薯片量。结果和前一项实验一样,在条件和态度量度的种类之间存在显著的交互作用。简单斜率分析表明:内隐量度预测了自我损耗条件下的摄入量,但不能预测控制条件下的摄入量;外显量度预测了控制条件下的摄入量,但不能预测自我损耗条件下的摄入量。自我损耗对进食掉的薯片量有微弱显著的主效应,处在自我损耗条件下的参试吃掉的薯片稍多。因此,动机资源一旦被用尽,行为就会受自动反应的管制,而不是受控行动的管制。

饮酒可能减少认知和动机资源,因而经常使人们违反自己的自我控制目标。所以人们会期望,内隐态度要比外显态度能更好地预测自我控制困境中的酒后行为。关于这一假定,Hofmann 和 Friese(2008)指出,在这项研究中,要求参试对巧克力糖果进行检验和评定。在味道检验之前 30 分钟,给一半参试喝了橘子汁,而给另一半参试喝了掺有伏特加酒的橘子汁。关于酒精操控的研究发现完全重复了在自我损耗方面的研究结果。在有酒精作用的条件下,内隐态度是更好的摄入量预测因素;而在没有酒精作用的条件下,外显量度则更好地预测了摄入量。酒精对饮食行为也有主效应,这也确认了酒精能使人吃更多东西的论断。

Ostafin 等人(2008)使用了另一种不太相同的范式。在这项研究中,他们评估了自我损耗对习惯性大量饮酒个体(处于危险中的饮酒者)饮酒量的影响。他们用外显或内隐量度测量了参试的饮酒动机。通过让参试必须对 3 种不同啤酒进行味道等级评定的方法,评估出了参试的酒精摄入量。为了让参试有动机控制自己的饮酒行为,研究人员告诉参试:他们品尝完啤酒的味道之后,还要接受反应时测验,而且,如果他们反应时足够快,他们还能得到一份奖品。和之前研究的情况一样,内隐量度在自我损耗条件下比在控制条件下能够更好地预测酒精摄入量,自我损耗还导致了酒精摄入量的增加。但是,与之前研究结果不同的是,外显量度在两种条件下都没有预测酒精的摄入量。

我们似乎可以假定,在低自我损耗条件下,外显量度不能预测酒精摄入量的原因是,承诺要根据反应时测试结果给参试发奖,这样就在实验中引入了额外的约束。Friese 等人(2008)的研究(实验 3),提供了支持这个假定的证据。在那项实验中,除了克制操控之外,其他的都与上述 Ostafin 等人的研究一模一样。Friese 等人的研究重复了自己之前的研究发现:内隐量度只在有自我损耗但无控制的条件下才能预测啤酒摄入量,外显量度只在有控制但无自我损耗的条件下才能预测啤酒摄入量。此外,主效应再次出现:当有自我损耗时,每个参试都饮用了更多的酒。

这些研究表明,决定即时受益与长远个人目标之间自我控制冲突结果的是两组因素,一组是(反映在内隐量度上的)即时受益的吸引力,另一组是个体可以获取的用来抵挡诱惑的动机和认知资源。这些资源的耗损会增加自我控制崩溃的危险。所以,节食中的人不能一边吃东西一边看电视,不能喝酒,也不能因参与另外一场自我控制战斗而耗损自己的自我控制资源,例如在节食的同时也尝试戒烟。

习惯对行为的自动影响

健康心理学感兴趣的行为大都是经常性的,因此,很可能已经变成了习惯。习惯就是各种学得举动的序列,这些序列已经成为对特定线索的自动化反应,并且有助于获取某些目标或最终状态。只要我们的习惯性行为符合自己的健康目标,习惯就没有什么问题。但是遗憾的是,情况并非经常如此。希望改掉习惯的吸烟者,或者,希望养成更加健康饮食习惯的快餐上瘾者,他们都面临这样的环境线索,在过去,这些环境线索一直都和他们各自的习惯联系在一起,而且很可能会触发令人反感的行为序列。

大多数的习惯理论家都同意,习惯是以往目标追求的残留物。当人们在特定的环境下一次又一次地使用特定的行为手段来达到自己的目标时,习惯就会形成。如果人们频繁且定期在稳定的环境条件下执行某种行为,那么这种行为就会变成习惯性行为。认知上,习惯是以目标与行为反应之间的联系为表征的,这种行为反应在目标激活时会引起自动化的行为反应。因此,如果我们老是驾车去上班,那么,“去办公室”这个目标就会自动引发“开车”这一行为反应。我们可能会不假思索地走向自己的汽车,即使我们不得不乘坐公交车,因为我们的汽车正在修理店大修。

要是一年只执行一次,或者,执行的环境条件不稳定,那么,该行为就不可能变成习惯性行为。因此,我们买日用杂货的行为(例如超市的选择、洗衣粉、食用油、人造黄油、牙膏等品牌的选择)大都是习惯性和自动化的(意思是,一旦决定了要去买杂货,我们并不是必须得专心考虑要去哪里买?要买哪种品牌的食用油、人造黄油或牙膏),但是在购买圣诞节礼物之前,我们需要专心专意地考虑很多问题。同样,要是我们搬到另外一个城镇,那里停车很困难,人们要么乘公交车,要么骑自行车,那么“去办公室”这一目标就不可能会引发“开车”这一反应。或者说,如果我们吃快餐的习惯与我们周围的中式外卖餐馆密切联系,那么,在不同的环境中生活会使我们改掉这种习惯变得更加容易。

由于习惯性行为的执行是自动化的,不需要专心致志,所以,这种行为最大的优势是,我们能够把(有限的)认知资源用于其他目的。因此,如果我们总是开车去上班,那么,我们就不需要考虑要选择乘坐哪种交通工具去办公室,而是在驾车上班的途中,可以从容不迫地规划自己当天的时间,而不是专心致志地去完成那些大量的驾驶汽车要求的各种动作,或者专心致志地规划自己去办公室必须要走的路线。习惯性行为自动化的最大弱势是,如果意图已经形成,那就很难改变。事实证明,在平常回家的路上临时改变路线去取一趟快递也会相当困难。我们也许承诺在超市购买一些晚餐所需要的物品,但是当我们回到家的时候才发现,自己竟然完全忘记了要变道去超市买东西的计划,而是沿往常路线直接回到了家。

为什么习惯就很难改掉呢?原因之一是记忆。由于在记忆中,习惯是以目标与行为反应之间的联系而表征的,所以在目标被激活时,习惯性行为反应才最有可能被想起。这就是为什么尽管车在修理店维修而没有停在外面,人们还是会走到停车点去找车。在这种情况下,要改掉这种习惯并选择另一种交通方式,人们只需要一个提醒,提醒人们自己的车正在修理。与驾驶汽车相比,乘坐公交车或骑自行车可能需要付出更多的努力(否则,人们不会经常开车去上班),但是差别可能比预期的要小。在不得不乘坐几次公交车之后,人们甚至可能会决定,让公交车成为自己去办公室的常用交通工具。

许多有损健康行为一旦成为习惯后便很棘手的原因是,与其他备选行为相比,这些习惯性的行为与更加正面的情感联系在了一起。因此,对于那些试图戒烟的人来说,现时的一口尼古丁比那遥远未来增加的几天寿命要更有受益感;对于节食者来说,汉堡带来的即刻享受比未来某个时候所可能获得的苗条身材更有受益感。此外,习惯性反应经常发生的环境,可作为一种线索让整个相关知识结构使用。例如,对于正在努力戒烟的人来说,在酒吧与朋友共饮(和他以前吸烟享乐的环境完全一样)不仅会使他想起卷烟的味道,而且会使他想起以前吸烟时的快乐。同样,一个人曾经在回家的路上去附近某家比萨店吃比萨,每周3次,但是为了减少体重而拒绝了此等饮食快乐,对于此人,每当他在回家的路上经过这家比萨店时,就会想起饮食之乐,从而垂涎欲滴。在不同情况下,旧习复发的危险都很大。烟民每次力图戒烟的成功率只有5%,节食者因为回到以前的饮食习惯的概率要比因为节食的概率更大。由于提醒我们习惯性反应以及与之相联系的情感后果的,是我们通常作出该具体行为的环境,因而在习惯性行为通常发生的环境下,旧习复发的危险似乎应该最大。

正因为这样,与在其他境况下评估得出的我们的意图相比,我们在常规且稳定环境条件下作出的行为更能通过以前我们在这些情境中的行为预测到。而意图能更好预测到的则是那些我们不经常作出的行为,而且作出的条件变化很大。Oulette 和 Wood(1998)的整合分析支持了这些假定。该报告整合分析的研究都包括一些关于过去行为的量度,专门用来检验各种理性行动和计划行为理论。与预测一致,对于那些一年只有一次或两次的且在不稳定环境下执行的行为,意图是比过去行为量度更好的预测变量。而对于那些要定期且在稳定环境下执行的行为,过去行为量度则是比意图更好的预测变量。这些发现的确与习惯性行为是自动化的行为这一假定一致,这里,自动化的意思是指这类行为是由环境线索引发的,而不是由有意识的意图引导的。

对这条假定给出进一步支持,Danner 等人(2008)对在吃零食和饮酒中习惯的作用作出了研究。在研究的第一阶段,他们测量了吃零食、喝牛奶以及喝酒这3种行为在过去的频次和环境稳定性。然后,把这两种量度组合为习惯强度指数。此外,还评估了参试打算在之后4周执行这些行为的意图。4周之后,参试必须报告各自在这 4 周期间执行每种行为的频次。对于每一种行为,意图和习惯强度都存在显著的主效应,其中,意图对吃零食的主效应只是微弱显著。对于吃零食和喝牛奶(不包括喝酒),也观察到了所预测的习惯强度与意图之间的交互作用;在习惯强度较弱时,意图预测了吃零食行为和喝牛奶行为;在习惯强度较强时,意图则预测不了这两种行为。关于喝酒行为,研究发现的模式也类似,但交互作用并没有达到统计显著性水平。对于购买快餐、一边乘坐公交车一边观看电视新闻以及吃水果蔬菜的行为,也观察到,当习惯被当作稳定环境中的频繁表现时,习惯比意图能更好地预测行为。

如果习惯的心理表征形式是目标与有助于实现这些目标行为之间的联系,那么,目标的激活也会激活行为的表征。因此,如果一名学生总是骑自行车去大学,那么,行为目标(必须去听讲座)的激活就会自动引发习惯性的反应(骑自行车)。Aarts 和 Dijksterhuis(2000)指出这一假设,在一项以学生为参试的研究中获得了支持证据。这些学生参试都是自行车惯用者,但各自的习惯程度有所变化。在一项前测中,研究者在大学城里确定了 5 个学生骑自行车能够到达的地方(例如购物中心、大学),还确定了学生为什么想要到达这些地方的主要原因(例如购物、上课)。然后,研究者让其中一半的参试阅读一些句子。这些句子在不提及这些地方的条件下启动了这 5 个出行目标(例如听讲座)。这么做的假定是,阅读这些句子会在认知上激活那 5 个出行目标。之后,在一项显然无关的任务中,研究者为所有参试展示出这 5 个地方以及一个描述出行方式的词语,要求参试必须以最快的速度确定,所展示的出行方式是不是到达指定地方的合理方式。研究的因变量是回答该问题所用的时间。与预测效果一致,当提供的出行方式是“自行车”时,习惯骑自行车的参试比不习惯骑自行车的参试反应得更快,但只是被相关出行目标启动之后才这样。在没有目标启动的情况下,对作为出行方式的“自行车”的反应,习惯骑自行车的并不比不习惯骑自行车的更快。这就排除了这样的解释:因为习惯骑自行车的人更熟悉“自行车”这一概念,所以他们的反应更快。对于习惯骑自行车的人来说,如果要将“骑自行车”激活成出行方式,那么就必须激活相关的出行目标。

如果习惯在认知上被表征为目标与有助于实现这些目标的行为之间的联系,那么,实施意图的形成过程也应该和习惯的形成过程一样。毕竟,在实施意图的形成过程中,个体要在环境线索与特定行动之间创建一条链接。对于习惯,有关情境与行为之间的联系是通过多次重复该行为而学得的;但对于实施意图,学得这种联系的方式则是在心中多次重复模拟在特定情境中执行这一行为。Aarts 和 Dijksterhuis(2000)为这一假定提供了支持证据。在这项研究中,研究者使用了以上描述过的出行目标范式。在此次研究中,Aarts 和

Dijksterhuis 让所有的参试都接触目标启动因素，但同时增加了实施意图条件这个因素，从而根据习惯程度，把参试分为习惯骑自行车和不习惯骑自行车两类。要求参试写下各自的每种出行目标，并明确规划如何实现这些目标。通过这种方式，研究者让参试形成了各自的实施意图。同样，该研究中的因变量也是参试在词汇判断任务中认出“自行车”这一词汇所用的时间。根据预测，实施意图的形成方式与习惯的形成方式相同。研究结果支持了这一预测，形成执行意图之后的不习惯骑自行车的参试，比无实施意图的不习惯骑自行车的参试以更快的速度识别出“自行车”这个词。事实上，形成实施意图之后的不习惯骑自行车的参试与无执行意图的习惯骑自行车的参试以同样快的速度识别出了“自行车”这个词。形成实施意图对习惯骑自行车的参试没有效果。

改掉习惯：对干预措施的启示意义

习惯性行为的发起和执行或多或少是自动化的，并没有行为人主体有意识的计划或选择。这一事实对制订旨在改变习惯性行为的干预计划具有启示意义。首先，有证据表明，如果习惯很强烈，那么个体就不大有兴趣关注那些与习惯性行为有关的信息。即使通过劝说沟通后，能够成功诱导个体形成改变习惯性行为的意图，但是，个体在执行此决定时也会遇到困难。这些困难也许仅仅是因为，个体必须有意识地想起那些控制以前自己自动化行为所需要的具体步骤。有个笑话说，有位公交车司机，每当她开着私家车带着家人购物时，每到她公交车线路的车站她都会停车。这个故事也许有些夸张，不过我们大多数人还是有过类似的经历：经常到朋友的老住地去拜访朋友，虽然我们也知道朋友已经搬走了；或者，拨打某个不用的旧电话号码，尽管我们也清楚知道新的在用电话号码。

在这些情况下，为了改变旧习，人们要做的只不过是必须想起用备选的执行程序来代替习惯性的执行程序。如果没有用来替代旧习的备选程序，那么，要改掉习惯可能就更困难了。例如，那些希望戒烟、减少酒量或食量的人，就必须在没有什么可用来替代的条件下强行中断给定的行为序列。根据 Mandler(1975)的观点，中断一组集成在一起的反应序列要产生一种唤醒状态，在没有备选反应(完成或替换)存在的情况下，这种状态就会发展成一种情感表达，这种表达通常就是焦虑。此外，对于食欲行为，有意识中断习惯性事件序列的做法，可能会引起冲动和渴望。节食者可能无法让自己不想到食物，这就和吸烟者不能避免想起烟一样。此外，对于像吸烟或酗酒这样的上瘾性行为，尼古丁或酒精剥夺可能会引起一些有损正常机能的生理反应。因此，为了使干预成功，我们不仅需要说服个体戒烟，或者说服他们减少酒量，我们还不得不教导他们如何中断环境和内部刺激条件之间的联系，以免这些刺激条件激发并支持他们的意戒行为。

有意行动和自动化行动之观点整合

在阅读上一节的过程中,你也许曾经纳闷过:行为是自动发起的呢,还是有意发动的呢?我到底该相信哪个?这个问题是问对了。因为,这是一个颇受争议的问题,而且争论一直都很激烈。一方认为,人类行动大都是无意识和无意图的;另一方则认为,人类行动是由认知告知的,是有意的。不过,这只是两种极端的观点。在此两者之间,还有各种基于两个理论体系的不同解释。Strack 和 Deutsch(2004)提出的反思冲动模型就是其中之一。该模型假定,有一些行为是反思性的,其他行为则是自动化的(即冲动性的)。我个人的观点是,大多数的重要行为都是有意而为的,不过,为什么要执行的原因却往往是由意识之外的内在或外在刺激触发的。我们通常都知道自己在做什么,但却不知道自己为什么要做这件事情。这一点听起来也许有些模糊,容我详细解释。

行为研究的重要特点是要区分行为的诱发与执行。尽管我会经常意识到自己正在驾车去上班(而不是乘公交车或骑自行车去上班),但是由于我思考得太投入,所以我没有意识到自己的行车路线,也不知道我的行车速度。大家都有这样一个共识,执行烂熟行为过程中的调节是在意识之外进行的。因此,Bargh 等人(1996)指出,那些受过对老年人成见启动的学生,沿着走廊走的速度比没有受启动的学生更慢,但这些学生没有意识到自己的速度变慢了,这似乎是无可辩驳的事实。除非人们在匆忙赶路,否则人们通常不会意识到自己走得多快。要是我们不得不有意识地监控自己所有行为的执行过程的话,我们的认知系统就会负荷过重。据我所知,在所有得到启动会影响行为这一结论的研究中,评估的都是行为的执行,而并没有评估行为的诱发。由于关于有意行为的各种理论都试图说明行为的诱发,而不说明行为的执行,因此,那些旨在示明行为的执行受到个体意识之外启动效应影响的研究,是不会与这些理论不一致的。

Ajzen 和 Fishbein(2000)指出,他们自己提出的理论能够轻轻地解释、环境或内在刺激可能对个体意识之外的信念和态度产生影响。他们的理论假定,在考虑行为的时候,态度、主观规范以及觉察行为控制都是可以自动获取的。理性行动说的一个核心要点是,对于执行给定行为的态度是由执行者的显著信念决定的,也就是说,是由几个在特定时刻高度可通达的结果预期决定的。随着时间的推移,由于受到环境和内在线索的影响,这些结果预期的通达性会上下波动。例如在填写调查问卷时,那些表达出自己有坚持低热量饮食打算的个体,也许正在憧憬自己体重大减之后变得美丽的欢乐。因此,那时那刻的显著信念将会是对节食产生正面结果的信念。不过，在这个人正在决定今天晚上要吃一个汉堡包时，引导这个决定的也许是咬一口美味的汉堡包所产生的预期欢乐。这个人不会意识到，自己改变了预期是由于看到了汉堡包广告，或者，是由于闻到了隔壁公园里烤肉的香味。

环境线索和内在线索，也可能会影响我们那时那刻的重要参照个体或群体，从而改变我们关于特定行为的主观规范。例如，学生在陈述自己打算整个周末要努力学习的意图时，可能会想起期望她获得高分的父亲。但是，到了周末，恋人可能会成为她最重要的人，而这个人可能期望与她共度周末。Shah (2003) 指出，环境线索会影响他人的通达性以及与这些他人有关的目标。Shah 表明，用亲密参照个体（例如父亲或母亲、最好的朋友）下意识地启动一个人，不仅会增强这个人对（对参照个体来说）重要目标的承诺，而且还会影响目标导向性表现。

我们已经通过讨论得出，环境或内在刺激能够引发个体意识之外的慢性目标（例如吃喝之乐）。同样，这种刺激也能够引发早前形成的目标或行为意图。理性行动说并没有假定，意图总是在人们每一次决定行动之时才形成。一旦我们已经在特定情况下形成了意图，那么，当我们遇到同样或类似的环境时，这种意图很可能就变得可以通达。于是，该意图在行动的正确时机被通达的可能性就得以提高。如果没有冲突的原因，我们可能不做任何进一步的思考就去执行这个被激活了的意图。在涉及习惯性行为（例如刷牙或驾车去工作）的情况下，尤其可能会这样。如果我们总是一大早就刷牙或驾车去工作，我们不需要考虑要做什么，而只是去做就行了。然而毫无疑问的是，无论是在这类常规情况下，还是在行为被环境线索激活的情况下，人们确实会形成一种意图。我肯定不会意识到自己正在形成早晨开车上班的意图，因为这些天我始终都开车去上班。但是，当我走出家门，我一定会意识到自己是要去开车，因为这时我就要开始想，昨天晚上我把汽车停在什么地方了。

支持本节所提论点的证据很少，原因是，大多数关于自动化行为的研究都没有评估，看用来引发行为的启动因素是否也改变了人们的信念、主观规范或者意图。不过，得到的证据都倾向于和本节提到的观点一致。例如，Ajzen 等人（2004）指出：那些在关于奖学基金捐款问题的假设或真实全民公决中表现出变化的学生，他们的信念、态度和意图也发生了改变，不过这种做法已经变得明显不受人欢迎。Holland 等人（2005）的研究结果很好地示明，外在线索能够影响人们的意图。最后一项是 Karremans 等人（2006）研究发现，如果用一种软饮料的品牌名称在意识之下启动个体，那么，个体打算在下一次有机会时预订这种饮料的意图就会增强。

研究表明，在动机资源受到损坏时，态度的内隐量度是自我控制困境中行为更好的预测者;在人们完全控制自己的认知资源时,态度的外显量度则是更好的行为预测者。这一点所反映的,可能是前面讨论过的由 Ajzen 和 Fishbein (1977) 提出的兼容性原理的延伸。根据这个原理,当行为变量和态度变量都是在相同条件下测量的时候,态度量才是行为量的最佳预测变量。Ajzen 和 Fishbien 关注的是目标、行动、环境以及时间量度的兼容性。鉴于此,我们可能还需要在这个清单上再加上行为和态度反应的控制水平。因为态度的内隐量度是在低控制水平条件下测得的,在自我控制困境情境中控制资源受损的条件下,态度的内隐量度理应能更好地预测人们的反应。

人们连续暴露在会影响结果和规范信念认知通达度的外在线索之中,而内在状态(例如饥饿)的改变会持续影响人们对不同结果的效价赋值,这一事实说明了为什么在不同时间点评估出的意图和行为之间只存在中度联系,尤其是在涉及某种冲突的情境中存在中度联系。如果我们能够在人们采取行动之前就测量意图,这种联系的程度就可能会大大增强。这一点,理论研究者也许会很感兴趣,但对于那些只对预测他人行为感兴趣的应用工作者来说,它并没有多大的帮助。

小结与结论

在本章的第一节,我们介绍了态度、信念、目标和意图这几个健康行为的主要决定因素。然后,我们讨论了在哪些情况下态度与行为有关,并且强调了既可靠又兼容的态度和行为量度的必要性。只有在态度和行为量度都规定在同一个一般性水平的条件下,态度才会与行为关联。

接下来,本章从健康与社会心理学角度评论了几种经典的行为模型。这些模型都假定,行为是对行动的可能后果进行认真考虑之后的结果。健康信念模型和保护动机论找出了五种健康行为的决定因素。根据这些理论,如果个体感觉到一个看上去很严重的健康威胁,他们也觉得自己能够执行某种可能会减轻该健康威胁的行动,而且还不需要太大的努力或太高的代价,那么他们很有可能会去做这种保护健康的行为。理性行动论假定,一个人打算执行特定行为的意图,是由这个人执行该行为的态度和主观规范决定的。因此,减肥会引起很多受到正面评价的后果(态度),而且朋友、家庭成员和/或伴侣也希望自己减肥,这两点信念就可能引起一个人的减肥意图。所有其他影响行为的因素,都必须通过这两种成分中的一种来影响减肥行为。

四种描述影响行为意图形成因素的模型是关于动机的理论。但是,尽管意图是决定行为的重要因素,但实际的行为表现也取决于其他因素,例如在执行意图期间用来保持动机的能力、技巧、信息、机会和体力。觉察行为控制这个概念就是用来概括所有可能阻碍我们意图的内在和外在因素的指数。根据计划行为模型,我们的减肥意图就是我们自己对于减肥的觉察行为控制的作用结果,也是我们对于减肥的态度以及我们对于其他重要人物希望我们拥有好身材这一信念的作用结果。觉察到的对于减肥的控制缺乏感,则可以归咎于觉察到的低自我效能(例如“我再也不能够控制自己了”)、低结果期望(例如“即使吃少些,我还是不会减掉任何重量”),以及外在影响的因素(例如“我每周必须参加几次生意上的午餐应酬,我怎样能减肥呢?”)。

热衷于几种特定健康行为理论(例如健康信念模型或保护动机论)是不经济的,除非这些特定模型比一般模型(例如计划行为理论)能更成功地预测所关注的行为。要让这些特定模型比计划行为论更好地预测行为,这是不可能的。原因是,更具一般性的计划行为理论整合进了这些特定模型的成分。因此,个体对继续吸烟的态度,就是吸烟的正面结果(例如体重控制、快乐感)与负面结果之积的加权总和,每项的权重就是自身的效价值。这样,个体对肺癌的易感染性和严重性就已经进入了态度。此外,戒烟的态度会反映戒烟的觉察代价以及戒烟对于预防肺癌的效能的信念。作为计划行为理论中意图的三个决定因素之一,觉察行为控制这一概念融合了觉察自我效能和结果期望。最后,计划行为模型还考虑了主观规范这一健康行为(例如吸烟或减肥)的重要决定因素,而这一因素在健康信念模型中没有任何地位。

在预测行为意图方面,尽管计划行为论优于早期的模型,但是意图解释的行为方差还不到 30%这个事实保持不变;即使是更加具体的执行意图,一半以上的行为方差仍然没有得到解释。此外,增加了觉察行为控制之后,也没有把模型预测的有效性提高多少。即使我们承认,部分没有解释的方差归咎于测量工具不够尽善尽美,但是意图与行为之间仍然存在一道横沟,而且造成这道横沟的主要原因是个体未能按照各自的意图行事。

人们未能够按照自己的意图行事,这其中的原因可能很多。例如,在他们陈述意图和执行意图这段时间内,情境可能发生了变化。但即使情境没有变化,人们也可能对自己不得不改变的情境做出了不切实际的假想,误以为只要是所期望的就一定能做到。大部分的学者都熟知这样一种现象,他们接受那不太遥远未来的期限,不知怎地就会假定,在期限到达之前,自己会有足够的时间来撰写所承诺的章节或文章。由于这些差异通常都归咎于意图的改变,所以并没有与各种有意行为模型真地不一致。

在本章的最后一节,我们讨论了对行为的多种自动化影响。这种影响似乎难以与之前评论过的有意行动理论相和解。当认知或动机资源耗尽时,基于信念的态度外显量度并没有预测自我控制困境的解决方案;或者,当习惯很顽固时,意图并没有预测行为。这样的事实似乎与这些理论不一致。对于健康信念模型和保护动机模型,情况确实如此;但是对于理性行动理论和计划行为理论来说,情况却并非如此。根据这些理论,个体对于特定行为的态度是由少数几个显著信念决定的。可是,填写调查问卷时的显著信念通常与执行预期行为时的显著信念往往不一样。此外,情境线索可能会改变对执行者来说重要人物的通达性,因而改变执行者的主观规范。在给定情境中,这些规范会影响执行者的行为。

最后需要指出的是:人们往往怀有很多相互冲突的意图,而他们有可能将这些意图用在给定的情境之中;情境线索可能会决定哪种意图会变为显著意图,因此也是要执行的行为。所以,理性行动说与这条假定并非不一致:情境线索影响行为,在意图和行为之间,可能会存在一道横沟。然而,这两种理论不同的一点在于,理性行为说会假定,在执行行为之时,人们意识到了自己的意图,而自动行为说的理论家则假定,在执行行为之时,人们并没有意识到自己的意图。

第3章 超越说服:健康行为的矫正

如果我们接受 McGinnis 和 Foege(1993)以及 Mokdad 等人(2004)的估计结果,即美国前10种死亡中有超过40%的都是可改变的生活方式因素,那么,健康促进为社会心理学家提供了富有挑战性的机会。在过去的几十年里,人类在认识说服过程、态度以及行为改变方面,取得了很大的社会心理学进步,从而使健康促进成为一个重要研究领域。社会心理学家应该帮助设计大众媒体活动,从而让人们知道,吸烟、酗酒、吃高脂肪食物、缺乏锻炼以及其他对健康不利的行为对健康有什么危害,并说服人们改变自己的生活方式。

遗憾的是,说服往往并不足以帮助人们持久保持改变了的健康行为。例如,尽管美国公共卫生部部长在第一份报告中指出吸烟对于健康的危害后,曾对吸烟行为产生过巨大的影响,尤其是对男性的吸烟行为,但是,很多人虽然当时都愿意戒烟但是都没有成功,因此至今依旧吸烟。调查数据显示,在目前所有吸烟者中,有三分之一的人至少每年试图戒烟一次,但是一次性成功的却只有五分之一。我们可以提醒吸烟者,继续吸烟会损害他们的健康,但是大多数吸烟者需要的不仅是帮助他们停止吸烟,还需要帮助他们远离卷烟。

改变的本质

在我们讨论本章的主题——态度和行为改变的策略之前,我们必须澄清,是把改变看成量的连续变化,还是看成不同质的跨越。至此,我们讨论过的模型都把健康行为的改变看成量的连续变化。为了预测行为,这些理论把假定的行为决定因素组合成一个代数方程,这个方程以数值方式把个体定位在一个单一的、表示行动可能性的连续统上。有人假定,任何增加预测方程值的干预措施会提高行为改变的可能。

早先提出的吸烟实例与阶段改变理论更加一致。这些理论提出,健康行为的改变是逐步发展的，跨越了从不知道健康威胁到完成预防措施几个阶段。假定不同阶段代表着不同性质的行为模式、信念及经历，而且引起阶段之间过渡的因素因所考虑的特定过渡阶段的不同而变化。与这一观点一致，我们的吸烟实例预示，健康行为的矫正至少需要经历两个不同性质的阶段。第一个阶段涉及行为“意图的形成”。在这个阶段，必须告知个体某些行为的健康危害，并说服他们改变这些行为。即使人们已经接受了健康建议且形成了打算改变行为的坚定意图，但是，他们在执行这些意图的漫长过程中，随时都有可能遇到困难。因此，第二个阶段是教他们怎样改变行为并保持住已经取得的这种改变。尽管通过说服或其他具有社会影响力的社会心理过程，我们可以非常有效地完成第一个阶段，但对于像物质滥用或饮食过量这类行为，到了第二阶段有时候可能还需要采取适当的临床干预措施。

这一简单阶段模型可以帮助我们看清楚阶段模型的重要特征：在改变行为过程中的不同时刻，人们会面临不同的问题；他们会采用不同的策略来处理这些问题；需要采用不同类型的干预措施来影响这些问题。阶段模型对个体从没有意识到健康问题到采取措施并且保持改变这个过程中遇到的不同问题进行了系统分析。本章我们介绍两种阶段理论，即“预防措施采用过程模型”和“跨理论行为改变模型”。

预防措施采用过程模型

Weinstein(1988)提出了预防措施采用过程模型，该模型最初是作为健康信念模型和保护动机理论的动态版本而提出的。这里，我只介绍 Weinstein 和 Sandman(1992)提出模型的最新版本。

模　型

这一模型的起点是没有意识到给定健康风险的个体。个体没有意识到的原因要么是个人的无知，要么是风险仍然未知(第 1 阶段)。例如，1980 年之前 HIV 感染的风险未知，1964 年禁烟运动之前关于吸烟的危害也未知。当人们首次知晓某种问题时，他们就意识到了风险，但是他们可能不会真正在意自己的所知(第 2 阶段)。但是，从朋友口中或大众媒体中获得的其他信息，可能会使他们相信风险确实很严重，而且他们就身处危险之中。这会使人们进入预防措施采用过程的第 3 阶段，即决定进行考虑的阶段。决策过程中，人们可能会决定不采取行动，也可能决定采取行动。如果个体决定不采取行动，预防措施采用过程就到此终止，或者至少在此特定时刻暂时终止。这种结果代表了一种单独的阶段(第 4 阶段)，但是这个阶段不属于沿着行动路线的阶段。如果人们决定采取预防措施(第 5 阶段)，接下来的步骤就是开始行动

(第6阶段)。由于受到跨理论行为改变模型的启发,Weinstein和同事们增加了"保持"阶段(第7阶段),以表示第一次采取预防措施之后可能需要的重复。在生活方式改变方面(例如进行体育锻炼或戒烟),保持新的行为非常重要。还有其他预防措施,例如购买防盗警报器或者将石棉搬离人们的住宅(这个住宅里不需要继续采取措施)。

预防措施采用过程模型的阶段如图3.1所示。

预防措施采用过程模型
未意识到问题 (第1阶段)
未抓住问题 (第2阶段)
决定行动 (第3阶段)
决定不采取行动 (第4阶段)
决定采取行动 (第5阶段)
采取行动 (第6阶段)
保持 (第7阶段)

图3.1　预防措施采用过程模型的阶段

对模型的评价

这一模型的一个优势在于,它系统分析了那些影响人们从一个阶段进入另一个阶段的因素。例如,对于跨越前两个阶段,阅读与之前未知风险因素有关的信息应该非常重要,但是,对于确定一个人是否需要采取预防措施,最为重要的应该是使得个人易感染性显著(例如健康恐慌)且概括了某些有效补救措施的信息(从第3阶段进入第5阶段)。最后,当意图必须转化为行动时,环境障碍和约束条件应该最为重要(第5阶段和第6阶段)。

但是,预防措施采用过程模型并未激发很多研究。有些研究者应用了这一模型。Blalock等人(1996)指出,该项研究对健康行为得以采取的阶段进行了研究,这些健康行为可以保护个体免遭患上骨质疏松症的风险(骨质疏松症属于一种失调,它的特点是骨骼质量减轻并且易骨折,女性患上这种病症的风险最高)。我们建议大家,可以通过摄入钙和进行负重运动这两种行为来降低患骨质疏松症的风险。620名年龄为35~45岁的女性参加了这一横断面研究。通过调查问卷,研究者就钙摄入和运动两个方面,评估了被试的预防措施采用阶段，测量了模型所假定的各个阶段的预测变量。这些预测变量包括健康动机、运动障碍或进食富钙食物的障碍、自我效能和骨质疏松症知识。

研究发现表明，这些预测变量中的绝大多数都能把相关阶段的调查对象显著地区分开来。例如，与理论预期一致，对于第 6 阶段和第 7 阶段中最近在进行运动的个体来说，在运动方面的自我效能水平最高；对于第 4 阶段和第 5 阶段中考虑行动的个体来说，该自我效能水平稍微低一些；对于第 1 阶段至第 3 阶段中的个体来说，该效能水平最低。可以观察到，类似的模式适用于大多数的预测因素和两种健康预防措施。

像这样的研究发现虽然与由 Weinstein 及其同事提出的阶段模型一致，但实际上与以连续统模型（例如计划行为模型和理性行动模型）为前提的假设也并没有什么不一致。例如，在计划行为理论中，由于自我效能属于行为意图和实际行为的决定因素之一，所以预防措施采用过程模型预测：与拥有强烈意图的个体或实际执行特定行为的个体相比，拥有非常微弱意图个体的行为特定自我效能可能会显著不同。

行为改变的跨理论模型

模　型

目前，跨理论模型无疑是最流行的健康行为改变阶段理论。模型区分了 5 个改变阶段，并假定，个体改变问题就是在这 5 个阶段之间跨越。最初，Prochaska等人将变化视为跨越这些阶段的线性发展。因为复发属于普遍现象，而不属于例外，因此 Prochaska 等人改变了最初的概念，并进而假定发展是螺旋式的。在复发期间，个体要退回到前期的某个阶段，例如盘算阶段甚至前盘算阶段。但是，他们仍然假定，这 5 个阶段构成一个单一模式，即一个阶段与其相邻阶段之间的相关并不比它与其他任何阶段之间的相关更高。以下关于各个阶段的内容，都来自 Prochaska 等人（1992）。

前盘算阶段。前盘算阶段是这样一个阶段，在这个阶段，不存在打算在未来改变行为的意图。在这个阶段，尽管个体通常并不觉得自己有问题，但是他们的家人或朋友可能会认为他们有必要改变。你是否打算在接下来的 6 个月里改变自己的问题行为？根据个体对这个问题的负面回答，我们就可以把有关个体辨识出来。根据 Weinstein 和 Sandman（1992）提出的预防措施采用过程模型，在前盘算阶段，有些人从来没有想过改变的有利条件，有些人想过改变的有利条件，但是他们都得出自己不需要或不希望改变的结论。例如，有少量的吸烟者就从来没有想过要戒烟。一些吸烟者或许戒过一段时间的烟，但后来却认为，不吸烟并没有获得多少益处，因而不值得戒烟。对于这类人可能需要不同类型的论据。与那些从来没有想过任何健康危险的个体相比,这类人更难改变。

跨理论模型中各阶段的螺旋改变如图 3.2 所示。

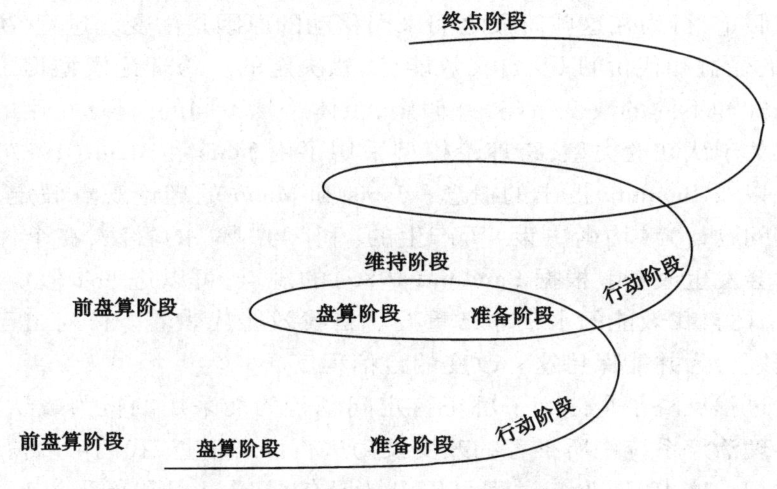

图 3.2　跨理论模型中各阶段的螺旋改变

资料来源:Prochaska et al.(1992)。

盘算阶段。在盘算这个阶段,人们已经意识到了问题的存在,也在考虑对问题采取些什么措施,但是还没有做出最终的决定。在这个阶段,个体还没有承诺自己要做些什么。处于这个阶段的吸烟者会对吸烟引起的潜在健康损害感到有些不安,或者,对吸烟可能对自己家人产生的影响感到有些不安,但该个体仍然不会做出自己要戒烟的决定。在这个阶段,个体要对改变行为产生的“利”与“弊”进行权衡。有些个体可能会在这个阶段停留很长一段时间。盘算中的个体会显示出自己正在认真考虑,在接下来的 6 个月中要不要改变某些有损健康的行为。

准备阶段。在准备阶段,个体不仅已经形成了打算改变的坚定意图,而且已经开始一点一点地改变自己行为。以吸烟为例。吸烟者已经形成了打算戒烟的意图,并且已经开始减少吸烟量,或者开始推后当天吸第一根卷烟的时间。在准备阶段,尽管个体减少了一些问题行为,但是还没有达到有效行动的标准,例如停止吸烟或停止喝酒。在这个阶段,个体通常高度支持盘算阶段与行动阶段的措施。

行动阶段。这是个体为解决自身问题而改变自身行为和/或环境的阶段。操作上,只要个体成功地改变了自己的成瘾性行为,短到一天,长至 6 个月,那么他们就都处在行动这个阶段。成功改掉成瘾性行为的意思是达到了特定的标准,例如节制。

维持阶段。在这个阶段,个体以最大的努力来防止旧习的复发,从而巩固行动阶段所取得的成果。对于成瘾性行为，行动开始 6 个月之后才开始进入维持阶段。这个阶段需要持续一段时间，长短不定。对于一些行为，维持阶段需要终生持续。

模型假定，行为在这些阶段之间来回移动的原因是由变化过程、决策平衡（即改变的受益和代价）以及自我效能/诱惑决定的。跨理论模型提出了不同类型的认知和不同的改变策略，并假定，个体跨越不同的阶段时，用的就是这些策略。关于认知的类型，跨理论模型采用了由 Janis 和 Mann（1977）提出的理论观点以及 Bandura 提出的概念。Janis 和 Mann 的理论观点假定，个体对执行给定问题行为（均衡决策）所产生的“利”与“弊”的看法，在个体跨越不同阶段时会发生改变。根据 Bandura（1986）的观点，可以进一步假定，在改变过程中，个体自我效能的水平非常重要。自我效能代表着个体对自己能够改变给定问题行为并能保持这一改变的自信程度。

改变过程反映了个体为了矫正特定问题行为而采用的行为或认知技巧。通过对心理治疗系统中所推荐的改变技巧进行详细审查，我们可以得出 10 种改变的过程。这 10 种改变过程可以分为认知情感过程和行为过程两大类。认知情感过程包括一些这样的活动，这些活动与关于改变有损健康行为的思考和体验情绪有关。以吸烟为例，这些活动包括以下内容：

- 意识提高（搜集信息）；
- 情感唤起（体验并且表达对吸烟/不吸烟的情感）；
- 环境再评价（考虑对其他人的后果）；
- 自我再评价（意识到行为改变非常重要）；
- 社会解放（关注改变与吸烟有关的社会规范）。

行为过程是有助于改变特定行为的各种行为，包括：

- 反向条件作用（用健康行为代替吸烟）；
- 刺激控制（回避吸烟线索）；
- 强化管理（自我奖励或其他人奖励）；
- 自我解放（承诺要行动）；
- 有助益的关系（获得社会支持）。

除了把这些变量描述为“精神和健康行为矫正过程中相互交织且相互影响”之外，模型并没有明确指出这些变量是如何与变化的不同阶段联系在一起的。Sutton（2005）批评道，改变过程是否影响利与弊，是否影响自我效能和诱惑，这些还都不明确；而诱惑反过来会影响阶段过渡，或者有没有假定其他因果模型，这是一个大理论缺陷。这种缺陷可能是因为模型的发展方式，即只是把一系列之前发现对心理治疗有用的各种过程和策略云集在一起。

对模型的评价

有3条路线的证据可用来支持跨理论模型。第一条路线的证据宣称可以支持个体要跨越5个阶段中的每个阶段这一假设。随着测量每个改变阶段的调查问卷的开发,评估这一假设已经成为可能。因此,MaConnaughy 等人(1983,1989)声称,他们的研究已经表明,相邻改变阶段之间的相关程度比非相邻改变阶段之间的相关程度更高。但是,Sutton(1996)对这一结论提出了质疑。Sutton 认为,非相邻阶段之间的相关程度与相邻阶段之间的相关程度一样高。Budd 和 Rollnick(1996)也提出了其他证据,不支持跨越在5个阶段之间"有序"推进这一假设。Budd 和 Rollnick 使用了最新设计的"求变情愿调查问卷",对有饮酒问题的男性样本进行调查。他们发现,在前盘算阶段和行动阶段之间的结构方程模型中加入直接途径,能比阶段模型假定的结构更好地拟合他们的数据。这一发现与个体只能通过盘算阶段进入行动阶段这一假设不一致。

支持跨理论模型的第二条线路的证据是,个体在不同的阶段要采用不同的改变过程。对34项研究的整合分析检验了这一假设。这34项研究提供的是关于分阶段改变过程的横断面研究数据。与预测一致,改变过程的使用情况在每个阶段大不相同。而且,没有一个改变过程的序列是所有的健康行为都沿用的。对于吸烟行为,证据序列与跨理论模型一致:在决定之前,最常使用的过程是情感认知过程;在节制期间,最常使用的过程是行为过程。但是,对于饮食改变和运动锻炼,证据序列则与跨理论模型不一致。对于饮食改变,人们在行动阶段和维持阶段使用情感认知过程的频次与在早期阶段一样;对于运动锻炼,人们在行动阶段和维持阶段使用认知情感过程的频次最高,而根据跨理论模型,他们使用认知情感过程应该最少。

Rosen(2000)的整合分析结果至少就戒烟问题证实了跨理论模型的改变过程假设。但是,Guo 等人(2009)的一项对大约1 000名青少年(基线调查时他们属于当前的吸烟者或曾经的吸烟者)的前瞻性队列研究中几乎没有找到多少证据,以证明特定的改变过程与阶段过渡之间具有模型所预测的联系。评估改变过程所用的测量工具,是 Prochaka 研究团队针对戒烟问题设计的标准调查问卷。研究中,为了调查阶段适当过程中更高的改变过程分数是不是和不同时段(一个时段3个月)中的阶段发展相关,用该问卷每隔3个月对改变阶段和改变过程评估一次,总共评估3次。结果显示,理论上适当的改变过程,其分数很少能够预测阶段过渡。于是,研究者得出结论:改变过程的使用一般与阶段过渡无关,这并不支持跨理论模型的核心原则。

Herzog 等人(1999)的一项关于戒烟的纵向研究中,也得到了类似的负面研究结果。这项研究所用的数据采自600名吸烟者,是一项更大的关于工作场所癌症预防研究的一部分。研究中,这些吸烟者完成了一项基线调查和两项年度随访调查。基线调查时,用改变策略来对阶段发展情况进行前瞻性预测,但是没有发现支持跨理论模型的证据。基线调查中所测量的各种改变策略,没有一个与一两年后跟踪测量中所得到的前盘算阶段或盘算阶段的渐进变化显著相关。

同样,决策均衡也与改变的阶段有关。Prochaska等人(1994)指出,改变阶段与决策均衡之间有明显的共性。这是一项横断面研究,共涉及12种问题行为。研究发现,对于所有的12种问题行为,被试在前盘算阶段改变行为所产生的"反对"超过其产生的"赞成",但是在行动阶段,结果却恰好相反。同样,一项关于吸烟问题的前瞻性研究发现,决策均衡分数使得预测盘算阶段到其他阶段的过渡情况成为可能。领会到戒烟的利大于弊的盘算者最有可能会进入行动阶段。而且发现,盘算者最有可能在6个月之后就放弃吸烟,而进行反向均衡的盘算者却更有可能退回到前盘算阶段的状态。不过,Herzog等人(1999)并没有重复这一结果。

因为利与弊的陈述反映了对问题行为改变的优势和劣势的信念,所以,个体赞成的利陈述数量与弊陈述数量之差就是一个关于个体态度的粗略量度。因此,所观察到的阶段、改变和决策均衡之间的关系,可能仅仅表示个体对于改变给定问题行为的态度与他们打算这样做的意图之间的正向关系。与这种假设一致,Kraft等人(1999)指出,努力戒烟的意图随着反对类陈述数量的增加而线性增强,随着赞成类陈述数量的增加而线性减弱。此外,尽管当意图单独进入时,阶段量与赞成反对量显著相关,但是,当意图首先进入回归分析时,这种效应就消失掉了。

第三条线路的论据事关跨理论模型的核心预测:如果说服性沟通与个体当时所处的改变阶段相匹配,那么旨在改变健康行为的这种沟通最有效。因此,跨理论模型预测,与个体目前阶段位置相匹配的信息会促进改变,而与个体目前阶段位置不相匹配的信息不会促进(甚至会抑制)阶段过渡。

支持这些假设的实证性证据并不是很多。最早的研究之一是Dijkstra等人(1996)的一项纵向研究。这项田野实验检验了这些预测中的一些,参试样本是1 000多名吸烟者。实验中,对这些吸烟者提供了与他们的改变阶段相匹配的信息。在前测中,这些吸烟者必须根据阶段描述,把自己分配到4个改变阶段中的某一个。Dijkstra等人把前盘算者进一步细分为"无动机者"和"前盘算者",这样,他们就在原始阶段模型中增加了一个阶段。其中,无动机者是没有考虑在接下来5年中改变的人,新的"前盘算者"是指考虑在5年之内戒烟的人。然后,研究者把4个改变阶段中每个阶段的吸烟者随机地分配到以下 4 种信息条件中的一种之中：

- 有关吸烟健康结果的信息；
- 关于如何戒烟的自我效能提高信息；
- 两类信息的组合信息；
- 无信息的控制条件。

经过这些沟通 12 周之后，Dijkstra 等人用后测调查问卷的方式，评估了戒烟的意图、阶段的改变、力图戒烟 24 小时的次数、克制吸烟超过 7 天的次数。Dijkstra 等人在后来（1998 年）发表的文章中报道了适当分析的结果。分析中，他们比较了那些与自己所达到阶段相匹配的吸烟者与自己所达到阶段不相匹配的吸烟者，这两类吸烟者都接受了有关信息沟通。对于无动机者和前盘算者，匹配的沟通并不比不匹配的沟通更有效。但是，有证据表明，如果把盘算者和准备者合并，匹配的沟通比不匹配的沟通在阶段过渡方面稍微有效一些。

Dijkstra 等人（2006）提供了更多的支持性证据。研究人员把 481 名吸烟者和戒烟者进行随机排列，让他们接受与各自阶段相匹配或者不匹配的干预措施。把处在前盘算阶段、盘算阶段及准备阶段、行动阶段的前吸烟者随机地分配到一些条件之下，从而使他们接收到以下 3 种类型信息中的一种：(1) 提高了戒烟正面结果预期的信息；(2) 降低了戒烟负面结果预期的信息；(3) 提高了自我效能的信息。主因变量为前进式阶段过渡，结果在接受信息两个月之后评估。与预测一致，在基线调查时，处于前盘算阶段的吸烟者从（在随访调查中向前阶段过渡方面）强调戒烟优势类信息中的获益，比接受减少戒烟弊端类信息或自我效能信息的吸烟者受益更大。与此不同的是，处于盘算阶段的吸烟者从降低戒烟负面结果预期类信息中似乎受益最大。Dijkstra 等人认为，对于没有戒烟意图（前盘算阶段）的个体，关于戒烟正面效应的信息比强调戒烟并没有想象的那么糟糕之类的信息似乎更加有效；但对于已经下定决心要在不久的将来（盘算阶段）戒烟的人，后一类信息可能最为有用。准备阶段和行动阶段中的效应正朝着正确的方向前进，但是，尚未达到可接受的显著水平。尽管这些研究结果只有部分可以证明，与阶段匹配的信息提高了说服性沟通的影响，但这项研究的条件主要是操控了利与弊，而不是跨理论模型所指的改变过程。

跨理论模型提出之后，被塑造得更加逼真的 3 项研究没有发现任何证据可以支撑匹配沟通优于不匹配沟通这一说法。根据水果摄入量对跨理论模型进行的一项检验中，de Vet 等人（2008）随机分配前盘算者和盘算者，让他们接受基于网络的个性化沟通，这些沟通要么适合于前盘算阶段、盘算阶段，要么适合于行动阶段。de Vet 等人对信息进行了特殊处理，以凸显适合每个阶段的改变过程。接受沟通一个星期之后，研究者对受试进行了后测。尽管在前测和后测之间，盘算者的水果摄入量大大增加，但是这并没有发生在前盘算者身上，水果摄入量并没有随着阶段的提升而增加。

Quinlan 和 McCaul(2000)通过处于前盘算阶段的 92 名吸烟者，比较了与阶段(不)匹配沟通和只有评估条件的情况。与阶段匹配的干预措施由理论上适合考虑戒烟的吸烟者的 6 种活动构成(例如“我为什么吸烟”“吸烟花多少钱”“吸烟的效应”“戒烟的理由”)；与阶段不匹配的信息由行动导向信息构成(例如制订行动计划，设定戒烟日期，识别触发事物)。一个月之后进行的随访调查发现，阶段匹配沟通和阶段不匹配沟通对减少吸烟量的影响无显著差异，但是，这两种沟通比没有沟通更加有效。值得注意的是，在不匹配条件下试图戒烟的个体比在匹配的条件下试图戒烟的个体更多。

最后要说的是，Blissmen 和 McAuley(2002)的研究与 Quinlan 和 McCaul 的研究类似。研究比较了阶段匹配沟通的影响与阶段不匹配沟通的影响进度。其中，阶段匹配沟通组的被试有 40%已经跨越了一个或一个以上的阶段，相比之下，阶段不匹配沟通组的被试只有 31.8%跨越了一个或一个以上的阶段。尽管如此，[根据 Sutton(2005)的检验结果]两组之间的差异并不显著。

总之，行为改变的跨理论模型将焦点放在大量值得研究的变量之上。但是，除了改变的过程之外，这些变量也已经包含在了其他研究健康行为的方法之中。跨理论模型的弱点是，它推导不出基于理论的不同变量之间的预测关系。此外，该模型引导下的研究尚未产生支持模型本身的大量证据。这就让人纳闷，这样的一个模型如何能够持续流行这么多年。其中一个原因可能是，心理学的科学进程并不总是遵循被更好的原理所取代这一波普尔式的经验证伪原则。有些理论看上去非常合理，因此，即使存在互相矛盾的证据，但还是留存了下来。第二个原因是，包含在跨理论模型中的许多假设也同时是其他模型的部分，而这些模型却得到了较好的经验支持。

阶段模型对干预的启示意义

改变阶段模型对干预活动的主要启示意义是，干预措施的性质必须与目标个体的改变阶段相匹配。一个根本就不在乎吸烟危害的吸烟者所需要的信息，应该不同于对一个想戒烟但却不知道如何戒除的人的信息，这显然有很大的意义。30 年前，Heckhausen(1980)指出，我们或许足以把意图区分为意图形成的意志阶段和行为执行的行动阶段。

结　论

阶段模型描述了在不同的行为改变阶段个体所要面临的不同任务，还描述了诱导个体进入下一个阶段的干预类型。因此,阶段模型可以为我们提供一个启发框架,以便我们为特定目标群体设计并制订适合具体问题的干预措施。但是,目前的经验证据仍然很少,尤其是关于广泛流行的跨理论模型的证据。因此,在使用该模型把沟通与改变阶段匹配起来时,我们的依据本身可能就是有问题的。

因此,在本章余下部分的讨论中,我们将以改变的两个阶段为框架,即以意图的形成阶段和意图的实现阶段为框架。需要指出的是,这里的区分并不是作为一个理论提出的,而只是一个启发手段,以便把我们关于改变的讨论组织起来。能够激发改变,能够激发旨在形成打算改变给定健康行为的意图的过程,这两者都可以纳入有赖于健康促进策略的公共健康模型,从而帮助个体改变诸如过度饮食、吸烟或酗酒之类的有损健康行为,可能还需要临床干预措施。因此,采用治疗的方法教会个体一些根据意图行事的技巧,这有时很有必要。

公共健康模型

在本书中,"公共健康模型"指的是有赖于健康促进、旨在改变大型群体行为的干预措施,这里的大型群体小到工业组织,大到一个州或省,甚至一个国家。这种健康促进的目标是原初级预防,即引导人们形成良好的健康习惯,改变不好的健康习惯。基本上有两种方法可以促成这种改变,一种是通过**说服**,一种是通过**改变相关的激励措施**。

在健康促进过程中,说服用来影响个体的健康信念和行为。人总是暴露在各种欲传递的信息之中,有些信息简单一些,有些却复杂一些。但无论如何,这些欲传递的信息都反映着一定的立场,这些立场也都是某些来源方所倡导的立场,且得到各种特意设计的论据的支持。资源的来源方可能是一名医学专家,也可能是一家公共健康研究院;欲传递的信息可能是:诸如过度饮食或久坐式生活之类的不健康行为,可能会造成许多非常令人不愉快的健康问题。

改变相关的激励措施通常作为健康促进策略而被用来提高执行不健康行为所付出的努力或代价,或者用来降低执行健康行为所付出的代价。因此,政府可以采取经济和法律措施,以改变个体在饮酒、吸烟或执行其他有损健康行为时的后随情况。通常,说服和激励措施结合起来使用。因此,旨在阻止酗酒的健康促进活动,可以包括让大众媒体指出酗酒的危害,包括工作场所健康促进项目,也可以包括改变激励措施,例如提高对酒类产品的征税,或者,通过实施法律限制含酒精饮料的销售。

第三种健康促进策略依赖于被动保护。这种策略通过对产品设计的监管,或者,通过对自然环境的管理而使之更加安全。但是,在一本研究社会心理与健康问题的书中,这种策略是不会引起太大兴趣的,因此,本书对这种策略只是一笔带过。本小节的研究主题是公共健康模型,重点是讨论说服和激励措施的改变。

说　服

可以把说服定义为他人传递的相对复杂的信息在接收者的态度和信念上产生的效应。已经有人研究过沟通者、信息或接收者的特点对态度改变的影响。下面,我们先对说服做个简单的理论分析,然后再简要讨论一些在实验室和实际场景中做过的有关说服的实证研究。这样我们会更好地理解过程或变量,因为,沟通要通过这些过程或变量来对信念和态度产生影响。

关于说服的理论

尽管说服理论通常都吸纳了激励和情感原则,但是新近的理论大多数都建立在对说服过程认知分析的基础之上。在第二次世界大战刚过去的几十年里,信息加工范式统帅了整个说服研究。该范式强调对包含在说服性信息中论据的接收和学习。受这种观点的激发,许多研究者把自己研究的焦点都集中到了接收者对信息内容的保持与受到信息的影响程度之间的关系。但是,这种类型的研究结果似乎与以下观念相矛盾,即态度改变是接收和学习包含在说服性信息中的论据的结果。

于是,研究者就面临一个令人费解的问题。如果不是论据的实际内容引起说服,那么说服性沟通是如何影响信念并改变态度的呢? 由 Greenwald(1968)提出并且由 Petty 等人(1981b)、Petty 和 Wegener(1999)完善的"认知反应理论"对这个问题进行了回答。认知反应法强调想法或"认知反应"的中介作用,当接收者考虑说服性沟通时他们就会产生这些想法或"认知反应"。根据认知反应理论,倾听就像一场心理讨论,在这种讨论中,倾听者对沟通中提供的论据做出反应。认知反应反映这种内在沟通的内容。这一模型假定,这些认知反应会影响说服性信息对态度改变产生的影响。由于假定认知反应随着重要程度和赞赏程度的不同而改变,说服就是所发生的认知反应"程度"以及"赞赏程度"的作用结果。

个体加工动机的强烈程度和能力决定了他们深入有关论据思考的程度。个体思考的动机和能力越大,他们就越愿意进行与论据有关的思考。加工能力或动机的增加到底是会增强还是会减弱沟通的说服性影响,这取决于个体对该沟通反应的赞赏程度。认知反应的赞赏程度主要取决于包含在沟通中的论据的质量。包含许多强有力论据的说服性沟通会激发以积极性为主导的想法,而包含无力论据的沟通则会引起反感性的认知反应。由于强有力的论据会激发赞赏性的想法,加工动机和/或能力的增强就会使说服力增强。由于无力的论据会引起令人反感的想法,因此增强与论据有关思考的动机或能力就会减弱沟通说服性的影响。

这些预测已经在无数的实验中得到了检验。在有关加工动机对说服的影响的研究中,研究者通常操控的是沟通主题与个人的关联性。与预测一致,增强沟通主题的个人关联性减弱了以无力论据为主的沟通的说服力,但却增强了以强有力论据为主的信息的说服力。

研究者通常通过分散注意力来研究加工能力或本领的影响。当个体正在倾听时,如果分散他们的注意力,他们的信息加工能力就会减弱。Petty 和 Wegener(1999)指出,通过让被试在倾听时记录视觉刺激的方法,研究者对被试的注意力分散情况进行了操控。注意力分散的程度随着刺激在屏幕上闪现频率的不同而不同。受试认知反应的赞赏程度是通过使用非常无力或非常有力论据来操控的。与认知反应理论的预期相一致,注意力分散使得无力信息的说服力增强,而使得强有力信息的说服力减弱。此外,对被试在沟通期间所产生想法的分析揭示,注意力的分散抑制了包含在无力论据信息中的反面论据的数量,减少了对包含强有力论据信息赞赏想法的数量。加工本领也可能很低,因为个体对于所讨论的主题了解甚少,或者给个体的时间很紧。

认知反应模型与早期的信息加工理论都同样假定,倾听者个体要在对所听材料中的论据进行系统评价之后,再对所给结论或建议的有效性做出决定。然而有些时候,个体可能没有动机或能力评价论据,可是仍然希望对所推荐行动的有效性形成自己的看法。

最近主导说服研究的是“双重加工模型”,即“熟虑似然性模型”和“启发系统模型”。该模型建议,认知反应模型所隐含的这种系统加工,只是对说服起中介作用的两种不同信息加工方式中的一种。如果个体不愿意评估论据,或者,不能够广泛且努力地评估论据,那么,他们可能会根据某些外表(例如资源的可信度、信息的长度或其他非内容线索)来决定是否接受信息。这个方式称为“启发式加工”。

在启发式加工过程中,人们经常使用简单模型或决策规则来评估论据的有效性。例如,人们可能已经从以往的经验得知,内科医生提出的健康建议可能比外行人员提出的健康建议更加有效。因此,在沟通者是医师的情况下,人们反应时可能会采用“在健康问题上可以信赖医师”这一规则,并且会赞同由医生传递的健康信息。因为个体未对论据内容进行广泛考虑就同意了所传递的信息,因此双重加工理论假定:建立在启发式加工基础之上的态度或态度改变,要比建立在系统加工基础上的态度或态度改变更加不稳定,对反面论据的抵抗性更低,对后续行为的预测力更弱。大量研究都支持这些假定。伴随高水平问题关联认知活动的态度变化比伴随低水平问题关联认知活动的态度变化更加持久。

双重加工模型的核心预测是:当想进行问题关联思考的动机或能力很弱时,启发式线索比论据质量对态度的影响更大;当想要加工的动机或能力很强时,则论据质量比启发式线索对态度的影响更大。通过操控假想会影响加工动机或能力的变量(例如个人相关性、时间压力、信息可理解性或先前知识),已经得到了一些能够支持这一理论的实验结果。正如人们所期望的那样,当加工能力和动机很强时,外围线索对态度的影响很弱;当接收者缺乏广泛加工信息的动机或能力时,外围线索的影响会大大增强。

为了说明以上发现,人们通常假定,系统加工和启发式加工属于两种互相排斥的加工模型,当加工动机和能力很强时,就采用系统加工;当动机和能力很弱时,就采用启发式加工。但是,如果外围线索包含有效并且容易理解的信息,那么因为加工动机很强而忽视外围线索似乎显得不经济。Chaiken 等人(1996a)提出了一种备选概念。该概念暗示,启发式加工是默认选项,通常用来评估说服性论证的有效性。和早期的理论家一样,Chaiken 等人认为,个体需要节约自己有限的加工能力。因此,在对一组给定的论据进行加工时,个体努力的程度只需要满足所考虑问题的重要性要求就好。Chaiken 等人引入了"充分性原则"这个概念,以反映出人们在决策时要做出某种权衡,既要使自己付出的努力最小,也要使自己感到充分的自信。如果问题不是很重要(例如与个人关联很低),那么个体需要的信心就小得多,他们要投入的努力也会很少,并且他们只会依赖启发式加工,尽管启发式加工不能非常有效地帮助他们建立起关于态度有效性的主观信心,随着问题重要性的增强,个体渴望的主观信心水平也会相应提高,因此会越来越依赖系统加工。尽管系统加工需要更大的加工能力,但是它通常能更有效地提高主观信心,原因是,与启发式加工相比,系统加工为个体提供更多的与判断有关的信息。以系统加工为基础的结论通常要刷新启发式加工的影响,这样就减弱了启发式线索的影响。

但是,在两种条件下,即使有强烈动机要对说服性信息进行系统加工,个体还是会依赖启发式加工。一个条件是个体的加工能力有限;另一个条件是信息很模糊。加工动机对系统加工的影响受到加工能力的限制。即使个体有强烈动机要对说服性论据进行系统加工,他们还是需要依赖启发式加工,原因是他们的加工能力很弱。其次,如果说服性论据非常模糊,系统加工不能得到清晰的结论,即使进行了广泛的系统加工之后也不能,因此,个体还是会依赖启发式线索来评估态度的有效性。

到目前为止,我们的讨论都隐含了这样一个假定,个体想要加工信息的动机是持有客观有效的态度和信念。Chaiken 等人(1996a)修改了启发式系统模型,增加了准确性需求之外的其他动机。健康心理学特别感兴趣的是"防卫动机",该动机反映了想拥有与现存主要态度和价值观一致的态度和信念的愿望,例如,相信自己既健康又平安。防卫动机会使人们在接受给定的态度立场时产生定向偏见。例如,被告知饮酒会损害健康而且自己应该减少饮酒量的重度饮酒者,可能会到处寻找关于饮酒的正面效应的信息。因此,使用系统加工和使用启发式加工都可能会出现偏差。在系统模式范围内,选择性加工包括带着偏见来评价证据和论据。和与现有自我关联信念不一致的信息相比,与现有自我关联信念相一致的信息(例如适度饮酒有益于冠心病)更加容易被人接受。如果要求个体同时阅读与防卫态度一致和不一致的论据,那么,个体阅读后者的仔细程度更高,并且用于反驳后者的时间更长。在启发式模型范围内,如果得出的结论质疑首选态度的有效性,那么就可以通过质问启发式信息的可靠性或有效性来实现有偏见的加工。例如,即使患者经常遵循"在健康问题上可以信赖医师"这一启发,但是当他正在接受某种危险诊断时,这名患者可能会采用额外的启发式信息,也就是说,在做出重要决定之前人们始终应该多咨询几位专家。

总之,多年以来,双重加工模式已经经历了一场理论变革,这种变革大大改变了模型所隐含的假定。因此,两种信息加工模式非此即彼(即当个体没有动机或能力思考时,采用启发式加工模式;当动机和能力很强时,采用系统加工模式)的假定已经被这两种模式同时发生的假定所取代。启发式加工被假定为默认选项。当个体由于问题很重要而有足够动机采用系统加工时,系统加工通常要刷新启发式加工的影响,除非个体(由于能力有限或知识缺乏)不能进行系统加工,或者,证据非常模糊以致个体必须把自己的结论建立在启发式的线索之上。第二点需要指出的是,个体总是争取准确判断这一假定也已经被沟通可以唤起不同加工动机(例如防卫动机而不是准确性动机)这一假设所取代。

说服的影响

说服人们采取某种健康行为方式的主要困难是,他们需要在此时此刻就立即做出努力或者放弃心理满足,从而能够在遥远的将来获得更大的奖励或者避免更糟糕的惩罚。正如宗教领袖在几个世纪以前发现的那样,当面临类似(或者甚至更加糟糕的)问题时,恐惧诉求可以成为实现顺从的有效途径。如今,恐惧或威胁诉求是大多数大众媒体健康促进活动的最基本组成部分。

这些诉求经常把能引起恐惧的信息与能引起易患病感的信息结合起来。原因是:为了引起恐惧,不仅健康危险必须具有严重的后果,而且个体还必须感觉到自身处于危险中。例如,尽管艾滋病感染具有非常严重的后果,但是对于异性恋者来说,这些后果并不会引起恐惧,因为他们认为艾滋病仅仅会影响同性恋和吸毒者。在恐惧诉求之后往往会出现某种建议,如果被接受,建议将会把危险减少或者消除。人们已经对恐惧诉求的有效性进行了广泛研究,因为许多基于说服的健康促进采用了恐惧诉求。下一节的主题是与说服有关的实验室研究,这一节我们先讨论说服性诉求的有效性。

实验室中的说服:恐惧诉求的案例

在一项典型的关于恐惧诉求影响的早期研究中,让吸烟者在低威胁性条件下接触有关吸烟危险的真实信息。在高威胁性条件下,还要让吸烟者观看一部把肺癌展现得十分形象的影片:影片中有关于肺癌手术的片段,包括最初切切口的动作、将肋骨强力分开的动作以及将黑肺和病变的肺部移除的动作。在两种条件下,研究者都会给出一种建议:如果放弃吸烟,他们就可以避免这些后果。

早期恐惧引发研究的理论指导假定:恐惧会驱动或引发态度的改变。危险信息引起受试的恐惧,通过反复陈述沟通者所给的建议可以减轻自己的恐惧感。当一种反应使恐惧感减轻时,该反应就得到强化并成为人们永久反应储备中的一部分。因此驱动模型提出:恐惧感越大,产生的说服力越大,但前提是所推荐的行动能够有效地避免危险。如果不是这样,恐惧感可能是通过其他手段减轻的,这包括否认或忽视危险或贬损沟通者。

因为部分实证性证据和驱动模型不一致,Leventhal(1970)提出了一种更加认知的理论——“平行反应模型”。该模型不再假定,情绪唤起是适应危险的必要前提。根据平行反应模型,人们通过认知对威胁进行评价,这种评价能够引起两种平行或独立的反应,一种是危险控制,另一种是恐惧控制。危险控制包括行动决策以及为了减少危险所采取的行动。恐惧控制包括为了控制情感反应所采取的行动(例如使用镇静剂或喝酒)以及为了减少恐惧感所采取的策略(例如防卫性回避)。这些反应通常并不影响实际危险。后来,Witte(1992)给平行反应模型增加了一个假定,从而拓展了这个模型。这个新增的假定是:所推荐反应的觉察效能决定个体是主要进行危险控制还是主要进行恐惧控制。如果建议能够有助于避开威胁,个体就会进行危险控制;如果建议不能够帮助避开威胁,那么个体会把重点放在恐惧控制上。

正如我们稍后将看到的那样,平行反应模型在结构上与(第 6 章中的)应激应对理论类似。该模型的主要贡献有两点。其一是它给认知评价过程赋予了核心作用;其二是它区分开了对于恐惧引发沟通的情感反应和认知反应。该模型的缺点是,它没有具体指出先于行动倾向的各种认知评价过程。这一缺点在之后的仅仅关注认知过程的模型中得到了弥补。根据健康信念模型和保护动机模型,如果个体认为建议有助于(有效性)他们消除可能会发生在自己身上的(易染性)负面后果(严重性),那么他们就会接受这种建议。根据这些模型,恐惧并不直接影响态度和行为,而是通过对威胁严重性的评价来间接影响的。这些模型指出,即使是最容易受到伤害的个体,也不会采取那些自认为不会有助于他们消除负面后果的保护措施。除了反应效能之外,修订版的保护动机理论还强调自我效能,即人们相信自己能够做出保护反应的能力。低自我效能的效应可能与低反应效能的效应一样。

所有这些模型都存在两个问题。第一,没有经验证据支持模型所预测的威胁与反应效能之间的交互作用。第二,尽管两种平行反应模型都假定,认知评价会以中介的形式影响说服对态度和行为改变产生的影响,但是并没有对信息加工的过程进行预测。为了处理这些问题,研究者针对恐惧引发沟通提出了加工阶段模型。根据这种模型,加工强度的决定因素包括健康威胁的觉察严重性和个人易染性(即威胁与个人的关联性)。如果严重性和易染性都很低,那么个体在对有关威胁的信息进行加工时不可能付出很多努力,并且会依赖启发式加工。但是在严重性很低的情况下,尽管加工强度很低,认为自己很容易感染上的个体将会提高警惕,并且对危险信息进行系统加工。如果健康威胁很严重,即使个体并不认为自己很容易感染上,他们也可能会对有关威胁的信息进行系统加工。与双重加工预测产生偏差的原因是,严重的健康威胁可以经常与个人关联,即使人们当时并没有觉得自己很容易感染上。例如,只在某个偏远地区流行的传染病可能会突然间传播到了欧洲,主要对男同性恋者造成威胁的病毒也可能会突然侵入异性恋人群中。

根据阶段模型,最有趣的情境当属个体认为自己容易受到严重健康威胁的伤害。由于威胁很严重,个体就有动机进行系统加工。但是,处于严重危险之下的感觉令人非常不快,个体会有动机去进行防卫性的系统加工(即带偏见的系统加工)。在评价恐惧诉求的过程中,个体会有很强的动机去将风险减到最少。个体将对不一致现象进行有偏见的调查,带着偏见进行评估,偏向他们偏爱的结论。但是,如果诉求中的论据非常有力并且具有说服力,个体也许就不能成功地将威胁减到最小。现在,他们主要希望所推荐的行动能够真正地保护自己免遭即将到来的健康危害。他们将对推荐的行动进行有偏见的加工,这些行动包括试图使建议看上去很有效,原因是只有这样个体才会感觉到安全。因此,防卫动机在行动建议的加工方面将会引起"正面偏见",无论支持保护措施的论据质量如何,都会增强人们采取该保护措施的动机。

Hoog 等人(2007)对 95 项有关恐惧诉求效能研究的整合分析结果支持了阶段模型的大多数预测。如预测的那样,人们对健康建议的态度只受健康威胁的严重性和论据质量的影响,并不受个人易染性的影响。人们对于所推荐保护措施的态度,应该只取决于支持该行动的论据的力量,而不取决于个体自身是否处于危险之中。与此相反,易染性和严重性都影响了打算采取保护措施的意图,甚至影响了实际的行为,而这些效应并没有受到所推荐保护措施效能的调节。最后一点是,健康风险信息是否伴随图片资料这一点并不重要。因此,把病变的肺部图片加到烟的包装上,是不可能会增加健康警告信息效能的。

对于由这些沟通引发的认知和情感反应进行的一项分析,同样与这种阶段模型的预测一致。易染性和严重性都使被试产生恐惧和负面情感。但是,更加重要的是,对于认知反应的分析证明了这种模型的假定:与行动建议相比,对恐惧诉求进行的有偏见的加工存在差异。对于严重健康威胁的脆弱感引发了试图将威胁减到最小的想法(即否定、降级或批判恐惧诉求),同时还激发了关于行动建议价值的正面想法。这最后一项研究发现不仅说明了为什么一直未能发现所推荐行动的效能与健康威胁严重性以及个人关联性之间的交互作用,而且还说明了为什么处于焦虑或绝望中的个体常常求助于那些效能完全未经证实的各种治疗措施。

值得注意的是,对于那些个体所熟知的危险,恐惧诉求发出警告是不可能产生效果的。正是由于这个原因,前面讨论过的大多数有关恐惧诉求效能的研究,使用的都是相对新奇的健康威胁,因为参试对于威胁相对陌生。例如,Hoog 等人(2005)就采用了重复性疲劳损伤这一威胁(例如"鼠标臂")。由于一些个体患有重复性疲劳损伤疾病,这种疾病可能会严重到让人不能使用计算机的程度,所以这种威胁是合理的,但是学生被试对这种危险行为却并不熟悉。如果仍在吸烟的人或者仍在进行无保护措施肛交的男同性恋者知道自己正在冒着危险,那么向这些人指出这种危险是不可能产生什么效果的。因此人们经常会发现,恐惧诉求对实施预防 HIV 的干预措施没有帮助,甚至会起反作用,这一点并不奇怪。

这些研究的结论和启示意义

从这些研究中,我们很难得出与设计健康促进干预措施有关的结论。尽管有一些关于防卫性加工的证据,但是,从绝大多数有关恐惧诉求的研究中已经发现:与低水平的威胁相比,高水平威胁的说服力更大。但是,对于那些对威胁具有高脆弱感的被试来说,高恐惧性信息的有效性似乎有所降低。但是,有些证据表明,除非个体对威胁具有易染感,否则,他们是不可能形成打算按照所提供建议行事的意图的。因此,如果一名男子自己属于异性恋者,但是他认为,只有男同性恋者在性交期间才会有感染 HIV 的危险,那么这名男子可能会欣然接受男同性恋者在性交期间应该使用避孕套的建议。描述的危险越大,那么这名男子就越愿意接受这一建议。但是,这些信念不会影响这名男子自身的性交风险行为。因此,除非沟通中也向这位男异性恋者强调这种危险,并使他感觉到自己也可能感染 HIV 病毒,那么沟通只会影响他的态度但不会影响他的意图。

恐惧诉求的有效性也可能存在局限,因为,经常使用新奇威胁的实验研究并未揭示出这种有效性,而这些威胁就是用来影响完全处于参试意愿控制之下的行为的。恐惧诉求最有可能对处于前盘算阶段的个体产生作用,原因是这些个体不熟悉给定的健康危险。例如,在 1980 年代早期,当人们知道男性之间那种无保护措施的肛交行为会产生危险的时候,该信息似乎使得无保护肛交行为的个体数量大大减少。但是,仍然有一些男性继续参与这种高风险活动。稍后评论的有关干预措施的研究示明,仅仅重复 HIV 感染的危险没有降低这些个体的冒险率。个体执行冒险行为的程度与自我觉察到的易染性没有关系。这些个体在知道这种危险的情况下继续进行这种行为的原因是,他们不能或者不愿意使用避孕套。为了引导这些个体改变行为,我们就必须使他们相信使用避孕套不一定会减少性交快感,而且我们可能还需要教会这些人具体如何使用避孕套以及如何让对方接受自己使用避孕套。

现场中的说服

如何提出说服性诉求从而在暴露其中的个体身上取得最大影响?对此,虽然实验室研究告诉了我们很多,但是大众媒体却很少提供有关说服有效性的信息。在实际生活中,受众可以主动或者被动地避免与健康信息接触。毫无疑问,广泛的全国性运动能够产生有意义的态度和行为改变。20 世纪后半期发生在美国的人均卷烟消费变化数据显然说明,以"吸烟与健康之卫生部报告"为起点的反吸烟运动在吸烟者身上产生了很大的影响(见图 3.3)。然而,即使有这些非常明确的数据,人们也难以确定究竟有多少吸烟行为的减少情况可以归功于媒体活动,又有多少可以归功于其他原因。例如,由于人们改变了自己对吸烟的态度,结果,1964 到 1978 年,地方对卷烟征收的消费税大大提高。1965 到 1994 年,一包烟的平均价格从 27.9 美分上升到了 169.3 美分。烟价上涨可能是由于烟消费量的下降。为了评估媒体活动对吸烟行为的影响,我们还需要一个对照组,这个组在其他任何方面都堪比美国人,但是这个组没有接触过任何媒体活动。如果没有这样的比较,那么我们将永远不能确定,要是没有反吸烟运动,人们的吸烟行为是否会发生改变。

经过对照研究得出的证据表明,大众媒体往往只能引起不太大的态度改变以及甚至更小的行为改变。例如,旨在说服个体系安全带的媒体活动就没有产生多大的效果。Johnston 等人(1994)的整合分析指出,活动只使得安全带系戴率上升了4.4%。同样,Udry 等人(1972)的研究表明,旨在鼓励计划生育的大众媒体活动对诸如避孕药的销售额、意外怀孕的数量和出生率之类的相关指标,也没有产生明显的效果。最后一个例子是,1980 年代开展的大型以社区为基础的干预试验,所产生的影响也相当令人失望。

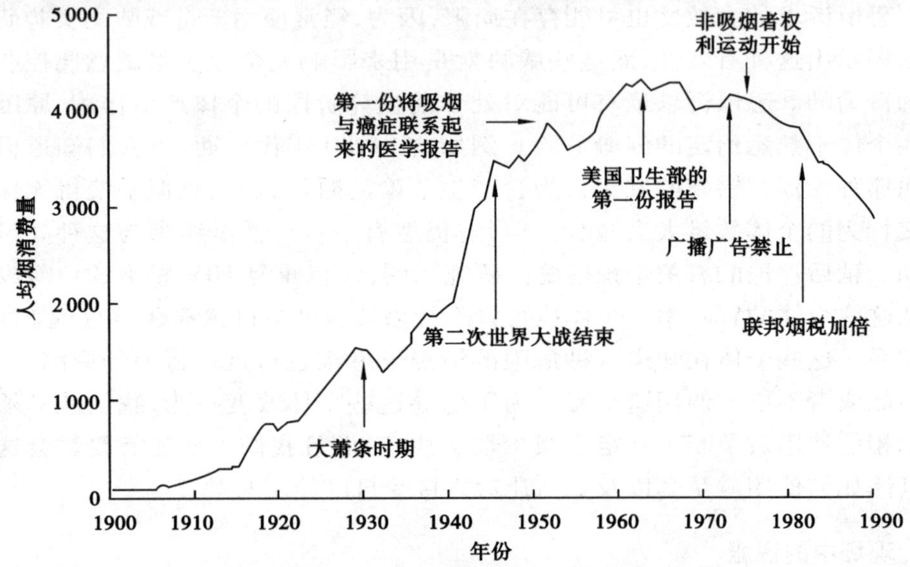

图3.3 20世纪美国成年人人均烟消费量以及主要吸烟和健康事件
资料来源:Novotng et al.(1992)。

说服的限制条件

为什么我们很难让人有动机至少去试着改变自己的不良健康习惯?健康促进活动中使用的说服诉求对态度或意图产生的效果往往非常微弱。在下面关于这一情况产生原因的讨论中,我将把重点放在两个方面。

1.公共干预措施的标的健康行为领域选择。

2.干预措施中所使用的说服性沟通内容。

Jeffery(1989)指出,把许多公共健康活动不能说服人们采取健康生活方式的原因归结为,个体与群体在健康危险的看法上存在差异。Jeffery 认为,人们未能被说服做出改变的原因是,健康促进活动中的标的有损健康行为实际上并没有媒体上说的那么危险。对于健康风险的看法,个体与群体之间存在差异。公共健康政策的指导原则是群体归咎逻辑,即一个群体中发生的多出来的病例数可以归咎于该群体的给定危险因素。但是,个体决策是由个体的获益决定的,而不是由群体的获益决定的。然而,只有当个体的绝对风险和相对风险都很高时,个体的获益才能最高。许多有损健康的行为模式的问题的相对风险度相当低,即执行有危险行为者的患病机会与没有执行该行为的个体患病机会之比(统计学上称"优比")相当小。例如,久坐式的生活方式与心脏病有关,但是相对风险并不是很高。但是,由于心脏病在大多数国家都属于最常见的死亡原因,而且久坐式的生活方式非常普遍,所以对于这些群体而言,归咎于久坐这一危险因素的死亡率就会很高。虽然行为危险因素的相对风险很高,但是绝对风险却可能非常低,即在给定期限内生病或死亡的可能性非常低,因此看上去个体并不值得去为它做出改变。例如,虽然吸烟者比非吸烟者患上肺癌的风险度更高,但是一名35岁的重度男性吸烟者,在10年内患上肺癌的绝对危险大约只有0.3%,患上心脏病的绝对危险也只有0.9%。然而,从群体角度看,这些小数据具有重大的意义。在一组年龄为35岁的100万名吸烟者中,有将近1万名吸烟者会在45岁之前因为吸烟习惯而(过早)死亡。但是,从个体角度看,无论是对改变了自己行为的人,还是对于没有改变自己行为的人,生存的可能性总是远远大于死亡的可能性。

但是人们真的都知道这些吗?为数甚少的评估个体对于行为风险看法的研究表明,人们极大地高估了这些危险。例如,Viscusi(1990)指出,调查者要求一组美国人估计100名吸烟者中"会因为吸烟而死于肺癌的人有多少",回答的平均结果是42.6,这个值远远高于实际的危险水平。但是,个体是否会将这些风险评估结果应用到自己身上,这一点值得怀疑。有大量证据表明,个体对于他们自己患病率的态度比对于其他人患病率的态度更加乐观,这种趋势称为"假乐观主义偏见"。因此,在Velde等人(1994)发表的对阿姆斯特丹公民进行的随机抽样调查中,要求一组随机抽取的公民去评估"他们在接下来的两年里由于自己的性交行为而感染上HIV的危险率"以及"同龄男性或女性感染上HIV的危险率"。Velde等人通过这项调查发现,这组公民对于自身危险率给出的答案是5%,对于其他人的危险率给出的答案是19%。值得注意的是,尽管这些公民对于他们自身危险率的评估值低于对于同龄男性和女性的危险率的评估值,但是他们的评估值仍然高于(可能发生的)"真实危险水平"。

第二个问题是,个体在就生活方式改变做出决定时,是否真的使用有关患病率或基率的信息。信息宣传活动通常强调相对危险(即因给定有损健康的行为而引起的危险率上升),但是很少提及基率(即绝对危险)。他们这样做也许是有道理的。来自其他领域(例如归因理论)的大量证据表明,人们会过低使用由基率衍生出来的先验概率。尽管有些危险发生的绝对可能性很低,但是,这些危险因素发生之后可能使可怕后果的危险扩大两三倍,所以对这类危险因素采取预防措施实际上是很合理的。因此,虽然证据还不确定,但我们还是期望,只要行为风险因素的相对危险度很高,也许就应该说服人们采取预防措施,即使绝对健康危险相当不算高。

许多公共健康预防措施产生的影响不算高的另一个原因是,这些措施采用的沟通是建立在常识基础上的,而不是在社会心理学理论指导下的。更确切些说,许多社区干预措施采用的都是一套措施适用于所有人的做法,虽然态度理论表明,大多数重要态度改变的决定因素随着同一人群中子群的不同而不同。因为我们前面已经讨论过了这些理论对于干预措施的启示意义,接下来,我们就重点讨论几个实例以便把这一点解释得更清楚。

从理性行动理论和计划行为理论中,我们可以推导出设计成功干预措施所需的最具体的指导方针。根据这些理论,要使说服性论据产生效果,那么它们就必须能够影响与所讨论行为关联的态度、规范和控制知觉。因此,为了设计干预措施,就必须用实证的方法来确定,作为打算执行目标健康行为意图的决定因素,态度、主观规范以及觉察行为控制相对而言有多么重要。如果个体执行有损健康行为的原因是,他们认为自己不能停止这种行为(即觉察行为控制),或者,他们认为自己的伙伴期望自己执行这种行为(主观规范),那么,我们去改变他们对于这些行为的态度就没有多大意义。如果我们已经确定计划行为理论的某些成分对待影响行为产生了影响,那么,我们就必须通过实证研究“引出”目标群体成员潜藏在这些决定因素之下的显著信念。因为这些因素大部分都随着总体子群的不同而不同,我们就必须针对不同的子群设计不同的沟通方案。

例如,并不是每个人都对健康问题感兴趣,也不是每个人在了解健康信息之后就有动机去改变自己的行为。青少年往往不太关心自己的健康。他们可能会认为健康警示语与他们无关,因此,青少年没有动机去听健康沟通。在设计沟通时,我们应该考虑到到他们对健康不感兴趣,而不是考虑力图让他们相信健康问题的重要性。论据应该把焦点聚集在特定年龄组对于目标健康行为的信念上。例如,Abraham(1992)通过对苏格兰青少年的调查分析得出:由于年轻人使用避孕套的意图主要受到觉察障碍的影响,因此,教育项目应该把焦点放在可接受性障碍上,而不是强调年轻人多么容易受到感染、感染的严重性以及避孕套对预防感染的有效性。

对于社会经济地位较低的个体来说,健康沟通也不太有效。一项长达二十年的比利时研究,通过对健康沟通影响的分析得出结论:这些项目对拥有较高社会经济地位的个体产生的效果最好。同样，Janssen 等人（1998a）研究了性交风险行为与接触 HIV 健康促进策略之间的联系。在这项研究中他们发现，对无保护措施性交危险的知觉随着不断接触健康促进信息而提高，但这一情况只适用于受过良好教育的男同性恋者。对于未受过教育的人来说，甚至会出现负相关：接触健康促进信息的频次越多，觉察出的无保护措施性交危险越低。

存在这种差异的一种潜在原因是，许多健康沟通都是由受过良好教育的人为受过良好教育的人设计的。因此，受教育程度较低的受众也许不太能够理解这些论据的内容，或者即使他们理解这些论据，他们也会认为这些论据不太具有说服力。有大量的证据与以下 5 个假定一致。

①社会经济地位与不良健康之间存在密切的关系。社会经济地位高的个体更健康，并且多年以来这种差异一直在扩大。

②社会经济地位与健康风险知识呈负相关。

③个体的社会经济地位越低，他们越有可能有吸烟、不良饮食、酗酒和缺少体育运动之类的不健康生活方式。

④人们对不利的健康后果知道得越多，他们就越不可能采取有损健康的行为方式。

⑤最后，对于吸烟，甚至还有证据证明，只有在吸烟的健康后果被广泛确立之后，吸烟与教育水平之间的关系才会出现。

然而，有证据暗示，健康教育和健康促进对不同社会经济地位个体的差异影响不仅仅是通过健康知识这一个中介产生的。因此，当健康知识受到控制时，教育水平对健康行为的影响只是部分地减弱。同样，当健康行为受到控制时，教育水平对健康的影响也只是会部分地减弱。这与早期研究发现一致：在协调社会经济地位与健康结果之间的关系方面，健康知识既不是唯一的因素也不是最重要的因素。

超越说服：改变激励结构

鉴于健康促进通过大众媒体说服而产生效应的不确定性，政府通常决定通过改变与备选行动方案有关的奖励和代价影响行为，而不是依靠说服来影响行为，这就不足为奇了。因此，我们可以认为，政府政策可以是通过改变随发事件的方式来影响个体对有损健康行为的执行情况。例如，政府可以通过提高针对烟草和酒类产品的税收来提高吸烟或饮酒的成本，政府可以制定更加严格的年龄限制，或者可以通过限制销售来减少有害产品的供应量。

法定年龄限制

在大多数的国家，（就像最低饮酒或驾车年龄规定的那样）有相当大一部分的人都被禁止购买酒类产品或驾驶车辆。尽管人们怀疑这种年龄限制在减少发生在年轻人身上的饮酒问题或事故率方面的作用，但是有关改变年龄限制的研究表明，年龄限制确实发挥了抑制效应。例如，有关最低饮酒年龄的变化对于有关年龄组的饮酒问题和饮酒关联问题的影响已经表明，提高饮酒年龄不仅降低了酒类产品的消费量，而且减少了机动车辆的事故。

价格与税收

经济理论的一项基本假定是，在其他条件一样的情况下，如果一种商品的价格上涨，那么对于这种商品的需求就会下降。我们可以用价格弹性来表述价格变化与消费变化之间的关系。价格弹性反映消费对于价格变化的反应。价格弹性就是商品需求量变化百分比除以与需求变化有关的价格变化的百分比。因此，当价格弹性为-0.7 时，这就意味着，如果价格上涨（下降）10%，那么商品需求量就会减少（提高）7%。如果需求对价格改变做出反应，这就意味着商品具有很高的价格弹性。这就是说，如果需求上升，那么价格就下降；如果需求下降，那么价格就上升。同样，收入弹性反映商品需求对收入变化的反应。

有充足的证据表明，和许多其他商品的需求一样，酒精饮料的需求对价格和收入变化都有反应。通过综合分析有关澳大利亚、加拿大、芬兰、爱尔兰、瑞典、英国以及美国的酒精饮料的价格和收入弹性值的经济计量学研究，Bruun 等人（1975）指出：在其他条件一样的情况下，酒类产品价格的上涨通常使酒类产品的消费量下降，消费者收入的增加通常使酒类产品的消费量提高。Wagenaar 等人（2009）的一项整合分析也证实了这些结论。有证据表明，吸烟方面的情况也和饮酒类似，尽管有关吸烟这一主题的研究相对较少。

结　论

如果比较一下说服和改变给定行为随发事件这两种不同的公共健康策略，我们就会发现后者更加有效。然而，通过不适用于说服的货币激励措施或者法律制裁来影响健康行为，这是有局限性的。首先，这些策略不适用于所有的健康行为。人们普遍认为政府应该控制烟草产品和酒类产品的价格，但是，旨在强迫人们每天慢跑的法律是不会被接受的并且难以实施。此外，通过货币激励措施或法律制裁来控制行为，这可能会削弱事先已经存在的内部控制机制。关于外在激励对于内在动机和表现效应的研究表明，如果人们已经因执行某项令人内在快乐的任务而获得某种奖励，那么人们就越来越不愿意执行该行为。例如，如果健康保险公司决定向定期进行体育锻炼的人收取更低的保险费率，那么，这样的财政激励措施可能会破坏因为喜欢锻炼而锻炼的人们的内在动机。

大众媒体沟通可以使人们意识到一些自己可能还没有了解的健康危险。因此,基于大众媒体的公共健康教育已经引发了健康态度的重大改变,这又继而提高了大众对于旨在抑制有损健康行为的法律措施的接受程度。例如,Warner(1981),就把 1964 至 1972 年各州和各地的烟草消费税的大幅度提高归因于反吸烟运动。美国发生的反吸烟运动同时还说明,说服和激励措施并不互相排斥,而且当两者一起使用时,产生的效果或许最好。因此,反吸烟运动引起了一股无烟社会思潮。或许正因为这种思潮,1970 年代至 1980 年代发生的非吸烟者权利运动才取得了立法成功。

健康促进的实施环境

根据对健康促进的公共健康方法的综合评论,本节将介绍几种前面几节中已经讨论过的策略实施环境。首先,我们将讨论一种有些不寻常的公共健康措施的实施环境,即医师的办公室。

医师的办公室

虽然预防措施不属于传统医疗实践中最重要的部分,但是医学院校的课程设置越来越强调对健康人群中有损健康习惯进行诊断,以及建议他们做出改变的价值。和与患者经常保持信赖关系的健康专家一样,在引导人们改变健康行为方面,医师属于非常可信的人员。如果健康建议出自私人医师而不是匿名的大众媒体,那么人们就更有可能遵循。因此,医师只需要建议患者改变有损健康的行为,就可以对健康促进产生影响。例如,Kottke 等人(1988)通过对 39 项有关医疗实践中吸烟干预措施研究的整合分析发现,有证据表明,建议患者戒烟使得吸烟人数明显减少。

如果医师根据医疗检测结果行事,那么他们在执行传统任务(即提出健康建议)方面的作用甚至可能更大。例如,与没有得知血清胆固醇水平很高的情况相比,在得知胆固醇水平很高情况下,患者更加愿意遵循关于进食低胆固醇食物的建议。但重要的是,要使患者在这些情况下更加遵从建议,医师提供的信息必须能让患者理解,并且医师应该给出具体的建议。医师不能只告诉患者他们应该减少胆固醇摄入量,他们还应该为患者制订具体的目标。此外,医师(或者与医师共事的营养师)应该具体说明各种食物的胆固醇含量,以帮助患者实现既定目标。最后,医生应该与患者商议一个日期,以便对患者进行一次新的测验,好让患者得知自己采取这些措施后所取得的成效。

学　校

学校系统是实施健康促进活动的理想场所，其原因是，在学校可以触及全部人群，并且能够尽早地触及这些人群，从而防止有损健康习惯的形成。例如，学校已经非常积极地参与禁烟项目，包括通过校长或医师讲座、播放能引起恐惧感的影片、教师参与（在科学和卫生课堂上教授有关吸烟的知识）和学生参与（例如反吸烟论文、小组讨论）等活动。对于这些项目的评价是：到目前为止，开始吸烟的学生的数量减少并不是很多。而且，随着时间的推移，这些效应似乎逐渐消失，因此似乎不存在长期影响。饮酒预防项目似乎更加有效。

工作场所

工作场所是实施健康促进活动的有利环境，因为这里可以经常性地触及大量的人群。在工作场所，我们可以将公共健康方法与稍后要介绍的某些临床方法结合起来使用。在工作场所，我们还有操控社会和自然环境的潜在可能，从而为健康行为创造正面的激励措施。此外，医疗费用和缺勤率降低的可能性使得这种干预措施更能引起组织机构的注意。许多工业组织似乎已经意识到在工作场所实施健康促进项目的好处。

公司有 3 种方法处理员工的不良健康习惯。第一种方法是在职项目。这类项目可以帮助员工使他们的行为更健康。因此，最常为公司提供的健康促进活动是一些有关建议，包括运动、压力管理、戒烟、减肥、营养检测与控制、高血压检测与控制等。公司促进良好健康习惯的第二种方法是营造工作环境。这种方法可以帮助员工参与有益于健康的活动。例如，公司可能会为员工提供现场健康俱乐部或者餐厅，为职工提供低脂肪、低糖和低胆固醇饮食。很少有公司使用第三种方法，即为健康行为提供货币激励措施。虽然研究者对研究这些项目的效能很有热情，但对已开展的大型项目的评价结果却喜忧参半。不过，有证据表明，更加广泛的干预措施是可以产生效果的。

社　区

社区干预措施包括多种不同的方法，从挨家挨户到大众媒体宣传，告诉人们有像乳腺癌筛查、饮食改变这样的项目在社区机构征募参试，他们要是有兴趣就可以参加。有研究者用准实验对照组的设计方法，即通过比较干预社区与相应控制社区的情况，对以社区为基础的干预措施的效果做了这样的评价：虽然结果各种各样，但是这些干预措施可以说是有效的。以心血管疾病预防为目标的两项早期社区研究当属“北卡累利阿区项目”和“斯坦福三社区研究”。北卡累利阿区项目是在芬兰北部实施的一次大型社区干预项目,该项目大大减少了冠心病的危险因素。这是一次广泛的教育活动,在社区健康中心工作的通信人员、医师和公共保健护士参与了这次活动。研究人员根据自我报告数据评估了这些项目的有效性,评估结果表明:与对照组中没有参与这次活动的相邻省份相比,北卡累利阿区人民的一些饮食习惯得到了大大改善(尤其是在脂肪摄入量方面)。北卡累利阿区人的吸烟量也净数减少。此外,血清胆固醇水平和血压的净数下降,虽然幅度很小,但很明显。最重要的是,北卡累利阿区的心血管死亡率下降了 24%,而芬兰全国的心血管死亡率只下降了 12%。虽然这些结果的普遍性受到这个事实的限制,即该项目是因为北卡累利阿区人民担忧本地区极高的心脏病发病率而设立的,但是,这些研究结果仍然表明,以社区为基础的干预措施有助于人们改变自己那些有损健康的行为方式。

在斯坦福三社区研究中,研究者让几个社区通过电视、收音机、报纸、海报和邮寄的印刷材料参与有关吸烟、饮食和运动的大众媒体活动。在其中的一个社区中,研究者还为媒体活动增加了面对面咨询项目,以适用于一子群高危个体。有一个控制社区没有接触这次活动的内容。这次媒体活动增加了人们对于心脏危险的了解,并且适度改善了人们的饮食偏爱情况以及其他心脏危险因素。

1970 年代后期,在美国开展了 3 项大型的以社区为基础的干预试验,即“斯坦福五城市项目”“明尼苏达心脏健康项目”以及“波塔基特心脏健康项目”。这 3 项试验的时间 5~7 年不等,实施的目的是减少冠心病的危险因素,包括高血压、血清胆固醇水平上升、吸烟及肥胖症。在斯坦福五城市项目和明尼苏达心脏健康项目试验中,研究者在干预期间定期开展了一系列队列调查和独立横断面调查,并以重复测量的方式评估了试验的影响。在波塔基特心脏健康项目试验中,研究者只开展了横断面调查。这些研究的总体结果有些令人失望。对队列基线测量结果与 6 年干预期末测量结果差异的分析显示,在斯坦福五城市项目这项 3 项试验中最成功的实验中,与控制城市(没有接触干预措施的城市)相比,治疗城市(接触了干预措施的城市)在心血管疾病知识方面的提高程度明显更大,而且在血压和吸烟量方面的降幅也更大。但是,这一结果并没有在横断面抽样调查中得到重复。在明尼苏达心脏健康项目中,研究者可以检测出的唯一治疗效果是,女性的吸烟量有小幅下降。此外,研究者还在体育活动上发现了一定程度的效应。但是,这种在体育活动上的效应只是在单项目量度上显现,用更广泛、更可靠的体育活动调查问卷测量时,并未发现这种效应。这次干预措施对血液胆固醇水平、血压或体重没有产生显著效果。最后,在波塔基特心脏健康项目中,研究者只观察到长期体重增加速度有所减缓。尽管控制城市的人均(与身高有关的)体重有所增加,但是波塔基特市的人均体重却相对稳定不变。在吸烟、血液胆固醇或血压方面,并没检测出社区干预的影响效果。在这些研究中,没有任何一项对冠心病的发病率或患病率或者死亡率产生影响。

为什么这些干预措施产生的影响如此甚微?对其中的原因已有很多推测。一个还说得过去的原因是:在研究开展期间,美国政府机构也在全国范围内发起了一次大型旨在改变全民有损健康生活方式的运动。此次运动的内容包括信息宣传活动、改变税收和法律。这次全国行动运动非常成功,其标志是,在3项研究中的所有没有接受干预的控制城市中,市民的健康水平普遍得到提高。由于这些研究中实施的社区干预措施似乎在很大程度上都依赖于健康风险教育,这些干预的额外效果或许太弱以致未能可靠地显示出来。干预措施未能普遍影响社区中存在的冠心病危险因素和心脏健康因素,这一结果也许又一次表明,有关有损健康行为的负面后果信息对那些已经知道这些后果但不知道怎样改变的人群不起作用。如果这些干预措施能够让社区居民更多地了解如何改变他们的有损健康行为,那么干预措施就可能会更加有效。

网　络

在英国,有超过60%的个体都使用因特网;在美国,有70%的个体使用因特网。在发达国家,使用因特网的总人数已经超过2.63亿。因此,因特网可以在健康沟通中发挥重要作用。根据一些估算数据,在美国,有79%的因特网民通过因特网查询健康信息。

除了能够触及大量的人群之外,因特网的另外一个优势在于它的互动性。在实施干预措施过程中,人们可以利用这种优势,根据事先的问卷调查结果制订出适合特定人群的说服性沟通方式。这样,我们就能够为个体提供他们将来愿意改变自己行为时所需的确切信息。一旦他们愿意,我们就可以随时为他们提供有助于改变行为的信息。例如,在一项提倡更加安全的性行为的活动中,我们就可以检测个体对于不同行为的安全性的信念,然后纠正他们那些错误的信念。或者,在关于饮酒的活动中,我们可以评估人们对于健康后果的了解程度以及对于常规饮酒量的看法。这样,我们就能够针对个体的具体饮酒量情况提供个性化的反馈。这种定制可以由基于计算机的专家系统自动完成。专家系统是一种计算机程序,它可以模拟专家的推理过程和问题解决过程,当接收到调查对象提供的信息时,程序就会自动发出最有助于调查对象改变他们健康行为的信息。定制可以是静态的,也可以是动态的。静态定制建立在一次评估的基础之上,通常在干预开始时进行。动态方式定制的干预措施基于干预过程中不断进行的评估。例如,在基于跨理论模型的干预措施中,人们可以通过动态方式定制的干预措施,为调查对象提供适合于他们在给定时刻所处状态的精确信息。

并不是所有通过计算机发送的促进健康和减少行为风险的干预措施都是以网络为基础的。当人们不能使用因特网但却拥有一台计算机时,那么,也可以通过光盘驱动器发布非定制干预措施以及定制的干预措施。

这些可能的做法已经在许多研究中得到应用,并获得了计算机辅助干预措施可以发挥作用的证据。可以通过因特网上广告征募干预参试,也可以通过传单、社区中心、中小学以及大学征募。一项关于 1988—2007 年发表的关于计算机辅助干预措施研究的整合分析发现,干预使得营养水平和饮食失调情况(暴食/狂泻)出现明显改善,使得安全性交行为大大增加,烟草使用量和其他物质使用量有所减少,这些效应从小到中等不等。Portony 等人(2008)指出,涉及 75 项随机对照试验,参试超过 3.5 万人。遗憾的是,这项整合分析不能完全评价定制的效能,因为研究中的定制没有可变性。在这些干预措施中,有超过 80%的都是定制的。Krebs 等人(2010)的另外一项整合分析重复出了这些的结果。这项整合分析只分析了计算机定制干预措施的情况,发现干预措施不仅对饮食改善(脂肪摄入量减少、水果和蔬菜摄入量增多、戒烟时间延长)产生显著效果,而且对体育活动也产生了显著效果。

结　论

如果我们在不同的健康促进实施环境下实施干预措施,那么,这些干预措施就能够触及不同类型的人群。因此,我们有充分的理由去追寻改变健康习惯的各种场所。我们可以利用社区干预措施和学校项目去教授人们有关不健康生活方式的知识,并且使人们有动机去回避那些有损健康的行为,或者(在他们已经形成这种行为的情况下)去改变这种行为。在完成这项任务的过程中,医师可以发挥重要的作用。学校也有可能在让学生知晓诸如吸烟、吸毒和酗酒之类不健康行为在健康危险过程中发挥作用。此外,工业组织可以成为触动个体改变有损健康习惯的重要动机源泉。因为大型工业组织有足够的经济能力为自己的健康促进课程聘请专业顾问,所以它们能够将公共健康方法与临床治疗方法有效地结合起来。最近几年,因特网为我们打开了全新的可能,好让我们以非常高的“性价比”接触到大部分的人群。最后我们应该记住,健康干预措施的效能是两方面同时作用的结果。其中一个方面是措施在产生个体改变方面的“影响”,另一方面是措施的“触及范围”,即群体中受到影响的个体数量。虽然公共健康干预措施对个体的影响可能小于临床医疗措施,但是,干预措施的效能可能更大,因为它们的影响范围更广。

治疗模型:改变和维持改变

尽管人们已经形成了坚定的打算改变某种有问题健康行为的意图,但是他们在第一次进行尝试时可能不会成功。为了改变问题健康行为而寻求治疗的大多数人,首先会凭借自己的能力去实现理想的改变目标。因此,在美国卫生部发表了第一份将吸烟与癌症联系起来的报告之后的 20 年中,估计有 3 700 万吸烟者停止了吸烟,他们当中有 90%的人在未接受任何帮助的情况下就成功戒掉烟。毕竟医疗费用很昂贵,并且大多数人至少在尝试之前都相信,他们自己有足够的能力戒烟或减肥。

与公共健康模型不一样,虽然小组治疗和自我治疗项目也在使用,但大多数的治疗项目涉及一对一的关系,其中涉及"患者"和治疗师之间的互动。随着因特网的出现,我们也可以通过网络发布治疗项目。因为参与治疗项目的人们已经决定做出改变并且有动机去按照他们的决定行事,所以治疗项目的作用不是去"说服"人们做改变,而是帮助他们"实现"并"维持"想要的改变。

认知行为治疗规程

旨在改变有问题健康行为的早期治疗主要依赖于行为技术。行为治疗规程与其他治疗取向的不同是可以看出来的,因为这些规程都涉及一种或者多种专项行为改变技术,而这些技术又都是基于学习原理的(例如经典条件反应和操作性条件反应)。最近,旨在专门影响认知变量的技术(例如自我管理过程、技能训练和认知重构)已经被逐渐纳入行为治疗项目。在以改变健康行为为目的的治疗中,经典条件反应和操作性条件反应之类的经典行为技术越来越不受欢迎,并且逐渐被依赖于自我监控、认知重构和技能训练的认知行为技术所取代。本节将概述这些治疗过程背后的理论原则。第 4 章将详细介绍一些具体的(如适用于酗酒、肥胖症和吸烟)治疗方法,并评价这些治疗的效果。

经典条件反射

俄罗斯生理学家巴甫洛夫于 1927 年首次描述了经典条件反射。在研究狗的消化系统的过程中巴甫洛夫观察到:这些狗中的多数在听到经常饲养它们的饲养员的脚步声时,就开始分泌唾液。于是,巴甫洛夫推测,对食物的正常反应(分泌唾液)与饲养员的脚步声之间已经建立起了联系。因此,如果经常在引起唾液分泌的刺激物(即食物)出现之前让这些狗听到饲养员的脚步声,那么饲养员的脚步声也能够引起唾液分泌反应。用更加专业的话来说就是,脚步声对唾液分泌产生了条件作用。

第一项用经典条件反射在人身上进行厌恶反应的实验是 Watson 和 Raynor 做的,Watson 和 Raynor 指出,实验中使用了很大的噪声来使小男孩对实验小鼠产生恐惧。这是一种非常巨大的响声,据知它能把小男孩吓哭并且使小男孩表现出恐惧。Watson 和 Roynor 示明,最初由噪声引起的恐惧反应如今与小鼠联系了起来,即把噪声的作用转移到了小鼠身上。因此,通过经典条件反射,小男孩对巨大噪声的恐惧变成对于实验小鼠的恐惧。根据这一原理,Watson 和 Roynor 发展出了治疗厌恶行为的模型。

厌恶行为治疗方面的早期尝试靠的是电击技术。虽然在动物身上实验很有效,但是把电击用在人类身上并不那么奏效。因此,现代行为治疗采用的方法是与拟改变反应相关的厌恶反应。对于吸烟,厌恶治疗引诱吸烟者不断地吸烟,让他们每隔六到八秒就吸一次烟,直到他们再也不能忍受吸烟为止。对于酗酒,厌恶治疗采用了能引起呕吐的药物(如戒酒硫)。厌恶治疗正在逐渐使用想象的刺激引起厌恶,而不是用真实的刺激。在治疗过程中,目标行为和厌恶刺激都是通过想象而出现的。例如,最初是先让酗酒者饮入戒酒硫,然后再为他们提供酒类产品让他们体验效应,如今,人们靠的是让酗酒者想象这些效应。

操作性条件反射

操作性过程通过操控行为的后果来矫正行为。它们通过相继呈献(或撤除)奖励和惩罚来增加想要的或者减少不想要的行为。行为理论家假定,与任何其他行为一样,健康相关行为也是通过操作性条件反射过程学得的。例如,广为接受的酗酒说(即"紧张感降低假说")就假定,人们之所以饮酒,是因为酒能降低紧张感。通过降低紧张感,并从而降低厌恶驱动状态,酒就发挥了强化性能。吸烟可能具有类似降低紧张感的作用。

与厌恶条件作用的早期形式一样,操作规程最初也是使用电击来改变行为。因为没有证明这些规程具有持久的效应,所以现代的操作性规程经常采用某种形式的权变管理。例如,吸烟者或酗酒者可能会与他们的治疗师达成某种奖励或惩罚协议,这些奖励或惩罚完全取决于他们自己的行为表现。

自我管理规程

经典条件作用规程和操作条件作用规程都基于这样的假定,决定人们生活的力量主要在于外部环境。与此不同,自我管理规程的基础假定则是,个体能够组织自己所在的环境,从而使某些行为更有可能发生。例如,个体可以因为自己实现了某些行为目标(例如减轻一定的体重)而奖励自己,或者,因为自己违反了预先规定的规则(即日落之前不饮酒)而惩罚自己。

自我监控和目标设定或许是自我管理最有效的组成部分。个体通过自我监控确定问题范围(如高危情况)和问题行为(如吃零食)。然后,个体就可以设定目标以实现改变。应用自我强化始终要涉及某种必须实现的目标,从而使强化得以应用。关于工业中任务绩效环境下目标设定的研究暗示,自我强化是决定这些规程有效性的重要因素。这项研究一致示明,设定具体且具有挑战性的目标以及提供相关的反馈大大提高了绩效。具体目标可能会引起具体的行为意图。因此,具体目标比全局目标更为有效这一点,也可能会与理性行动模型或计划行为模型的预测一致。因为自我强化通常取决于非常具体的目标的实现情况,因为个体通过自我监控为自己提供相关反馈,所以这些规程比得上目标设定研究中使用的规程。

技能训练

技能训练规程是对物质滥用认知行为治疗的一个核心组成部分。技能训练技术的主要假定是:人们执行有损健康行为的原因是他们缺乏某些技能。例如,人们可能会因为缺乏适当的压力应对策略而变成酗酒者。成瘾行为复发者经常报告说,压力和负面情绪状态经常发生在他们再次吸毒之前。如果我们为个体提供适合于应对这些压力情况的技能,那么,个体应对这些问题时就会产生另一种反应。这样就应该能够减少为了应对问题而再次吸烟或饮酒的需要。在面临高危情况(如经过一家当地酒吧,他人递烟)时,有物质滥用问题的人通常缺乏抵抗诱惑的技能。因此,技能训练的第二个重要方面是,告诉物质滥用者如何识别高危情况以及如何成功地应对这些情况。

认知重构

认知重构技术有助于患者确定并纠正经常与情绪低落和复发经历有关的自我挫败想法。例如,Mahoney 和 Mahoney(1976)描述了节食者经常体验到的非理性的和非适应性认知。这些认知包括关于不可能实现减肥的想法,关于采取不切实际且马上会令人失望的目标的想法,以及采用自我蔑视性陈述的想法。通过使用由 Beck(1976)和 Daum(1977)提出的方法,我们可以告诉患者,他们应该怀疑这些论据。

复发及其预防

人们常常不能保持自己刚刚形成的习惯是改变有问题健康行为中令人痛心的地方,无论这种改变是通过治疗获得的还是未经援助取得的。因此,成瘾行为的复发率很高,从50%到90%不等,其中有近三分之二的复发在头90天发生。同样,在体重控制方面,成功减轻大量体重的节食者中,很少有人能够把自己的减肥效果维持一段足够长的时间。

尽管通过治疗改变有损健康习惯的患者在接受治疗之后经历复发的概率很高,但是在治疗期间,这种可能性以前并不讨论(甚至不予承认)。因此,当这种可能性变成现实时,患者并没有做好应对复发的准备。不过现在这种态度已经改变,而且还发展出了应对具体复发的预防方法。复发预防属于一种认知行为方法,其目的是确定复发的高危情境,并预防这种情境的出现。

Marlatt 和 Gordon(1980)提出了最全面的复发过程理论。之后,Witkiewitz 和 Marlatt(2004)修订了这一理论模型。原始的复发过程理论模型(见图3.4)整合了多种社会心理学理论元素来解释复发的过程,包括社会学习理论、归因理论、失调理论等。

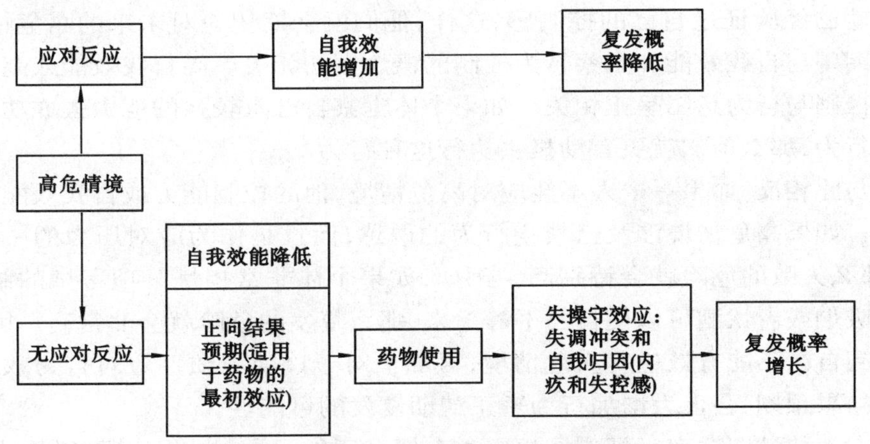

图3.4 复发过程的原始理论模型

资料来源:改编自 Marlatt(1985)的研究。

基于复发预防的治疗方法从评估高危复发情境开始,也就是说,从个体打算克制使用物质的意图遭到威胁时开始。例如,当具有酗酒问题的个体经过他们最喜爱的酒吧时,甚至在他们看见朋友饮酒时,只要他们感到自己受到了诱惑;或者当他们在晚上观看电视时(因为这时诱惑也会出现)。如果个体能够有效地应对高危情境,那么,他们抵抗有关诱惑能力的自我效能就会提高,他们在未来复发的可能性也就会降低。一般假定,设法保持节制或者遵循与目标行为(如有控制性饮酒、减少吸烟及节食)有关的其他规则的个体会体验到一种控制感。当个体遭遇高危情境时,这种控制感就会受到威胁,虽然随着节制保持时间或成功遵循规则时间的延长这种控制感会变得更强。从另一方面讲,如果个体未能应对高危情境,不能抵抗诱惑,那他们的自我效能就会降低，他们对于使用药物的效应就会形成正向预期。这样就会引起药物使用和失操守效应。

复发过程的原始理论模型与修订理论模型之间的主要差别在于，修订的模型添加了大量的额外变量，包括远端风险因素（例如家族史、社会支持和药物依赖）、躯体阶段症状、情感状态（例如抑郁情绪）、欲望和动机。此外，原始模型规定了明确的因果路径，拓展的模型假定大多数因果路径是相互的。因此，应对技能影响饮酒行为，饮酒行为反过来又影响应对技能。从积极方面来说，这些变化使得模型与实证研究的发现相一致，而原始模型就不能和这些实证发现相一致。从消极方面来说，我们很难明白人们应如何通过实证方法来反驳修订后的模型。

如果个体能够成功且有效地应对高危情境，复发的概率就会大大降低。对此，Marlatt 和 Gordon（1980）非常强调，其原因是，个体在成功应对高危情境之前就已经验证过自己的控制感，这样，他们就会期望应对未来的高危情境。这种期望与自我效能和觉察行为控制的概念密切相关。高自我效能或高觉察行为控制与行为意图呈正相关。如果个体觉察自己有较强的能力去成功执行某种行为，那么他们就更有动机去执行这种行为。

与此相反，如果一个人不能应对高危情境，他的控制能力或自我效能就会降低。如果高危情境涉及已禁止行为的诱惑，而且是作为应对压力的一种手段，那么失败的危险就会特别高。例如，如果个体非常担忧某项考试的结果，认为吸烟或者饮酒可以使自己平静下来，那么复发的危险就会非常高。因此，意识到自己不能有效应对高危情境，再加上对于以前习惯性应对行为效果的正面结果预期，会大大增加行为矫正初期复发的可能性。

大多数试图改变吸烟或饮酒之类有损健康的习惯的人们，都将“停止”看作是“一劳永逸”的。因此，违反绝对规则会导致 Marlatt 和 Gordon（1980）指出的所谓的“失操守效应”，即不能坚守操守就意味着完全失去意志力和自我控制能力。由于我们在违反饮食规范的节食者身上也观察到了类似的效应，所以我们也许应该采用“目标违反效应”这个更加一般性的概念。

引起失操守效应或目标违反效应的一个主要原因是“自我归因”。自我归因就是个体为自身或他人行为做出因果解释的过程。这些解释多种多样，包括内部归因和外部归因。内部原因包括个性、能力或动机，外部原因包括任务难度或社会压力。复发的个体可能会进行内部归因。他们倾向于把复发归咎于个人的软弱或无能，并且把这解释为可以证明自己缺乏意志力以及没有能力抵抗诱惑的证据。这种自我归因会进一步减弱个体的自我效能感和自我控制感。

引起失操守效应或目标违反效应的第二个原因是“不一致”。公然违反饮食目标或者节制规则也会与个体(作为节食者或者节制者)的自我概念不相一致,因而引起了不一致效应。不一致属于一种厌恶性以及不愉快的心理内部状态,例如焦虑。因此,不一致一旦产生,个体就有减少它的动机。如果违反了节制规则,那么个体可以通过改变自我形象或改变对节制的态度来减少不一致。因此,复发的前吸烟者可以通过两种途径来减少自己的不一致感,要么认定自己没有意志力,要么使自己相信吸烟并不是那么糟糕。显然,这两种减少不一致感的机制都会增加未来复发的危险。

根据这种分析,预防复发的第一步就是告诉当事人如何识别可能会引发复发的高危情境,第二步是训练当事人掌控高危情境所需的应对技能。今天,已经通过各种健康行为对这些复发预防方法进行过验证,包括戒酒、戒烟以及控制体重等。为预防复发进行的实证检验主要是在原始复发模型的指导下进行的,因此得到了一些相互冲突的结果,而且这些不一致似乎主要取决于研究中所用的物质。对26项采用了复发预防方法研究的整合分析发现,复发预防方法对于饮酒行为的治疗有中度效果,但是对于吸烟行为的治疗只有微弱效果。此外,最近一项关于吸烟复发预防治疗的整合分析发现,以技能为基础的干预措施对预防复发没有长期益处。于是研究者得出结论,对于停止吸烟,他们的整合分析未能检测到现存行为复发预防方法任何临床意义上的显著效果。

改变自动反应倾向

讽刺的是,当针对饮酒行为、吸烟行为和肥胖症的治疗越来越倾向于采用认知方法时,有越来越多的证据表明这些有损健康的行为方式受到内隐态度的强烈影响,而内隐态度表达的正是对于态度对象自动性的前意识评价。因为内隐态度的定义性特征是,个体几乎不能控制内隐态度的表达,因此,认知方法不太能够有效地用来改变它们。这也是为什么,对于那些存在有损健康的行为问题(例如酗酒、吸烟、肥胖症)者,认知行为治疗师教授给他们的用以提高诱惑抵抗能力的技巧不太有效的原因之一。因此,如果把内隐态度认定为物质滥用的重要危险因素,那么重新定位治疗方法就很有必要,而这种定位要更加重视行为技术的巧妙使用。

对于改变酗酒和不健康饮食问题的内隐态度,已经有几种方法被证明是有效的。更为重要的是,有人甚至证明改变这些内隐态度也可以影响其他有关行为。例如,Friese等人(2010)就采用了经典条件反应范式来悄悄改变研究对象的饮酒态度和饮酒行为。研究中,在让实验组被试一次又一次重复接触与酒精有关词汇(例如葡萄酒、啤酒、威士忌)的同时接触一些负面图片,而让他们一次又一次重复接触与软饮料有关词汇的同时接触一些正面图片。对于对照组中的被试,与酒精有关词汇同时出现的则是中性图片。结果显示,与对照组相比,实验组中那些同时接触与酒精有关词汇和负面图片的被试,他们对于酒精的内隐态度(用内隐联想测验测量)发生了改变。而且,实验组中的被试也自称,在实验结束后的一周里,他们的饮酒量也比他们自己的基准水平要少。

Houben 等人(2010b)关于这项实验的重复性研究,让实验组中的被试同时接触啤酒有关图片及相应的负面词汇和负面图片。但在对照组中,虽然让被试观看同样的图片,但是没有把啤酒有关图片与负面刺激一起让被试看。这种条件作用的结果是,与对照组相比,实验组被试的外显态度显著改变。而且,在后续的样品尝实验中,实验组被试的饮啤酒量也减少了。最重要的是,在接下来的一周中,这些被试也减少了他们的啤酒消费量(根据饮酒日记测量,对每周平均饮酒量进行了控制)。因此,这些研究表明,经典条件反应能够显著改变饮酒态度和饮酒行为。

Houben 等人(2010c)使用了"反应抑制训练"技术来改变饮酒行为。研究中,被试在接触啤酒或者水类刺激物的情况下完成了所谓的"进行/不进行"任务。这项进行/不进行任务要求被试在对特定刺激物(例如酒精、不健康食物)做出反应时克制自己的行为。因为冲动的刺激会自动使人进入行动准备状态,所以与这类刺激有关的停止信号会导致行为抑制。通过这种方法,Houben 等人让实验组中的被试在看到水类刺激物时按下一个键(进行),在看到啤酒刺激物时"抑制"住反应(不进行)。对于对照组中的被试,他们进行了与此相反的操作。在后续的关于啤酒样品尝实验中,实验组中的被试饮入的啤酒量少于对照组中的被试。这种效果似乎泛化到了接下来一周中的自我报告啤酒消费量中。

被证明可以有效影响有损健康行为的另一套规程依赖的是改变人们的"趋避倾向"。通常让被试在接触到某种刺激时推拉操纵杆,然后根据推拉操纵杆的情况来评估他们的趋避倾向。把操纵杆拉向自己表示趋(近);把操纵杆推开表示避(开)。在尝试改变不健康饮食方式的过程中,Fishbach 和 Shah (2006)让被试看一系列的健康食物词汇(如苹果、西兰花),或者,美味但不健康食物的词汇(如饼干、蛋糕、炸薯条),还要求实验组中的被试在看到健康食物图片时把操纵杆拉向自己,在看到不健康但却美味的食物图片时把操纵杆推开。在对照组中,则要求被试进行与此相反的操作。之后,作为参与实验的奖励,为被试提供了可以选择健康食物或者不健康食物的机会。结果,实验组中的被试比对照组中的被试更有可能选择健康食物。

Wiers 等人(2010b)的研究是对这项研究进行概念性重复实验。实验中,对重度社交饮酒者实施了稍微修改的回避训练,要求被试在看到酒类图片时必须推开操纵杆。结果,趋避内隐联想测验结果显示,这种训练过程改变了被试对于酒精的内隐态度。这种酒精回避训练过程也使子样本被试的饮酒量减少。这些被试把操纵杆推开以及回避酒类图片的速度越来越快。

虽然这些发现令人乐观,但是,在目前为止我们所评论的所有研究中,被试都是那些没有严重饮酒或者饮食问题的个体,而且,实验结束后随访的时间也非常短。但是,开始有证据出现,可以证明这些方法对临床患者也有效。在一项关于酒精依赖型临床患者的研究中,Wiers 等人揭示,那些为早期研究所研发的回避训练,不仅可以改变针对酒精的内隐态度,而且还会长期影响饮酒行为。一年之后再次联系上这些被试时发现,在这一年的时间里,实验组中没有复发患者的比率(58%)明显地大于对照组中没有复发患者的比率(43%)。Wiers 等人的这项研究非常重要,因为它首次示明,这些方法可以长期影响临床患者。但是,在这些规程成为临床治疗的标准组成部分之前,我们还需要在其他患者群体身上重复这项研究。

小结与结论

本章提到并讨论了两种矫正健康行为的方法,一种是公共健康模型,另一种是治疗模型。公共健康模型涉及旨在改变大型群体行为的健康促进计划,例如,工业组织成员、学校学生、社区公民,甚至全体国民。实现这一目标有三种主要策略:说服性诉求、经济激励,以及法律措施。

大众媒体健康诉求能够非常有效地提高人们对于某些健康危害的了解,但是通常不太能够有效地改变人们的行为。正如我试图指出的那样,如果态度和行为沟通的设计基础是社会心理学理论和方法,那么这些沟通的影响就会增大。但是,如果只根据公共健康干预措施改变个人行为的效能证据来评估公共健康干预措施的影响,那么就会产生误导。干预措施的影响是功效和抵达共同作用的结果。因此,公共健康干预措施即使对个体行为的影响相当小,但对于一个群体的整体影响仍然可观。此外,持续性公共健康活动的效果可能会累加。

正如 1960 年代和 70 年代举行的禁烟运动所表明的那样,如果将广泛的媒体活动与经济和法律措施结合起来,那么,公共健康方法能够大大改变行为。因此,由美国卫生部报告发起的大众媒体活动可能是引起全球对吸烟态度发生变化的原因。气候变化可能是引起 1960 年代末期美国地方税收和州税收上涨的原因,它也可能是 1970 年代期间非吸烟者权利运动获得立法成功的原因。

然而,吸烟的实例也可以说明公共健康方法的软弱。在美国,人们已经成功运用公共健康方法传达了吸烟有害健康的信息。如今,大多数的吸烟者相信吸烟有害。但是,人们并没有成功运用公共健康方法来改变行为。虽然近几十年来吸烟的流行率大大降低,但是在美国几乎有三分之一的人口还在继续吸烟。

今天,许多仍然吸烟的人们想要戒烟。这表明在这些人当中,很大一部分人不能凭借自己的能力戒烟,他们想从某种治疗方法那儿获得援助。因此,虽然教育活动能够有效激励个体做出改变,但是良好的意图不足以改变诸如物质滥用或过度饮食这样有损健康的行为。临床治疗可以教授人们一些策略(包括旨在改变自动反应倾向的方法),以帮助他们保持动机,实施执行改变意图。因此,对改变这类行为,临床治疗做出了重要贡献。可见,公共健康策略与临床治疗彼此互补,而不是彼此对立。如果决定要接受治疗,个体必须首先意识到自己存在问题,并且愿意为解决这一问题做点什么。

第 4 章　行为与健康：过度胃口

前面两章检验了健康行为的决定因素和改变策略的有效性。本章和下一章将讨论一种主要的与健康有关的行为危险因素。关于行为与健康的讨论将分为两部分。本章讨论与过度胃口有关的有损健康的行为，例如吸烟、酗酒和过食。这些行为都属于胃口行为。一旦这些行为变得过度，它们就难以控制。想要做出改变的人们通常求助于辅导或者治疗计划，以帮助他们能够根据自己的意愿行事。

相比之下，我们在第 5 章中要讨论的健康保护行为一般更受个体意识的掌控，例如，像健康饮食、运动、保护自己免遭事故损伤（如系安全带）之类的自我保护行为，以及与感染艾滋病有关的回避行为（如共用针头、无保护措施性行为）。

在这两章中，我们对于行为危险因素讨论的结构一样。每一部分的开头都会综合评论把这些行为与负面健康后果联系起来的经验证据。在讨论关于这些行为的形成和保持理论之后，我们将讨论态度和行为改变策略在改变健康损害危险中的有效性。

吸　烟

吸烟的健康后果

美国卫生部在其第一份有关吸烟的报告（1964 年）中指出，吸烟是可预防性死亡率和发病率最重要的原因之一。从此以后，美国成年人的吸烟率从 1965 年的 42.4%降到了 2007 年的 19.8%。在英国，我们也观察到了同样的趋势：2005 年英国成年人的吸烟率降到了 24%。在德国，2003 年德国成年人的吸烟率降到了 24.3%。在其他国家，也有下降趋势，但没有这么好。例如，在丹麦,2004 年仍然有 26%的个体吸烟。在荷兰,2006 年仍旧吸烟的人数百分比更高,为 31%。在吸烟人数减少方面,做得最成功的发达国家当属瑞典,其吸烟率降到了 17.5%。在所有这些国家里,虽然女性吸烟者人数少于男性吸烟者,但是这几年来,性别差异大大缩小。

从吸烟率普遍降低这个大背景看,情况似乎与以下事实相矛盾:自 1980 年以来,全世界卷烟销量增加了九亿五千万根。1995 年,全世界吸烟量为五十四亿两千两百万根,每周吸烟量为一亿根,全世界每位男性、女性和小孩的每周吸烟量为一包。其中的原因是,尽管所有发达国家的吸烟率都降低了,但是许多发展中国家的吸烟率却提高了。据英国《独立报》1996 年 3 月 7 日报道,全世界四分之一的卷烟在中国被消费,拉丁美洲国家也消费了全世界很大一部分的卷烟。

发病率和死亡率

吸烟对健康的负面影响很可怕。据疾病控制中心估计,在 2000 到 2004 年,美国每年有 44.3 万人死于与吸烟有关的疾病。世界卫生组织估计,烟草是造成全世界每年 500 万人死亡的主要原因。有人估计,吸烟者与非吸烟者之间的寿命差距为 7.3 年。此外,有证据证明,戒除吸烟不仅能够延长寿命以及增加老年自理生活的年数,而且还会缩短临终前不能自理生活的时间。

每年由于冠心病(它是工业化国家里导致死亡的主要原因)导致的死亡中,有 30%到 40%可以归咎于吸烟。吸烟者患上冠心病的可能性是非吸烟者的 2~4 倍。总的来说,在美国,吸烟者的心脏病死亡率比非吸烟者的高出 70%。加拿大、英国、斯堪的纳维亚地区和日本也报道了同样的高出率。

在美国和其他富裕的工业国家里,癌症是导致死亡的第二个主要原因。而吸烟导致将近 30%的癌症死亡人数、将近 90%的男性肺癌死亡人数、将近 80%的女性肺癌死亡人数。男性吸烟者的肺癌死亡危险率是非吸烟者的 23 倍多,女性吸烟者的肺癌死亡危险率是非吸烟者的 13 倍。吸烟还使中风(中风是在美国导致死亡的第三个主要原因)引起的死亡危险率提高了两倍。最后,吸烟致使至少 75%的慢性阻塞性肺疾病患者死亡,因为这种疾病属于异质群体疾病,其特征是阻塞干扰正常呼吸的气流。

卷烟消耗与严重疾病之间存在着强烈的剂量—反应关系。因此,即使是不经常吸烟的人也处于危险状态。每天吸食 1~4 根卷烟,会导致由各种原因引起的死亡危险率提高 50%。吸烟者死于心脏病的危险率几乎是非吸烟者的 3 倍。对于没有猛烈吸入烟气、使用烟斗和雪茄的吸烟者来说,他们的发病率和死亡危险率比吸食卷烟的吸烟者的稍微低一些,但是明显比非吸烟者的要高。吸食过滤嘴卷烟的吸烟者的发病率和死亡危险率是否比那些吸食非过滤嘴卷烟的吸烟者的要低,这不太清楚。

由于吸烟者在其他方面也生活得不健康,他们甚至有更大的健康危险,这些比由吸烟引起的相对危险还要大。此外,尤其是重度吸烟者,他们最有可能执行其他造成健康危险的行为。在美国,针对行为危险因素进行了的一次全国性调查表明:与非吸烟者相比,吸烟者"急性饮酒"(每个场合饮用5瓶以上的酒精饮料,每个月至少一次)和"慢性饮酒"(每天平均饮用两瓶以上的酒精饮料)(根据年龄调整后)的比率更高,他们在喝醉状态下的驾车事故率更高,他们使用安全带的次数更少。吸烟与饮酒之间的这种关联性可以解释以下发现:吸烟者的事故死亡危险率比从不吸烟者的高出50%。在饮食摄入量和体育运动方面,吸烟者也不同于曾经吸烟者和"从不"吸烟者。例如,一项关于3 250名成年工作者的研究发现,现时吸烟者每天从高脂肪和高热量食物中吸收的热量更多,这些食物包括乳制品、肉类食品、鸡蛋、法式炸薯条和食用油;此外,他们还声称用于进行体育运动的休闲时间比曾经吸烟者和从不吸烟者更少。在英国、瑞士和荷兰进行的一些大型研究也确定了一些有损健康的行为因素。所有这些危险行为可能会以单独的方式或者协同的方式增加吸烟者患上慢性疾病的危险率。

停止吸烟对健康的益处

停止吸烟会对所有年龄阶段的男性或者女性带来重大且立竿见影的健康益处。曾经吸烟者比继续吸烟者活得更长久。戒烟之后只要一年,吸烟者患上冠心病的危险率就会降低一半。十五年之后,这种危险率就会与从不吸烟的人一样。戒烟者患上肺癌的危险率也会稳步下降;十年之后,他们患上肺癌的危险率会低至继续吸烟者的一半。

(1)吸烟与体重

吸烟产生的一种影响可能被当作积极影响,尤其是对于女性:吸烟似乎可以减轻体重。中年吸烟者的体重比非吸烟者的轻,戒了烟的吸烟者的体重容易增加,女性与男性相比更是如此。但是,没有证据证明,开始吸烟以后体重就会减轻。在很多的年轻男性与女性样本上也没有观察到体重差异。这表明,吸烟在体重控制方面的益处需要几年的累积才能够显现。这种益处产生的原因可能是:随着人们年龄的增长,常见的体重增加趋势会有所减弱。与吸烟的体重控制益处相比,戒烟的代价似乎也会立即显现。戒掉烟的吸烟者在一年之内,体重就增加2.3~6千克。在得以成功彻底戒烟的前吸烟者身上,观察到的增幅更大。虽然体重增加不会减少戒烟所产生的健康益处,但是它可以对表面理由产生威慑作用。富有说服性的证据证明,戒烟之后体重增加主要是由于尼古丁对代谢率的刺激效应消失:尼古丁替代能抑制体重增加,替代期间，尼古丁剂量与体重增加抑制程度之间存在一种线性关系，尼古丁替代一旦停止体重就会增加。但是也有证据证明，戒烟之后人们的食量更大，原因可能是人们想用饮食乐趣取代吸烟乐趣。

(2)被动吸烟

吸烟者除了对自己健康造成影响之外，还会危及其他人的健康。在过去的几十年里，人们越来越意识到，接触"环境中的烟草烟"（而不是其他物质燃烧后产生的烟）会危害健康。吸烟者的配偶或者同事在无意识的情况下被迫吸入二手烟草烟，从而接触了与吸烟者用于危害自身健康物质相同的有毒物质。

今天，有令人信服的证据表明，二手烟与吸烟者的不吸烟伙伴或同事患上肺癌或者死于冠心病的危险率提高有关。有 50 多项流行病学研究已经显示，终生非吸烟者接触二手烟与他们患上肺癌的危险率之间存在相关性，他们接触二手烟之后的死亡危险率预计会增加 30%。在一项大型的整合分析中，分析者估计非吸烟者由于被动吸烟而患上冠心病的危险率会增加 25%。截至 2003 年春季，美国卫生和公共事业部进行了 9 项队列研究和 7 项病例对照研究。通过这些研究，他们更新了这项整合分析，更新的整合分析得出了类似的相对风险估计值。

此外，流行病学研究数据表明，母亲在怀孕期间和婴儿出生后吸烟是导致婴儿在一岁之前意外猝死（这种症状通常被称为婴儿猝死综合征）的主要危险因素，相对风险估计值为 1.4 和 3.5。也有证据证明，如果父亲在婴儿房间吸烟，婴儿死于婴儿猝死综合征的危险率会大大提高。证明环境中烟会影响健康的证据已经促使美国和欧洲一些允许吸烟的地方采取了更加严格的限制吸烟措施。

吸烟的经济成本

毋庸置疑，吸烟会让人们付出很大的生命代价。但是，（1996 年由美国几个州政府在针对烟草行业诉讼案件中提出）吸烟增加了社会的经济负担这种说法也应该受到挑战。虽然吸烟者在住院治疗期间造成了很高的医疗费用和较高的缺勤率，他们也通过上缴烟草税产生了额外的税收收入。此外，由于他们早逝，他们补贴了非吸烟者的集体资助退休计划，降低了老龄化人群的医疗成本。经济分析一再表明，这些经济益处大于吸烟的成本。但是，仍然有人质疑，这些分析是否都考虑了所有相关的健康成本（例如，如果考虑了二手烟的影响，情况可能就会不一样）。

吸烟的决定因素

如果我们要说明人们为什么要吸烟，我们就必须区分变成吸烟者与保持吸烟习惯。来自同辈或者年长兄弟姐妹的社会压力可能是致使人们吸烟的首要因素。例如,一项关于吸烟如何开始的前瞻性研究,从两组年轻人还是九年级时(14~15岁)就开始对他们进行了几年的随访调查。调查研究发现,研究开始时就吸烟的人数与在研究期间的吸烟体验行为密切相关。初始体验是关键的一步,这也是预防吸烟要从学校开始做起,要在年轻人体验吸烟之前就以他们为研究对象的原因之一。

一旦开始吸烟之后人们为什么会保持吸烟习惯?已经有研究对吸烟者给出的理由进行了广泛分析。对吸烟者自我报告数据进行的因素分析得出了非常类似的因素结构。Leventhal 和 Avis(1976)得出,吸烟决定因素有:享受味道(如"我喜欢烟草的味道");上瘾(如"当我停止吸烟一会儿之后,我对卷烟有一种急不可耐的欲望");习惯(如"我会在无意识情况下自发地吸烟");焦虑(如"当我在社交场合感到紧张时,我会吸烟");刺激(如"吸烟使我更加清醒");社会报偿(如"我吸烟是为了变得善于交际");"拨弄"(如"手持一根烟是吸烟的一部分乐趣")。

Leventhal 和 Avis(1976)及 Ikard 和 Tomkins(1973)根据调查对象对调查问卷做出的回答,按照特定的维度,将他们分成了高分组和低分组,然后对这些报告的有效性进行了检验。当在实验操纵条件下检验这些调查对象的实际吸烟行为时,调查对象的行为证实了他们所报告的吸烟理由是有效的。例如,Leventhal 和 Avis 的研究发现:当调查者为吸烟者提供掺杂着醋的卷烟时,在"享受味道"因素上打高分的吸烟者其吸烟量急剧下降,但是在此因素上打低分的吸烟者其吸烟量并没有下降;当调查者要求吸烟者通过为每根被吸食的卷烟填写一张卡片来监控自己的吸烟情况时,习惯吸烟的吸烟者其吸烟量大大减少,然而"享受味道"的吸烟者其吸烟量却并没有减少。最后,Ikard 和 Tomkins 的研究发现,在调查者为那些通过吸烟来减少焦虑的吸烟者放映能引起恐惧的影片期间和之后,吸烟者的吸烟量有所增加。两项研究还发现,在被剥夺卷烟期间,上瘾者受到的影响最大。

这些研究发现对临床治疗具有重要的启示意义。例如,对于那些吸烟的主要动机是减少焦虑的吸烟者,其治疗方法就应该区别于针对那些出于习惯而吸烟的吸烟者。但是,Shiffman(1993)指出,通过对一些将个体吸烟动机与戒烟过程联系起来的研究的综合评论发现,还没有多少证据可以证明,吸烟的类型学分类可以大大影响戒烟过程,或者能为治疗决策提供一些参考。

吸烟态度和意图

根据理性行动理论和计划行为理论,态度、主观规范、觉察控制以及意图,这些都是吸烟行为的重要决定因素。这些理论模型进一步假设,态度、主观规范以及觉察控制都是以信念为基础的。与这些模型的期望一致，许多研究已经表明，吸烟意图与对吸烟的积极态度和主观规范密切关联。在美国和欧洲进行的一些前瞻性研究中，研究者已经证明意图甚至可以很好地预测吸烟行为的开始。态度和行为规范也可以很好地预测吸烟者戒烟的意图。但是，正如人们对成瘾行为所想的那样，意图对实际行为并没有很好的预测作用，对于节制时间长短的预测效果甚至更差。

那些对戒烟保持积极态度并因此想要戒烟的个体，通常不能够按照自己的意图行事，这与研究发现是一致的。在大多数研究中，根据内隐甚至外显态度量度，吸烟者通常对吸烟保持中立或者消极态度。虽然，在我们考虑到大多数的吸烟者愿意戒烟这一事实的情况下，前面的发现并不令人吃惊，但是，似乎可信的是，根据内隐态度量度，吸烟者对吸烟是持积极态度的。总之，这些量度反映的是自动情感反应：刺激物引起吸烟行为和其他上瘾行为，并被假定会对吸烟和其他行为起重要作用。但是有趣的是，有人发现，这些内隐态度量度与尼古丁依赖和卷烟欲望的量度相关。

上　瘾

根据 Schachter 等人（1977，1978）提出的尼古丁调节模型，个体吸烟的目的是调节内环境中尼古丁的水平。当尼古丁水平降到某一个设定值以下后，吸烟行为就会被激发。因此，（自己本身也是终生吸烟者的）Schachter 提出，吸烟在本质上是一种逃避—回避反应。吸烟者吸烟是为了逃避尼古丁断供之后的令人厌恶性后果。

Schachter（1977）检验了这一假设。他们降低了卷烟中尼古丁的水平，之后他们发现，重度吸烟者的吸烟量增加了 25%，但是轻度吸烟者的吸烟量只增加了 18%（但最近的研究并没有重复这一结果）。为了检验这些变化是否反映出有必要把血液中的尼古丁水平维持在最佳状态，在 Schachter 等人（1977a）的第二项研究中，比较了两类调查对象的吸烟水平。实验中，用化学方法让一类受试非常快地排泄尼古丁，让另一类非常慢地排泄尼古丁。被个体吸收的大部分尼古丁受到了化学分解，但是有一小部分尼古丁避开了这个过程，而在尿液中受到化学分解，然后排出。尿液中没有经过化学分解的尼古丁（生物碱）的排泄率取决于个体尿液的酸碱度。在不同的星期里，实验中的调查对象要么服用大剂量的安慰剂，要么服用会使尿液酸化的药物（如维生素 C-抗坏血酸）。结果，服用了维生素 C 的调查对象的平均吸烟量几乎增加了 15%~20%，支持了 Schachter 的假设。

吸烟者不仅相信吸烟会减少压力，他们还会在压力情况下吸更多的烟，包括参加考试、参加座谈会、在有压力的研讨会上做报告或者接受痛苦的电击。

Schachter 推理说,这种行为是由于压力会使尿液酸度更大,因此降低了血液中尼古丁的水平。因此,在压力条件下吸烟起到了调节血清中尼古丁水平的作用。为了检验这种假设,在 Schachter 等人(1977b)的第三项研究中,主要操控了受试是压力水平和尿液的酸度。与尼古丁调节模型一致,经历痛苦而非微弱电击使那些服用了安慰剂的调查对象的吸烟量增加,但是没有使那些可以抑制尿液酸化药物的调查对象的吸烟量增加。

吸烟有助于吸烟者减少压力、平复心情或者改善表现吗? 答案是肯定的。不过,只有在与那些剥夺了尼古丁的吸烟者相比时,这个结论才成立。因此,Schachter(1978)指出,与那些吸食尼古丁水平很低的吸烟者相比,吸食尼古丁水平很高的吸烟者能够承受更加痛苦的电击,不太容易被飞机噪声激怒,在汽车表演任务中也表现得更好。但是,在把那些被允许随意吸烟的吸烟者的情绪或表现与对照组中非吸烟者的情绪或表现相比较时发现:吸烟只能将吸烟者的情绪或者表现改善到对非吸烟者来说属于正常的水平。

最近,Parrott(1999,2005)提出了一个与尼古丁调节模型非常类似的模型。Parrott 认为,在吸食第一根卷烟与吸食第二根卷烟期间,吸烟者经历了严重的尼古丁剥夺,并伴随有诸如紧张、愤怒和焦虑之类的戒断症状。当这些症状增多时,人们就会开始吸烟,以补充尼古丁水平,从而减少紧张和压力。因此,与 Schachter 一样,Parrott 认为,吸烟者吸烟的目的是调节血浆中的尼古丁水平。结果,吸烟者对于吸烟有助于他们放松心情、减少压力的报告可能是正确的,但是他们所要减弱的紧张感是尼古丁戒断的后果。与这种假设一致,如果吸烟者刚刚吸了一根烟,然后血浆中尼古丁的水平提高了,那么他们的压力水平只与非吸烟者的一样。Parrott 和 Garnham(1998)得出,在尼古丁剥夺期间,吸烟者的压力水平比非吸烟者的压力水平更糟糕。因此,和 Schachter 一样,Parrott 认为:吸烟只能减少压力及由于吸烟者对尼古丁的依赖而引起的消极情绪。经常吸烟的人需要尼古丁来维持自己的正常情绪。当他们血浆中的尼古丁水平下降时,他们就会变得易怒并且感到有压力。因此,正如 Schachter 对此做出的另一种表述那样:重度吸烟者除了吸烟之外,没有获得任何别的东西,他们吸烟的目的只是防止断烟。

如果吸烟者吸烟的主要目的是获得尼古丁,那么,在吸烟者想念尼古丁时用其他东西替而代之的治疗方法应该非常成功。正如我们稍后会看到的那样,虽然尼古丁替代疗法能够大大降低戒烟后复发的可能性,但是这还远不够完美。此外,在关于吸烟症状的研究中,让吸烟者要么保持节制几天,要么吸食常规卷烟,要么吸食与常规卷烟类似但去除尼古丁的卷烟。这类研究结果表明,吸食脱尼古丁的卷烟,可以避免一些典型的戒断症状,包括“对于甜食的欲望”“饥饿”以及“吸烟冲动”。吸食含有尼古丁卷烟的吸烟者组与吸食脱尼古丁卷烟的吸烟者组之间，并没有发现差异。相比之下，诸如“注意力难以集中”“食量增加”“感觉焦躁不安”和“急躁”之类的症状，吸食脱尼古丁卷烟的吸烟者的水平与保持节制的吸烟者的一样。

虽然这些研究发现支持“除了尼古丁之外，烟雾成分对卷烟上瘾也起到了重要作用”的结论，但是它们与 Schachter 或者 Parrott 的理论并不是必然的不相符。例如，通过一次又一次地重复与尼古丁提供联系起来，吸烟者的不同感官（如香味、吸入烟气的感觉）和运动（如拿起、喷出烟气、吸入烟气）的联合可能需要偿报价值（即，经典条件反射）。因此，可能因为它们在戒烟过程中不存在，所以引起了节制效应。所以，如果能够为吸烟者提供吸烟的这些感官和运动成分，那么，即使脱尼古丁的卷烟也可以减少由烟草戒断引起的一些心理后果。

遗传学与吸烟

Fisher（1958）首次报告了证明吸烟具有遗传可能性的科学证据。Fisher 发现，单合子双胞胎（即，同卵双胞胎）的一致率比双合子双胞胎（即，异卵双胞胎）的要高。同卵双胞胎的特征或行为的一致率更高，这表明了遗传因素的影响。虽然同卵双胞胎和异卵双胞胎接触同样的社交环境，但是他们共享遗传物质的程度不一样（即同卵双胞胎共享所有遗传物质，而异卵双胞胎只共享一部分遗传物质）。一些大型的关于双胞胎的研究也重复了类似的发现。据估计，有 50%的吸烟行为方差可以用遗传因素来解释。已经确定，遗传因素不仅会促使人形成吸烟习惯，还会促使人保持这种习惯。

值得注意的是，遗传因素对诸如吸烟这类行为具有强烈的影响，这并不意味着遗传因素可以决定眼睛的颜色或者血液的类型。虽然我们不能改变自己眼睛的颜色或血液的类型，但是我们可以控制自己的吸烟行为。对于这种情况，遗传因素影响只意味着，有些人接触到烟草产品后更可能吸烟，并且更难戒烟。有趣的是，作为成瘾行为，遗传因素对吸烟的影响程度与其对酗酒的影响程度相当。

无援助戒烟

根据美国疾病控制中心实施的一项针对美国吸烟者的调查（2002 年发表），有 70%的现时吸烟者声称他们想要彻底戒烟，有 41%的现时吸烟者声称在过去的几年里他们至少戒过一天烟。大多数试图戒烟的吸烟者，在没有任何形式帮助（包括尼古丁替代）的情况下戒除了吸烟习惯。根据对已经戒烟的吸烟者的早期采访研究，有 60%的吸烟者在没有外界帮助的情况下戒烟，最近有人估计，在已经戒烟的4 400万美国人中，有 90%的人在没有专业帮助的情况下戒烟。甚至晚至1996年年末,大多数的吸烟者都是在没有专业帮助或者接受药物治疗的情况下戒烟。

不幸的是,在试图戒烟的吸烟者中,只有少数人成功戒烟。Cohen等人(1989)指出,如果根据标准节制规范衡量,在试图进行无助戒烟12个月之后,戒烟者的坚持率为13%。也就是说,在后续测量时间,有13%的个体没有吸烟。如果把在开始戒烟之后"连续节制"作为衡量标准,那么坚持率则降到刚刚超过4%的水平。Hughes等人(2004)也得出了类似的坚持率估计值:进行特定的无助戒烟尝试之后6到12个月,坚持率为3%到5%。这些数据与在2000年进行的一次调查的数据一样:4.7%的尝试戒烟的现时吸烟者能够戒烟至少3个月。

尝试戒烟的个体在没有任何帮助的情况下成功戒烟的概率,通常构成比较各种类型干预措施功效的基准。但是,只有我们假定两个小组在开始时就一致,这种比较才有效。这种情况不太可能发生。似乎可信的是,最初试图通过自己努力戒烟的吸烟者,在最终不能凭借自己的努力成功戒烟时,只会寻求专业帮助或者服用禁烟药物。因此,这种比较可能会低估干预措施的功效。

成功的预测因素

谁尝试戒烟,谁又最终成功戒烟?这些问题在关于吸烟史的纵向研究中能够得到最好的解答,因为这些纵向研究会在吸烟者尝试戒烟前后对吸烟者进行评估。在这些纵向研究中,有一项从1987到1994年对一个年轻的社区群体进行的随访调查。第二项研究的对象是一群规模更小的成年吸烟者,这项研究的研究者在这些对象的工作场所实施强制性的吸烟禁令前后,对这些对象进行了评估。Carey等人(1993)开展了第三项纵向研究。在这项研究中,研究对象是根据调查戒烟的意图来征募的,这项研究只提供了关于成功的预测因素信息。

根据前面讨论过的行为改变阶段理论,我们会得出,促使个体戒烟的因素不再有助于个体试图保持节制。与这种假设一致,Borland等人(1991)指出,戒烟欲望能够准确预测吸烟者是否会尝试戒烟,但是它与成功戒烟毫无关系。同样,Rose等人(1996)发现,对吸烟有害健康这一点的信念与吸烟者是否做出戒烟尝试密切相关,但是与他们是否成功戒烟却毫无关系。但是,这种有差异模型也可能是方法上的人为结果:方差变异减小。如果大多数的戒烟个体都相信吸烟有害,那么,该因素就不再能够把成功戒烟者与不成功戒烟者区分开来。

有趣的是,对于吸烟负面健康后果的恐惧只能促使个体戒烟,但是似乎不能帮助他们保持节制;高度重视健康的生活方式,可以增加成功戒烟和保持节制的可能性。这些显然相似的构念却可能产生不同的效果。原因可能是，保持健康的生活方式不仅仅是为了避免疾病。虽然一旦戒除吸烟，人们对与吸烟有关疾病的恐惧感就会减少，但是对于保持健康和感受健康的愿望，则可能会成为一个持续关心的问题，这个问题有助于个体保持节制并参加诸如健康饮食和运动之类的强身健体活动。

关于社会支持，我们必须把对停止吸烟的支持与对继续吸烟的支持区分开来。Borland 等人(1991)提出，对工作者样本来说，亲人和朋友支持的体验可以增加他们的戒烟动机，提高他们戒烟的成功率。但是，Rose 等人(1996)的研究表明，对年轻人样本，如果把戒烟的社会支持看成一种社会压力，那么，社会支持就与戒烟成功率呈负相关。这一发现表明，与由个体内部原因引起的行为改变相比，由外部原因引起的行为改变更不太可能得到保持。在这项研究中，这些年轻个体脱离了可能对他们施加社会压力的父母的影响圈，而这一点也可能造成了这一发现。令人惊奇的是，对于继续吸烟的支持(如拥有吸烟的亲密朋友)不再成为阻碍个体试图戒烟的障碍。但是，这种支持的确会提高那些试图戒烟的吸烟者复发的可能性。

关于戒烟的自我效能应该与戒烟的动机和戒烟的成功率都相关。与那些认为自己有足够能力控制自己吸烟行为的吸烟者相比，那些认为自己没有能力控制自己吸烟行为的吸烟者更加不太可能去尝试戒烟。如果他们对于控制的觉察比较现实，关于戒烟的自我效能也应该属于成功率的预测因素。Carey 等人(1993)发现了支持这一假设的证据。这些研究者表明，成功戒除吸烟的和在 12 个月结束时仍然保持节制的吸烟者，所拥有的自我效能明显高于那些戒烟失败的吸烟者。

吸烟者上瘾的程度也有可能影响保持节制的成功率。Cohen 等人(1989)发现，轻度吸烟者在尝试戒烟过程中获得成功的可能性几乎是重度吸烟者的两倍。其他研究也证实了这种关联性，例如，Borland 等人(1991)、Carey 等人(1993)的研究。此外，Carey 等人的研究和 Rose 等人的研究都发现，人们吸烟的时长与戒烟是否成功毫无关系。Rose 等人的研究和 Jeffery 等人的研究都发现，教育状况与戒烟动机和戒烟成功率呈正相关。

对体重的担忧通常被视为与戒烟决定和戒烟成功率呈负相关的一种因素。一些关于体重担忧与戒烟之间关系的研究得出了互相冲突的结果。在两项关于无援助戒烟的前瞻性研究中[French 等人(1995);Jeffery 等(1997)]研究者发现，对体重的担忧与人们是否做出戒烟尝试或者与人们是否成功戒烟不存在联系。与此相反，Meyers 等人(1997)提出，通过以社区为基础的戒烟干预措施，在 12 个月之后，对体重担忧的吸烟者比那些对体重不担忧的吸烟者更加不可能保持节制。为什么会产生不一致的结果，原因仍然不清楚。

要解决戒烟干预措施过程中对体重担忧的问题,一种可靠的方法是,把戒烟治疗计划与体重增加预防计划结合起来。但是,早先两项采用了这种方法的研究发现,包含在戒烟治疗计划中的体重增加预防计划,不仅不能有效地防止体重增加,而且似乎会妨碍戒烟治疗取得成功。这一发现的一种可能原因是,寻求临床戒烟治疗的吸烟者可能发现,既要关注能防止体重增加的策略,又要不分心地戒烟,这对他们来说太困难了。这种假设虽然得到关于自我损耗研究的支持,但是并没有得到最近研究的支持。Spring 等人(2009)对 10 项随机对照试验研究的发现进行了整合分析,但未发现有证据能够证明,把体重控制治疗与戒烟治疗组合起来的行为治疗法会破坏烟草节制。所分析的 10 项研究都是以成年吸烟者为对象,以比较戒烟治疗和行为体重控制组合法与单独戒烟治疗的效果为目的。事实上,在短期内(不到 3 个月)接受组合治疗的被试,比那些只针对吸烟治疗的个体更有可能成功戒烟。但是,6 个月之后,治疗方法之间的这些差异就会消失。因此,将体重控制方法与戒烟治疗方法组合起来使用并不会造成危害。不过,这样做似乎也不会增加任何长期的益处。

帮助吸烟者戒烟

用于帮助吸烟者戒烟的治疗策略可分为药理学策略和社会心理学策略。最早适用于戒烟的药理学方法包括尼古丁替代疗法。最近出现了两种非尼古丁药剂,即丁氨苯丙酮和瓦伦尼克林。社会心理学干预措施包括临床治疗、辅导和大众媒体健康教育。在戒烟过程中的不同阶段,干预措施也不相同,从而使干预措施发挥最佳效果。在帮助吸烟者做出戒烟决定这个阶段,健康教育和辅导最有效。相比之下,在戒烟的早期阶段,尼古丁替代疗法有助于减少吸烟欲望。在整个戒烟过程中,包括长期保持期间,临床治疗都有帮助作用。通常可以通过一种或两种标准规范来衡量戒烟的结果。一种是时点节制成功率,即在进行后续测量的时间点前后不吸烟个体的占比;另一种是持续节制率,即开始戒烟后一直没有吸烟的人的占比。

在美国,有很多诊所为住院患者以及门诊患者提供透彻深入的戒烟计划。明尼苏达州罗彻斯特市著名的梅奥诊所的尼古丁依赖中心就是一个典型的例子。自 1988 年以来,该中心共为 3.7 万多名患者提供了治疗服务。在英国,政府已经在“英国国家医疗服务系统”的范围内设置了综合性戒烟服务项目。如今,人们可享用这些英国国家医疗服务系统范围内的服务项目,包括为想要戒烟的吸烟者提供辅导和支持。这些服务项目会根据当地环境和服务对象的偏好,以小组会议的方式或者一对一的方式提供。例如,位于伦敦南部的莫斯利诊所提供的戒烟治疗就包括为个体提出意见,为个体提供多会议支持性群体计划。这种计划由七次周会议组成,包括根据个体需要进行的每月随访,随访时间可长达一年。

药物疗法

在这里我们只讨论一线药物,这种药物能够安全并且有效地治疗烟草依赖,除非患者属禁忌者之列(如怀孕),或者没有足够证据证明这种药物对特定人群(如轻度吸烟者、无烟烟草使用者)有效。鉴于尼古丁依赖在吸烟过程中起到的重要作用,采用尼古丁替代疗法来减少戒断症状似乎有用。如果吸烟者克服了初期戒断症状并且成功戒烟,尼古丁替代品可以逐渐减少,以避免再次产生戒断症状。被广泛使用的第一种尼古丁替代品是尼古丁口香糖。之后,还出现了尼古丁贴片、鼻腔喷雾剂、吸入器和戒烟糖。一些研究对这些商用尼古丁替代品进行了评价。Cummings 和 Hyland(2005)指出:在不考虑临床环境或使用其他治疗的情况下,商用尼古丁替代品疗法使戒烟率几乎提高了1.5 到 2 倍。已经证明,在长期使用尼古丁贴片的基础上再加上随意使用尼古丁口香糖或喷雾剂,几乎把治疗效果提高了两倍。

除了尼古丁替代品之外,还有两种非尼古丁药剂能够有效地治疗烟草依赖。其中一种是丁氨苯丙酮,另一种是瓦伦尼克林。最初,丁氨苯丙酮是作为一种抗抑郁剂而研制的。这是一种 150 mg 的缓释片,每天服用两次。瓦伦尼克林是最近才被推荐的最有效的一线非尼古丁治疗药剂。

认知行为治疗

大多数临床戒烟方法的基础都是把行为方法与认知行为方法混合起来使用,其中包括经典条件作用(厌恶治疗)、操作性过程(刺激控制、意外事件管理)、自我管理过程以及尼古丁"消失"过程。最近的研究依赖于把几种这些方法组合起来的多成分计划,更强调使用多种认知治疗方法,而不再关注厌恶治疗方法和其他行为治疗方法。

在厌恶治疗中采用的 3 种刺激有电击、想象刺激和卷烟烟雾本身。电击厌恶治疗始终无效,想象厌恶治疗或隐性致敏法的功效也非常低。在使用隐性致敏法的过程中,吸烟者首先想象自己准备吸烟,然后体验恶心。之后,作为一种逃避—解除维度,让戒烟者想象:随着自己慢慢避开并拒绝卷烟,自己感觉会越来越好。

作为一种厌恶刺激,卷烟烟雾被用在"快速吸烟"这一临床过程之中。在这个过程中,个体被命令持续吸烟,每 6~8 秒钟吸入烟气一次,直到他们不能忍受为止。这个过程在致使尼古丁饱和的同时也使黏膜和咽喉通道受到刺激,从而减少吸烟的快感。有人预料,这种不愉快的体验会在认知上重复,因而能产生长期影响。2000年,美国卫生和公共事业部对19项研究进行了整合分析,这19项研究都是关于快速吸烟与未治疗对照组之间的比较研究。结果显示,这两类人群之间的相对优比估计值约等于2。也就是说,经过治疗的小组中保持节制的吸烟者人数,几乎是未治疗小组中保持节制的吸烟者人数的两倍。根据操守率估计,这种治疗会提高戒烟的吸烟者人数的百分比,几乎会使之高出对照组9%。有趣的是,这种方法相对有效。因为这种方法依赖于经典条件反射,是可能直接影响反映在内隐量度之中自动化反应的少数方法之一。但是,因为快速吸烟会影响心肺系统,提高心率,增加碳氧血红蛋白和血液中的尼古丁水平,因此,在选作治疗过程前,我们应该仔细评估患者的健康情况。在专家组为美国卫生和公共事业部(2008)编著的《戒烟临床实践指南》中,已不再推荐快速吸烟疗法,这其中的部分原因是:快速吸烟会产生负面效应。

"操作性规程"的设计目的是检测那些控制吸烟反应的环境刺激(刺激控制),或者操控这种反应的后果(如后效契约)。刺激控制方法的基础假定是:吸烟与引起吸烟反应的环境事件和内部事件联系在一起(例如结束用餐与喝咖啡或喝酒)。传统的刺激控制方法对戒烟的效果并不诱人。但是,Cinciripini等人(1995)发现,一种新奇的被称为"事先安排的吸烟"方法,能够有效地减少刺激控制。这些研究中的所有吸烟者都接受了行为治疗。此外,在约定的停止吸烟日之前三周的时间里,研究者以析因设计的方法,对吸烟安排和吸烟减少情况进行了操控。与那些在停烟前能够随意吸烟的吸烟者相比,那些只被允许在一天中特定时间吸烟的吸烟者,更加有可能在一年之后仍然保持节制。

在最近的一项现场研究中,对吸烟者的吸烟控制情况进行了操控。这项研究使我们更清楚地了解事先安排的吸烟产生效果的机制。这项研究使用手持式电脑来测量吸烟场合的定时安排情况和这些场合的偿报性,时间持续三天。之后,这项研究中的被试经历了三天事先安排的吸烟阶段,或者不受控制的吸烟阶段。期间,这些被试按照手持式电脑的指示和他们之前记录的同一种安排吸烟。在这两个阶段中,吸烟者在完成吸烟之后,必须立即对吸烟的报偿和其他主观反应(如欲望、情绪)进行评估。在事前安排或不受控制的吸烟阶段,吸烟者感受到的来自吸烟的报偿更少,他们的欲望减少程度更小,情绪更差。研究者指出,丧失对吸烟的控制致使报偿减少,这可能是事先安排的吸烟之所以产生效果的原因。

有趣的是,Cinciripini等人(1995)发现,当吸烟安排与有计划逐步降低的吸烟频率结合起来时,吸烟安排最有效(见表4.1);但是,当吸烟安排与无计划逐步减少的吸烟频率结合起来时,吸烟安排最无效。在后者情况下,吸烟者能够决定什么时候减少吸烟量。这一发现与关于18项针对监控的尼古丁消失过程研究的整合分析结果一致。通过尼古丁消失过程，要求吸烟者监控自己的每日焦油和尼古丁摄入量，并且要试图逐步减少摄入量。这些研究表明，没有多少证据证明尼古丁消失过程对于戒烟是有效的。

表 4.1　一年之后仍然保持节制的吸烟者百分比

		吸烟减少情况	
		减少/%	没有减少/%
吸烟	是	44	32
安排	否	18	22

资料来源：根据 Cinciripini 等人（1995）的研究改编。

在"后效契约"中，吸烟者就一系列根据吸烟者行为而实施的报偿/惩罚手段与某种代理（通常为治疗师）达成协议。例如，向治疗师支付一笔钱，当他们戒烟成功后再要回这笔钱。虽然有些证据证明在这笔钱退还之前后效契约非常有效，但是一项关于 22 项（被当作美国卫生和公共事业部《戒烟临床实践指南》而得以实施的）后效契约计划的整合分析发现，并没有证据证明这种方法长期有效。这些契约不能产生长期效果的原因可能是：那些由于感受到契约约束而戒烟的个体，把自己不吸烟的行为归因于这种契约。因此，他们不太可能形成自我效能感和那种在治疗结束时保持节制所必需的对自己吸烟行为的控制感。此外，他们也可能没有动机去对吸烟重新进行负面评估，而这种评估却是那些必须为自己的戒烟行为进行辩护的人们可能要做的。

美国卫生和公共事业部《戒烟临床实践指南（2008）》中所推荐的有效"认知方法"包括一般的问题解决技巧和社会支持。一般的问题解决技巧培训包括 3 个部分。第一，教吸烟者如何识别那些会使自己处于高复发危险状态的事件、内部状态或活动。例如，消极情感和压力、围绕在其他吸烟者周围、饮酒、经历欲望、吸烟线索的出现、有烟可吸。第二，吸烟者接受训练以回避这些情况，形成并且练习有助于他们应对危险情况的问题解决技巧。例如，学习如何预测并且回避诱惑及触发情境，学习那些能减少负面情绪的认知策略，学习认知和行为活动以应对吸烟冲动（如分散注意力、改变习惯），改变自己的生活方式以减少压力和/或接触吸烟线索。第三个部分是向吸烟者提供有关吸烟的基本信息（如吸烟的成瘾性）和关于成功戒烟的基本信息。作为《戒烟临床实践指南》的一部分，美国卫生和公共事业部 2000 年发布了一项关于 104 项研究的整合分析结果：以上技术的优比估计值为 1.5。换言之，治疗组中吸烟者保持节制的百分比高出对照组 50%。由于未经治疗的对照组中吸烟者的戒烟成功率很低，这实际上等于把成功保持节制的吸烟者人数提高了 5%。

作为治疗的一部分,社会支持应该包括支持性环境(咨询顾问以及平易近人的临床工作者)。虽然2000年的推荐规范中也推荐了一些策略,以便在吸烟者的社会环境中提高对戒烟的社会支持,但是,这一推荐意见却退出了2008年版的指南。退出的原因显然易见:缺乏有关这些策略功效的经验证据。人们怀疑,缺乏支持性证据的更大可能是,治疗未能影响吸烟者的社交网络(即减少有吸烟习惯的朋友的数量),而不是由于对于戒烟的社会支持没有效果。

针对戒烟的社区干预措施

在美国卫生部发表了那篇深受大众媒体广泛关注的报告之后的几年里,虽然吸烟率大大降低,但是,我们还不能确定这种下降趋势就是由这篇报道引起的,它可能是由其他原因引起的。为了证明大众媒体能够诱导戒烟,我们还需要进行实验或者准实验干预研究。在这样的研究中,我们需要让一组被试接触大众媒体,而让另一组对照组不接触这种沟通。如果这些研究可以表明实验组的戒烟成功率比对照组的要高,那么它们之间的差异就可以归因于这种沟通。

上一章中提到的"北卡累利阿区项目"也许是最成功的社区干预案例。作为该项目的组成部分,开展了一项广泛的旨在减少吸烟量的教育活动。作为对照组,与北卡累利阿区相邻的库奥皮奥区没有参与这项活动。根据自我报告,北卡累利阿区男性吸烟者每日吸烟的数量减少了30%,而对照社区中男性吸烟者每日吸烟的数量却只减少了10%。这项活动对女性的吸烟率并没有产生影响。诚然,社会期望效应可能会歪曲关于吸烟率的自我报告,但令人欣慰的是,北卡累利阿区死于心血管疾病的男性人数下降了24%,而卡累利阿其他区域死于心血管疾病的男性人数却只下降了12%。在澳大利亚和瑞士进行的两项社区研究也发现了有关吸烟量减少的类似效应。在这些研究的基础上,美国卫生部部长(1984)总结指出,干预区吸烟流行率的绝对下降值要比对照区高出大约12%。

之后在美国进行的社区研究,要么报道有更小的效应(例如Farquhar et al.,1990),要么报道没有效应(例如Carleton et al.,1995)。COMMIT研究的典型发现也是这种不是很大的效应,而这项开始于1989年的研究是迄今为止最大型的针对吸烟干预措施的社区试验。在这项研究中,有11对匹配的社区组合,研究者随机将每对中的一个社区分配到干预措施组。以社区为基础,实施了4年这种干预措施。这项研究使用了与之前社区试验(例如Farquha et al.,1990)类似的方法,目的是鼓励吸烟者,尤其是重度吸烟者,成功保持节制。然而,令人失望的是,这种干预措施对(每天吸食25根以上卷烟的)重度吸烟者没有产生影响。但是,对于轻度到中度吸烟者来说,结果虽小但差异仍然显著。在干预社区中，戒烟的轻度到中度吸烟者的比例为30.6%，比对照社区的27.5%高出3%。

我们只能通过最近干预措施的影响来推测引发这种明显下降趋势的原因。其中一个原因可能是：在过去的40年里，人们对于吸烟有害健康这一事实的了解大大提高。由于社区干预仍然严重依赖于对吸烟会产生有害后果这一信息的传播，因此，这些措施几乎不影响那些熟知吸烟会损害自己健康的吸烟者。这些吸烟者在戒烟时需要帮助，而社区环境很难提供他们所需的这种帮助。不过，这些社区研究不能表明健康教育会产生上述影响，这一点并不能够作为健康教育不再重要的证据。1985年美国全国健康访问调查的结果显示，虽然人们对吸烟的了解还算广泛，但是，在吸烟知识上的差异仍然与吸烟显著联系。

基于网络的干预措施

基于网络的干预措施能够触及绝大部分的吸烟人群。在英国，有60%以上的个体使用网络；在美国，有70%的个体使用网络。此外，2002年进行的一项调查显示，美国有6%的网络使用者会通过网络搜索戒烟信息。虽然网络计划的触角很长，但是可以怀疑，只向人们发送吸烟有害的信息或只告诉人们如何戒烟这种方法是否有效。作为“临床指南报告”的一部分，(USDHHS，2000)指出，与没有自助材料的情况相比，有戒烟自助手册并没有提高戒烟率，对于单独使用录像带或者录音带的情况，结果也似乎相同。但是，最近(2010)进行的一项整合分析显示，那些基于网络的不只是提供自助手册的干预措施是有效的，不过产生的是微小效应。

网络除了可以触及大量的人之外，它的另外一个优势是它具有互动性。于是就可以根据之前调查对象在调查问卷上所做的回答来定制说服性沟通，从而把网络的这种优势用于干预。Strecher等人(2005)就使用这种规定让3 971名被试回答注册问卷，回答问题包括自己的吸烟史、戒烟动机、预期戒烟困难以及预期面临挑战的情境。在干预条件下，这类信息被用于定制戒烟指南和三期连续定制的时事通讯。这些定制的信息内容基于先前描述的行为和认知治疗原则，包括刺激控制、自我效能增强以及应对建议。此外，研究者还鼓励被试采用尼古丁替代疗法。这种定制过程通过电脑程序完成。对照组中的被试收到了类似的信息，主要的差别是他们收到的信息不是定制的。(但第二种差别是，这些被试没有收到3期后续的时事通讯。)在这项研究中注册的3 971名被试中，有470名从来没有登录过这一网站。结果测量由6周和10周之后的调查问卷组成。根据定义，6周之后连续保持节制就是在前28天没有吸过烟，12周之后连续保持节制就是至少保持节制10周。结果表明，定制版的方法比非定制版的方法更加有效。在定制版的方法中,登录过这一网站的被试有29%的人在6周之后仍然保持节制,有22.8%的人在12周之后仍然保持节制;而在非定制的控制条件下,只有23.9%的人在6周之后仍然保持节制,18.1%的人在12周之后仍然保持节制(优比值分别是1.30和1.34)。网络干预的效应大小,与比较定制和非定制印刷材料得出的效应大小相当。Lancaster和Stead(2002)通过对10项研究的整合分析比较得出,定制的自助戒烟印刷材料与非定制的材料相比,其效果的平均优比值是1.36。

工作场所的干预措施

这类干预措施充分利用了这样的事实:工作场所是实施健康促进计划的绝佳场所,因为在这里可以有规则地接触到很多人。因此,许多大型企业已经引入了健康促进计划。Smedslund等人(2004)通过对19项研究的整合分析得出:在6个月的时候,干预条件下的操守率为16.7%,控制条件下的操守率为8.5%,其优比为2.03;在12个月的时候,差距缩小(优比为1.56);超过12个月之后,差异不再显著。但是,如果大多数吸烟者都熟知吸烟的健康后果而且也经历了戒烟失败,那么仅仅向被试提供有关健康后果的信息似乎就不再有效。

热线和帮助电话

这是另一种想戒烟者可以利用的环境。在美国,所有的州都在进行着某种免费的基于电话的计划。例如,美国癌症协会就有一项基于戒烟咨询电话的戒烟计划。该计划把求助者与训练有素的顾问联系起来,让顾问帮助求助者设计出适合个人独特吸烟方式的戒烟方法。对9项有关通过戒烟咨询电话咨询与最低限度咨询或无咨询或自助法进行戒烟的整合分析发现,这类热线大大提高了戒烟者的操守率。

医师的建议

这种干预措施也许是成本效益比最高的禁烟干预措施。美国卫生和公共事业部的《戒烟临床实践指南(2008)》推荐指出,所有的医师都应该强烈建议所有的吸烟患者戒烟。美国卫生和公共事业部发布的《戒烟临床实践指南(1996)》根据10项研究估计,医师戒烟建议的优比为1.3,而医师给出戒烟建议所需的时间却不超过3分钟。2008年发表的一项整合研究,得出的优比值更高,为1.66。这项研究所整合分析的是1972—2007年进行的41项实证研究。

有趣的是,戒烟建议由医师给出时的影响似乎比作为社区干预措施给出时的更大。出现这种结果的原因可能是:医师是健康专家,他们给出的建议是个性化的建议。因为,那些向各自医师问诊的个体,通常是为了某种健康问题而寻求治疗方法的,所以他们这时可能特别愿意接受建议。虽然医师建议在医疗实践中的效果不佳,但是它的优势在于成本效果比较高且能够影响那些其他计划不可能影响的吸烟者。

一级预防

学校健康教育

鉴于吸烟者在试图戒烟的过程中会遇到严重的困难,以预防青少年形成吸烟习惯的学校禁烟计划就似乎充满希望。毕竟,青少年大多处于开始接触吸烟危险的年纪。在美国进行的一项调查显示,对于还没有开始吸烟的个体来说,在特定年龄开始吸烟的可能性(开始吸烟的危险率)在 19 岁时达到峰值 15%,在 24 岁时会迅速降至 2%(见图 4.1)。此外,Chassin 等人(1990)通过对吸烟自然历史进行纵向研究得出:即使一个人在青少年时期不经常吸烟,在成年时期吸烟的可能性也会大大升高。与不吸烟的青少年相比,在青少年时期经常吸烟似乎会使成年时期的吸烟危险率增加 16 倍。而且,青少年开始吸烟的年纪与成年时期的吸烟行为之间存在正向线性关系。这些发现凸显了针对青少年人群的一级预防计划的重要性。

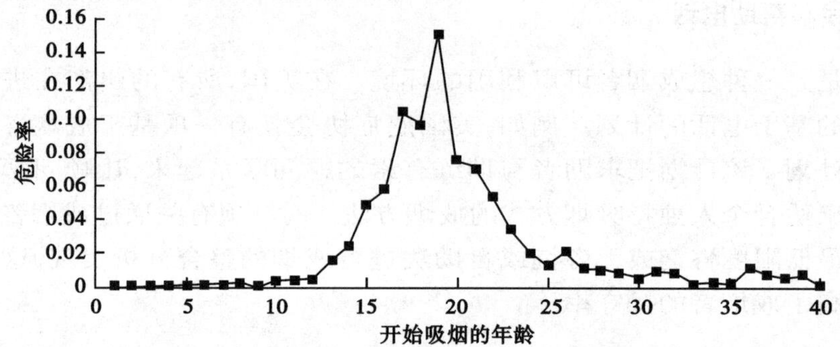

图 4.1 在特定年龄开始吸烟的可能性(以美国为例)

资料来源:Douglas 和 Haribaran(1984)。

不幸的是,在健康教育过程中所实施的强调吸烟长期健康危险的大多数早期计划都未能有效说服孩子们不要吸烟。出现这种结果的原因可能是,虽然孩子已经熟知吸烟的健康后果,但是在那个年龄段的任何情况下,他们都不是非常关心健康问题。因此,在后来由 Avans 及其合作者制订的计划中就没有使用以健康和威胁为导向的方法。在这些计划中则强调了吸烟的社会不良方面(如烟味难闻),以求说服孩子们不要去吸烟。这些计划还包括具体行动计划的制订和社交技能的培养,以帮助个体抵抗迫使他们试图吸烟的压力。这样,个体就接受了必要的技能培训,以便在不疏远同龄人的情况下拒绝他人所提供的卷烟。

通过对四代学校禁烟研究的审视,发现开始吸烟学生数量的减少程度并不算高。通过对1974—1991年发表的90项研究的整合分析,Rooney和Murray(1996)估计,在可能已经开始吸烟的学生中,平均只有5%到8%的学生被阻止吸烟。Dijkstra等人(1992)在荷兰进行的一项研究也得出了类似的干预效应。虽然这些计划大多数都包含关于吸烟健康后果的信息,但它们主要强调的是技能培训、榜样树立、技能训练和技能巩固,其目的是帮助个体抵御吸烟的社会压力,抵抗广告和媒体中出现的吸烟信息。

鉴于吸烟带来的严重健康后果以及上瘾后戒烟的困难,那些使开始形成了吸烟习惯的年轻人数量减少5%的干预措施仍然会被视为非常有效。但是,大多数这类研究只评估了干预措施的短期效果。在一些关于预防吸烟的学校随机对照试验中,对干预措施的效果进行了后续评估,一直到学生年满18岁(至少干预措施结束一年之后)。Wiehe等人(2005)通过对这些结果的系统审视发现,如果以当前的吸烟率为主要结局参照指标,那么,要么很少有证据表明,要么没有证据表明这些干预措施具有长期效果。在这项综述所涉及的8项研究中(发表于1989—2001年),只有一篇报道,其结果统计显著,表明基于学校的干预效果使18岁时的月吸烟率出现下降趋势。后一项研究受到了批评,因为它采用了单尾检验,并且它不能说明为什么所测量的结果变量具有多样性。Müller-Riemenschneider等人(2008)整合分析了2001—2006年发表的实证研究,结论是:没有发现基于学校的干预措施具有长期效果的证据。

学校计划为什么从长远来看产生的影响很小?关于这个课题的研究非常有趣。其中一个原因可能是,如今有关吸烟社会压力和负面健康后果的信息非常多,因此,大量的学校计划并不能在此基础上再增加多少内容,这样就使得控制组的受试和实验组的受试接收到的信息、建议和培训没有多大差别。另外一个原因可能是,学校和老师并不是实施健康教育的最佳资源。虽然青少年可能愿意通过老师接收学校所教的各个知识领域的信息,但是,对于那些超出这些主题范围的、被看作会妨碍他们社交生活的问题,他们可能不太愿意采纳老师的建议。

法律措施和经济措施

一级预防的第二种策略涉及进一步限制卷烟销售(如更严格的年龄限制)以及提高烟草税收。平均来说,青少年的可支配收入比成年人的要少,因此青少年更有可能由于卷烟价格的显著上涨而被迫停止吸烟。当他们没有形成吸烟习惯或者仍然处于实验阶段时,情况更是如此。Brownson等人(2006)

估计，卷烟价格上涨 10%，青少年对于卷烟的需求量就会下降 7%～14%，但是成年人对于卷烟的需求量则只会下降 3%～5%。

最近一些经济模型认可，对于诸如卷烟或者海洛因之类的成瘾性商品来说，当前消费量取决于过去的消费量，并以此区分出了成瘾性消费和其他消费。这些模型预测，价格上涨产生的影响会越来越大。重度吸烟者可能会继续猛烈地吸烟，并且不会马上就对价格上涨作出反应。但是，随着价格的上涨，他们可能会慢慢减少吸烟量。此外，价格上涨还会降低青少年养成吸烟习惯的可能性。从长远来看，这些效应的联合影响会减少吸烟量。

Brownson 等人（2006）指出，在工作场所限制吸烟不仅能够使非吸烟者吸入更少的二手烟，而且能够有效地影响吸烟者。Brownson 等人（2002）指出，在禁止吸烟的工作场所工作，吸烟者可能每天会减少吸烟量，并且更有可能考虑戒烟；而且，与那些在禁烟政策不力的工作场所工作的吸烟者相比，这些吸烟者成功戒烟的可能性更大。

这些分析表明，法律和经济措施都是有效方法，都能够有效减少现时吸烟者以及开始吸烟者的吸烟量。税收上涨似乎是很有前景的策略，它能够阻止年轻人养成吸烟习惯，把税收上涨与各种教育计划结合起来效果更好。另外一种有效的策略就是限制烟草广告。但是，几乎没有证据可以证明部分限制烟草广告可以影响青少年或者成年人的吸烟行为。有一些证据表明，在那些采用了广泛的烟草广告禁令的国家里，我们如期地看到了烟草使用量的大大减少。

结　论

吸烟是可预防性发病和死亡的最重要源头，这一事实今天都已经被吸烟者和非吸烟者接受。大多数的吸烟者承认他们想要戒烟。但是，在那些凭借自己的能力尝试戒烟的人中，只有约 13% 的人在一年之后成功保持节制，如果他们把继续节制作为衡量标准，该比率还会进一步降低。尽管如此，大多数的人都在没有专业帮助的情况下成功戒烟。那些寻求治疗的吸烟者可能成为最有问题的案例。

自 1960 年代中期以来，针对吸烟的战争一直就没有停止过，因此，如今西方工业化国家里的大多数吸烟者都知道与吸烟有关的负面健康后果。可能由于这种原因，主要依赖于告知吸烟者健康后果的社区或者工作场所干预措施越来越不可能产生重大影响。但是，那些提供社会支持和技能培训的更加集中的干预措施仍然有效。此外已经证明，即使没有伴随治疗，尼古丁替代疗法仍然有效。

放弃长期形成的像吸烟之类的习惯非常困难。因此，适用于吸烟预防最具前景的策略是诱导人们不要开始吸烟。因为学校计划似乎不会长期有效,我们需要采用其他的方法来影响青少年。这可能是因为,学校不是实施健康改变的最佳机构,如果让青少年接触医疗服务人员,他们更加容易接受建议。此外,提高烟草产品价格和减少烟草产品供应也已经被证明有效。这些措施还应该通过限制烟草广告进一步加以补充。最后,社区禁烟干预措施中的大型教育似乎没明显影响这一事实,并不能证明健康教育已不再重要。这一事实只是证明,教育不能有效地影响那些已经掌握了足够信息的人们。但是,为了继续让孩子和年轻人熟知吸烟的危害性,针对吸烟的斗争必须继续下去。

酒精和酒精滥用

酒精与健康

健康专业人士达成广泛的共识,不恰当或过度饮酒会增加发病的危险率和死亡的危险率。Mokdad 等人(2004)估计,2000 年,美国有 8.5 万人的死亡由饮酒引起。鉴于这些健康危险,今天在美国以瓶装出售的任何酒精饮料,其包装上必须标有以下内容的健康警告:

政府警告:根据美国卫生部报告,为了避免出生缺陷,女性在怀孕期间不得饮用酒精饮料。饮用酒精饮料会损害您的驾车能力,或者操作机械的能力,也可能引起健康问题。

但是,尽管存在争议,也有证据证明饮酒与死亡率之间存在"J"形关系,轻度饮酒者的预期寿命比戒酒者的更长,主要原因是适度饮酒能降低患冠心病和中风的发病率。就怀孕女性担心的问题而言,越来越多的证据表明,她们应该彻底戒酒。

发病率和死亡率

由于酒精消耗量与发病率和死亡率之间存在曲线关系,定义轻度、中度和重度消耗水平所依据的标准就变得非常重要。不幸的是,不同的研究采用了不同的标准。有一个问题是,那些依据每日喝酒量来定义消耗水平的研究,通常未能清晰表明标准是否指含有 15g 纯酒精(即,乙醇)的美国标准化量度。虽然研究者知道标准所指的单位量,但是究竟应该把哪种消耗水平视为重度饮酒,他们之间也并没有达成共识。一些研究者似乎将重度饮酒定义为,每日消耗两瓶以上的标准酒精饮料(即每日消耗 28.34 g 以上的纯酒精),其他研究者将每日饮用3瓶标准酒精饮料作为衡量重度饮酒的标准。最后,Corrao等人(2004)把轻度饮酒定义为每日饮用25 g酒精,将中度饮酒定义为每日饮用50 g酒精,将重度饮酒定义为每日饮用100 g酒精。因此,Klatsky和Udaltsova(2007)指出,那些在Corrao等人研究中的中度饮酒者就变成了重度饮酒者。

Corrao等人(2004)以156项实证研究(116 702名被试)为基础,分析了酒精消耗量与疾病危险之间的关系。他们得出:饮酒与各种癌症(口腔和咽部、食管、喉、胸部、结肠、直肠、肝脏)之间存在直接关系。至于非肿瘤性情况,研究者发现饮酒与肝硬化、慢性胰腺炎、损伤和暴力危险有直接关系,其中饮酒引起肝硬化的危险最高。令人吃惊的是,即使在酒精剂量水平最低的情况下(每天25 g酒精,大约相当于两瓶酒精饮料),所有这些情况的危险都显著增加。酒精消耗量与冠心病之间存在曲线关系,如果每天饮用72 g以下的酒精,这会起到明显的保护作用;如果每天饮用89 g以上的酒精,则会增加患上冠心病的风险。在有关死亡率的研究中,酒精消耗量与健康之间也存在这种曲线关系:轻度至中度饮酒会产生保护作用,对由冠心病引起的死亡尤其如此。但是,偶尔重度饮酒会大大增加死亡的风险,甚至对于那些属于轻度饮酒者的一般个体来说也是如此。

在美国,从官方记录情况来看,大约3.5%的死亡归因于那些直接与酒精有关的原因。但是,一些流行病学家怀疑,官方记录大大漏报了与酒精有关的情况,特别是导致死亡的原因,实际数字可能更大。要研究死亡率与过度饮酒之间的关系,一种策略是证明在特定原因的情况下重度饮酒者的死亡率比中度饮酒者或者戒酒者的要高。但是,为了将各组之间死亡率的不同归因于各组之间酒精消耗量的不同,我们必须确定有差别的消耗水平是导致两组之间存在差异的唯一风险因素。这种假设通常不成立,因为那些属于重度饮酒者或者酗酒者的人们通常养成了其他对他们健康有害的习惯。例如,一项关于探讨了酗酒与吸烟之间关系研究的综合评论发现,酗酒者组中平均有90%的男性和女性属于吸烟者,这一比例比一般人群大得多。因此,在解释重度饮酒者会遭受到由某种癌症引起的超额死亡率这一发现的过程中,我们必须将饮酒的影响与吸烟的影响区分开来。例如,重度吸烟者无节制地患上口腔癌、咽癌、喉癌和食管癌,可能是由饮酒和吸烟的联合效应引起。

酒精与肝硬化

要调查酒精滥用的健康危险,第二种策略是关注由可能与过度饮酒有关的特定原因引起的死亡率。大多数确凿的证据来自由肝硬化引起的死亡率,这一点毫不奇怪。肝硬化属于肝功能紊乱,在这种情况下,健康的肝脏组织被损坏,从而被纤维瘢痕组织所代替。2001 年,肝硬化在美国成为导致男性死亡的第十大原因、导致女性死亡的第十一大原因,它每年致使 2.7 万人死亡。Corrao 等人(2004)的那项整合分析估计,重度饮酒致使非饮酒者的相对危险度提高到 26.52。这就意味着,重度饮酒者患上肝硬化的可能性是轻度饮酒者的 26 倍之多。

有一项纵向研究对 1960 至 1995 年 14 个欧洲国家中人均酒精消耗量与肝硬化死亡数之间的关系进行了研究。结果发现,国家与国家之间以及国家内部各地区之间都存在很大的关联性。一般而言,人均酒精消耗量高的国家,其男性和女性肝硬化死亡水平也高。根据跨国关联性,人均酒精消耗量增加 1 升,男性的肝硬化死亡率就会增加 18%,女性的肝硬化死亡率就会增加 14%。一段时间后对于所有 14 个国家来说,这种混合效应虽然变弱,但还是很大:人均酒精消耗量增加 1 升,男性肝硬化死亡数就会增加 14%,女性肝硬化死亡数就会增加 8%。

也有证据证明,如果对酒精消耗量施加限制,由肝硬化引起的死亡率就会下降。例如,巴黎的肝硬化死亡率大大降低,在下降期间,碰巧发生了两次世界大战。第二次世界大战期间的数据特别具有启发性,因为 1941 年肝硬化死亡率为 35%, 1945 年和 1946 年它降到低于 6%。从 1948 年开始,肝硬化死亡率再次上升,这一年葡萄酒定量配给停止。很明显,在这段时间,其他因素可能是导致肝硬化死亡率下降的原因。

酒精与交通事故死亡

酒精与损伤死亡也有关系。根据一些评估,三分之一到二分之一陷入事故、犯罪和自杀行为中的美国成年人,在这些事件发生之前,都有饮酒行为。1982 年,美国国家公路交通安全管理局估计,57%的致命车祸与酒精有关,虽然这一估计比例在 1996 年大大降低,但是仍然很高,为 41%。虽然,从 1982 到 2004 年,在美国发生的与酒精无关的交通死亡事故率也增加了 15%,但是,在同一时期,在美国发生的与酒精有关的交通事故死亡率却下降了 50%。

虽然在酒精作用下人为事故率很高这一事实颇具启发意义,但是它不足以表明酒精增加了事故的危险。例如,1974 到 1975 年,在纽约有 52%死于汽车事故的司机在事故发生前都有饮酒行为。但是,这一发现很难解释,除非我们知道没有遭遇事故、同一年龄阶段、同一性别、在同一时间和工作日中饮酒量相同的司机所占的百分比。如果这些司机中也有 52%的人有饮酒行为,那么,我们无论如何都不能说饮酒增加了交通事故的危险。

来自征用了足够多控制组的研究证据表明,饮酒大大增加了由各种事故引起的损伤风险。McCarroll 和 Haddon(1962)通过对死于纽约市汽车事故的司机进行研究发现:在这些司机中,有 50%的人其血液中的酒精浓度水平为 0.10%或者以上(即酒醉程度非常大);几周之后,在事故现场检测到的处于醉酒状态的司机百分比小于 5%。这些检测都在每周中与事故发生同一天的同一时间进行,受检测司机的驾驶方向也一样。

更多的间接证据来自那些证明饮酒程度随着事故类型和严重程度以及事故发生时间的不同而不同的研究。例如,1995 至 1999 年,在法国发生的牵涉 3 辆以下车辆的伤亡事故有 5 000 961 起,根据对于这些事故的分析,图 4.2 显示了带有阳性血液酒精检测的单一车辆交通事故数量、每次事故的死亡数和发生时间。单一车辆交通事故数据非常可疑,因为在没有涉及其他车辆的情况下由司机本身错误引起的事故可能性很大。从图中我们可以看出,饮酒行为使夜间发生事故的次数增多,在周末晚上尤其如此,它还使死亡数增多。

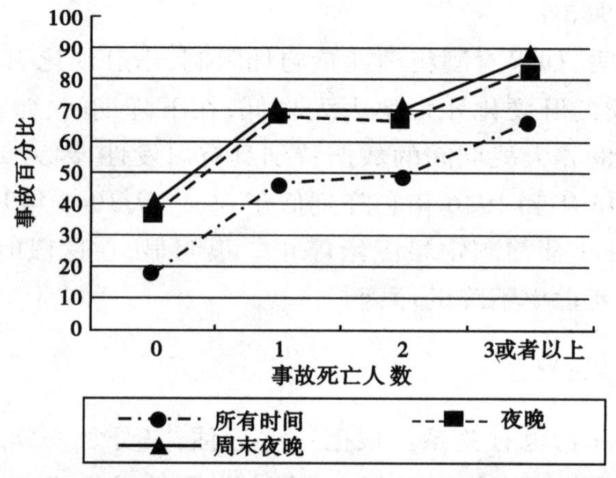

图 4.2 由饮酒造成的单一车辆交通事故中事故死亡人数和事故发生时间

其他间接证据来自那些将特定国家中人均纯酒精消耗量的变化与交通死亡事故数的变化联系起来的研究。根据从美国获得的关于 1950 至 2002 年数据的时间序列分析,人均酒精消耗量提高 1 升,每 10 万居民中死于车辆交通事故的人数就会增加 4 名。对于年龄段在 15 至 34 岁的年轻男性来说,这种关联最强,交通事故人数会增加 5.7 名。对于女性来说,这种关联不明显。

胎儿酒精综合征

亚里士多德也许是发现酗酒女性常常会生出低能儿童这一现象的第一人。美国卫生部建议,女性在怀孕期间不要饮酒,因为最近发现,产前饮酒行为与被称为“胎儿酒精综合征”的各种出生缺陷有关。各种报道已经报道了大量身体畸形案例,例如:胎儿的头围和鼻子比常人的要小;他们的鼻梁比常人的要低;他们患有生长激素缺乏症。但是,胎儿酒精综合征的最严重表现是智力发育迟缓。有人估计,在产妇属于普通产科人群的情况下,每 1 000 名活婴中只有 0.097 名会患上胎儿酒精综合征;在产妇属于重度饮酒者的情况下,1 000 名活婴中患上胎儿酒精综合征的人数就会达到 43 名。美国的胎儿酒精综合征总体发生率(1 000 名活婴中有 19.5 名)比欧洲高出 20 多倍。如果产妇属于社会经济地位较低的个体,这种发生率会更高。

虽然人们对于胎儿酒精综合征的描述毫无争议,但是人们对于其产生原因(特别是在怀孕期间可以安全饮用的酒精量)存在大量争议。现在的估计标准是,如果孕妇在怀孕期间每天饮用 6 杯葡萄酒(相当于 450 mL 葡萄酒或者大约 60 mL 无水酒精),那么胎儿就会处于危险之中。不过,酒精引起的出生缺陷发生频率大大低于孕妇酗酒的频率。这一点表明,也许有其他因素改变了酒精对于产前发育的影响。那些在怀孕期间过度饮酒的孕妇,也有可能做出其他有损胎儿健康的事情,如吸烟、不当饮食和吸毒。例如,怀孕期间营养不良也许是导致那些出生时患有胎儿酒精综合征的婴儿出生体重较轻的原因。通过对孕妇在怀孕期间酗酒情况与胎儿酒精综合征危险因素的广泛研究,Sokol 等人(1986)找出了 4 个变量:先前生育次数,在饮酒方面具有问题的病史,饮酒量较大的天数,种族。虽然,根据在美国进行的调查研究显示,如果孕妇具有非裔美国人血统或者美国原住居民血统,那么胎儿患上胎儿酒精综合征的风险就会增加。但是,根据全球调查研究显示,没有哪个种族人群对胎儿酒精综合征具有免疫能力。此外,胎儿酒精综合征代表的只是胎儿期孕妇饮酒对胎儿的最严重影响。即使孕妇在怀孕期间少量饮酒,还是会对胎儿造成一定程度的影响。因此,我们建议孕妇在怀孕和哺乳期间都要戒酒。

饮酒的行为后果和认知后果

大家普遍认为,饮酒(或者更确切地说,酒精中毒)会损害人们的运动和认知能力,还会削弱社会抑制作用。这些观点都正确。虽然大众观点会把这些效应归因于酒精的药物特性,但是有证据证明这些效应在某种程度上是由酒精的非药物因素引起的。“酒精结果期望理论”就是用来说明酒精非药物效应的一个理论。

根据酒精结果期望理论,人们已经对饮酒的效应形成了信念,(如先前讨论的那样)这些信念不仅会影响人们的饮酒行为,而且还充当着自我实现假设,从而带来那些所期望的后果。关于酒精结果期望的研究发现,人们认为饮酒会使自己放松、使自己感觉更好,并且会增强自己的社交快乐感、运动快乐感以及性交快乐感。

在正常饮酒的情况下,人们会混淆药理效应和结果期望效应。饮酒者通常也知道这一点。因此,研究者必须进行均衡的安慰剂设计,以便把酒精的药理效应和结果期望效应区别开来。在这些设计中,研究者对饮品(例如含有酒精的饮品、不含酒精的饮品)的成分和人们对于这些饮品(如橘子汁)的成分的信念进行因素操控:研究者为研究对象提供了饮品(如橘子汁),这些饮品要么含有酒精、要么不含酒精(如伏特加酒)。因此,在人们饮用了酒精饮料但是认为自己没有这么做的情况下,酒精的药理效应就会出现(这种效应没有被期望减弱)。与此相比,在人们饮用了纯橘子汁但是认为它含有酒精的情况下,酒精的期望效应就会出现(这种效应没有被酒精的药理效应减弱)。

一项早期有关这些均衡安慰剂研究的整合分析指出,酒精对记忆力和运动能力的影响主要是由酒精的药理效应引起的,酒精对性唤起的影响主要是由人们的期望引起的。但是,之后的研究指出,非社交行为甚至也会受到期望的影响。这些研究进一步表明,个体越是相信酒精会损害他们自己的能力,期望效应就越强。虽然我们不是很了解这些期望如何影响认知或运动能力的,但是一些关于这些成见对于运动能力和认知能力影响的研究已经得出类似的效果。Bargh 等人(1996)指出,那些被"年长者"成见所启动的被试离开实验走廊的步伐更慢;Dijksterhuis 和 Van Knippenbery(1998)指出,在追根究底任务中,那些用"教授"成见所启动的被试比那些用"秘书"成见所启动的被试表现得更好。

如果酒精期望能够影响人们在认知和运动任务中的表现,那么,这种期望也能够改变社交行为这一点就毫不奇怪了。这种背景下的性行为尤其有趣,因为,药理效应和期望效应对于性行为的作用是相反的,而两者对于认知和运动表现的作用(即损害作用)又是一致的。虽然男性期望酒精能够使自己的性反应更加迅速,但是有关男子性反应的研究揭示,增加酒精剂量只会使阴茎勃起的幅度变小。在使用了均衡安慰剂设计的研究中,酒精和期望效应互相对抗。至少在酒精剂量不足以抵消期望效应时,如果饮品确实含有酒精,饮酒期望就会使阴茎的勃起幅度增加且增强了性唤起。

Friedman 等人(2005)考察了这些期望效应的深层过程。研究中,对男性被试先用与酒精有关词汇或与酒精无关词汇进行潜意识启动,然后再为他们展示年轻女性的照片,并要求这些被试必须对这些女性的吸引力或者智力进行评级。结果表明,与那些用酒精无关词汇启动过的男性相比,那些用酒精有关词汇启动过的男性认为这些女性更加有吸引力。这些男性越是相信酒精会增强自己的性欲,效应就越发强烈。

但是,这种由酒精燃起的期望,不能作为饮酒与性交之间正相关这一常见报道的唯一解释,应该还有别的解释。饮酒会降低认知能力(即工作记忆力),从而限制了人们可以注意到的信息量。根据这一事实,Steele 和 Josephs (1990)提出,当线索同时刺激并抑制行为时,醉酒的个体尤其会受到损坏。在两种反应之间存在竞争的情况下,这可能会存在问题,因为其中的一种反应起主导作用,所以人们基本上会自动倾向选择这种反应。习惯性反应或者冲动性反应就是这种主导反应的两个例子。

正如我们在第 2 章中讨论的那样,自我控制困境包括寻找及时满足(如美味食物、性交快感)的冲动与某种更高级目标或者个人标准(如节食、保持忠实)之间的冲突。由于酒精会损坏工作记忆能力,从而降低了人们对于有关情况最突出方面之外其他方面的注意力,因此酒精使个体更加难以克服此类冲动。这种"酒精近视"会阻碍个体考虑酒后行动的更加细微或长远后果。结果,体验到的最突出的直接方面对情绪和行为的影响就会增加,而更加微妙的方面对情绪和行为的影响则会减小。

MacDonald 等人(2000)以性交情况下不使用安全套为例,检验了酒精近视说。有大量的来自调查的证据显示,酒精使用是未计划及不安全性交的危险因素。例如,1998 年对加拿大学生进行的一项代表性调查发现,在酒精力量的影响下,学生更有可能进行非事先计划的、通常不安全的性交。但是,除了酒醉可能被当成借口而非理由之外,这样的问卷调查并不能让我们把酒精去抑制效应的不同心理学解释区分开来。

MacDonald 等人认为,在性交情境下,性唤起是一种突出线索,在酒精近视的影响下,该线索主导了个体的知觉。在没有酒精影响的情况下,个体还可能会考虑不安全性交的潜在负面后果,但是在酒精的作用下,酒精近视可能会受到该显著线索的过度影响,从而忽视了其他线索。为了检验这一假设,研究者要么让男性被试不饮用任何饮品,要么要他们饮用酒精饮料或者安慰剂饮料,然后让这些被试观看一部会使他们性唤起的影片。影片中有一对夫妻彼此进行性挑逗,之后发现他们没有可用的避孕套。研究者询问这些被试,如果他们处在影片中的情况下,他们是否会不使用避孕套就性交。在表明各自的意图之后,被试必须列出那些影响了自己决策的想法。然后,根据这些所报告的性唤起情况,研究者把这些被试分成两组。与假设一致,对于那些报告低唤起的被试,饮酒组的意图并未表现出不同。与此形成反差的是,对于那些报告了高度性唤起的被试,与未喝酒或喝了安慰剂相比,喝酒之后,他们更有可能不用避孕套就性交。此外,性唤起被试列出的倾向于无避孕套性交的想法,在喝了酒后也比未喝酒时更多。最后,控制了这些想法后,就消除了酒精和性唤起之间交互作用对意图的影响。

酒精近视说在性交行为中的应用是酒精生理效应和非生理效应交互作用的一个例证。通过损伤个体的工作记忆能力，酒精的药理效应会降低个体控制自身寻欢作乐冲动的能力，即使从长远来看，这种冲动行为可能会带来非常有害的后果。酒精的结果期望使得性交选择更具有吸引力这一事实增强了冲动性反应的主导作用。

饮酒影响的不仅是自我控制困境，还有其他困境。MacDonald 等人(1995)指出，将酒精近视说应用到驾驶决定因素之中。当人们决定是否要饮酒并且驾驶时，他们可能会遇到一些抑制性线索，不鼓励他们饮酒并驾驶，也可能会同时遇到一些鼓动性线索，鼓励他们饮酒并驾驶。抑制线索指人们对于他们可能会遭遇事故或者被警察逮捕这一点的了解，鼓动线索可能包括人们由于非常疲惫所以不想离开汽车，或者公共交通非常不方便。在做出决定的过程中，虽然一个清醒的人能够权衡所有的利与弊，但是一个酒醉的人可能会受到最显著线索的严重影响，包括感到疲惫以及乘坐火车会耗费几个小时等线索。

MacDonald 等人的(1995)推理指出，在醉酒情况下，个体可能决定驾驶，因为这时，鼓动驾驶的线索比正常情况下抑制驾驶的线索更加显著。通过一系列的实验和现场研究，MacDonald 等人对这一假设进行了检验。研究中，他们询问酒醉或清醒个体有关饮酒和驾驶的问题。对于一半回答者来说，这问题很简单：只要求他们回答饮酒之后自己是否会驾车这一问题。对于另一半回答者来说，问题还附加了条件，从而使被迫驾车的理由非常显著。这样，研究者让一半的人回答：下次他们外出参加聚会时是否会酒后驾车；而让另一半的人回答：如果他们外出参加聚会并且“驾车回家的路程很短”，或者“答应了朋友他们不会饮酒驾车”之后，他们是否还会酒后驾车。与根据酒精近视说得出的预测一致，当问题无附加条件时，那些在回答调查问卷之前饮酒的人对酒后驾车的态度与那些清醒的个体一样，或者比那些清醒的个体更加否定；当这些问题附加上条件时，前者对酒后驾车的态度比后者的更加积极。虽然酒醉的个体确实认为他们酒后驾车的能力非常弱，但是还是会产生这些效应。

有危害饮酒量与酗酒

饮酒多少会危害男性或者非怀孕女性的健康呢？这个问题在很大程度上属于一种猜想。正如我们所知的那样，有关重度饮酒的定义大不相同，有人认为每天饮用 30 g 纯酒精属于重度饮酒，有人认为每天饮用 100 g 纯酒精属于重度饮酒。值得注意的是，根据更加严格的定义，每天饮用 3～4 杯葡萄酒就已经是重度饮酒了。

Schmidt 和 de Lint(1970)指出，酗酒者样本中 96%的人报告称，他们自己每日摄入150 mL或以上的纯酒精,相当于1 L中度红葡萄酒所含的酒精量。但是,我们有理由怀疑这些自我报告结果。因为,在美国、芬兰和加拿大所做的自我报告饮酒量只占到酒精总销售量的40%~50%。

即使这些报告正确,饮酒量也无助于酗酒情况的诊断。Vaillant(1983)指出,温斯顿·丘吉尔精力充沛,体重100 kg,脂肪存储量大,他每年仅在社交场合的饮酒量对于一个体重只有60 kg的癫痫女性或者患有溃疡的飞行员来说,简直就是灾难。因此,个体血液中纯酒精所占的百分比(血液酒精浓度)这项世界各地政府用来确定安全驾驶范围的指标,在很大程度上取决于当事人的体重(见图4.3)。

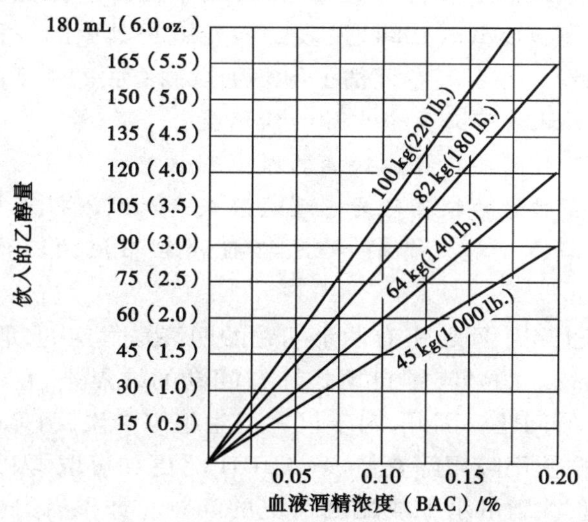

图4.3　酒精摄入量、体重和血液酒精浓度的诺模图

资料来源:Mooney(1982)。

注:为了粗略估计血液酒精浓度,向右水平描绘,直到拦截代表体重的对角线。然后,向下描绘,直到找到血液酒精浓度峰值。颠倒这一过程,可以估计饮用的酒精量。血液酒精浓度一直为每小时0.015%。

对于酗酒的定义,一种更加具有前景且与常见酗酒观点更加一致的方法是,把当事人报告的酒精摄取量与其报告的饮酒有关问题结合起来。因此,《精神疾病诊断与统计手册》第四版把“酗酒”定义为会导致临床显著伤害或痛苦的不恰当酒精使用方式,在12个月之内会表现出以下问题中的一种(或几种):

1.由于反复饮酒,致使在工作场所、学校或者家里不能履行重要角色义务(如再三缺席、表现不佳、忽视小孩或者家庭)。

2.在饮酒会造成身体伤害的环境下(如驾车过程中)反复饮酒。

3.由于反复饮酒造成的法律问题。

4.在不顾饮酒造成的持久社交或者人际问题情况下反复饮酒。

《精神疾病诊断与统计手册》第四版区分了酗酒和“酒精依赖”，其中，后者是更加严重的酗酒形式。对酒精依赖的人，除了会有以上4种酗酒症状之外，还对酒精效应具有耐受性或者经历戒断症状。通过使用《精神疾病诊断与统计手册》第三版中类似的标准，1981至1985年在美国进行的一项社区研究显示，有5%的人在一生中的某个时候都曾经有过酗酒行为，8%的人在一生中的某个时候都曾经有过酒精依赖行为。在调查的前一年，有将近6%的人都有过酒精滥用或者酒精依赖行为。

研究者们已经编制了多种筛查工具，可用来在医疗保健和社区环境中检测个体的饮酒问题。Ewing(1984)发表的问卷就是其中的一种用于临床实践的自填式筛查问卷。这套问卷评估了与终生饮酒有关的4个问题：

1.你曾经是否认为有必要减少你的饮酒量？

2.你曾经是否对那些批评你饮酒的人感到恼怒？

3.你曾经是否对你的饮酒行为感到遗憾或者对饮酒行为充满犯罪感？

4.你曾经是否为了稳定你的神经、摆脱宿醉而把饮酒作为早晨的第一件事？

如果对于以上4个问题中有两个问题的回答是肯定的，那么，这就足以证明你存在饮酒问题。酒瘾问题自填式筛查问卷的缺点是，它未涉及有关饮酒频率和饮酒强度的问题。因此，对于世界卫生组织来说，由Babor等人(2001)编制发表的“酒精使用障碍筛查量表(AUDIT)”更加可取，因为它涉及那些可以鉴定目前问题、饮酒量水平或酗酒情况的问题。如果有必要进行正式的临床诊断，那么，通过筛查鉴定出来的个体还应该接受结构化临床访谈，以确定个体是否符合《精神疾病诊断与统计手册》中的诊断标准。

也有其他生物学指标可以检测酗酒行为，这些指标以血液样本的实验分析为基础。最著名的指标为等离子γ谷氨酰转移酶(GGT)和平均红细胞体积(MCV)。这两种指标都可以反映肝细胞的损伤情况。

酒精滥用理论

关于酒精滥用的理论可以分为两组。第一组理论把酒精滥用看作一个可以辨识出来的统一患病过程，第二组理论则通过行为模型来说明酒精滥用。本节就讨论这两组看待酒精滥用的路径。

酒精滥用之病患概念

在过去40多年的有关文献中，已经出现了各种有关酗酒的病患概念，其中以Jellinek1960年提出的概念最广为人知。Jellinek(1960)提出了酗酒的类

型概念,并确定出了两种酗酒疾病,一种叫伽马综合征,另一种叫德尔塔综合征。其中,据说在北美洲流行的伽马型酗酒有如下特征:

- 获得性组织对酒精耐受性的增强;
- 自适应细胞代谢;
- 身体对酒精的依赖(渴望);
- 失去控制。

伽马型酗酒者一旦开始饮酒,就不能够停止下来。这对社会造成的破坏非常大也非常严重。德尔塔型酗酒据说是在法国和其他喝葡萄酒的国家的主导酗酒行为,其特征是把伽马型酗酒行为的不能够停止下来换成了不能够节制饮酒。德尔塔酗酒者总是定时喝大量的酒。虽然这种情况对社会和心理造成的伤害很小,但会对身体造成伤害,如肝硬化。

有人假设,酗酒者与非酗酒者之间差异的基础是心理倾向、酒精过敏反应,或者某些受或不受基因影响的营养缺乏。这种理论的主要启发是:治疗必须重视酗酒问题的永久性本质,只能通过终生保持节制来控制酗酒。

尽管有大量的研究,但是还没有可靠的经验证据可以证明,病患理论模型所假定的心理倾向或生理过程可以引起酗酒行为。此外,如今有证据证明,与其让酗酒者完全戒酒,还不如教导他们(对酒精依赖程度不太严重的人)通过治疗达到有控制的社交性饮酒状态。尽管关于有控制饮酒行为的定义各不相同,但是每种都对饮酒量和饮酒频率有一定限制(例如,每天最大酒精摄入量为 30 mL),对饮酒造成的结果也有限制,即饮酒既不造成酒精依赖,也不引起社会问题、法律问题或健康问题。

对 Jellinek 概念造成破坏最大的,要数那些通过使用均衡安慰剂设计来检验"失控"假设的研究。这些研究所考量的假设是,饮酒之后出现明显"失控"的原因是,饮酒者知道他自己喝了酒,而不是由于酒精的药理效应。知道自己喝了酒这一事实,使得饮酒者有借口喝更多的酒。均衡安慰剂设计允许我们独立地操纵饮料的期望成分和实际成分,从而把期望成分和实际成分的效应区别开来。

例如,Marlatt 等人(1973)提出,要么让社交饮酒者和酗酒者参试相信他们自己所喝的饮品含有伏特加和奎宁水,要么让他们相信自己的饮品只含有奎宁水。事实上,在每个条件下的被试中,都让一半的参试接受了含有伏特加的饮品,另一半的人只接受了奎宁水。饮用了这些饮品之后,参试还必须对酒精饮料的味道进行评级。那些认为自己"首次"饮品中含有酒精的参试,喝的饮品要比那些认为自己"首次"饮品只含奎宁水的参试多得多。所喝的饮品量并没有受到饮品中酒精实际含量的影响,这就证明,"失控"假设并不成立。

此外,使用了均衡安慰剂设计的研究暗示,酒精的很多行为后果是对酒精效应期望的结果，而不是酒精药理效应的结果。特别是，知道自己喝了酒就会使人为自己那些不恰当的行为找借口，于是就不会抑制那些虽然愉悦但却违法的行为（如性行为或喝更多的酒）。

遗传学与酗酒

尽管人们很早就知道酗酒在家庭成员之间相互感染，但是至今仍不清楚，到底这种感染是成员之间情感行为影响的结果，还是遗传的结果。所幸，有关双胞胎和收养情况的研究，已经使得我们能够把遗传因素的影响与环境因素的影响分解开来。例如，那些亲生父母有酗酒问题的孩子，如果被没有酗酒问题父母收养后发生酗酒的危险度高于那些亲生父母无酗酒问题的被收养孩子，那么，就可以断定酗酒可能由遗传因素引起。情况确实与假设一致。研究已经表明，一出生就被收养的酗酒者的亲生儿子将来成为酗酒者的可能性比非酗酒者的儿子高几倍。

双胞胎研究也被用来估量遗传因素对酗酒行为的决定程度。因为，对于双胞胎来说，不论是同卵双胞胎还是异卵双胞胎，家庭环境都一样，所以同卵双胞胎比异卵双胞胎有更相似的酗酒问题这一点，就可以表明酗酒具有遗传影响。大多数有关双胞胎对酒精依赖性的研究都发现，同卵双胞胎在酒精依赖性方面的一致性比异卵双胞胎的要高。

虽然今天人们普遍一致认为，酒精滥用具有遗传倾向，但是，人们对于这种遗传影响的大小，却存在不太一致的看法。大多数的研究者似乎都认可McGue（1999）的见解：酗酒责任中的50%～60%可变性都与遗传因素有关。McGue的估计只基于数量不多的几项研究，另一项对于50项遗传行为研究的整合分析总结得出的估计值更低：遗传可能性仅为20%～26%。

Walters（2002）也发现了证据，证明酒精滥用的严重性可能是基因与酒精误用之间关系的调节因素。这与酗酒的两种不同类型假设一致，即有两种类型的酗酒，它们各自受到遗传因素的影响程度不一样。其中一种类型比较严重，在早期就会形成，并且受到遗传因素的影响。另一种类型则不太严重，主要受到环境因素的影响。不幸的是，Walters整合分析中的置信区间存在大量的重叠，因而Walters的研究发现不能够明确否决酒精误用的连续统观点。

关于酗酒遗传可能性的性别差异，Walters的整合分析有些模棱两可。这种性别差异表现为，女性的酗酒遗传可能性估计值比男性的要低。但是，只有分析样本规模大的研究时，这种差异才会变小。因此，看起来，越来越多的迹象表明，女性的酗酒遗传可能性和男性的一样。

在估量环境因素的影响方面，遗传学研究让我们能够区分两种类型的环境因素：所有家庭成员共处的相同环境和非所有家庭成员共处的非相同环境。

相同环境因素包括社会阶层、父母的塑造和养育方式。非相同环境因素包括出生前对胎儿的伤害、事故或者同伴关系。有关双胞胎的研究建议,酗酒危险非遗传方差的主要来源是非相同环境因素,而不是相同环境因素。同样,大多数有关收养家庭的研究也没有发现,有酗酒问题父母收养的小孩有更大的危险酗酒。然而,有关估量收养兄弟姐妹饮酒相似性的研究发现,年龄相差两岁之内的同性别兄弟姐妹,其饮酒行为有一些相似。这表明相同环境因素有一定影响,但兄弟姐妹是环境影响方差来源的可能性比父母要更大。由于那些同性别的兄弟姐妹年龄差不多,可能和相同的朋辈群体一起活动,因此,朋辈群体可能是又一个环境影响因素。

饮酒和酗酒的行为模型和认知模型

用于了解饮酒和酗酒原因及发展的心理方法包括多种概念模型,从强调通过强化进行学习的理论到强调期望的认知模型。根据学习方法,酗酒基本属于一种饮酒方式,这种方式的形成要么是通过条件作用(经典条件反射、操作性条件反射),要么是通过观察学习。与此不同,像酒精结果期望理论之类的认知模型却假定,人们饮酒是因为饮酒会产生自己所期望的结果。接下来,我首先介绍有关饮酒和酗酒的经典学习理论,即饮酒致使压力减轻的假说,然后综合评论 3 种不同的探讨饮酒和酗酒原因的认知方法,其中的原因就是酒精结果期望、理由和动机、态度以及饮酒和酗酒中自动化过程与受控过程之间的关系。

饮酒使压力减轻假说

饮酒使压力减轻假说的基本观点是,人们之所以饮酒是因为这样可以减轻压力。根据这一模型:

- 压力增加会提高驱动状态;
- 通过减轻压力可以降低该驱动状态,因而饮酒具有强化性质;
- 这种降低驱动状态的强化作用可以加强饮酒反应。

在动物和人类身上所做的以检验该原始模型为目的的研究,所取得的结果很不确定。饮酒致使压力减轻假说的主要问题是,假定饮酒与压力减轻之间存在线性关系。与这种假定相反的是,有实验性证据表明,酒精会产生双相反应:少量酒精会引起唤起状态,使饮酒者体验到高度的愉悦感;但如果继续喝下去,这种唤起态就会变成抑制态,同时还伴有压力和抑郁感。George 和 Marlatt(1983)认为,开始饮酒时,少量的酒精会引起放松和愉快效应,这种效应与饮酒的关联性比延迟的负面效应与饮酒的关联性更强。因此,人们饮酒可能是为了获得这种积极效应。George 和 Marlatt 指出,对人们决定饮酒影响最大的是对酒精的期望属性,而不是实际的压力减轻属性。也就是说,人们饮酒是因为他们期望饮酒可以使自己放松。

酒精结果期望理论

酒精结果期望理论假定,饮酒是出于酒精的期望结果,至于这些期望是否会有效产生却并不重要。"饮酒能使人更善于社交且更加放松"这种积极的期望会促使人们饮酒,"饮酒最终能使人宿醉"这种消极的期望则会促使人们保持节制。

"酒精期望调查问卷"是用来测量酒精期望的最广泛方法。在这套调查问卷的编制过程中,调查者采访了广泛的人群,并且诱发了这些人群对于酒后积极后果和消极后果的期望。在这些反应的基础之上,这套调查问卷被编制出来。问卷编制者要求调查对象标出自己是否同意像"饮酒让未来更加美好""少量饮酒之后我的性欲更强""喝几杯酒之后我就更容易表达情感"之类的陈述。赞成这些陈述,就表明调查对象期望酒精可以产生这些效应。之后,对大规模调查对象做出的回答进行了因素分析。Brown 等人(1980)得出了 6 种彼此相关的因素。尽管这项研究只关注适度饮酒带来的积极体验,并且所有因素反映的都是积极期望,但是后来的研究也把消极因素添加到了模型之中。个体的总体结果期望由"期望认可"的总和反映出来。通过分析个体在调查问卷不同子量表上的回答,可以得出更加精细的评估结果。

大量研究已经发现,酒精结果期望可以预测饮酒行为的各个方面。同样,研究者已经发现,积极的酒精期望与饮酒行为有显著并且正向的相关关系,消极的酒精期望与饮酒行为有负向的相关关系。前瞻性分析也表明,期望可以预测饮酒行为的引起与保持情况以及饮酒行为开始实施的情况。但是,期望与酒精消费量的关联性比与饮酒频率的更强。

用理性行动理论和计划行为理论的语言来说,酒精结果期望反映了行为结果信念的一个方面,而这些信念构成了一个人饮酒态度的认知基础。根据 Fishbein 和 Ajzen(1975)提出的期望—价值构想,一个人的饮酒态度应该等于酒精引起某些后果的主观概率与这些后果所附带的价值之积。正如 Leigh (1989)在其关于酒精期望研究的评论中所说的,酒精期望反映的是觉察到的后果,而不是对这些后果的评价。虽然在设计调查问卷的过程中我们知道哪些期望被视为是积极或消极的,但是,一个问题的平均评定结果为积极并不能排除某些个体对该问题的评价可能产生分歧。因此,在不知道特定研究中特定个体如何填写"酒精期望调查问卷"的情况下,我们就不能排除,有些参试认为某些期望后果是消极的,而其他参试却可能认为这些后果是积极的。例如,期望喝些酒后感到更加性感这可能会对单身人士具有吸引力,但对那些必须长时间不在家的已婚高管来说,却可能会成为他们远离酒精的理由。

这就使酒精期望理论与计划行为理论相比具有第二个缺点:行为结果信念是所考虑行为的唯一决定因素。因此,这种方法忽略了行为的其他决定因素,例如,个体对他人期望的规范性信念。某重要人物期望某人不要饮酒,这可能就促使这个人戒酒,即使这个人对饮酒的可能后果怀有积极的期望。

饮酒动机

对饮酒后果抱有特定期望并不一定就意味着,人们饮酒是为了实现这些结果。正如我们先前讨论的那样,人们可能只是抱有某些结果期望,但并不一定想去实现这些像宿醉或骑车回家时从车上摔下来之类的消极结果,这一点显而易见;但是,对那些被有些人认为是积极的但却被其他人认为是消极的结果,这一点就不太那么显而易见了。

"酒精动机理论"假定,人们饮酒是为了增强积极情绪,消除消极情绪。Farber 等人(1980)提出的研究是最早的有关饮酒原因的调查研究之一。这项研究得出两个因素:逃避和社交。逃避因素反映的是,人们需要饮酒以消除某种不愉快的状态。这类个体赞成的陈述有:"饮酒可以帮助我忘记某些问题""我喝酒是因为我难过""我需要饮酒来使自己放松"。这一因素可以看作是饮酒的逃避或负强化维度。社交因素反映的是社交饮酒原因。在这个因素上得分高的被试,属于饮酒是为了达到被同伴接纳或者得到同伴的赞同之类社交目标的个体。这类个体可能赞成的陈述有:"我饮酒是因为我认识的人也饮酒""我饮酒是因为我想成为经常饮酒的人群中的一员""我饮酒是为了变得善于社交"。

Cooper 等人(1995)拓展并且详细说明了这种动机性模型。他们提出,为了增强积极情绪且应对消极情绪而饮酒,是饮酒和酗酒的最基本的动机性决定因素,这样,与酒精相关的积极和消极期望、情绪和其他个体差异变量的影响受到影响。他们在一项横断面研究中检验了这个模型。研究中,他们选取了两组随机研究对象,包括青少年和成年人。他们的发现支持了这一假设:两种动机都预测了饮酒行为,与酒精相关的正强化和负强化期望是这些动机的主要预测因素。

饮酒和酗酒过程中的自动化过程和受控过程

酒精属于上瘾物质,重度饮酒会干扰日常功能的发挥。因此,许多有饮酒问题的人可能会试图减少自己的饮酒量。结果,他们可能常常会体会到自我控制困境:一方面他们会经不住诱惑而再欢饮一杯,另一方面他们又想完成减少饮酒量这一目标。有问题饮酒者的特征是,他们没有能力抵御这种再欢饮一杯的诱惑。正如第 2 章中讨论的那样，有几种社会心理学模型为这种自我控制困境提供了理论解释。例如，由 Strack 和 Deutsch（2004）提出的“熟虑—冲动模型”，就把自我调节设想成冲动系统与熟虑系统之间的一场拔河比赛。根据这一模型，处于自我控制困境情况下的人们可能会顺从自己的冲动，除非他们有动机并且有能力控制住自己的冲动。不幸的是，饮酒却会降低人们控制这种冲动的能力。

虽然我们提出目标冲突模型的初衷是说明慢性节食者在控制自己食物摄入量的过程中所遇到的问题，不过，该模型也可以应用于控制饮酒量。根据目标冲突模型，有饮酒问题的个体在两种目标之间摇摆不定，一个目标是去享受饮酒带来的快乐，另一个目标是减少自己的饮酒量。除非已经对酒精有依赖性，其他的重度饮酒者只要没有接触那些表示饮酒可取乐的线索，他们就能够保持自己的饮酒控制意图，并把该意图作为自己的主要目标。但是，一旦进入充满饮酒取乐线索的高危环境（如当地的酒吧），或者一旦他们开始饮酒，这两种目标之间的微弱平衡就可能会转变。原因有两个：一个是酒精线索或所饮之酒提高了饮酒取乐目标的认知可达性，于是取乐就成为主要目标；另一个是酒精会削弱个体控制自己饮酒行为的能力。

这两种说明中都暗含了这样的假定：与无饮酒问题的人相比，重度饮酒者对于饮酒的态度更加积极。正如前面讨论的那样，在酒精结果信念的外显量度上，这一假定已经得到证据支持。但是，奇怪的是，那些把内隐联想测验用作喝酒态度内隐量度的早期研究，并没有用内隐态度把轻度饮酒者与重度饮酒者区分开来。但是，这种负面研究发现似乎是由于内隐联想测验自身的问题。最近使用修订后的内隐联想测验已经找到支持内隐态度可以预测饮酒行为的证据。

目前，用酒精线索启动来激活重度饮酒者趋酒倾向的研究，其结果有成有败。Ostafin 等人（2003）让大学生完成修订版的评价性启动任务。这些大学生要么属于有问题的饮酒者，要么属于正常的饮酒者。这项研究未能找到证据证明，酒精线索能够启动趋酒动机。研究者在这项研究中使用的启动物，要么是与酒精相关的词汇，要么是中性词汇（如桌子、十倍）。目标词汇包括 10 个与趋酒动机有关的词汇（如前进、向前）或者 10 个与逃避动机有关的词汇（如撤退、逃避）。在研究者的指示下，被试需要通过按下两个键中的一个，来把目标词汇分为与趋近相关的词汇或与逃避相关的词汇。用特定目标酒精启动的反应时间减去该目标中性启动的反应时间，所得到的差值就是酒精的促进分数。研究发现，虽然酒精启动物减慢了问题（而非正常）饮酒者对于回避的反应，但是并没有加快饮酒者对于趋近的反应。这一研究没有发现酒精能够影响趋近行为的原因之一可能是，学生样本中没有真正的严重饮酒问题的学生。

最近有一项研究特意选出了一批重度饮酒者纳入之前的学生样本中。这项研究的结果暗示,重度饮酒者对于酒精线索有更强的趋近倾向。这项研究用来测定趋近反应的,是“刺激—反应相容性任务”。通过计算机屏幕,研究者要么为被试展示与酒精有关的图片,要么为被试展示控制图片,被试看到图片后必须把人体模型移向或者移开图片。重度饮酒者移向与酒精有关图片的速度比回避这些图片的速度更快,而在轻度饮酒者身上却没有观察到这样的差异。虽然通过控制方法进行的视觉比较暗示,这种差异由重度饮酒者趋近反应速度更快引起,而不是由于他们的回避反应速度更慢引起,但是研究者并没有对该差异进行统计学考量。因此,我们还不能完全排除,这一结果可能是由于重度饮酒对酒精的回避反应速度较慢而引起的。

关于饮酒会减弱人们抵抗诱惑能力这一假设的检验更加成功。在第2章中描述的有关糖果摄入量的研究中,Hoffmann 和 Friese(2008)评估了饮酒对于节食的影响。在没有酒精作用的情况下,糖果摄入量主要通过节食的(外显)量度来预测;在有酒精作用的情况下,对于糖果的内隐态度就是主要的预测因素。此外,在酒精条件下的被试食入的糖果比在对照条件下的被试食入的要多。Ostafin 等人(2008)进行的有关问题饮酒者的研究得出证据,证明减少饮酒者的自我控制资源会增强内隐酒精态度与饮酒行为之间的相关性。这些研究者采用了自我损耗任务来减少饮酒者的自我控制资源。正如预测的那样,那些自我控制资源被用尽的被试在各种啤酒品尝试验中饮酒更多,自我损耗操控也增强了他们对于酒精的内隐态度与他们的饮酒行为之间的关联性。

针对饮酒问题的临床治疗

几乎所有针对酗酒的治疗方法都包括一些认知行为治疗过程。由于目前有许多有关行为治疗过程的优秀综合评论,因此在这里我们只简要概述这些综合评论。

治疗目标

随着人们越来越接受治疗酗酒的行为方法,治疗的目标也发生了改变。虽然支持 Jerinek 疾病概念的人认为,治疗酗酒的唯一方法是完全节制饮酒,但是还有一些行为治疗师认为,我们至少可以教会那些对酒精依赖不太严重的酗酒者适度饮酒。对于预测哪些问题饮酒者可以成功控制饮酒行为而非完全节制饮酒,多种因素似乎都很重要。最有可能成功控酒的,是那些比较年轻、已婚、有工作的个体,他们酗酒历史都比较短,并且相信控制饮酒的目标是可以实现的。对于那些对酒精严重依赖的慢性酗酒者来说,控制性饮酒训练似乎并不是有效的方法。个体一旦对酒精严重依赖，就不再能够选择回到社交饮酒状态。因此，对于那些需要临床治疗的大多数酗酒患者来说，完全保持节制似乎仍然是首选目标。

脱瘾治疗

在开始治疗之前，酗酒者通常需要与酒脱离。在一些情况下，他们可能需要药物治疗来缓解酒精戒断症状，如焦虑、震颤、幻想。基本上，用于脱瘾治疗的方法有两种。其中一种方法是用另外更加容易控制的药物（通常为巴比妥类药物或苯二氮平类药物）来替代酒精。慢慢减少这些药物的用量可以把戒断症状减至最低。另一种方法是用最低程度的药物治疗，希望严重的戒断症状能够帮助患者认识自己问题的严重性。很明显，第二种方法需要非常严密的医疗监督。

临床治疗

(1)动机强化疗法

“动机强化疗法”是专门为美国一项大型的干预试验项目开发的。这一种治疗技术的理论基础是 Prochaska 和 DiClemente（1983）提出的改变过程模型：在治疗师成功教会患者如何改变之前，患者需要有动机去改变自己的行为。动机强化治疗的目的是引起快速且发自内心的变化。因此，对于动机强化疗法治疗师来说，深思熟虑阶段和准备阶段是最关键的阶段。患者必须考虑自己饮酒所带来的后果。只有在患者意识到自己饮酒所导致的严重负面影响大于其可能产生的所有正面影响之时，他们才能从深思熟虑阶段转到准备阶段。在准备阶段，患者坚定决心，采取行动来改变自己的行为。只有当患者达到这个阶段时，“认知行为治疗”中的技能培训才可能奏效。动机强化治疗的目的并不是试图教会患者具体的应对技能，而是采用动机性策略来引发患者自己思考如何改变，从而调动患者自身的资源。

根据改变的过程观点我们可以推断，对于动机不太强的患者来说，动机强化疗法是最有效的治疗方法。但是，还没有确凿的证据证明这一假设。在一项随机试验中，研究者在一种初级护理环境下对有问题的饮酒者进行了短暂干预，这项试验的某些结果支持了这一假设。Heather 等人（1996）发现，对于那些仍然处在深思熟虑阶段的患者，动机强化疗法的治疗效果明显优于行为改变技能训练。对于有强烈动机的患者，两种方法都有效。然而，无论是在美国还是在英国进行的大型多中心研究，都没有发现支持这一假设的证据。既然假设“除非个体愿意做出改变，否则教他们行为改变技能就不会有效”如此合理，那么，缺乏足够证据支持就很令人费解。

(2)认知行为疗法

这种疗法的理论基础是社会认知学习理论,通常假定,人们开始饮酒是因为他们缺乏应对生活中遇到的重大问题的技能,于是就把饮酒作为一种备选的应对策略。一旦人们开始饮酒,他们就不能够停止,因为他们缺乏技能来应对那些会触发饮酒行为的高危情况。要想取得效果,治疗技术必须强调更大范围的问题,而不是只关注饮酒行为本身。治疗的主要目标是告诉酗酒者如何识别那些会引起复发的高危情况,并且教会他们应对这些情况的技能。

因此,认知行为治疗计划的首要任务就是识别高危情况。第二个主要任务才是教会患者如何在不接触酒精的情况下应对高危情况。为美国大型干预项目 MATCH 编制的《认知行为应对技能治疗手册》在多个部分都有教会患者如何应具体酗酒问题的内容,包括如何应对饮酒欲望和冲动?如何控制关于酒精和饮酒的想法?如何应对自己过去在当时情况下就会饮酒的高危情况?如何拒绝酒精饮料?以及如何应对行为失检?

我们很难评价认知行为疗法的有效性,因为将认知行为治疗与其他治疗方法比较时,大多数研究得出的结果通常是,所有的治疗方法同等有效。这类研究中的一个典范要属美国大型干预项目。在酗酒研究史上,这个研究项目可能是实施经费最多,执行最仔细的一项试验。这项在美国进行的大型多中心试验的实施目的就是把最有效的治疗与个体患者特点匹配起来。这项研究项目中所比较的 3 种治疗方法是:认知行为疗法、动机强化疗法,以及过一会我们将要讨论的 12 步促进疗法。每一种具体的治疗方法都有详细的配套手册。训练有素的治疗师已对 1 726 名志愿者提供了治疗,但是结果令人失望。匹配假设很少得到证据的支持,各种治疗方法之间也几乎没有差异。由于许多酗酒者在没有接受治疗的情况下同样得以康复,所以我们很难判断,治疗方法之间没有差异究竟是由于这些治疗方法都同样有效,还是由于它们都同样无效。

Cutler 和 Fishbein(2005)为后一种解释提出了一些支持。这项研究重新分析了美国 MATCH 项目的数据集,并且提出了两个有趣且相关的观点。第一个观点是,饮酒行为的治疗效果在治疗一周之后才会出现,之后这种效果也不会有很大变化。第二个观点是,患者参加的疗程数与结果(尤其是长期结果)之间的相关性非常弱。如果治疗有效,特别是在这种治疗的基础上,每个疗程都要学习不同的技巧。在这种情况下,人们会期望某种剂量反应效应:患者参与的治疗越多,他们的情况就会越好。

认知行为治疗研究的另外一个令人苦恼的特征是,它未演示出调节作用。也就是说,它不能用经验的方法确定那些影响饮酒行为的过程,而根据理论假定,正是这些过程导致了认知行为治疗法的效果。因为认知行为治疗的目标是教会特定的应对技能,所以提高这些应对技能应该可以影响认知行为治疗对于饮酒行为的效应。根据对 10 项评估调节机制研究的综合评论,Morgenstem 和 Longabaugh(2000)指出:对于所假设的认知行为治疗作用机制,并没有获得多少证据的支持。

最后,最近少数一些允许把认知行为治疗与无治疗控制方法比较的研究也暗示,认知行为治疗的效果充其量是时有时无的。证据来自一些关于药理学治疗有效性的研究,其中的对照组只接受了认知行为治疗或者服用了安慰剂药物。后面我再讨论药理学效应,这里就集中讨论这些对照组的情况。例如, COMBINE 这项大型的评估药理学治疗效果的研究,就允许对比评估治疗一年之后认知行为治疗组相对于对照组的影响情况。在治疗之后的一年时间里,接受了认知行为治疗的干预组保持节制的时间比没有接受认知行为治疗的对照组的仅仅多了三天,两组之间的差别仅达到边缘统计显著。在一年的后治疗期间,接受了认知行为治疗的干预组中,有一天以上重度饮酒情况的人也比对照组少了七个,但这一差别连边缘统计显著也未达到。另外一项药理学研究,允许把认知行为治疗对照组与接受"平常治疗"(一种不教任何应对技能的社会心理干预)的组进行比较。结果,并没有发现在 6 个月期间,无重度饮酒行为天数的百分比和有饮酒行为天数百分比之间存在差异。但是,认知行为治疗大大减少了每一个饮酒日里的饮酒量和首次复发的时间。最后,一项允许把认知行为治疗与被认为是安慰剂的社会心理治疗支持性团体干预进行比较的药理学研究,一年之后并没有发现任何差异。因此,尽管认知行为治疗有时候似乎有一些效应,但这些效应相当微弱。

(3)*行为夫妻疗法*

提高认知行为治疗有效性的一种方法是与"行为夫妻治疗"结合起来使用。行为夫妻疗法有一个潜在的基本假设,那就是酗酒与关系问题是相互的,一种治疗要想有效,就必须使配偶一起参与解决问题。研究表明,在饮酒方面具有问题的患者通常具有更强的关系窘迫感,并且这些关系问题与复发有关。具有窘迫感的夫妻之间的相互作用通常以消极相互作用而非积极相互作用为特色。主动让配偶参与解决问题,不仅能够使找出治疗期间引起关系窘迫感的原因成为可能,而且能够让配偶以教练的角色参与其中。行为夫妻治疗将认知行为治疗的技能训练与旨在改善关系的关系治疗结合在一起。最近,一项针对酒精滥用和药物滥用而进行的有关行为夫妻治疗的整合分析将行为夫妻治疗与基于个体的治疗进行了比较,比较发现:行为夫妻治疗的一个明显优势是,它对饮酒的频率以及关系满意度有随访调查。

(4)*药物治疗*

戒酒硫是一种最古老的用来治疗酗酒的药物。服用这种药物之后,几天时间里它都会干扰酒精的降解,因此,如果饮酒,就会产生恶心感并会呕吐。在第一次使用戒酒硫时,我们要做的事情就是让患者体验戒酒硫-酒精反应。如今,这种做法已经被关于反应的生动描述所替代。Fuller(1995)建议把戒酒硫的使用只作为多成分治疗的一部分。戒酒硫有许多副作用,因此,它只适用于那些已经复发的有酒精依赖的患者。由于戒酒硫的有效性取决于患者的情况,因此,戒酒硫治疗法在诊所使用或在家庭成员的监管下才会有效。

纳曲酮和阿坎酸这两种药物对酗酒有治疗作用的证据最多。1994 年,这两种药物得到了美国食品和药物管理局的批准。纳曲酮对涉及饮酒和渴望饮酒奖赏效应的阿片受体具有阻断作用。阿坎酸作用于伽马氨基丁酸和谷氨酸神经递质系统,它被假定可以减少诸如失眠、坐立不安和焦虑之类的戒断症状。这两种药物至少应该服用 3 个月,还可以延长至一年或者更久。

纳曲酮对于饮酒结果的效应不算很明显,但也具有统计显著性,这些效应的量度包括饮酒的频次和重度饮酒的复发,但不一定包括节制。阿坎酸可以增大那些成功保持节制几周或几个月的酒精依赖者的比例。这一点,已经得到了几项在欧洲进行的试验的证明。有人暗示,受益于阿坎酸的主要是那些对酒精严重依赖的患者。

与本书中讨论的适用于健康行为改变的所有药理学治疗一样,这两种药物的主要问题是停止服用之后改变的保持问题。例如,在 COMBINE 这项可以说是目前有关药理学酒精治疗最广泛的研究中,治疗结束一年之后,药物治疗组和安慰剂治疗组之间的差异就已经消失。

治疗成功的预测因素

谁是治疗的最大受益者?有关患者特点的研究已经示明,对治疗反应最好的患者的特点是:已经结婚,拥有稳定工作,没有严重的心理问题,对酒精的依赖不太严重,有较高的社会经济地位。Jonas(1995)未发表的研究,是为数不多的关于治疗成功社会心理预测因素的研究之一。这项研究评估了治疗期间所测得的计划行为模型决定因素对接受治疗的酗酒者一年之后复发情况的预测程度。当意图和感知控制用作行为的预测因素时,只有感知控制是独立预测因素,解释了 16%的复发行为方差。因此,这些酗酒者是否能够成功戒烟与他们戒烟意图的强度无关,只与他们对自己所认为的饮酒控制能力的判断有关。与这一发现一致,Adamson 等人(2009)指出,自我效能(感知行为控制的一个组成部分)也是治疗结果最一致的预测变量。这就表明,一旦同意接受治疗,对患者感知控制决定因素采取措施可能比进一步增强他们的戒烟意图会更加有效。这也许是动机性治疗不能产生预期效果的原因之一。

针对酒精问题的社区干预措施

由卫生保健提供者进行的简短干预措施

对于检查个体是否患有酒精问题并实施短期干预措施,一般的医院或者医疗诊所是很便利的场所。要降低一个社区的酒精消费量,一种方法是在医务室这种初级保健场所,或者配有内科医生、护士或者心理医生的医院中进行简短干预。在一般诊所以及医院中,患者常常被问及他们在挂号期间的酒精消耗量情况、一般健康检查情况和部分健康检查情况。然后,根据检查被鉴定为过度饮酒者的个体会被给予简短干预,包括对酒精使用和酒精损害情况进行反馈、确定高危饮酒情况和应对策略、制订个人减酒计划。在一般诊所里,这些干预措施会在标准会诊的时间之内得以实施:对于一般医生来说,时间为5至15分钟,对于护士来说时间更长。在医院里,有时简短干预会用3个疗程。

研究已经表明,全科医生的建议能够有效减少有酒精问题患者的饮酒量。最近有一项整合分析对21项在初级保健设施中开展的随机对照试验进行了分析,这些试验总共涉及7 000多名患者。这些试验将受到了简短干预的患者的酒精消耗量与未经治疗的对照组的酒精消耗量进行了比较。这项整合分析的结果是:男性的酒精消耗量大大降低(乙醇平均差为57 g/周),也就是说每周减少标准量6杯。女性的减少量较少(乙醇平均差为10 g/周),这种差异没有达到统计显著性。有一项整合分析对为住在医院普通病房的重度饮酒者提供的简短干预进行了分析,可是这项整合分析没有得出确定的结果。

这些发现引出了两个问题:为什么简短干预在所有情况下都是有效的?为什么它们在初级保健设施中显得更加有效?我的假定是:被称为有问题的饮酒者这一点,可能是这些简短干预措施最重要的一面。与吸烟者不一样,饮酒者通常没有意识到他们的饮酒水平不正常且有问题,并且把他们鉴定为有问题的饮酒者将会产生有利的影响。有证据证明:只是为人们提供那些表明他们的酒精消耗量高于标准水平的信息,也会使人们的酒精消耗量减少。但是,被称为有问题的饮酒者这一点,对被私人医生警告过的社会饮酒者来说比对在普通医院被给予简短干预的重度饮酒者来说更加令人惊讶。此外,这些重度饮酒者对酒精的依赖程度可能更大,因此他们在减少酒精消耗量的过程中会遇到更大的困难。

自助小组

如果不研究自助小组,特别是不研究世界上最大的自助小组网络(即戒酒互助会),关于酒精问题的所有讨论都不可能完整。这个网络在 150 个国家拥有近 8.7 万个小组,成员超过 170 万人。通过研究戒酒互助会来解决酒精问题的方法基于疾病概念,包括 12 项连续活动或者 12 个连续步骤,它指出酗酒者应该在恢复过程期间实现戒酒目标。十二步过程涉及以下几个方面:

- 承认自己没有能力控制上瘾问题;
- 认识一种能够给人力量的更强大力量;
- 在赞助人(有经验的成员之一)的帮助下检查过去的错误;
- 弥补这些错误(如向自己所伤害过的人道歉);
- 学会过上新的生活,遵循新的行为准则;
- 帮助患上同样上瘾症的其他人。

在十二步治疗的过程中,鼓励个体去接受这一点,即他们自己的苦难是由潜在的会导致人们失去对饮酒行为控制能力的生物脆弱性或心理脆弱性引起的。他们必须接受,自己现在和将来常常会很脆弱,而且对于他们来说,唯一的解决方案就是完全保持节制。不过,也有在戒酒互助会之外实施十二步计划的。这些计划采纳了疾病模型,但是没有采纳关于接受更强大力量的精神假说。这后一种计划称为“十二步促进计划”。

如果十二步计划依据的疾病模型缺乏科学基础,那么它产生的效果与基于科学的治疗(例如认知行为治疗或者动机强化治疗)效果一样好(或者一样差)这一点就会令人感到惊讶。一项整合分析分析了 8 项试验,这些试验有 3 417名试验对象,这些试验将戒酒互助会计划和十二步促进计划与其他技术(例如认知行为治疗、动机强化治疗)进行了比较,这项整合分析总结指出:可利用的实验研究都没有证明,与其他治疗方法相比,戒酒互助会方法或者其他十二步方法能够有助于饮酒者减少酒精消耗量、试验节制目标。这一结论令人惊讶,因为有一些证据证明十二步方法在某一个重要的变量方面优于其他治疗方法,这个变量即保持完全节制的患者的百分比。例如,在美国退伍军人事务部医院进行的一项涉及 3 000 名患者的观察性研究,将十二步计划与认知行为计划进行了显著的比较,这项研究发现:一年之后,十二步计划组中实现了完全节制目标的患者的百分比(25.12%)明显大于认知行为治疗组中实现了完全节制目标的患者的百分比(17.9%)。虽然这项研究的非实验性质使对这些结果的解释变得复杂,但是在 MATCH 项目中没有出现类似的问题。在这项研究中,存在酗酒问题的患者被随机分配以接受十二步助长程序或者其他两种治疗方法(认知行为治疗和动机强化治疗)。研究者发现,这 3 组之间的唯一显著差异在于保持完全节制的患者百分比情况:在接受十二步促进计划的患者中,在 37 至 39 个月内保持节制的患者百分比为 36%;在接受认知行为治疗的患者中,百分比为 24%;在接受动机强化治疗的患者中,百分比为 27%。许多研究已经证明良好的临床效果与参加戒酒互助会的会议频率密切相关,这一论证不太令人信服,因为这种相关性可能归因于复发的饮酒者决定停止参加戒酒互助会议。

导致十二步方法产生效果的因素有很多,当参加戒酒互助会的会议增强了这种效果时更是如此。参加戒酒互助会议、接受赞助人的帮助可以构成某种程度的外在控制。此外,用来自戒酒互助会成员的新朋友换掉由酒吧的朋友构成的老社交网,可能会为新的节制习惯提供社会支持。人们对于即使品尝最少量的酒精也绝对会使人完全失去控制这一点的信念,也会促使人们保持节制。最后,对许多有问题的饮酒者来说,保持节制可能比控制饮酒行为更加容易实现,因为随着时间的推移,他们会忘记好的酒精味道,但是在控制情况下每抿一口酒精都会使他们想起酒精的味道。

网络干预措施

网络干预措施不仅成本效益好,可以影响大量的人群,而且似乎相当有效。最近一项整合分析分析了针对饮酒和吸烟而实施的计算机干预,它还涉及了针对具有饮酒问题的参与者而实施的网络干预,这项整合分析总结指出:此类干预措施比较成功。

一级预防

1960 年代末期以来,对那些与酒精的公共健康方面有关的事情的关注已经从具有酗酒问题的个体转移到特定社会中一般的总体酒精消费量和影响这一消耗量的因素。这种改变由 Ledermann 进行的研究引起。Ledermann 认为,一个群体里饮酒者的频数分布为连续分布、单峰分布和正偏态分布(见图 4.4)。酗酒者的频数分布的高端没有单独峰这一点表明:

- 我们可以根据对于人均消耗量的了解来估算特定人群中重度饮酒者的比例;
- 我们可以通过采取财政和法律措施、降低人均消耗量来降低这一比例。

与 Ledermann 的观点一致,有令人信服的证据证明:人均消耗量与(根据肝硬化死亡率推断出的)过度饮酒密切相关。虽然人们不能根据纯粹相关的证据来推断因果关系,先前描述的饮酒限制会降低肝硬化死亡率这一发现表明:可以致使人均消耗量降低的措施可能会导致酒精问题减少。已经被用于减少饮酒问题的一级预防策略主要有两种:旨在说服人们不要进行有害的饮酒行为的健康教育;旨在控制酒精供应的健康保护措施。

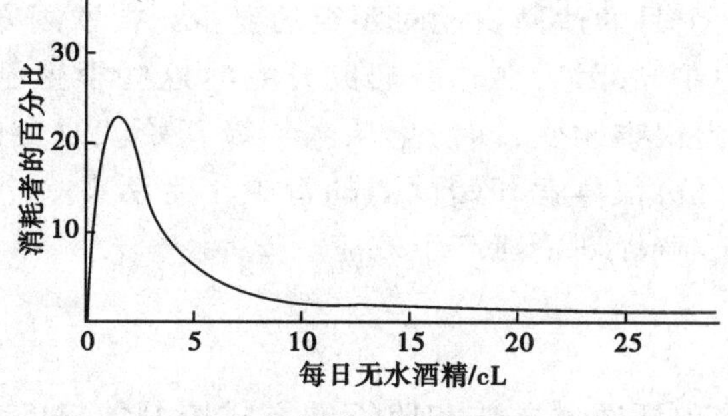

图4.4 酒精消耗量的频数分布
资料来源:de Lint(1976)。

健康教育

人们已经证明健康教育计划可以影响公众对酒精的了解以及公众对酒精的态度,但是人们没有确凿的证据证明健康教育计划可以引起行为变化,从而减少人均酒精消耗量。酒精产业在提升酒精消耗量的过程中做出的普遍性努力可能会阻碍健康教育计划的实施。有一些证据证明酒精广告不仅会影响品牌选择而且会增加总体酒精消耗量。Saffer(1991)通过分析17个国家1970—1983年的数据示明,有烈性酒广告禁令国家的酒精消耗量,比没有类似禁令国家的要低16%。

但是,以上描述的初级保健提供的简短干预获得成功这一点常常可以表明:以问题饮酒者为治疗对象的干预可能有效。这类干预应该提供有助于识别问题饮酒者和推荐理性饮酒目标的信息。毕竟,与大多数吸烟者不一样,许多问题饮酒者没有意识到他们有饮酒问题,也没有意识到他们正在损害自己的健康。让他们知道这些事实也许会使他们有动机去改变自己的行为。鉴于人们普遍希望通过节食来减肥,禁酒运动也可以强调以下事实:饮用酒精饮料会导致人们的体重增加。

学校健康教育有效这一点已经在主要的饮酒预防计划中得以证明,这一计划在明尼苏达州东北部的24个学区得以进行,这一计划随机被试分配到干预条件或者控制条件中。这类干预计划实施了三学年,分别为六年级、七年级和八年级。这类干预由学校里的社会行为课程、同辈领导和家长参与三者构成。在这项计划实施过程中,学生接受了培训,掌握了去和他们的父母在饮酒方面进行沟通的技巧以及处理同辈影响和标准期望的技巧。这项计划对那些在六年级初没有饮酒的学生实施时产生的效果比对那些在六年级初就开始饮酒的学生实施时产生的效果更好。这一研究开始时没有饮酒的学生在干预过程中的发作率比对照组的要低;此外,这一研究开始时没有饮酒的学生在七年级和七年级最后一个月的饮酒量比对照组的要少。在饮酒方面干预组和对照组之间没有显著的差异,因为在这一研究开始时这些学生已经开始饮酒。这可以表明,饮酒行为很难改变,即使早从六年级开始就改变也是如此。但是,以下发现似乎也可信:很早就开始饮酒的青少年生活在一个支持饮酒行为的社会环境中,因此教育计划不能产生效应。

健康保护

健康保护措施包括通过立法和监管的方式控制饮料的价格、销售点的数量和位置、销售的时间和最低法定饮酒年龄。跨越几十年的研究已经表明,通过税收控制价格可以有效减少酒精消耗量。

有人已经证明对于酒精饮料的需求会随着价格和收入的变化而变化。Wagenaar 等人(2009)通过对 112 项研究酒精税收或者价格影响的研究的整合分析,估计出啤酒的价格弹性为-0.17,葡萄酒的为-0.69,烈性酒的为-0.80。因此,价格上涨 10%就会导致啤酒消费降低 1.7%,葡萄酒消费降低 6.9%,烈性酒消费降低 8%。

有趣的是,价格上涨甚至可能会影响重度饮酒者。Wagenaar 等人总结了 10 项个体层面有关重度饮酒的研究中提出的价格弹性,他们得出价格弹性的估计值为-0.28。这一效应小于针对总体饮酒的价格—税收效应(-0.44)。因此,尽管价格上涨可能甚至会减少重度饮酒者的酒精消耗量,但是这种效应还是小于对于平均酒精消耗量的效应。

关于价格变化会影响酒精消耗量最明显的证据来自芬兰。2004 年 3 月芬兰的酒精税收下降了 33%,这导致芬兰人均酒精消费量在 2004 年提高了 10%,在 2005 年再提高了 2%。一项时间序列分析将 2003 年与酒精相关的每周死亡率与 2004 年的进行了比较,这项分析估计:酒精饮料价格下降导致与酒精相关的每周死亡人数增加了 8 个,即 2003 年与酒精相关的死亡数增加了 17%。

最低法定饮酒年龄法律禁止人们将酒精销售给特定年龄以下的个体,这些法律对于实现减少青少年的酒精供应这一目的来说属于关键性措施。20 世纪 70 年代末期和 20 世纪 80 年代早期,美国有一些州将最低饮酒年龄提高到 21 岁,与那些没有实施这类法律的州相比,它们的目标年龄组中司机的酒精类交通死亡率下降了 10%~15%。此外,有证据证明:与那些在其他州长大的人相比,在出台了“21 岁法”的州中长大的年龄为 21~25 岁的人的饮酒量更少。因此,1984 年联邦政府通过了一项强迫所有州将最低饮酒年龄提高到 21 岁的法律,这一点并不令人惊奇。

结　论

广泛认为,酗酒和酒精依赖是最严重的公共健康问题。酗酒的特点是日常饮酒行为长期处于病态状态以及社会功能或者职业功能受损。此外,酒精依赖的特点是对酒精的耐受性增强以及经历戒断症状。虽然人们对酒精具有生物脆弱性,但是他们可以学习饮酒方式,饮酒方式也会受到学习过程的影响。然而,假定酗酒会破坏酗酒者的生活,并且假定其费用很高、治疗方法的成功率适中,那么实施旨在预防酗酒行为的健康保护和健康教育策略似乎是用于减少社会中酒精问题的另一种必要方法。

饮食控制、超重与肥胖

与酗酒一样,肥胖在社会上也是一件不光彩的事。社会对肥胖的人有强烈的偏见,这种偏见甚至在小孩身上也能被发现。因此,大多数肥胖的个体都试图减肥这一点并不令人惊讶。但是,有关治疗结果的研究表明,尽管肥胖的人都希望减肥,但是他们在减肥的过程中遇到很大困难,只有少数人能够长期坚持减肥。

超重、肥胖和体重标准

"超重"和"肥胖"的概念隐含了正常体重或者"理想"体重的标准,人们根据这个标准来衡量特定的体重。因为体重与身高高度相关,所以这种标准必须与身高对应。要做到这一点,我们可以采取的一种策略是为不同的身高界定不同的正常体重或者理想体重范围。如今被普遍接受的、更加方便的策略是采用根据身高换算的体重指数。然后,人们可以根据这种指数界定正常体重和理想体重的范围。"体重指数"(BMI)可以充当这类工具。体重指数等于体重(kg)除以身高(m)的平方(kg/m^2)。BMI是与(根据身体密度估算的)体内脂肪含量密切相关的指数,当年龄也在考虑范围之内时尤其如此。此外,有人证明BMI与根据腰围评估的多余脂肪量和腹部肥胖密切相关。就体重指数而言,BMI值为25~30 kg/m^2被定义为"超重",BMI值超过30 kg/m^2被定义为肥胖(WHO,2000)。图4.5显示了选定国家中肥胖男性和女性的百分比。

如图4.5所示,在大多数国家里,肥胖女性的比例比肥胖男性要大。肥胖情况也会随着社会阶级的不同而不同。在大多数西方工业化国家里,社会经济地位较低的群体中肥胖情况更加普遍,这种情况在女性中最明显。自1980

年以来,肥胖率已经呈现出令人担忧的增长趋势。1976 年,美国有15.1%人口处于肥胖状态;2003 至 2004 年,平均肥胖率为 32.3%。在英国,1980 年男性肥胖率和女性肥胖率分别为 6%和 8%,到 2002 年这些比例分别增加到 23%和 25%。

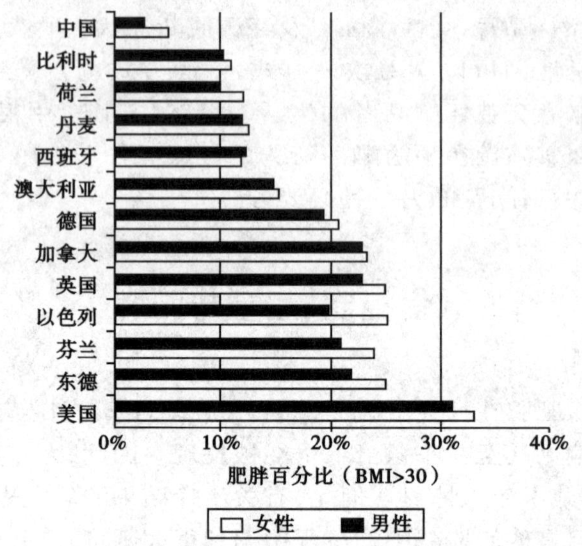

图 4.5 选定国家中肥胖人群百分比

资料来源:Stroebe(2008)。

肥胖与健康

已经证明,肥胖与不良健康状况相关。证据来源于由人寿保险公司进行的研究和纵向研究。超重是否也与健康损害有关系,这一点并不太清楚。有证据表明,情况并非如此。与肥胖有关的非正常死亡的原因有冠心病、中风、糖尿病和其他类型的癌症。

前瞻性研究得出证据表明,与肥胖有关的健康风险受体内脂肪分布的影响。有人发现,即使在体重指数恒定不变的条件下,腹部脂肪超标也会增加人们的不良健康危险和死亡率。根据一份 1998 年发布的临床指南,如果男性和女性的腰围分别大于 102 cm 和 88 cm,那么他们就属于高危人群。

迄今为止,肥胖与寿命之间呈负相关这一点还没有受到质疑。但是,超重(BMI 值为 25~29.9 kg/m^2)是否会导致死亡率增加这一点还不太清楚。虽然许多研究指出正常体重的危险率、超重的危险率和肥胖的危险率呈持续上升趋势,但是最近一项以 26 项在美国和其他国家进行的研究的数据为基础的整合分析发现,只有肥胖的危险率大大提高,而超重的危险率并非如此。

有关体重指数与死亡率之间相关性的另一个争议是,这种相关性是否稳步递增或者体重不足是否也属于不健康。支持单调关系的人们认为,曲线形的调查结果由两种混杂变量引起:吸烟行为和未被发现的疾病。首先,吸烟者的体重比非吸烟者的要轻,前者的死亡率比后者的要高。其次,在一项纵向研究开始实施的时候未被发现的疾病可能会产生类似的效应。

通过分析吸烟者和非吸烟者的数据,检验了有关吸烟与健康问题的说明。虽然吸烟对死亡风险具有显著影响,但是它对这些分析结果的影响很小。在基准测量状态下未被发现的疾病的潜在影响已经通过两种程序被减到最小:在基准测量状态下对所有被试进行健康检查(目的在于检测和排除病例),或者在基准测量之后前两年至前五年里排除所有死亡病例(假设这些死亡病例归因于在基准测量状态下已经存在的疾病)。此外,实施这些程序没有改变体重指数与死亡率之间的"U"形关系。两项广泛的有关前瞻性队列研究的整合分析发现,死亡风险会随着体重指数的变化(变小和变大)而增加。此外,吸烟行为得以控制之后,死亡风险还是会随着体重指数的变小而增加。美国国家肥胖预防和治疗工作小组(2000)的一篇专家鉴定书已经采纳了死亡率会随着体重指数变小而增加这一观点。

肥胖的社会后果和心理后果

肥胖的个体,特别是肥胖的女性,可能会成为受偏见和歧视的目标。偏见是针对某个特殊群体的消极态度,它以社会对这一群体成员的共同刻板印象为基础。的确,西方社会对超重或者肥胖的人拥有这种刻板印象。人们认为,超重或者肥胖的人比体重正常的人更加笨、更加懒惰、更加缺乏吸引力、更加不受欢迎、更加失败、更加意志薄弱且更加任性。虽然人们对于超重或者肥胖个体的成见还包括一些正面特点,例如他们具有同情心、友好且幽默,但是人们对于他们的总体态度还是偏向消极。针对同龄人的体重歧视已经发生在小孩和青少年身上。

西方社会流行的对肥胖的消极态度,其影响已经渗透到社会的各个方面。肥胖致使女性的结婚机会大大减少。Gortmaker 等人(1993)指出,相比那些只在体重方面与她们不同的非肥胖女性,年轻肥胖女性在七年之间结婚的可能性低得多。即使这些肥胖女性最终成功出嫁,她们社会地位降低的可能性比非肥胖女性高得多。但是,针对肥胖个体的歧视并不仅限于人际领域。在 1964 年和 1965 年进行的一项研究发现,肥胖的高中学生被"常春藤联盟"名校接收的可能性比非肥胖学生要低。此外,这种效应在女性身上的显著性比在男性身上要大。

这些效应不仅限于美国的名牌学校,这一点已经通过一项大型的瑞典研究得以证明,这项研究对 700 000 多名男性随访了 30 多年。在 18 岁时肥胖的男性在教育系统中的表现比与他们同龄的体重正常的男性要差，甚至在对智力教育和亲职教育做出调整时也是如此。

肥胖个体在找工作的时候可能也会受到歧视。在一项研究中，在被调查的雇主中有16%的人表示他们在任何情况下都不会雇用肥胖女性。即使肥胖的个体找到了工作，他们的薪水也比体重正常的同事要低。Register 和 Williams(1990)发现，超重女性赚取的钱比体重正常的女性赚取的平均低12%，在男性身上没有发现这种差异。有一些研究调研了由体重引起的薪水不公平现象，最近一项有关这些研究的综合评论指出：这种现象很正常。虽然由体重引起的薪水差异没有发生在男性身上，但是有越来越多的人一致认为由体重引起的薪水差异会发生在女性身上。

由于超重或者肥胖的个体会受到不同程度的侮辱，因此他们自尊水平较低这一点并不令人惊奇。一项关于 71 项研究体重与自尊之间的相关性研究的整合分析指出，实际体重与自尊之间的相关系数为-0.12，自我感知体重与自尊之间的相关系数为-0.33。这种相关性对于女性来说比对于男性以及社会经济地位高的个体来说更高。此外，有证据证明肥胖的个体患上抑郁症的风险更高。在一项以全国健康和营养检查调查数据为基础的、使用了适用于主要临床抑郁症的 DSM Ⅲ/R 标准的横断面分析中，Onyike 等人(2003)发现：肥胖与过去一个月里重性抑郁症状大大加重有关。Roberts 等人(2000)使用了 1994 年和 1995 年在阿拉米达县进行的研究数据，除了被诊断为在 1994 年的基准状态下就已经拥有重性抑郁症的参与者之外，在 1994 年变得肥胖的个体，在 1995 年患上重性抑郁症的危险是体重正常个体的两倍。

遗传与体重

有关双胞胎和收养的研究已经得出充足的证据，证明体重严重受到遗传因素的影响。例如，Maes 等人(1998)根据在弗吉尼亚州进行的 3 万项研究的数据进行了一项大型研究，在这项研究中，他们研究了双胞胎和他们的父母、兄弟姐妹、配偶和小孩，他们的估计指出：体重指数方面的遗传方差为 67%。这一估计值只比一项广泛的综合评论(这项综合评论针对与研究体重和肥胖有关的行为—遗传研究)得出的估计值稍微高一点点，这一点表明体重指数的遗传可能性接近 60%。这些估计值对于情报工作者来说相当重要。

重要的是我们要意识到，虽然体重在很大程度上取决于遗传因素，但是这并不意味着人们没有能力改变这一点。虽然人们不能改变他们的血型或者眼睛的颜色，但是他们可以改变一些会影响体重的因素。例如，虽然个体的身体活动程度大大取决于遗传因素，正如他们的每日热量摄入量也大大取决于遗传因素一样，但是两者都可以受到个体的控制。但是，对于那些体重增加容易受到遗传因素影响的个体来说,他们可能会发现:与那些缺乏这种遗传脆弱性的个体相比,他们更难控制体重。

因为人们摄入的食物和人们的运动程度是影响体重的最重要环境影响因素,又因为膳食通常也由一家人共享,所以人们会认为共享膳食的家庭影响比非共享的家庭影响更加重要,这一点似乎可信。因此,Grilo 和 Pogue-Geile (1991)指出:一家人共享的经历对于确定个体在体重、丰满度和肥胖方面的差异没有起到重要的作用,这一点令人惊讶。这一结论基于不同类型的研究得出的具有说服力的证据。第一,在同一个家庭里生活的被收养的兄弟姐妹之间不存在体重相关性。第二,小孩与他们的亲生父母之间的体重相关性和同亲生父母住在一起的小孩与被收养的小孩之间的体重相关性一样。第三,共同抚养的同卵双胞胎之间的体重相关性与分开抚养的同卵双胞胎之间的体重相关性一样。第四,住在一起的夫妻之间的体重相关性和订了婚的但未同居的情侣之间的体重相关性不一样。这些结果表明,事实上所有对体重产生的环境影响都来自没有被家庭成员共享的经历。

饮食行为的生理调节

我们的许多生理系统都由一些设定的值来调节。这些设定值我们并不陌生,因为我们所熟悉的集中供暖系统、制冷系统或空调系统的恒温控制器都有这样的调节。如果人们将集中供暖系统的恒温控制器调到特定的温度,当传感器显示的温度低于设定值时,这个系统就会开启。虽然体温可以根据设定值得以调节这一点似乎可信,但是体重差异很大这一事实似乎排除了这种调节的可能性。然而,有人认为,尽管人与人之间存在很大差异,但是大多数成年人的体重在经过一段时间后仍然保持得非常稳定。

设定值理论最重要的推导是,有机体可以保护其体重免遭压力改变的影响。因此,减肥和维持更轻的体重(即体重抑制)被假定为会引起代谢率降低。由于尝试将体重维持在设定值以下而产生的生理压力也被假定为会伴随有重大的心理变化和行为变化。因此,有人认为体重抑制与易怒感和抑郁感增强、饥饿感增加以及对于食物的关注度提高有关。最后,人们可能认为,有机体会增加热量摄入,从而恢复到原来的体重。

支持这些预测的证据来自在第二次世界大战期间进行的研究,在研究期间,研究者让一组由于道德或宗教信仰原因而不肯服兵役的被试在几个月里维持饥饿状态。起初他们的体重下降,但是最后他们的体重稳定在以前体重值的75%。出现这种稳定状态的一部分原因是基础代谢率降低,另一部分原因是代谢活性组织数量大大减少。此外,一旦食物限制条件被撤除,大多数人的体重就立刻会恢复到原来状态。同样地,当佛蒙特州的囚犯同意大大增加他们的每日热量摄入时，在半年的时间里他们的体重增加了 15%～25%。实验终止之后，这些被试的体重马上恢复到正常状态。

但是，以在更加正常的条件下被观察的个体为基础的证据不太能够支持设定值理论。例如，很少有证据支持体重受到严格控制这一假设。首先，对研究对象进行了长时间随访的纵向研究指出体重差异很大。其次，在过去 30 年中，在大多数发达国家观察到的体重大大增加的情况很难与设定值理论保持一致。最后，在饮用软饮料或者饮酒时个体似乎不能够对他们加入膳食中的热量进行补偿，这一点很难与体重受到严格控制这一观点保持一致。

有一些研究评估了体重抑制是否会降低代谢率，这些研究的结果已经被混淆。虽然有迹象表明在主动禁食和减少热量期间代谢率有所降低，但是这种效应持续的时间似乎非常短。如果身体正在保护其体重免受压力改变的影响，我们可以预测，只要继续减重，这种保护过程就会持续，即使在体重停止下降之后也会如此。但是，大多数的证据表明，一旦人们将他们的体重稳定在较低水平，代谢率就会再次提高。

最后，很少有证据支持长期的体重抑制与心理痛苦有关这一假设。当个体主动减少热量摄入时他们就会专心想食物，这一点无可争议，但是没有证据支持正常节食会增加痛苦这一假设。此外，没有证据支持以下假设：如果个体大幅度减轻体重并且试图保持减肥状态，他就会体验到痛苦。

如果没有设定值，也不需要保护有机体免受减肥的影响，为什么人们会认为减肥和保持减肥状态如此困难？我将在下一节讨论其生理原因，本节的内容涉及 3 个原因。第一个原因是，在享用低热量饮食期间，身体似乎进入了一种节能模式。虽然这种节能模式在进化时代属于非常有用的暂时现象，但是在我们祖先不得不度过的漫长食物短缺时期和饥饿时期，它对于试图减肥的人们来说并不是非常有用。第二个原因是，由减肥引起的体重减轻现象与（由于组织缺损）静息代谢率更低以及（由于体重减轻）运动期间的能量消耗更少有关。因此，在一定量的减肥之后，节食的个体可能会达到新的平衡，在这种情况下，他们低热量饮食不再引起体重减轻，只会符合他们对于减少热量的需要。第三个（也许最重要的）原因是，体重取决于生活方式。人类属于拥有习惯的生物，也有一些惯例，这些惯例决定他们何时进食、进食什么、进食多少以及何时运动。因此，稳定的生活方式让人有稳定的体重，一个人除非改变自己的生活方式，否则他的体重不可能改变。虽然人们在主动节食时通常愿意改变生活方式，但是他们一旦实现了体重目标或者出于其他原因主动停止减肥，他们通常会再次陷入以前的习惯状态中。因为人们以前的生活方式与体重增加有关，所以回到以前的生活状态可能会导致体重增加。

食物摄入量和能量平衡的调节在各种互相协调的神经体液系统中完成，

对此我不在本书中进行充分的讨论。但是,有趣的是,有证据证明调节食物摄入量的激素含量与脂肪含量成反比。在调节过程中起到特殊作用的似乎要属激素——瘦素。瘦素是一种由脂肪细胞分泌的激素,直接将瘦素注入中枢神经系统能够有效地减少食物摄入量。

饮食的心理学理论

心身理论

1957年Kaplan和Kaplan发表了一篇重要的与肥胖的心身概念有关的理论性文章,在这篇文章中,他们驳回了当时被广泛认可的观点——肥胖由新陈代谢过程中器质性失调引起。他们认为肥胖归因于过度饮食。根据学习理论原则,他们提出了两种假设,用以解释为什么有些人有过度饮食的倾向。引起异常过度饮食行为的一个原因是饥饿感或者食欲紊乱,这种紊乱产生的原因是饥饿感或者食欲已经对非营养刺激(如人们的晚餐时间)产生了条件反射,这些非营养刺激通常与饥饿或者饮食有关。引起异常过度饮食行为的第二个原因是以下观点:(正如Kaplan和Kaplan认为的那样)进食可以减少恐惧和焦虑。恐惧和焦虑属于消极的驱动状态,任何可以减少这些消极状态的行为都会被加强。已经了解这种相关性的个体在他们体验到恐惧或者焦虑时就会倾向于进食,尽管他们意识上的饥饿感或者食欲感没有增加。根据这些假设,Kaplan和Kaplan对过度饮食进行了具有说服力的、有理论基础的解释。但是,他们没有解释以下问题:为什么那些通常与饮食行为有关的刺激只能诱导超重个体和肥胖个体进食,为什么只有超重个体和肥胖个体会把饮食行为体验当作减少恐惧的行为。

在另一篇开创性的文章中,Hilde Bruch(1961)指出一位具有精神分析背景的精神病学专家Bruch对以下假设进行了解释:当肥胖个体有焦虑感或者强烈的情绪时,他们就会倾向过度饮食。Bruch认为,这些肥胖个体不能将饥饿感与其他强烈的身体唤起状态区分开来。她把这一点归咎于童年时期的经历,终极原因是父母没有教授他们的小孩如何识别饥饿信号。当小孩表现出他们很沮丧时,如果父母利用食物来表达他们对于小孩的爱或者利用食物去安慰小孩,而不是利用食物来对营养需求做出回应,那么小孩就不会知道如何识别内在的饥饿信号,也不会知道如何将这些饥饿信号与其他身体唤起状态区分开来。

Stunkard和Koah(1964)进行的一项研究,为肥胖个体对饥饿信号没有敏感性这一假设提供了经验证据。他们发现,胃运动与体重正常个体的自我饥饿报告相关,但是与超重个体却不相关。Schachter等人(1968)对这一假设进行了更加直接的检验。这项试验成为之后许多有关饮食研究的模范。超重和体重正常的学生参与者在引导下认为自己将参与一项品尝试验。在试验中,他们必须评价不同类型的咸饼干。这一用来掩盖真实目的的表面故事有助于研究者研究人们在不同实验条件下的饮食量。在进行品尝试验之前,研究者要求一半的参与者在实验开始时进食烤牛肉三明治(即所谓的"提前进食"),以此来操控饱腹感状态。研究者让一半的参与者认为他们将遭受痛苦的电击,让另一半被试认为他们只会遭受微弱的电击,以此来操控焦虑。与不敏感假说一致,提前进食会影响体重正常个体的饮食量,但是不会影响超重个体的饮食量。但是,没有证据支持 Bruch 的第二项假设:肥胖个体过度饮食的原因是他们把焦虑误认为饥饿。焦虑对超重参与者进食的咸饼干数量产生极大影响。之后的研究未能再现这些有关焦虑的结果,却报道,肥胖的人会在高度焦虑的情况下增加进食次数。

外部性理论

Stunkard 和 Koch(1964)发表的研究结果和 Schachter 等人(1968)发表的研究结果,都对外部性理论的发展产生了很大的影响。这两项研究似乎表明,超重或者肥胖个体的饮食行为没有受到内在饥饿感和饱腹感刺激的影响。据此,Schachter 等人得出结论:内在状态与肥胖者的饮食行为无关,外在的、与食物相关的线索引发这类人群的饮食行为。此类与食物相关的线索可以是食物的任何非热量型属性(如味道),可以是通常与饮食行为有关环境的任何方面(如晚餐时间),也可以是表示食物美味可口的信号(如食物的样子或气味)。超重或者肥胖个体的食物摄入量受到标志着饥饿状态或者饱腹状态的外在线索而不是内在线索的调节,这一假设可以解释为什么这些个体通常在食物充足的环境下过度饮食。虽然我们可以依据 Kaplan 和 Kaplan 提出的学习理论原则之一来说明环境对于饮食行为的影响,但是 Schachter(1971)的著作,并没有把学习理论假设并入。

在许多创造性的实验室试验和现场试验中,Schachter 等人检验了这一假设。例如,Schachter 和 Gross(1968)用走得快或者走得慢的挂钟来操控与食物有关的线索"晚餐时间"。他们发现,如果超重参与者(而非体重正常的参与者)认为晚餐时间已过,那么他们就会进食比以前更多的咸饼干。因此,晚餐时间似乎充当了一种引起饮食行为的、与食物相关的外在线索。在赎罪节(犹太教的禁食日)期间进行的一项现场研究中,Goldman 等人(1968)发现,超重的犹太教徒在犹太教会堂待的时间越多,就发现遵守禁食规则越容易。在体重正常的犹太教徒身上没有发现这种关联性。显然,在没有食物线索的情况下,超重个体更加容易放弃进食;但是在没有食物线索的情况下,体重正常的个体不会受到影响,这大概是因为他们的饮食行为没有受到与食物相关的外在线索的影响。尽管“外在性假设”看上去合理并且有广泛的试验性证据,但是一些研究不能证明这些效应,这将最终导致这一理论走向消亡。现在人们普遍认为:在各种体重组中,超重程度与外在反应程度之间只存在微弱的关系。

饮食节制与饮食边界模型

Herman 和 Polivy(1984)最早提出了“饮食节制”的概念。目的是说明为什么肥胖与外在性之间只存在微弱的关系。他们认为:

- 肥胖者经常为了遵守有关体重的社会标准而节食;
- 有意识的饮食节制是外在性与肥胖之间关系的原因。

当节制的个体为了节食而迫使自己忽视或者不顾内在需求时,他们可能会对内在饥饿线索不敏感,转而过度依赖外在线索。虽然超重是饮食节制的决定因素之一,但是许多体重正常的个体同样属于饮食节制者这一事实可以说明为什么外在性与超重之间的关系非常弱。Herman 和 Mack(1975)发布的“节制量表”,可以评估个体对于食物摄入量和体重波动的自愿限制程度。但是,因为人们会习惯性地关心自己的体重而不会永远让自己处于饥饿状态,所以,Herman 后来抛弃了节制分数高的个体基本上缺乏食物这一观点。

Herman 和 Polivy(1984)将饮食节制概念并入了饮食调节的“边界模型”中。几十年来,这一模型都是有关饮食行为的主导心理学理论(见图 4.6)。他们提出,生物压力使得食物摄入量保持在一定的范围内。饥饿感的厌恶特性使得消耗量保持在最低水平以上,饱腹感的厌恶特性使得消耗量保持在最高水平以下。在这两个区域之间,有一个生理漠视区域。在这个区域,饮食行为受到的调节是非心理的社会和环境影响。在两个方面,假定节制饮食者或节食者与正常饮食者(或者非节食者)有所不同。第一个方面是,节制饮食者在生理漠视区域内强加了一个“节食边界”。这一边界由一套认知规则组成,这些规则限制食物摄入量,以便维持或者实现理想的体重。因此,与饮食行为受身体反馈调节的正常饮食者相反,节制饮食者被假定在认知上调节自己的食物摄入量。第二个方面是,节制饮食者被假定拥有一个更大的生理漠视区域。由于经常节食和过度饮食,他们在某种程度上已经对饥饿和饱腹线索不再敏感。也就是说,他们在感到饥饿之前缺乏的食物比不节制饮食的人的要多,他们在有真正的饱腹感之前吃进的食物也更多。

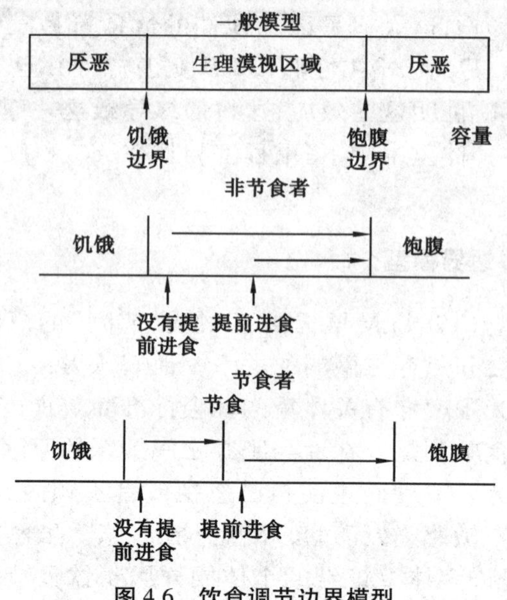

图 4.6 饮食调节边界模型

资料来源:Herman and Polivg(1984:149)。

根据边界模型,在节制饮食者尝试实现或者维持理想体重的过程中,节食边界既是节制饮食者的优势也是他们的弱势。如果节制饮食者监控节食边界,就有助于他们减轻体重。但是如果由于他们遇到了无法控制的情况或者注意力涣散而越过了这一边界,那么目标违反效应就会发生,此外,他们会一直进食直到有饱腹感。人们已经将被称为"反调节"的脱抑制反应归因于节制饮食者的"全有或全无的"思想。一旦他们越过节食边界,他们就会认为没有必要再节制。

有两组因素被假定为会诱导节制饮食者过度饮食:损害认知资源、实际上或者在感知上违反饮食规定。妨碍认知控制的因素被假定为会扰乱节制饮食者对于食物摄入量的调节,原因是它们损害了节制饮食者对于食物摄入量的监控能力。因此,情绪上遭受痛苦会引起过度饮食行为,原因要么是个体需要认知资源去处理他们的情绪,要么是实现理想的减肥目标在与诱发痛苦的问题相比较时失去了重要性。

(1)经验证据

"情绪假设"已经在一些实验中得到检验,这些实验比较了产生负面情绪之后或者中性情况下节制饮食者和正常饮食者的饮食行为。大多数这类研究都发现,在实验室中(如通过一部影片或者失败体验),负面情绪的产生导致了节制饮食者的过度饮食行为。有些试验还对饮食行为实施了压力,这些试验也产生了类似的效应。在实验条件下饮用酒精饮料已经引起了不太可靠的效应。

扰乱饮食节制的第二组因素是实际上或者在感知上违反饮食规定。通过诱导被试在食物品尝实验开始前“预先进食”一些油腻(因此是通常被禁止的)食物,检验了违反饮食规定对节制饮食者和正常饮食者随后饮食行为的影响。Herman 和 Mack(1975)要求体重正常的女性被试品尝不同口味的冰激凌。在此之前,研究者让她们提前进食了一杯或者两杯奶昔。根据“节制量表”把被试分成两类:节制饮食者和正常饮食者。研究者的期望是,在提前进食大量食物而非没有提前进食情况下,正常饮食者进食的冰激凌更少;但对于节制饮食者,一旦他们意识到自己的热量摄入已经超过了日常定量,他们就会“海吃”冰激凌。与这些期望一致,不节制饮食的被试其摄入量与提前进食量大小成反比关系(反调节),节制饮食的被试其摄入量与提前进食量大小成正比关系(见表4.2)。研究证明,决定节制饮食者是否有过度饮食行为的因素是关于热量含量的(被操控)信念,而不是实际的热量。这一点表明,提前进食效应受到的影响来自认知机制,而不是生理机制。

表4.2　节制饮食者和正常饮食者在不同的提前进食条件下消耗的冰激凌克数

	提前进食量(奶昔数量)		
	0	1	2
高度节制(>8.5)	97.17(9)	161.09(11)	165.90(10)
低度节制(<8.5)	205.20(10)	130.12(8)	108.22(9)

资料来源:Herman and Mack(1975:656)。

(2)对边界模型的批评

在有关饮食行为的心理学研究中,虽然边界模型仍然占主导地位,但是它已经招致很多批评,既有理论方面的,也有实证方面的。在本书中,我不对这些评论进行综述,而只描述我们的关注点。因为,这些关注点曾经激励我和同事去开创我们自己的饮食目标冲突模型(下一节我会介绍这一模型)。

我们关注的问题之一是元理论性问题,而且与 Herman 及其同事抛弃“节制分数高的个体缺乏食物”这一观点有关。结果,边界模型不再用来说明超重和肥胖个体为什么对与食物相关的外在线索有过度反应。边界模型把饮食节制的存在当作前提,因此不去说明它的发展。由于人们怀疑饮食节制引起了饮食失调,所以饮食节制被看作是机能失调,甚至是危险。我已经提出了另一种说明,即节制饮食者可能是这样的个体,①要么他们的体重增加容易受到遗传因素的影响,②要么为了消除这种影响而已经开始关注节食行为。他们并没有让自己挨饿,而是小心地监控自己吃什么以及吃多少。体重指数 BMI

与节制正相关这一点表明,这些节制努力并非总是成功的。但是,如果这些个体不节制自己的食物摄入量,那么,他们的体重甚至可能会增加得更多。

然而,我们主要关注的是认知在诱发节制饮食者的过度饮食行为中发挥的假定中介作用。Herman 和 Polivy(1984)将节制饮食者在违背他们的节食边界时产生的过度饮食倾向归因于所谓的“又能怎样”认知。节食者在违背了自己的节食边界之后,他们就会放弃所有关于饮食控制的尝试,而是一直吃到饱腹边界。Jansen 等人(1988)验证了这一假设,在这项研究中,研究者在标准的冰激凌“品尝试验”期间和之后,用磁带记录下了被试(包括预先进食的和没有预先进食的节制饮食者和非节制饮食者)的“自我对话”。结果显示,节制饮食者的脱抑制性想法并没有增加。此外,一些研究已经指出:在那些不涉及违反节食边界的情况下,也存在脱抑制效应。例如,Jansen 和 Van der Hout(1991)发现,只闻到提前进食的食物味道的节制饮食者,在随后的品尝试验中受到了反调节。在品尝试验中,要求这些节制饮食者去品尝各种食物。同样,Fedoroff 等人(1997)在随后的比萨饼品尝试验中,闻到烘烤比萨饼时发出的味道会诱导节制饮食者(而非正常饮食者)产生过度饮食行为。这两种发现对于边界模型来说都出现了问题,因为能够诱发过度饮食行为的违反现象并没有发生。

为什么美味可口的食物其味道会破坏慢性节食者的节食意图呢?没有实证性证据证明,这些脱抑制效应产生的原因是节制饮食者有“又能怎样”认知,以及他们对于内在饱腹线索敏感性的减弱。相反,我们建议:美味可口的食物味道促使节制饮食者对饮食乐趣产生了期望,正是这种期望引发了过度饮食行为。这一假设也可以说明,为什么所有成功的(与节制饮食者的脱抑制效应有关的)实证研究都使用了冰激凌或者其他特别美味的食物(如饼干、糖果或者坚果)。也有来自关于人类研究甚至关于大鼠研究的证据证明,可口性会增加食物的摄入量。然而,边界模型并不认为可口性和饮食乐趣是饮食行为的主要决定因素。这些问题都促使我们创造自己的饮食目标冲突模型。我们的模型假定:对于食物品尝乐趣的期望是促使节制饮食者违反自己饮食规定的主要驱动因素。

饮食目标冲突模型

根据饮食目标冲突模型,节制饮食者在抵抗美味食物的吸引力时遇到的困难起因于两种不兼容目标之间的冲突,这两种目标是进食美味可口的食物的目标(如饮食乐趣)和体重控制的目标。节制饮食者想要享用美味可口的食物,而慢性节食者不想让自己的体重增加(或者甚至可能尝试减轻体重)。他们遇到的困难是:他们可以立即享受饮食乐趣,但是他们只有在很久以后才能享受到体重控制带来的回报。这也是所有自我困境的一个典型特点。节制饮食者需要通过抑制自己进食想法来保护自己的体重控制目标。

当人们在他们的工作场所处理某种非常有趣的任务时,他们没有必要这样做,因为在没有食物线索的环境下忙于工作时,即使是节制饮食者也不可能会想起饮食乐趣。不幸的是(至少从节制饮食者的观点来看),我们大多数生活在食物丰盛的环境中,在这个环境中,我们的周围全是标志着或者代表着美食的线索,我们可以到处获得美食。这些食物线索可以促发饮食乐趣目标并且提高其认知可达性,从而激发有关饮食乐趣的想法。如果节制饮食者能够很容易地将这些想法从脑海中消除,那么这些食物线索就不会产生任何问题。但是,食物会“抓住”他们的注意力,他们也很难摆脱食物。尽管他们能够成功地保护其体重控制目标免受由于短暂接触单一食物线索引起的影响,但是更为连续的启动可能会将饮食乐趣目标的可达性提高到它成为重点目标的程度。由于饮食乐趣和饮食控制属于不兼容的目标,至少对于那些倾向于嗜好高热量食物的慢性节食者来说是如此,如果饮食乐趣的可达性提高,那么饮食控制目标的心理表征(即节食想法)的可达性就会受到抑制。图4.7描述了这一过程。

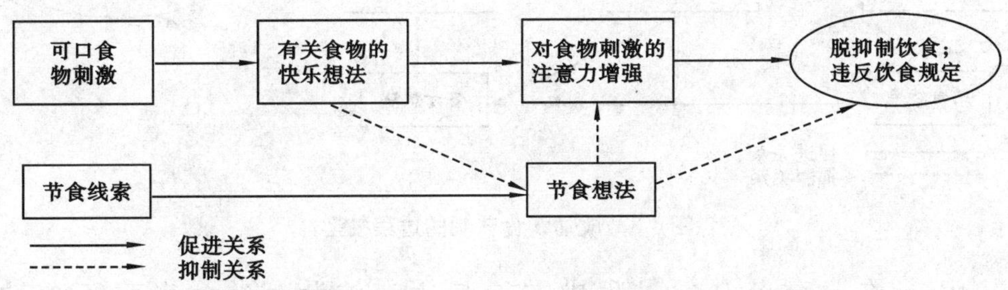

图4.7　节制饮食者为什么失败:不成功的饮食节制的过程模型

有大量的实证性证据证明了目标冲突模型假定的过程。我们证明指出:如果节制饮食者(而非正常饮食者)听了进食了美食的人们描述(如吉姆吃了一块比萨饼),那么他们就会产生快乐想法。据此,节制饮食者会想到比萨饼的可口味道和进食比萨饼带来的乐趣,而正常饮食者似乎不会有这些快乐想法。节制饮食者对食物线索也会产生反应,表现为他们的唾液分泌增加;可口食物的味道也会让人对食物产生渴望。在一项研究中,我们首先让节制饮食者和正常饮食者接触有吸引力的食物,然后测量他们对于食物的视觉注意力,通过这项研究我们同样可以证明:节制饮食者很难从这些食物线索上转移他们的注意力。

最后并且最重要的是,我们能够进一步证明:激活节制饮食者对于食物的快乐想法使得他们节食目标的心理表征暂时不太具有可抵达性。我们利用了词汇判断任务来评估饮食控制词汇的认知可达性。在词汇判断任务中,研究者给被试显示单词或者非单词字母串,这些被试必须尽快判断他们看到的是单词还是字母串。这个过程背后的理念是,单词在个体脑海中的可达性越高,个体识别这些单词的速度越快。然后我们通过下意识的方式用代表美味食物的词汇或者中性词汇来启动个体。这些启动因素在屏幕上出现了30 ms,被试也只能看到一道闪光。当节制饮食者被用代表美味食物的词汇启动时他们用于识别节食词汇的时间比他们被用非食物词汇启动时的时间更长。与此相反,此类食物启动没有影响正常饮食者对于节食词汇的识别。

当慢性节食者怀着打算只进食一份沙拉的坚定意图走进餐厅时,他们可能会经历精神抑制过程,但是当他们看到菜单上罗列着所有可口的替代食物之后,他们最终会预定一顿有3道菜的膳食。Fedoroff 等人(1997)进行的一项研究为这一过程提供了实验性证明。就我们的理论而言,烘烤比萨饼时发出的香味可能成为一种饮食乐趣启动因素,比萨饼消耗量增加可能是由于节制饮食者抑制节食想法而产生的结果。图4.8描述了这一过程。

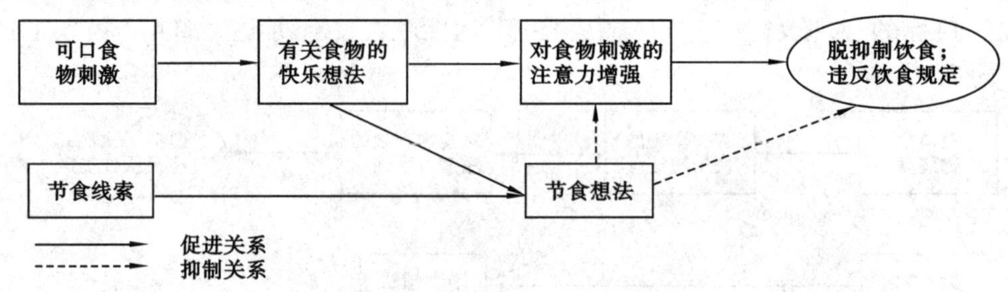

图 4.8 成功饮食节制的过程模型

但是,在尝试节食的过程中并不是所有的节制饮食者都不成功。Fishbach 等人(2003)建议,在给定领域反复且成功尝试自我控制之后,对于一些个体来说,具体诱惑与这些诱惑干扰的首要目标之间可能形成促进关系。对于这些个体来说,即使在他们意识之外发生了诱惑激活现象,这种激活或许足以激活更加高阶的目标。我们前面提到,大量研究已经表明节制饮食者通常不太擅长抵抗诱惑,这一点表明为什么成功节制饮食者占少数。不过,Fishbach 等人出示经验性证据证明,当那些感知自己已经成功控制住自己(通过简明量表测量)体重的慢性节食者接触可口食物词汇时,他们节食想法的可抵达性的确有所增强。

就 Stroebe 等人(2008)发表的两项研究中所使用的研究范式而言,这可能意味着:对于一小组成功节制饮食者来说,用具有诱惑力的食物刺激来启动饮食乐趣目标可能不会使节食想法受到抑制,而会使这些想法的可达性稍微增强。因此,Papies 等人(2008c)重复了 Stroebe 等人(2008)的研究。他们确实发现:自我感知的成功减弱了可口食物启动因素对针对节食词汇的反应时产生的影响。虽然潜意识地接触可口食物启动因素降低了没有成功节制饮食者对于节食词汇的识别速度,但是它确实提高了成功节制饮食者对于这些词汇的识别速度(即提高了这些词汇的可达性)。Papies 等人(2008c)进一步证明,这些成功节制饮食者的自我感知的确合理。与没有成功节制饮食者相比,成功节制饮食者的体重指数更低并且他们更有可能根据他们打算抗拒进食具有诱惑力食物的意图行事。

成功节制饮食者激活而不是抑制关于接触可口食物的节食想法,因此他们可能也会抑制有关这种食物的快乐想法,这一点似乎合理。令我们大为吃惊的是,并没有证据支持上述假设。有几项研究显示,成功节制饮食者与非成功节制饮食者一样,对可口食物做出的都是快乐的反应。可见,成功节制饮食者受到可口食物的诱惑似乎也不会更小。虽然接触可口食物会增加成功节制饮食者的节食想法,但是却会抑制非成功节制饮食者的节食想法。这一点表明,如果我们能够以某种方式让处于诱惑环境中的非成功节食者想起他们自己的节食目标,那么他们就可能成功控制自己的饮食行为。

我们进行了两项研究来检验该假设。研究中,我们采用了执行意图来提醒被试,每当他们受到几种可口但高热量型食物(如巧克力、比萨饼、饼干、法式炸薯片或炸薯条)的诱惑时,都要想起节食之事。首先,我们要求被试回忆自己上一次因为受到诱惑而吃巧克力的时间。然后,我们要求他们简单地说明为什么抵抗巧克力的诱惑对他们来说很重要。之后,我们对执行意图条件下的被试说:请告诉你自己,下一次当我受到诱惑而要吃巧克力时,我是会想起节食的。对上述5种食物,我们都重复了这一过程。控制条件下的被试在说明了为什么不吃食物对他们很重要之后,就再也没有形成执行意图。

我们进行第一项研究的目标是,检验执行意图在未成功节制饮食者接触到任何食物诱惑时,是否会提高自己节食想法的可达性。对于成功节制饮食者来说,引发执行意图不会产生任何影响,因为接触到具有诱惑力的食物会在不需要提醒的条件下自动提高节食想法的可达性。在第一项实验中,我们用完词任务来评估节食想法的可达性。这项完词任务显然是另一项研究的一部分。任务要求,被试必须把残缺不全的单词补充完整。所用单词要么可以看作是节食词汇,要么是与节食无关的词汇。这些残缺不全的单词和很多完整的单词一起,在一张列表中向被试展示。列举的完整单词中,一些就是关于可口食物的词汇。与预测一致,执行意图的引发,提高了未成功节食者节食想法的可达性。如果残缺单词之后紧跟的是一个关于可口食物的词汇,那么执行意图条件下的未成功节食者,比没有执行意图的未成功节食者更有可能根据与节食有关的意思,把残缺不全的单词补充完整。对于成功节制饮食者来说,不管有没有执行意图,他们的节食可达性总是非常高。

为了检验执行意图的引发是否也能够有效地增强节食者在现实进食环境下的自我控制能力,我们在部分被试中再次引发"想起节食"这一执行意图。这项研究我们是通过互联网展开的。两周之后,我们(出其不意地)问被试,对于这些可口的美食,过去两周中他们各吃了多少。与没有形成执行意图的未成功节食者相比,引发执行意图之后,未成功节食者的食量减少了。这一结果既和预测的一致,也重复了节食想法可达性的模式。与此相反,在还没有形成执行意图之前,成功节食者的食量就已经非常小。对于成功节食者来说,执行意图的形成没有产生任何额外的效应。

结　论

波普尔认为,如果新理论不仅能够说明与旧理论一致的所有发现,而且还能够说明旧理论所不能够说明的发现,那么新理论就超越了旧理论。从这个意义上说,我们的饮食目标冲突模型超越了饮食边界模型,因为它不仅能够说明支持饮食边界模型的所有研究发现,而且还能够说明与边界模型不一致的研究发现。如果我们假定,先吃可口食物属于饮食享乐启动行为,而不是觉察出的饮食目标违反行为,那么,我们的理论能够说明所有有关先食效应研究的结果。假设受限者的冰激凌食用量通常只比正常人的多 30 g,与慢性节食者放弃对冰激凌的节制而一直吃到自己满足边界这一假设相比,启动解释也似乎更加合理。与饮食边界模型不同,我们的理论也可以说明,为什么看到可口食物或者闻到可口食物的味道会导致过度饮食行为。最后,我们的理论还可以说明为检验 Schachter(1971)提出的外在性理论而获得的研究结果,因为,与食物有关的外在线索可能会充当饮食享乐的启动因素。

肥胖症的临床治疗

认知行为疗法

肥胖症认知行为治疗的深层基本假定是,饮食行为和锻炼行为是习得的行为,因此,与其他习得行为一样,它们是可以改变的。因此,我们有可能通过减少食量和增加锻炼量来减轻自己的体重。大多数认知行为计划的目标是每周减轻体重 0.5~1 kg。为了实现这一目标,被试必须改变他们自己的热量摄入,或者运动量,或者两者都改变。

与治疗任何其他病症一样,用认知行为法治疗肥胖症时,首先要诊断出个体所处的高危境况或有高危的行为。诊断的关键策略是自我监控。要求患者自己监控自己的饮食行为和锻炼行为,以找出需要通过治疗来解决的具体问题。患者了解了如何记饮食日记之后,还必须自行监控自己的体育活动,以找出自己的身体在哪些方面出了问题。自我监控的第二项功能是反馈信息。节食者遵照指示定期地称量自己的体重,以获得一些关于自己节食计划是否有效的信息。

下一个重要步骤是确定目标。为了实现预期的减肥目标,患者通常要为预期的热量摄入和体育活动制订目标(即每天热量摄入为 1 000~1 500 大卡*,每周活动消耗的热量至少达到 1 000 大卡)。典型的情况是,为了实现既定目标,必须大大改变自己的行为。例如,如果个体报告说,他们自己每餐吃得很少,但是,却一边工作或(晚上一边)看电视一边吃零食,那么特定的子目标就可能是:减少零食量或用水果取代高热量的零食。锻炼目标可以是:每周的五天工作日,要天天步行半个小时。要实现这个目标,就可以步行上班而不是驾车上班,或者,把车停在离工作地点较远的地方然后步行至工作地点。

认知行为计划的另外一个重要方面是,通过训练,使患者掌握实现减肥目标所需的技巧。患者必须掌握这些技巧,从而才能自我监控自己的饮食行为,为自己提供低热量的饮食。要教会患者如何阅读食品标签,如何识别不同类型食物的脂肪含量,以及如何准备低热量的替代品。

认知行为方法假定,环境线索对诱发行为具有重要作用。因此,要教会患者如何重建他们自己的家庭环境,以诱发所期望的良好行为。于是,可能会要求患者停止购买高热量的甜点,把高热量的食物存放在很难够得着的地方,购买更多的蔬菜和水果。此外,治疗师还要尽量提供新的强化刺激物,以取代禁吃食物的强化价值。体重减轻可能成为一种强有力的强化刺激物。治疗师还使用表扬和正面反馈之类的强化刺激物。

与 Marlatt 提出的复发过程理论一致,为了避免患者在稍微违反了他们自己的饮食规定或锻炼规则之后会放弃认知行为计划,今天的认知行为体重控制计划强调,行为失检是减肥过程中很自然的事情。根据自我监控日记的信息,要教会患者如何识别那些诱惑自己过度饮食的情境,要发展有助于患者应对这些境况的策略。

认知行为计划能够使体重在治疗期间大大减轻。Wing(2004)总结了 1990 年以来进行的 12 项有关认知行为减肥计划有效性的试验结果。她挑选的试验只包括以下两种:(1)规定了饮食和运动的试验;(2)她认为属于最大型的以及实施时间最长的试验。在这些研究中,初始治疗的持续时间平均为 23 周,导致体重减轻 10.4 kg。Mann 等人(2007)的一项有关随访时间非常长的研究综述得出,治疗结束时的体重减轻量估值更高,为 14 kg。遗憾的是,大

---

* 1 大卡=4.185 851 8 千焦。

部分减掉的体重在治疗之后的几年里又反弹回来了。在 Mann 等人所综述的研究中,参试的体重在治疗之后 4~7 年反弹了 7.4 kg,结果,实际减掉的体重只有3 kg。

与关于成年人的结果相比,对童年肥胖症的认知行为治疗产生了令人满意的效果。Epstein 等人(1994)报告了 4 项随机治疗研究中肥胖小孩经过 10 年治疗之后的结果。他们报道,这些小孩中有 30%的人在治疗之后的 10 年里没有肥胖问题。这些变化比研究中涉及的各种对照组的变化要大得多。开始治疗时,这些小孩的体重已经超过他们 6~12 岁时体重的 20%~100%。治疗在家里进行,包括自认知行为治疗计划起 8~12 周的每周会诊和 6~12 个月的每月会诊。与之前报道的研究发现一致,在同一个计划中,接受治疗的肥胖者的父母,在最初时的体重有所减轻,但是之后他们的体重再次反弹。5 年之后,所有父母的体重又恢复到他们体重的基准线水平;10 年之后,所有组的父母体重,都严重超过他们在研究初期时的体重。

为什么认知行为治疗对于小孩的治疗效果比对于成年人的更好呢?一个原因可能是,小孩的饮食习惯还没有像成年人那样固定。另外,小孩的进食在很大程度上控制在成年人之下,而成年人能更有效地控制自己小孩的饮食,但却不能控制他们自身的饮食。等到这些小孩长大到能够管理自己的饮食时,他们可能已经把在家里学到的饮食方式内化了。

药物治疗

在行为治疗被广泛接受之前,食欲抑制剂(食欲减退剂)是最受欢迎的用于肥胖症治疗的药物。这些药物广泛使用的原因是,它们能够帮助人们在毫不费力的情况下大大减轻体重。但是,这类药物治疗有两大缺点:第一,这类药物有一些(尤其是苯丙胺类药物)可能被滥用;第二,通过药物治疗取得的减肥效果很少得以保持。

虽然食欲减退剂不可能完全安全,但是如今它们已经变得更加安全。因此,如果能够解决减肥的维持问题,那么药物治疗就可以适用于严重肥胖症。因为维持药物引起的减肥效果需要生活方式的一些改变,所以,把食欲减退剂治疗与行为治疗结合起来似乎可以形成一种最佳的途径:药物帮助人们快速且轻松地实现减肥目标,与此同时,行为治疗技术帮助人们把生活方式改变到要求的状态。

为了检验这一假设,Craighead 等人(1981)和 Craighead(1984)分别发表了两项研究成果。这两项研究把药物治疗和行为治疗组合起来的治疗效果,与单独使用药物治疗或者单独使用行为治疗的治疗效果进行了比较(图4.9)。虽然只接受了药物治疗的被试或接受了行为和药物组合治疗的被试,其体重减轻程度比只接受了行为治疗的被试要大,但是一年的随访调查显示,相对治疗效能有很大的逆转。接受行为治疗的患者的体重反弹程度,显著性地小于接受药物治疗或者组合治疗的患者。如今,针对净体重减轻的治疗方法更加倾向于行为治疗:行为治疗可以使净体重减轻 9.0 kg;单独采用药物治疗可以使净体重减轻 6.3 kg;采用联合治疗可以使净体重减轻 4.6 kg。因此,令人惊奇的是,治疗不仅不能有效地帮助维持由药物治疗引起的体重减轻状态,而且,行为治疗的长期效果在患者接受了药物治疗的情况下比其在患者没有接受药物治疗的情况下更差。

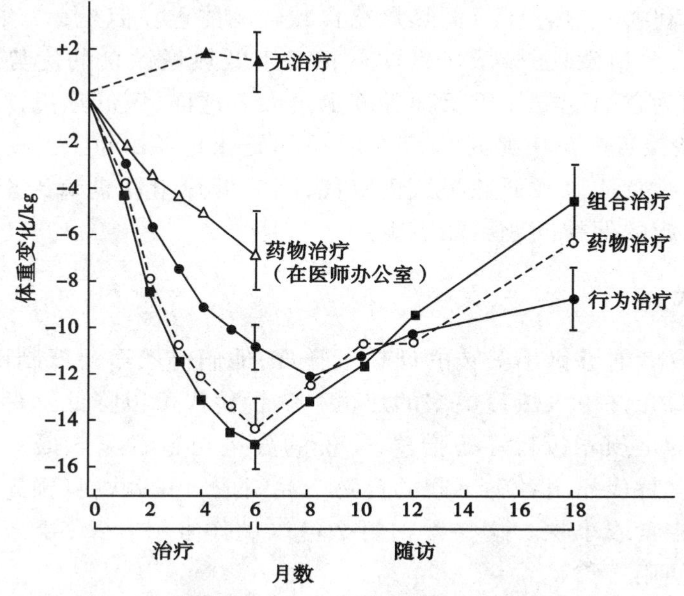

图 4.9　6 个月治疗期间和一年随访期间的体重变化情况

资料来源:Craighead et al.(1981)。

药物治疗的介入如何破坏行为治疗的有效性,这很值得玩味。食欲减退剂引起食欲下降,这有可能阻碍个体在相互矛盾的饥饿线索面前学习认知行为技术。于是,在食欲减退剂停用时,个体可能还没有准备好如何来应对更强烈的饥饿感。但是,Craighead(1984)并没有得到支持这一解释的证据。在这项研究中,Craighead 要么在 16 周行为治疗计划的前半阶段,要么在计划的后半阶段采用了药物治疗。这两个连续阶段治疗的长期结果与联合治疗的并没有差异,但在联合治疗中,研究者在整个 16 周的行为治疗中都增加了药物。

第二种解释可能来源于认知控制理论。接受了联合治疗的患者,有可能把自己的体重减轻归因于药物,因而不能对自己的体重产生控制感,而这种感觉对于维持体重减轻状态很重要。如果 Craighead 和其同事在他们的研究中考虑到了安慰剂药物治疗与行为治疗组合起来的情况,那么这种解释的有效性就得到了验证。尽管有人仍然质疑这些结果的理论性解释,但是这些结果的实践意义已很明显:药物治疗并不能提高行为治疗的长期效果。因此,药物治疗不仅存在潜在的健康风险,而且似乎也没有什么效果。

极低热量饮食

极低热量饮食属于补充型禁食方法,其目的是通过每天在300~600热量中加入70~100 g蛋白质,从而保留下身体中的瘦肉。极低热量饮食使体重在12周内平均减轻20 kg。最初,通过极低热量食物减轻的体重大于通过(每天提供800~1 200大卡热量的)低热量饮食减轻的体重。但是,一项关于随机对照试验的整合分析发现:极低热量饮食相对于低热量饮食的优势从长远来看并不存在,因为它引起的体重反弹程度也更大。这样,极低热量饮食不仅费用高(26周花费接近2 500美元),存在潜在的健康危险,而且还没有效果。因此,极低热量饮食应该被低热量饮食取代,因为低热量饮食每天至少提供800大卡热量,引起的保持问题可能更少。

膳食替代

即使节食者能够做出美味的低热量膳食,他们仍然需要抵制诱惑,以免摄入比他们每日允许摄入热量更多的热量。膳食替代可以降低这种危险,因为,提供给患者的是预先包装好的膳食,每份的分量与患者应该摄入的食量正好一样多。膳食替代品由各种不同的食物产品组成,包括饮料、预先包装好的耐储存的冰冻主食或小吃。这些食物要么可以用作唯一食物,要么可以与其他食物相结合使用。

Jeffery等人(1993)关于超重或肥胖患者的研究,就采用把行为治疗与另外一种条件相结合的方法,让患者接受了将预先包装好的食品作为每周5天的早餐,还接受了将冰冻食品作为每周5天的晚餐,这样持续了18周。预先包装好的早餐食品包括谷类食品、牛奶、果汁和水果;预先包装好的晚餐食品包括瘦肉、土豆或者米饭和蔬菜。在18个月的治疗期间,将膳食替代加入认知行为治疗所引起的体重减轻程度,比单独实施标准治疗所引起的要大。有6项随机对照研究将一年里部分膳食替代产生的效应与传统的低热量饮食产生的效应进行了比较。对于这6项研究的整合分析同样得出,部分膳食替代产生的效果更好。

这种饮食在维持体重上仍有问题。对Jeffery等人(1993)进行的为期一年的随访研究发现:患者过去减掉的体重大部分反弹回来了,膳食替代治疗的优势也消失了。其中的原因可能是,患者在停止使用预先包装好的膳食之后,他们又回到以前的饮食习惯上来:增加自己的食量以及膳食中的脂肪含量。

由于膳食替代品处于商业销售状态,因此患者可以无限期地保持膳食替代饮食。在德国进行的一项研究显示,保持膳食替代饮食 4 年的被试,能够把自己的体重减轻程度维持在自己体重的 8.4%。Rothacker(2000)也发现,在采用膳食替代治疗的情况下,体重减轻状态在 5 年里维持得很好。但是,在这两项研究中,替代膳食都是由研究者免费提供的。如果被试必须为这些膳食付钱,成本可能会使他们望而却步。有证据表明,如果研究者只是为患者提供机会,让他们自己去购买食品,并把食量控制作为体重维持的策略,但并不为患者付款,那么,患者就选择不去购买这类膳食,结果也就不能维持他们的减肥状态。

运　动

之前描述的大多数减肥方法都把目的定在了能量方程的输入端。但是,因为超重个体摄入的能量比他们消耗的更多,所以增加能量消耗可以充当另外一种减肥方法。忽视运动,尤其是在早期体重控制计划中,已经得到了一种信念的支持。这种信念认为,运动消耗不了多少热量(例如,步行两英里*也只消耗 200 卡路里),而且,运动引起的食欲增加效应可能会超过它所能产生的微弱耗能效应。

与此不同的是,有一些研究检查了只进行运动产生的减肥效果以及把运动与认知行为方法结合起来产生的减肥效果。结果发现,在大多数情况下,把节食与监督下的小组运动相结合能减掉更多的体重。因此,不再有什么疑问,运动的人们更加有可能长期减肥。但是,人们仍在继续讨论运动对于体重控制的不同作用方式。运动与体重之间的生物关系相对直接。如果能量摄入量长期高于每日能量消耗量,那么身体中的脂肪含量就会增加,从而引起肥胖。从理论上讲,每过量摄入 7 700 大卡的能量,身体中就会增加接近 1 kg 的脂肪。很遗憾,对于体重控制来说,人体是一台非常有效的机器。表 4.3 列出了要消耗 150 大卡能量所需的各种活动的持续时间。从中我们可以看出,为了消耗掉相当于进食一份 150 g 奶油水果酸奶、30 g 意大利香肠、或者 200 mL 白葡萄酒所摄入的能量,体重为 70 kg 的成年人需要以适中的速度步行 37 分钟、慢跑 18 分钟或者跳舞 29 分钟。

表 4.3　平均体重为 70 kg 的成年人要消耗 150 大卡所需参加的各种活动的持续时间

强度	活　动	大约持续时间/分钟
中度	非竞争性排球	43
中度	速度适中的散步(每小时 3 英里,20 分钟/英里)	37

* 1 英里=1 609.344 米

续表

强度	活动	大约持续时间/分钟
中度	快速的散步(每小时4英里,15分钟/英里)	32
中度	乒乓球	32
中度	扫落叶	32
中度	交谊舞	29
中度	除草(动力驱动割草机)	29
剧烈	慢跑(每小时5英里,12分钟/英里)	18
剧烈	草地曲棍球	16
非常剧烈	跑步(每小时6英里,10分钟/英里)	13

资料来源:VSDHHS(1996b)。

运动也可以通过第二种方式提高能量消耗。有证据表明,人们停止运动之后,由运动引起的代谢率提高状态会持续一段时间。因此,运动可以消耗掉比运动本身所需要的更多的热量。对22项有关节食以及节食加运动对静息代谢率影响研究的整合分析表明,运动降低了由节食引起的静息代谢率下降,但并没有消除由节食引起的静息代谢率下降。

但是,这个领域内的大多数研究者质疑,这些代谢效应是否能够完全解释那些在评估运动对于体重控制额外影响的研究中所观察到的巨大效应。他们建议,心理机制可能有助于定期运动对减肥产生的影响。例如,坚持实施一种运动计划可以增强人们的自我效能感,这一点似乎值得信赖。自我效能感和对于体重的控制感的增强,可能使运动的人们更加有动力去遵从饮食指导。这一解释也可以说明,为什么运动对于体重的影响在长期的随访过程中甚至更大。

运动对于体重控制的影响主要受到心理效应而非生理效应或者代谢效应中介的影响,这一假定对为肥胖个体制订运动计划具有一定的启示意义。在设计运动计划时,传统上需要考虑如何增强心脏的健康。为此,运动时间必须足够(每周3次),运动强度也必须足够,从而使心率至少达到最大心率的70%,使其持续时间足够(即每次20分钟)。这些注意事项可能已经使一代又一代的肥胖个体打消了尝试进行运动的念头。正如Brownell(1995)指出的那样,这些考虑,尽管可能使一代又一代的肥胖患者望而却步,但对于推荐何种运动类型与减肥饮食配套来说,却可能是无关紧要的。如果放弃这些要求,我们就能够制订出更加适合人们生活方式的运动计划。

结　论

Wing(2004)提出,最先进的认知行为治疗需要5~6个月的时间,它可以使体重平均减轻10.4 kg。由于大部分减掉的体重会反弹回来,所以人们质疑是否值得去为这种治疗付出代价。毕竟,在节食开始时中等肥胖的个体最终还是会变胖。即使在节食5年之后所有减掉的体重都会反弹回来,他们还是会比自己没有节食时更加健康。年龄为20~50岁的美国人,其体重通常每年会增加0.5~1 kg,参加减肥计划的人的体重可能增加得更多。因此,Rothacker(2000)指出,未接受治疗的对照组在5年的随访期间增重6.5 kg。如果我们把这个数值作为基准,参与减肥计划的人们在计划结束5年后的体重,可能会比他们没有参加这次计划时的体重要轻10 kg。

商业减肥计划

商业减肥计划在欧洲和美国属于大型业务。虽然这些计划之间存在差异,但是它们也有共同的特点:都以饮食、运动和生活方式的改变为重点,都要应用一些与临床计划相同的技术。慧俪轻体公司创造的减肥计划,是世界上最大的商业减肥计划,也是通过了最彻底评价的计划。已经通过6项随机对照研究对慧俪轻体减肥计划的功效进行了评价,这6项研究分别是源自Rippe等人(1998),Lowe等人(1999),Djuric等人(2002),Heshka等人(2003),Dansinger等人(2005)以及Truby等人(2006)。例如,Heshka等人随机地把423名超重者和肥胖者(包括男性和女性)分配到慧俪轻体减肥计划或自助减肥计划。分配到自助减肥计划的被试,接受了营养师20分钟的有关摄入量的会诊,并且得到了有关节食和运动的公用印刷材料。分配到慧俪轻体减肥计划的被试,得到了能够让他们有权参加治疗的凭据。两年过去之后,初始被试中有将近25%的人退出了两种计划中的一种。分析是在意向治疗的基础上进行的。意向治疗分析的基础是所有参与者,包括退出研究的参与者。对于退出人员,用最后一次观察到的数值填充之后所缺失的数值。在这两年中,分配到商业减肥计划中的被试减掉的体重,比分配到自助减肥计划中的被试要多得多。

在英国进行的6个月的随机对照试验,比较了慧俪轻体减肥计划与其他3种计划,即快速苗条减肥计划、罗斯玛丽康利减肥计划,以及艾特金斯节食减肥计划Truby等人(2006)。这项研究的292名超重和肥胖男性和女性参试,是通过BBC广播公司的一个广告宣传活动动员之后招募到的。罗斯玛丽康利减肥计划是团体型计划,与慧俪轻体减肥计划类似。快速苗条减肥计划提供膳食替代计划,艾特金斯饮食减肥计划是著名的低碳水化合物饮食计划,饮食书中都有描述。在团体计划中,被试可以报销参加定期会议的费用。在快速苗条减肥计划中,研究者每天为参试支付两顿替代膳食。在艾特金斯饮食减肥计划中,参试收到了一本《艾特金斯医生的新饮食革命》。6个月之后,82名参试退出了研究(17个退出了艾特金斯饮食减肥计划;11名退出了慧俪轻体减肥计划；16 名退出了快速苗条减肥计划；17 名退出了罗斯玛丽康利减肥计划；21 名退出了对照组）。以意向治疗为基础的分析（其中的缺失值用基准值填充），未发现不同治疗条件之间存在显著差异。但是，所有治疗条件下的体重减轻情况，与对照组中的显著不同。

从这些研究我们可以得出什么结论呢？参与商业计划的被试成功减掉了中等量的体重，参加项目的时间越长，减掉的体重就越多。不可否认，与肥胖个体要达到正常体重所需要减掉的体重相比，所减掉的体重和得以维持的所减掉的体重简直太少了。但是，考虑到如果没有受到干预，肥胖个体的体重可能还会继续增加，减掉的这些体重，即使很轻也非常值得。

在没有帮助的情况下减肥

大多数试图通过节食减肥的人，都没有参加有组织的减肥计划。1966 年在美国进行的一项全国性调查估计，在所有男性中，有 46%的人曾经在某个时期通过节食减肥，所有女性中有 70%的人。Jeffery 等人（1991）估算，男性和女性中通过节食减肥的人的比例分别是 7%和 15%。也有证据表明，节食与超重的百分比密切相关：个体越重，他们越试图减肥。

很遗憾，能够证明自行节食有效的证据很少。然而，通过对一大群曾经尝试减肥个体进行的电话调查得出的减肥资料，我们可以看出，自行减肥的效果并不比临床计划的逊色。其中，男性每周减掉的体重平均为 0.634 kg，女性每周减掉的体重平均为 0.5 kg，这大约就是通过临床治疗实现的每周体重减少量。但是，这项研究的研究者提醒我们，这些平均值可能只反映了减肥最成功的个体的经验。现在我们需要的是，一定规模的正在通过节食减肥的肥胖男性和女性的成功率的长期随访资料。

长期减肥有可能吗？

减肥研究中，人们常常认为：主要的问题不是减肥而是维持减肥效果。但是，我们有理由认为：临床研究结果可能过于悲观。第一，如前面提到的那样，以干预之后的体重与最初体重为基础的结论可能会低估减肥计划的有效性，因为肥胖是发展的，患者可能比他们未接受治疗之前要更胖。第二，正如 Schachter（1982）指出的那样，很多年以前，这些结论以一次尝试为基础，而有体重问题的个体通常要进行多次尝试来减肥。任何一次性的减肥尝试的成功可能性都很低，但一次又一次减肥尝试产生的累积成功可能性可能高出很多。第三，有证据一致证明，参加减肥计划的个体可能属于重度肥胖患者，因此他们在治疗时更加不可能获得成功。

有关一般人群减肥情况和减肥维持情况的信息更加乐观。McGuire 等人

(1999)发现,在随机抽取的474名个体中,有145人(30.6%)报告称在成年期的某些时候有意将自己的体重减轻至少10%。研究中定义,把自己最大体重减掉10%这一状态维持至少一年的个体是减肥维持者。在声称有意将自己最大体重减掉了10%的145个人中,有48%的人成功地将减肥状态维持了一年。这些个体中有25%的人将减肥状态维持了5年以上,还有10%的人在这项调查进行时仍然将体重保持在低于他们的最大体重状态。

有关非临床样本的更多信息可从美国国家体重控制登记处获得。虽然该登记处不能提供与一般人群成功减肥情况或减肥状态维持情况的流行率信息,但是它有助于我们研究成功维持大减肥量个体所采用的减肥策略。为了在美国国家体重控制登记处注册,参加者必须至少减掉13.6 kg,并且必须把这种减肥状态维持至少一年。美国国家体重控制登记处所注册的成员,在尝试减肥之前,他们的超重情况已经相当严重(最大终生BMI指数为35),他们中有将近90%的人声称,自己以前尝试过减肥但一直没有成功。

尽管这些成员采用了许多不同的方法减肥,但是他们有一个共同点,那就是89%的人把饮食与运动结合起来以实现减肥目标。最流行的减肥方法是限制进食某些食物(88%),限制进食量(44%),还有计算热量或者脂肪量(25%)。一半以上的成员称接受了某种减肥帮助(商业计划的帮助、医师的帮助、营养师的帮助),这一比例明显高于一般人群中的比例。根据他们现在维持的体重状态,其现在的BMI体重指数平均比他们减肥前的小10个单位。平均来说,这些成员称他们每天摄入1 381大卡的热量,其中24%的热量来自脂肪,19%的来自蛋白质,还有56%的来自碳水化合物。他们还参加强度较高的体育运动,运动量相当于每天快步走大约一小时。

节食有害吗?

这一问题的提出反映了人们对于节食态度的改变。但是,人们已经开始担心,节食除了可能不会产生效果之外,它也许还会产生潜在的有害效应。关于这一点,我们拟探讨两个问题。一个是"体重循环"或者"溜溜球节食"对节食者健康的负面影响;另一个是体重问题和节食会引起饮食失调。

因为肥胖看上去是不健康的,所以,减肥可以提高肥胖个体的健康水平这一点似乎可信。然而,Williamson(1995)对有关减肥和死亡率之间相关性的研究进行了综述。结果发现,这些研究中只有一项研究(即1950年大都会人寿保险研究)称减肥可以产生有利效应。在这项研究中,最初因为超重而接受弱体保险但随后又减肥的个体,其预期寿命增加到与标准危险被保险人一样的程度。最近的流行病学研究一般都发现,体重波动会提高死亡率。但是,这些研究不能够让人把有意减肥的效应与无意减肥的效应区分开来。无意减肥可能起因于损害健康的因素，例如严重的疾病、贫穷或者饮食失调。因此，人们必须认同 Brownell(1995)和 Williamson(1995)的观点：这一证据还不能够让我们就肥胖者的有意减肥结果做出明确结论。

节食失败者会沮丧吗？似乎可信的是，那些为了惩罚自己而减肥但几年之后其体重又反弹回来的个体会有抑郁反应。但是，Foster 等人(1996)对几项有关体重循环的横断面研究和他们自己的纵向研究发现进行了综合分析，发现没有证据证明，那些把所减掉体重反弹回来的个体会增加抑郁。

观察性研究结果一致支持，体重问题会引起饮食失调。对由年轻女孩构成的研究样本进行随访的前瞻性研究发现，有证据表明研究开始时的体重和身材问题与后来部分饮食失调综合征的形成之间有关联。与观察性研究的结果相反，那些检验认知行为体重干预措施的随机对照试验结果一致表明，实施了认知行为体重干预措施之后，体重减轻量大，饮食失调症状要么得到改善，要么没有变化。一项关于 5 项儿童行为矫正计划的综合评论得出的结论是，专门针对超重儿童的减肥计划不但没有增加饮食失调症状，而且还大大改善了儿童的心理状态。所有这些治疗还导致了体重的大大减轻，其随访期为 6 个月到 10 年不等。此外，有充足的证据表明，接受专业体重控制计划的成年人，其饮食失调的危险并没有增加(有时甚至降低)。

有人已经对前瞻性研究与干预研究之间矛盾结果的 3 种潜在说明进行了讨论。Stice 等人(2005)认为：这种矛盾产生的原因可能是，饮食节制量度并没有评估节食行为，而只评估了体重问题。研究一再表明，饮食行为措施最多只与观察到的饮食行为量度有微弱的相关。第二种针对这些矛盾结果的说明是，行为干预促进健康的节食行为，而饮食限制量表可能只反映不健康的节食行为。因此，第二种说明与现存证据更加一致。针对青少年的饮食失调干预计划，不仅减少了饮食病状而且减低了体重增加的危险，这一事实也可能与该假设一致。第三种说明可能是，观察性研究中节食与暴食之间的相关性起因于增加了两种变量危险的第三种因素。正如 Stice(2002)指出的那样，过度消耗热量的倾向既可能引起自我报告的节食，又会最终导致暴食和暴食病状。如果事情真是这样，那么，节食可能是暴食和暴食症状的指标性危险因素，仅仅因为它是过度消耗的标志。

如果我们有充分的资料去解决纵向研究结果与前瞻性研究结果之间的不一致问题，从科学上来说就令人满意。但尽管如此，我们也能够在不这样做的情况下得出有实用价值的结论。干预研究的结果已经确实示明，如果青少年能够置身于健康的节食实践，那么他们不仅能够在不发生饮食失调的情况下减轻体重，而且他们的节食行为甚至可能会改善自己已经失调的饮食行为。也有证据表明，如果肥胖儿童能够改变自己的饮食习惯，那么他们也可以实现并且维持正常的体重。因此,儿童和青少年是减肥干预活动的重要目标群体。但是,考虑到肥胖问题的重大性,只借助临床干预来解决是没有什么希望的。我们需要制订公共健康干预计划,从而来说服人们改变各自不良的饮食习惯,以帮助他们形成健康的减肥和体重维持习惯。

超重和肥胖的预防

在本章所综述的减肥研究中,最一致且争议最少的发现也许是:减去体重困难,让减掉的体重不再反弹回来更困难。而且,随着需要减掉的体重的量的增加,减肥和维持减肥状态的困难程度急剧增加。这就自然而然地促使人们得出结论,只有采取有效的原初预防,才能在与肥胖进行的斗争中获得胜利。原初预防,就是要从预防人们变得超重或者肥胖着手。

要实现这一目标,我们可以采取两种策略,一种是健康教育策略,另一种是环境改变策略。为了有效,健康教育活动需要采用全面的、有说服力的方法,而且所用方法必须是过去几十年里社会心理学家和健康心理学家共同创造的方法。这是因为,已经证实,对于大多数的健康行为改变,仅仅警告人们他们的生活方式会对他们的健康造成负面影响是远远不够的。改变环境的目的是,减少或剔除我们"有害环境"中的那些促进不健康饮食和运动行为的因素。要实现这一目的,我们可以改变与备选路线有关的成本。例如,我们可以提高不健康选项的价格或降低不健康选项的可获得性,或者,我们可以降低健康选项的价格或提高健康选项的可获得性。对于这样的干预,小孩和青少年是最理想的对象。原因有两个:第一是在大多数工业化国家里,小孩和青少年的肥胖率正以惊人的速度增长;第二是在有些国家里,小孩有时在学校进餐,因而容易影响他们的饮食环境。在美国和英国,学童不仅大量的时间在学校度过,而且他们每天的饮食大部分都是在学校摄入的。

健康教育

Stice 等人(2006)通过对 64 项学校预防计划的整合分析发现,只有 13 项计划产生了显著效应。所有这些研究都有对照组,并且,参试要么是以随机方式分配到干预组或对照组,要么是以匹配的方式分配。在 $r=0.04$ 的情况下,针对所有预防计划的平均效应值都非常小,但与零仍然显著不同。与"地球健康"研究一样,对女孩的干预通常比对男孩的干预更为有效。对于 13 项干预成功的计划,平均效应值为 $r=0.22$,这个效应值可以看作是具有临床意义的中等效应值。因为在这些计划中,很少有哪一项涉及长期随访阶段,所以,干预结束后这些体重增加预防效应是否持续不得而知。这些效应似乎会消失,可是针对这些干预措施的平均效应值非常类似于从预防计划中观察到的针对其他公共健康问题的平均效应值。一些针对成年人实施的体重增加预防计划,其产生的效应更小。

环境改变

由于基于健康教育的干预措施产生的效应不大,我们在源头遏止肥胖流行的主要目标,似乎就应该锁定在改变"有害"环境的干预措施上。值得考虑的措施包括:减少餐厅里每份饭的分量;禁止在儿童节目播出时间插入食品广告;限制学校销售软饮料、糖果和其他营养价值低的食品;对软饮料和快餐食品征税,然后用所收之税来补贴健康食品、资助健康教育计划;奖励社区建立公园和公共体育设施,以鼓励人们参与体育运动。虽然可能的措施是不计其数的,但是由于政治原因,大多数的改变都难以实施。其中一个原因是,这些改变妨碍了强大的经济利益;另一个原因是,许多这样的改变措施可能只能得到非常有限的公众支持。

来自美国的某些证据表明,对软饮料和快餐食品征税能够有效降低肥胖的危险。在美国,有些州征收这样的税,有些州却没有征收;有些州虽然曾经征收过,但是现在已经废止了对这类食品征税的法令。Kim 和 Kawachi(2006)通过对 1991 年和 1998 年之间资料的分析发现:在那些没有对软饮料或快餐食品征税的州,肥胖率为高相对增加幅度的可能性,是征收该项税的州的 4 倍(定义相对增加幅度等于或者大于 75 百分位为高相对增加幅度),在取消了这项税收的州,发生这种情况的可能性是征收这项税的州的 13 倍。这些发现,与对不健康食品征税会影响肥胖发生率的假设一致。

在学校和工作场所之类的特定环境下,最容易实施的策略可能就是定价策略。在为《肥胖症治疗手册》(2002 年版)撰写的"肥胖症预防"章节中,Schmitz 和 Jeffery 对肥胖预防干预措施做出了精彩的评论。评论中记述了一些研究,这些研究检验了为了增加低脂肪食品在自助餐厅里和自动售货机上的销售量而制订的定价策略的影响。以工地食堂为例,新鲜水果和沙拉食品的价格降低 50%,食品销售量就会增加 3 倍。由于零食通常通过自动售货机销售,因此就可以利用这些机器来有效地实施定价策略。有几项研究已经证明,如果自动售货机里的低脂肪零食价格下降,这些零食的销售量就会增加。

尽管我们现在需要更多与快餐食品、软饮料和零食弹性价格有关的信息,采用税收和定价策略似乎可以有效地抑制肥胖的流行。目前这些策略虽然缺乏民众支持,但是民众的观点可能会改变,因为肥胖流行的趋势已不可避免。一旦认识到肥胖有损健康,认识到没有营养的食品是导致肥胖流行的主要因素,人们就会更加愿意支持环境改变,特别是当一部分税收所得用于补贴更加健康的选项时。

结　论

肥胖会增加患冠心病、中风和成年型糖尿病的危险。因此,Willett 和 Manson(1996)总结指出:对于大多数成年人来说,如果通过定期体育运动或者需要时通过适度的饮食节制能保持无脂体重,那么,他们就会拥有最佳健康状态。但是,对于超重甚或肥胖个体,究竟应该为他们推荐什么样的行动方案,这还不太清楚。虽然临床减肥治疗似乎能够产生短期效果,但是现有的证据表明,在这些治疗结束后的几年之内,肥胖个体设法减掉的体重大多数又反弹回到原来的状态。Wegner(1994)曾经提出,通常个体没能通过节食实现减肥目的,其中的一个原因是想要减肥的个体在精神上"整天生活在冰箱里面"。因此,我们不应该让肥胖个体把注意力集中在试图减少饮食的热量上,而应该说服他们减少对于热量的关注,进而说服他们去改变自己的饮食构成。有证据表明,如果进食低脂肪食物的超重个体能够随愿摄入尽可能多的碳水化合物,那么经过一段时间后,他们的体重会逐渐减轻。因此,旨在降低饮食的脂肪含量、增加蔬果摄入量的建议,不仅会对健康产生积极影响,而且还会缓慢降低超重个体的体重。如果超重个体能够接受建议去参加更多的体育运动,甚至定期运动,那么,他们的减肥速度就会加快,这更加有利于他们的健康。

小结与结论

本章用证据证明,吸烟、酗酒和过度饮食会影响健康。毋庸置疑,有关健康恶化的研究结果以吸烟为最。自 1964 年以来,美国卫生部所写的所有报告都认为,吸烟是可预防死亡率和发病率的最重要因素之一。毫无疑问,酗酒也是一个非常严重的公共健康问题,它除了会损害健康之外,还会破坏人的社会功能与职业功能。肥胖不仅会增加患上糖尿病和高血压之类严重疾病的危险,还会提高死亡率。

人们一旦吸烟、过量饮酒或者有体重问题,他们就很难改变这些胃口性行为。尽管治疗可以有助于个体按照各自的意图行事,从而接纳更多的健康习惯,但是从最终结果来看,他们意图的强度至少可能会和治疗一样重要。因为人们很难改变这些有损健康的习惯,我认为,与行为改变相比,原初预防是更加有效的健康策略。我还认为,原初预防计划不仅应该借助说服和健康教育技术,而且应该依靠有计划的改变,例如改变与这些健康行为有关的奖励和成本。尽管这些奖惩策略可能不太适用体重控制,但是有证据表明,增加烟草和酒类产品的税收,制定更加严厉的年龄限制条件,或者,通过限制这些产品的销售以降低它们的可获得性,都会影响卷烟的消耗量和酗酒行为的发生率。

第5章 行为与健康:自我保护

本章将集中讨论健康增强行为或自我保护行为,例如,健康饮食、运动锻炼、避免传播艾滋病的基础行为(如无保护措施性行为和共用针头),以及保护自己免遭意外伤害。把健康行为划分为过度食欲和自我保护,这有些任意。但是,这两类行为之间是有差异的,表现在它们各自受意志控制的程度不同。人们经常需要治疗来帮助自己能够戒烟、戒酒或减肥,但是,如果人们需要用治疗来使自己能够减少自己食品中的含盐量、开始慢跑、进行安全的性行为或系好安全带,这就会显得非常奇怪。

健康饮食

与饮食相关的健康危险不仅仅只有肥胖。有越来越多的证据表明,过多地摄入饮食中的重要成分,会有害于我们的健康。因此,摄入过多的(饱和)脂肪,会增加动脉粥样硬化性心脏病甚至癌症的发病率和死亡率;摄入过多的盐分(氯化钠),会引发高血压,最终导致心血管疾病。

脂肪、胆固醇与冠心病

在所有的饮食危险因素中,过度摄入饱和脂肪与冠心病之间关系的研究最为广泛。多年以来,随着新的经验证据的出现,有关膳食脂肪在冠心病形成中所起作用的假设已经被修改。这就表示脂肪有好坏之分,就像胆固醇有好坏之分一样。食物脂肪分为植物脂肪和动物脂肪两类。动物脂肪还可以进一步分为3个小类:乳脂、陆生动物脂肪以及海洋生物脂肪,包括鱼类脂肪和鲸鱼或海豹之类海洋哺乳动物的脂肪。这些食物脂肪的脂肪酸组成属性大不相同。植物脂肪和海洋生物脂肪属于不饱和脂肪,它们含有大量的多不饱和脂肪酸,主要是亚油酸。乳脂和肉类脂肪则要饱和得多,它们只含有少量的亚油酸。

胆固醇是一种具有脂类性质的物质,主要由肝脏生产。由于大多数的组织都含有胆固醇,所以胆固醇也是动脉内壁沉积物的主要成分。在血液中,胆固醇主要存在于低密度脂蛋白和高密度脂蛋白这两种蛋白质中。这些蛋白质就像一个个包裹,使得诸如胆固醇之类的脂类能够在以水为基础的血流内得以运输。低密度胆固醇实际上是细胞膜的构成材料。问题是,如果低密度胆固醇过多,它就会沉积在血管壁上,从而促进"斑块"的形成。斑块的形成致使动脉缩小,从而引起动脉粥样硬化。正如我们将要讨论的那样,有证据表明,过多摄入饱和脂肪是导致低密度胆固醇水平升高的主要原因。相比之下,人们认为高密度胆固醇属于好的胆固醇,它能够阻止动脉粥样硬化。高密度胆固醇起着"脂肪清道夫"的作用,把胆固醇从含有过多胆固醇的身体部位运输到可以沉积胆固醇的肝脏之中。关于胆固醇假设的这些修改,直到20世纪最后几十年才得以完成。因此,大多数早期的适用于人类血清胆固醇或食物脂肪的数据,与这种分类并没有什么关系。但是,这并没有造成很大的问题,因为低密度胆固醇的水平与总胆固醇水平高度相关,至少对关于种群的研究是这样。因此,通过各组之间平均之后,总胆固醇水平是低密度胆固醇水平的一个良好指标。

今天,人们已达成广泛的共识,认为在工业社会,由于血清胆固醇水平的提高超过了大多数血清胆固醇的范围,因此增加了患冠心病的危险。这种共识的基础是比较了不同国家饮食习惯和血清胆固醇水平的种群研究。这些研究一致报告,膳食中的胆固醇与血清胆固醇之间存在密切关系。以"七国研究"为例,这项研究在7个国家进行,包括美国、日本和5个欧洲国家。这项研究发现,饱和脂肪的摄入与血清胆固醇水平高度相关($r=0.89$),饮食中的脂肪含量与冠心病的发病率也高度相关($r=0.84$)。

在评估了特定文化环境下膳食胆固醇个体水平与血清胆固醇个体水平之间关系的流行病学研究后,并未发现它们之间存在这种联系。以24小时饮食回忆面谈调查为例,这项调查的研究对象由住在美国密歇根州特库姆塞社区的大约2 000名居民构成,研究目的是确定饮食对于血清胆固醇水平的影响。无论在男性身上还是在女性身上,研究者都没有发现饮食变量与血清胆固醇浓度水平之间存在任何关系。此外,在这些研究中,很少有证据表明饮食与冠心病之间存在关系。

这些研究未能展示膳食胆固醇的个体水平与血清胆固醇的个体水平之间存在关系,这一事实已经被坚持遗传学观点的人用来支持他们自己的观点:血清胆固醇水平主要取决于基因水平,饮食对它产生的影响很小。但是,遗传学的这一观点很难与之前提到的种群研究结果相一致,也与饮食干预研究得出的证据不一致。因为饮食干预研究的证据表明,膳食脂肪含量的大量降低,能造成血清胆固醇的减少。因此,在讨论胆固醇降低干预是否真的会降低死亡率之前,我得先讨论这些研究。

饮食干预对于改进健康饮食的有效性

饮食干预旨在改变人们的饮食行为,即减少饱和脂肪摄入量,增加蔬果摄入量。从整体上来看,这些干预产生的影响虽然很小,但却显著。Michie 等人(2009)分析了 53 项实验干预研究或准实验干预研究,总共涉及 26 417 名个体。这项整合分析得出的总效应值为 $d=0.31$。根据 Cohen(1992)的观点,这种程度的效应很小。但是,这一效应也比得上心理干预研究中观察到的效应。有趣的是,无论是实施的方式(个体与团体),还是实施的环境(如工作场所与社区),都没有减弱这些干预的效能。

这项整合分析特别重要,因为它的研究者试图确定最能提高干预效能的行为改变技术。他们分析认为,促进行为的自我监控是最能提高干预效能的行为改变方法。因此,与没有诱导参试进行自我监控的干预措施相比,促使参试监控自己行为的干预措施(如饮食日志)更加有效。已经证明,当这种方法与以下方法相结合时,它非常有效:促使参试设定目标,促使参试审查和重新考虑先前设定的目标,为参试提供与他们表现相关的反馈信息。把促使参试进行自我监控的方法与其他 3 种方法中的任何一种结合起来,其干预的效应值为 0.54,而没有涉及自我监控方法和其他方法中任何一种干预措施的效应值为 0.24。前者明显大于后者。

这类分析有一个局限值得我们注意:如果所应用方法的研究自身不够充分,那么,即使是有效的方法,也不可能在文献调查中被发现。既然有大量证据表明,计划和形成实施意图能够有效地缩小意图与行为之间的差距,那么,在饮食和运动锻炼方面的研究中罕用的这些方法,可能是造成这项整合分析不能确定实施意图有效的原因。例如,在一项要求参试计划在下个月进食低脂肪食物的研究中,要求一半的参试尽可能地自主制订各自的计划,并要求他们把自己的计划写下来。一个月后,与没有被要求制订计划的参试相比,制订了计划的参试的脂肪摄入量明显减少(根据效验过的食物频次调查问卷测量结果)。

另一个局限是,这些研究大多数征募的是那些已经有动机去改变自己饮食的个体。因此,这些研究的效应可能高估了饮食干预在群体层面的影响。饮食干预面临的主要障碍是,个体经常意识不到自己饮食的不足。以在荷兰发生的全国性运动为例。这项以减少脂肪摄入量为目的的运动发现,荷兰人低估了自己的脂肪摄入量,该低估却成了荷兰人阻碍自己脂肪摄入量减少的主要因素。

饮食干预对于降低胆固醇水平的有效性

在社区、工作场所或初级卫生保健环境下实施的饮食干预,使得胆固醇水平降低 0~10%不等。我们之前提到,Puska 等人(1985)报道了在芬兰北部实施大型社区干预的情况。在干预社区中,男性和女性的血清胆固醇水平,与对照社区相比,在1972年至1977年分别平均降低4%和1%。与此相反,在美国进行的旨在减少心血管疾病危险的3项社区研究中,没有1项干预对于胆固醇水平具有显著效应[这3项研究分别是Luepker等人(1994);Carleton等人(1995);Winkleby等人(1996)]。

我们能够观察到,工作场所饮食干预研究的效应具有类似的可变性。虽然Glasgow等人(1995,1997)在工作场所实施的两项重大饮食干预都未能对胆固醇水平产生任何影响,但Byers等人(1995)对工作人员实施的一项工作场所干预产生了不大但呈显著性的效应。Byers等人的研究中的工作人员的胆固醇水平都高于5.2 mmol,他们也都是自愿参加筛查和干预研究的。对照组接受了大约5 min的饮食教育。干预组另外还接受了两个小时的营养教育,教育在第二个月分多个阶段进行。12个月之后,对照组的胆固醇水平降低了3%,而干预组的降低了6.5%。Byers等人(1995)发表的研究的干预有效性更大的潜在原因之一是,他们聚焦研究的危险群体,应该有更大的动机来降低自己的胆固醇水平。

以上的改变水平是可以期望得到的医院病房外实施的饮食干预的结果。Tang等人(1998)的整合分析结果证实了这一期望。这项整合分析所研究的是19项随机对照饮食干预试验,参试都是自由生活的个体。该分析报道,干预实施了至少6个月之后,血液中总胆固醇水平的平均降低百分比刚刚超过5%。研究者建议,根据食物摄入量报告,作为引起这些适当效应的一个原因,饮食改变的目标很少得以实现。事实上,所观察到的总胆固醇减少情况与根据所报告饮食摄入量预测的结果一致。一年之后的1999年,Yu-Poth等人(1999)发表了一项关于干预研究的整合分析。这项分析以37项干预研究为基础,发现总胆固醇减少幅度还要大一些,甚至低密度胆固醇也降低得略大一些。Tang等人(1998)所发表的研究仅局限于采用饮食干预去减少胆固醇,而Yu-Poth等人(1999)所发表的研究还包括聚焦研究减肥和其他预防心血管疾病的干预(如运动)试验。如果只考虑饮食改变,Tang等人的估计可能更恰当一些。

在初级医疗保健环境下进行的饮食咨询研究,得出的效应通常更强,特别是参试样本是冠心病患者时尤其如此。以Schuler等人(1992)为例,这是一项在德国进行了12个月的研究。研究中,研究者随机地将心绞痛患者分配到干预组和对照组。研究者为对照组提供了常规的医疗服务。实施的干预包括:以小组训练形式进行的剧烈体育运动(每周最少2小时),室内运动(每天20分钟),低脂肪、低胆固醇饮食。在研究的前三周,被分配到干预组的患者待在一间代谢病房里。在这三周期间,研究者告诉他们如何将他们日常饮食中的脂肪含量降到总热量的20%以下。研究者每年举行5次信息咨询会,为患者和他们的配偶提供机会,以讨论与饮食和运动相关的问题。

根据24小时饮食协议,干预组的患者大大改变了他们的饮食计划,他们的总脂肪摄入量减少了53%。这个减少量应该引起胆固醇水平降低20%以上。但实际上,胆固醇水平只降低了10%。Hunninghake等人(1993)为100多名患有中度高胆固醇血症的患者规定了降脂饮食。这项研究得出了相似的差异现象,得出的胆固醇减少百分比甚至更低。他们指出,由低脂肪饮食引起的总胆固醇和低密度胆固醇水平平均降低5%,这远小于预期的降低幅度。由患者完成的饮食协议再一次表明,患者认真地坚持了规定的饮食。

在德国所进行的研究其外加信息显示,所报告的脂肪减少量与实际的胆固醇水平降低幅度之间存在差异的原因,可能是自我报告数据的可信度偏低。第一,在这项研究的第一阶段,代谢病房的工作人员严格监督患者,结果,降脂饮食导致胆固醇水平降低23%,达到了预期水平。第二,在参加有监督的小组运动期间,患者的服从度与平均总胆固醇显著相关($r=-0.51$),而24小时饮食协议与所有的胆固醇量度都不相关。虽然饮食协议可靠性低的原因可能是患者的记忆偏差,或者是因为在完成日志的日子里,患者更加遵守饮食规定。但是,最可信的说明是,成为“好患者”这一希望,影响了他们的饮食报告。

这些干预的主要组成部分是营养教育,再加上一些有关高饱和脂肪饮食引起健康危险的知识。因为有关健康危险的知识似乎主要对不关注这些危险的个体才有效,于是人们就想知道,那些增强与饮食有关的自我效能,或者对于饮食行为的觉察控制的说服性信息,是否不会更加有效。这一点可能显示,与标准干预相比,除营养教育之外,以参试健康饮食信心为目标的干预更加有效。

药物干预降低胆固醇的有效性

从公共卫生角度来看,最重要的问题是,这些类型的干预是否能够降低患冠心病的危险,更重要的是,这些干预是否能够降低全因死亡率。到1990年早期,将近有50项随机对照试验,研究了通过饮食、药物或手术(即回肠分路术)降低胆固醇的方案。1994年发表的一篇关于几项涉及这些试验结果的整合分析述评得出结论说,尽管大大降低了胆固醇水平,甚至冠心病的死亡率,但是,这7项发表的整合分析中,没有一项报告降脂对全因死亡率具有总体统计上的显著效应。

这些整合分析都没有涉及“他汀类药物”试验。他汀类药物属于新一代降脂药物,它能阻碍肝脏内源性胆固醇的合成,从而降低低密度脂蛋白胆固醇水平。最近,有大型临床初级干预试验和二级干预试验已经表明,这些他汀类药物安全、耐受性良好,而且有效。2005年发表的一项整合研究,通过对来自14项他汀类药物随机试验中的90 000多名参试(有一半患有冠心病)的前瞻性数据进行分析得出:低密度胆固醇每减少1 mmol/L,全因死亡率就按比例降低12%。这反映出,冠心病死亡率降低了19%,而非冠心病死亡率并没有显著降低。一项分析了将近70 000名患者的整合分析也得出了类似的结果,而这些患者都患有冠心病。他汀类药物治疗使全因死亡率降低了16%,使冠心病死亡率降低了23%。

这些研究表明,他汀类药物使低密度胆固醇减少,这一降低又进而使冠心病死亡率和全因死亡率大大降低。他汀类药物不仅降低了冠心病死亡率,而且降低了全因死亡率,这可以归因于两个因素:第一,这类药物降低胆固醇水平的有效性有所增强;第二,早期的药物没有副作用,这导致了非冠心病死亡率有所增加。

超越胆固醇:地中海式饮食

"地中海式饮食"这种(代表理想化的)饮食方式,常常在地中海周边地区居住的人群中采用(最典型的可能要属在克里特岛上消费的食物)。有越来越多的证据表明,地中海式饮食给健康带来的好处超越了单靠降脂饮食给健康带来的好处。地中海式饮食的特点是:多橄榄油、粗粮、水果、蔬菜和鱼类;少或者适度的乳制品(主要是奶酪和酸奶);少肉和肉制品;每餐适度饮酒。

大多数有关地中海式饮食保健效应的研究由前瞻性队列研究组成。在这些研究中,要评估参试对于理想地中海式饮食的坚持程度。Sofi 等人(2008)对这种类型的研究进行了分析。在分析 12 项涉及 150 多万参试的前瞻性研究的基础上研究者得出,越坚持地中海式饮食,健康受益就越显著,例如全因死亡率会大大降低,其主要原因是,心血管疾病和癌症的死亡率降低了。此外,帕金森症和阿尔茨海默症的发病率在总体上下降了。

即使前瞻性队列研究,也与所有的非实验性研究一样有一个缺点:都不能排除对地中海式饮食的坚持有可能与其他引起所观察效果的生活方式因素相联系。即使研究者试图对所有明显的危险因素(体重指数、运动、吸烟等)进行控制,但是也永远不能确定,与这种特殊生活方式协变的某些不明显(因而不受控制)因素,是否就是引起这些研究发现的因。因此,实验研究(随机对照试验)也已经示明地中海式饮食具有这些益处,这一点就非常重要了。这些研究中研究范围最广的,要属"法国里昂心脏病膳食研究"这项关于有心脏病个体的研究。研究中,要求分配到试验组的患者遵循地中海式饮食习惯,但没有给对照组中的参试提供饮食建议,只是要求他们遵循各自医生给出的"谨慎饮食"建议。这项研究开始 4 年之后,与对照组相比,遵循了地中海式饮食习惯的试验组,其全因死亡率、心血管疾病死亡率和心肌梗塞发病率都大大降低。在法国里昂心脏病膳食研究中,观察到的健康效应并没有伴随胆固醇、血压或其他传统危险因素的变化而变化。但是,其他的干预研究却报道,接触地中海式饮食小组中的参试,其传统的危险因素也发生了改变。

食盐摄入与高血压

高血压是引起中风和冠心病的主要危险因素。引起高血压的原因很多,但是最常提及的却是食盐的摄入量。世界卫生组织冠心病预防专家委员会非常确定,高血压与食盐摄入量存在关系,因此倡导大家应减少食盐的摄入量。其他专家小组也反复强调了这一建议。例如,美国全家饮食与健康研究委员会就建议,每日的食盐摄入总量不超过 6 g。在英国农业、渔业和食品部编写的营养手册中,也给出了相同的建议。

虽然支持减少食盐摄入量者与反对减少食盐摄入量者之间的激烈争论仍在继续,但是我们有理由相信,该建议有点言过其实。诚如 Taubes(1998)评论的那样,有关食盐摄入量争论的特点表现在两种明显的趋势上:一方面,数据越来越一致,表明减少食盐摄入量最多只能带来一点点好处;另一方面,对数据的解释以及该研究领域本身却仍然处在两极分化状态。反食盐游说团体仍然保持自己的立场,建议大家都减少每日的食盐摄入量。

正如"食盐摄入量争论"观察者指出的那样,提倡严格限制食盐摄入量的人得出的结果,与拥有更多自由观点的人得出的结果非常类似:减少食盐摄入量,会使血压正常的人血压降低大约 2 mmHg,会使高血压患者的血压降低大约 5 mmHg。此外,Hopper 等人(2002)指出,甚至强化干预,由于不适合初级关怀或群体预防计划,也对死亡率和心血管事件产生了不确定的效果,且让血压仅仅有稍许降低。Hopper 等人的这一总结,是在对随机对照试验进行系统评论和整合分析的基础上做出的。

这些研究结果,支持那些持限制食盐摄入量只让某些个体受益观点的研究者。这些研究者认为,限制食盐摄入量只让那些对于食盐特别敏感的个体受益,因为这些人的肾脏的钠排泄能力较弱。因此,对于血压正常的人来说,减少食盐摄入量的好处在临床上可能毫无意义,尽管在群体层面上可能对公众健康具有影响。可是,如果患有轻度高血压的个体,适当减少每日的食盐摄入量,他们就可能从中受益。减少食盐摄入量也基本上没有什么副作用。即使人们最后要采用药物治疗来降低血压,限制饮食中钠含量也可以减少药物的有效剂量,并因此而减少潜在的副作用。

不过,我们还是应该建议大家改变其他饮食方面的状况,因为这样可以更加有效地降低血压。有一项随机对照研究表明,如果饮食富含水果、蔬菜和低脂肪乳制品,少含饱和脂肪以及总脂肪含量低,那么就可以使患有高血压的参试的血压降低 11.4 mmHg,使血压正常参试的血压降低 3.5 mmHg,尽管两组饮食的含盐量一样。其还有另外一个好处,那就是可能降低胆固醇水平,从而减少从长远来看会引起高血压的又一个因素。

结　论

毫无疑问,高血清胆固醇水平和高血压是引起冠心病的危险因素。人们也一致认为,改变饮食结构可以减少这两种危险因素。因此,减少饱和脂肪摄入量、增加蔬果摄入量,这不仅可以降低血清胆固醇的水平,而且还可以降低血压。减少饮食中的食盐含量应该进一步使血压受益,这对于那些对食盐敏感的个体来说尤其如此。

因此,尽管在目前还不现实,我们还是期望,通过正常的公共卫生干预,包括媒体、在工作场所或初级关怀环境中进行饮食教育,把胆固醇水平降低5%~10%以上。此外,通过大众媒体进行饮食教育(以及通过法律措施要求公开食品脂肪含量)为什么重要,为什么可能对公共卫生产生重大好处,其中还有其他重要的原因。原因之一是,与所有界值点一样,危险胆固醇水平与非危险胆固醇水平之间的界值点有几分任意性。因此,饱和脂肪含量低的饮食,对于心血管系统的效应应该对很多人都有益处,即使他们的胆固醇水平不是特别高。原因之二是,更健康的饮食也可能有利于人们的血压保持正常。原因之三是,富含脂肪的饮食是引起超重的主要危险因素之一。因此,说服人们减少饮食中的(饱和)脂肪含量,有助于他们控制自己的体重,但不需要限制热量的摄入。因此,旨在促进健康饮食的公共卫生运动,可能有助于减少超重和限制饮食热量对健康产生的负面影响。最后,与典型的低脂肪、限热量饮食相比,地中海式饮食可能更容易被人接受,地中海式饮食具有保健作用的证据,可以为更多的有效饮食干预铺平道路。

体育活动

要是我们调查一下人们为了提高自己的健康水平都会采取哪些措施的话,大多数的调查对象可能会提到定期运动。但是,人们通常不会把定期运动付诸实践。即使在美国也是如此,美国人的健康意识似乎高于欧洲人,但是在美国成年人中,只有15%的人在休闲时间进行定期的、高强度的运动,从而使自己达到目前健康指南中所规定的健康要求(每周运动3次,每次至少20分钟)。在过去几十年里,参加定期运动的人的比例变化非常小。在青少年中,这一比例要高出很多,但是随着年龄的增长或者年级的升高,这一比例就大大下降。

有强有力的证据表明,定期进行高强度的体育运动,可以减少高血压、心血管疾病、结肠癌、非胰岛素依赖型糖尿病和全因死亡率的危险。定期进行体育运动似乎还可以减轻抑郁和焦虑症状,从而改善情绪。能增加耗氧量的"有氧运动"和"耐力运动"有慢跑、骑车和游泳。所有这些运动的特点是,强度大、持续时间长,且需要高耐力。"体能训练"或"抵抗力训练"(如举重),能增加肌肉的多少和力量,但是不提高肌肉的耐力。越来越多的人意识到抵抗力训练的重要性,因为它有助于人们保持和增强肌肉的力量,还有助于老年人避免跌倒,并提高动作的灵活性。然而,由于大多数研究的对象都是有氧运动的健康后果,因此我们在本节就完全讨论这类运动。

体育活动与身体健康

体育活动通常就是指身体的任何运动,它由骨骼肌的运动引起,造成的结果是能量的消耗超过静息时能量消耗。根据进行的环境,体育活动通常分为职业型体育运动、家庭型体育运动以及休闲型体育运动。休闲型体育运动是指人们为了娱乐而进行的运动,如参加运动会或者散步。但是,在典型的一天中,大多数人进行的运动都不能被简单地归入这些类型,包括步行至工作场所、爬楼梯、提行李或者在花园里工作。因此,在此我会对体育运动进行更加简单的分类,我会把体育运动分为休闲型体育运动和非休闲型体育运动。休闲型体育运动是指人们通常说的运动(如参加运动会、慢跑、徒步旅行),非休闲型体育运动包括职业型体育运动、家庭型体育运动以及那些既不是直接的职业或家庭活动也不是为了娱乐而进行的体育运动。

休闲型体育运动

Magnus 等人(1979)指出,如果一个人在一年中有超过 8 个月的时间经常散步、骑车和干园艺活,那么这个人的急性冠心病发作率就会降低。体育运动的量似乎不重要,重要的是人们在全年中要花大部分时间进行体育运动。Morris 等人(1980)通过对中年男性办公室工作人员的研究发现,在 1968 年和 1970 年之间进行的初步调查期间保持身体健康和参加高强度运动的男性工作人员,在调查结束之后的 8 年半时间里,患上冠心病的概率比没有参加高强度运动的同事低一半以上。

Paffenbarger 等人(1978,1986)是一项在美国进行的更加广泛的研究,研究样本为哈佛大学的男性毕业生。在这项研究中,有 16 936 名在 1916 年和 1950 年之间进入哈佛大学就读的男性毕业生返回了调查问卷。问卷内容是他们在 1962 年或 1966 年参加体育运动的情况(如散步、爬楼梯、参加运动会)。1972 年的第二份调查问卷确定了在同一时期发生的非致命性心脏病发作事件。研究还获得了在 12 至 16 年时间里发生的致命性心脏病发作事件的记录。

在前 6 至 10 年,发生了 572 起心脏病首次发作事件。每周运动消耗的能量越多,冠心病的特定年龄发病率就越低。已经把能量消耗编制成一种体育运动的综合指标,以每周千焦数(即,大卡/周)表示。根据这个指标,如果一个男性的能量消耗低于 2 000 大卡/周,而他的同事的能量消耗高于 2 000 大卡/周,那么这个男性的患病危险率就要比他的同事高 64%。很明显,心脏病的发作只与现时的运动有关,而不是与学生时期的运动有关。因此,男性毕业生在学生时代参加过竞技性运动,与他毕业后的心脏病发作危险无关。此外,像图 5.1 所示的那样,即使其他危险因素受到控制,运动与心脏病发作危险之间的反比例关系依然可以得到证明。这一点非常重要,因为,体重或吸烟之类的危险因素与运动坚持强烈负相关。运动也与死亡率负相关。如果能量消耗从小于 500 大卡/周增加到 3 500 大卡/周,那么,冠心病死亡率和全因死亡率就会稳步下降。即使超过这个界值,死亡率也只会稍微升高。能量消耗低于 2 000 大卡/周的男性,其死亡危险率要比做更多运动的男性高 31%。

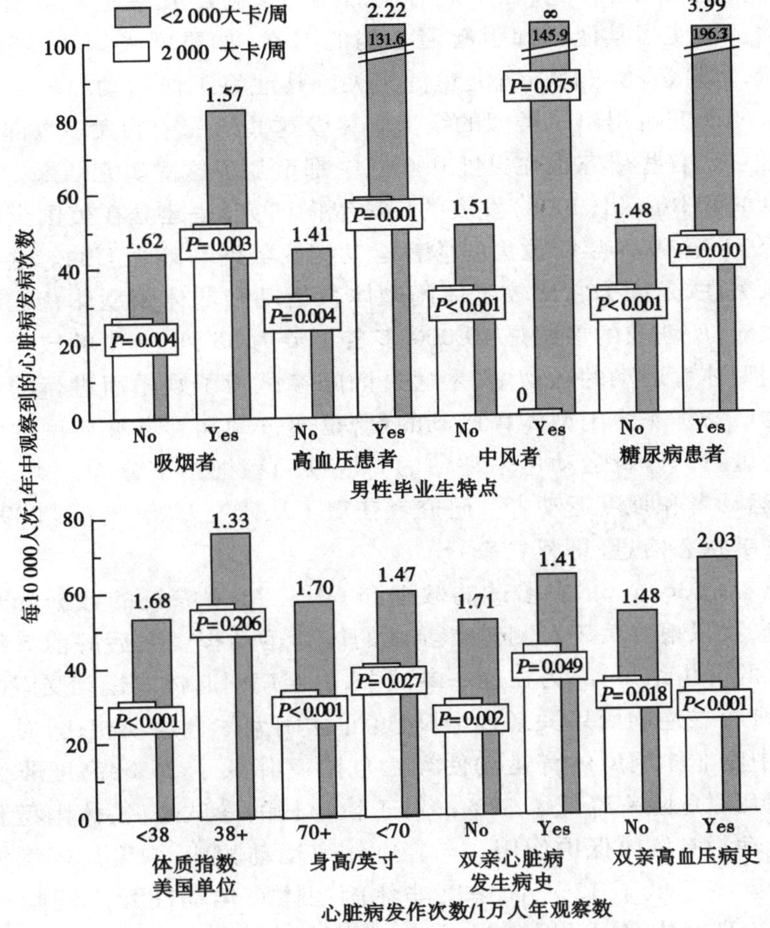

图 5.1　体育运动与首次心脏病发作

注:本图对哈佛大学男性毕业生的体育运动指数和其他特点进行了配对比较。

相对危险度的计算如下:

$$\frac{\text{拥有低体育运动指数的男性毕业生的风险度}}{\text{拥有高体育运动指数的男性毕业生的风险度}}$$

资料来源:Paffenbargen et al.(1978)

非休闲型体育运动

Paffenbarger 和 Hale(1975),以及 Brand 等人(1979)的研究,延续了 Morris 等人(1953)的首创研究。他们继续研究职业型体育运动对健康的保护效应。从 1951 到 1973 年的这 22 年间,他们对 3 975 名装卸货物的码头工人进行了典型研究,这些工人的年龄为 35 至 75 岁。通过这项研究他们发现,参加适度和轻度体育运动的个体,其死于冠心病的相对危险度几乎是从事繁重工作工人的两倍。即使当其他已知引起冠心病的因素(如重度吸烟和高收缩压)受到控制时,体育运动与冠心病仍然负相关。其他将工作活动与冠心病死亡率联系起来的研究也得出了类似的结果。尽管这些研究中的大多数都是用全男性样本,但是,有些研究也在男性和女性中都重复了这些研究结果。

Arrieta 和 Russell(2008)发表的一项纵向研究,是建立在美国全国健康统计中心 1971 至 1975 年所收集的体育运动相关数据基础之上的。这项研究之所以令人关注,是因为它比较了休闲型体育运动和非休闲型体育运动对健康的相对效应,所涉及的参试是 10 000 多名年龄为 35 到 74 岁的成年人。研究中的休闲型体育运动的运动量,是通过询问参试为了娱乐而进行的运动的量来评估的。对于非休闲型体育运动的量,是通过询问参试在典型的一天中抛开娱乐而进行的体育运动量来评估的。根据回答把参试分为三类:轻度运动者、中度运动者和强度运动者。研究者获得了从研究开始一直到 2000 年这群成员的关键状态信息(即死亡率)。

研究者把 36 至 59 岁参试的数据和 60 至 74 岁参试的数据分开进行分析。这里,我只报告关于在测量了参试的体育运动程度之后的前 5 年里还活着的参试的分析结果,因为在这些参试中,由疾病引起体育运动受限的可能性被降低(即存在逆向因果关系)。与轻度非休闲型体育运动相比,对于较年轻的参试,中度非休闲型体育运动使死亡危险率降低了 26%,高度非休闲型体育运动使死亡危险率降低了 37%。对于较年长的参试来说,休闲型和非休闲型体育运动都有健康保护作用。与轻度体育运动相比,中度休闲型体育运动使死亡危险率降低了 12%,而中度非休闲型体育运动使死亡危险率降低了 18%。对于高度体育运动,休闲型体育运动和非休闲型体育运动分别使死亡危险率降低了 34%和 38%。

虽然这项研究可能表示,非休闲型体育运动比休闲型体育运动更重要,但是大多数其他研究却表明,有利于健康的重要因素是实际的能量消耗量,而不是能量消耗的环境。此外,体育运动的程度越高,它对健康带来的好处也线性增多。Lee 和 Skerett(2001)通过对在加拿大、丹麦、芬兰、德国、以色列、荷兰、挪威、瑞典、英国和美国进行的 44 项观察性研究进行述评后得出结论,在特定的时期内,死亡危险率会随着体育运动程度的增加而下降。已经发现,无论是对于男性还是女性,对于年轻者还是年长者,这一反比关系都存在。

大多数有关体育运动对于健康影响的研究,都依赖于体育运动程度的自我报告量度。Manini 等人(2006)发表的研究是个例外。这项研究对一个社区的健康男性和女性样本的能量消耗进行了客观测评,样本为 302 人,年龄从 70 到 82 岁,测评方法用的是双标水法。在测量了样本的能量消耗之后,研究者对这些样本随访了 6 年。结果发现,在运动能量消耗的最高三分位组的绝对死亡危险率为 12.1%,在中间三分位组的绝对死亡危险率为 17.6%,在最低三分位组的绝对死亡危险率为 24.7%。因此,在这 6 年期间,能量消耗水平最低组的死亡危险率是能量消耗水平最高组的死亡危险率的两倍。根据吸烟状况、教育水平或普遍健康条件调整之后,结果的变化也很小。这些研究者估计,如果每天能通过运动消耗 287 大卡的能量,死亡危险率就会大约降低 30%。

身体健康

在这里所评论的大多数研究中,我们都使用了某种方法,把那些已经诊断出患有某种疾病的个体筛选出去。然而,最为广泛的临床筛选也许要数 Blain 等人(1989)发表的研究。在这项研究的一开始,就在一家诊所对男性和女性参试做了预防性健康检查,把有过心脏病发作、高血压、中风或糖尿病个人病史的个体都一一排除,也把对静息或者运动心电图仪做出异常反应的个体排除。

身体健康这项被视为习惯性体育运动的客观指标,是直接通过平板运动测验来测量的。研究对 10 224 名男性和 3 120 名女性参试的平均随访时间略超过 8 年。结果显示,身体健康与死亡率负相关。这种反比关系对全因死亡率和冠心病死亡率都很显著。即使在统计上对年龄、吸烟习惯、胆固醇水平、收缩压、空腹血糖水平和双亲的冠心病病史进行调整之后,这种反比关系仍然显著。

延长随访时间,有助于研究者评估 9 777 名男性的身体健康变化与死亡率之间的关系。两次体检之间的平均间隔为 4.9 年,第二次体检之后针对死亡率进行的随访时间平均为 5.1 年。研究结果显示,如果身体健康得到改善,那么死亡危险率就会大大降低。因此,在初次体检时不健康,但是在第二次体检时变得健康的男性,他们的死亡率降低了 44%。

控制混杂变量

由于在有关运动影响的研究中,都没有随机地把参试分配到不同程度的体育运动组中,因此就很难确定时间顺序,即假定的因是否真的就在假定的果之前。如果个体能够自由决定自己的体育运动程度,那么在疾病开始发作时,他们就可能会选择少一些体育运动。在研究开始时就对参试进行健康筛选,这有助于把已经患有冠心病或其他严重疾病的个体排除出去。但是,由于医疗诊断并非绝对可靠,所以,即使仔细的医学筛查,也不能消除这种可能性:降低运动程度是由于某种未诊断出来的疾病。然而,如 Powell 等人(1987)指出的那样,如果根据疾病情况进行的自我选择属于重要因素,那么在观察期之前采用了医学筛查的研究,与没有进行事先筛选的研究相比,就会得出运动与健康之间的联系更小、更不一致。但是,在对有关体育运动与冠心病研究所进行的广泛评论中,鲍威尔等人并没有找出这种差异存在的证据。

第二种防止参试根据疾病进行自我选择的策略是,忽略掉那些评估了运动程度之后,前两三年随访期间发生的死亡或疾病。Paffenbarger 等人(1986)、Blair 等人(1989),以及 Arrieta 和 Russell(2008)发表的研究,就都采取了这种策略。尽管如此,运动与死亡危险率之间仍然呈强负相关。如果在不运动组中患亚临床型心脏病的个体过多,那么人们就会期望,这种反比关系的强度随着时间的推移会大大减弱。因此,强反比关系持续存在这一点,就使得对于这种类型自我选择的解释变得不太可信。

不过,还有第二种自我选择。这是一种根据危险因素进行的自我选择,是不受这些程序控制的。有证据表明,与年龄较小、社会经济地位属于中层阶级或上层阶级、体重正常、不吸烟的个体相比,年龄较大、社会经济地位较低、超重或吸烟的人更有可能退出自愿运动计划。因为这些变量都会增加发病和死亡的危险率,所以这种类型的自我选择可以解释健康差异。在先前提到的许多研究中,即使这些危险因素在统计上受到了控制,研究者还是能够示明,运动有利于健康。

虽然该研究领域仍然需要有控制的干预研究,但是,先前描述的研究对所有疑似混杂变量的控制已经非常彻底了。有关休闲型体育运动的研究表明,如果每周能量消耗为 1 500~2 000 大卡,这就足以降低心脏病死亡的危险率。是否能够把每天跑步半小时或每天散步一小时看作大多数成年人能够完成的中等水平的体育运动,这得留给读者来判断。其实,该领域的大多数研究者都是这样做的。幸运的是,对那些没有获得最大健康受益也感到满意的人来说,运动程度与健康之间的关系似乎是单调的,至少休闲型体育运动与健康之间的关系是这样。换句话说,运动与健康受益之间存在一致性的联系:每次运动量增加,我们的健康都从中受益。

中介过程

为了说明体育活动何以能够预防心脏病,学界提出了一系列的生物机制。

有建议称,通过刺激发展支持心肌的侧支血管,肌肉活动可能直接保护心血管系统。有来自动物研究的证据告诉我们,体育活动增加了心外膜冠状动脉的直径,并增强了冠状动脉的旁侧发展。

通过增强心肌电的稳定性,运动可以防止由心脏引起的猝死。这可能就是为什么有几项研究都报道:进行的运动越多,参试遭遇心脏猝死的概率就越低。有证据表明,体能训练可以增强人类的心脏副交感神经功能。刺激副交感神经可以减少由于心肌供血不足引起的心室颤动。来自动物研究的证据也表明,运动训练之后,对心室颤动的抵抗能力就增强。

最后一点,体育运动对引起冠心病的因素具有良好的影响,这些因素包括超重、高血压和动脉粥样硬化等。有证据表明,运动有利于体重控制,运动可以降低得高血压的危险。为了确定运动对血压产生的效应而进行的40多项随机对照试验,其结果显示,经常进行锻炼可以使血压正常者的收缩压和舒张压分别降低2.6 mmHg和1.8 mmHg,使高血压者的收缩压和舒张压分别降低7.4 mmHg和5.8 mmHg。因为对体重和高血压这两种因素进行了控制的研究已表明运动有利于健康,所以这些因素不可能是运动与健康之间关系的主要中介因素。经常运动还可以降低动脉粥样硬化的危险。Thompson等人(2003)整合分析了50多项持续时间超过12周的运动训练试验,结果表明:高密度胆固醇水平每提高4.6%,低密度胆固醇水平就降低5%;也有证据表明,体育运动可以降低胰岛素抵抗性和葡萄糖耐受性。

要进行多少体育运动才能保持身体健康?

美国心脏协会提出的更新建议是:年龄在18至65岁的所有健康成年人,都应该进行中等强度的有氧体育运动(如以每小时3~4英里的速度快走),每周5天,每天至少30分钟;或者,应该进行高强度的体育运动(如慢跑),每周3天,每天至少20分钟。有证据表明,把运动时间分成几段(如把每天30分钟的运动分成3段,每段10分钟)同样有益于健康。除了有氧运动之外,还建议大家做一些能够保持或增强肌肉力量的运动。

体育运动与心理健康

人们普遍认为,有氧运动有利于心理健康。慢跑、跳舞或游泳之类的有氧健身项目,已经成为治疗抑郁症的良方。当然,相关性研究和干预研究也获得经验证据,表明体育运动可以缓解抑郁症和焦虑症状,并可以改善情绪。

运动与抑郁症

抑郁症是指一种心理健康问题,它的特点是:情绪低落;对所有活动的兴趣或愉快感大大降低；出现许多其他症状，如失眠、焦虑不安、体重减轻。据估计，有 1/5 的人，在一生中都会受到抑郁症的影响。来自社区里的男性和女性研究证据表明，体育运动可以大大减少抑郁症状，大大降低临床抑郁症的发生率。例如，在伊利诺伊州进行的一项电话调查数据显示，与没有参加体育运动的人相比，成年人花在定期运动、运动会或其他体育运动上的时间越多，那么他们的抑郁症状就越少。在德国巴伐利亚州进行的一项社区研究也得出了类似的结果。但是，这种相关性证据的因果关系却模棱两可。虽然参试会因为不健康和不运动而变得抑郁，但是他们也会因为抑郁而不运动。可能还有第三种因素（如某种身体疾病），既使得人们减少运动量，也使得人们变得抑郁。

体育运动可以减少轻度和中度抑郁症患者个体的抑郁症状这一假设的支持证据，已经在一些实验性干预研究中取得。Dunn 等人（2005）把 80 名诊断出有轻度和中度抑郁症的参试，随机地分配到 4 个运动组中的任何一组，或者分配到运动安慰剂组。这些运动组有两个方面的不同。第一是有监督的运动量不同；第二是每周运动场合的数量不同。高运动剂量组的运动量，符合之前提到的美国心脏协会给出的建议；低运动剂量组只完成一半的运动量；运动安慰剂对照组，每周至少集体进行 3 次伸展运动。基本的结果量度是从基线水平到 12 周的抑郁症状变化。抑郁症状是用于“汉密尔顿抑郁量表”评估的。该量表是一种医生用来评定患者抑郁症状的多项选择型调查问卷。结果显示：高剂量运动使抑郁分数显著降低，高剂量组的改进也显著超过低剂量运动组或安慰剂组；低剂量组与安慰剂组之间没有差别；每周运动次数的分布情况并没有产生什么影响。

Blumenthal 等人（2007）发表的研究是迄今为止最仔细的实验干预研究，但所得到的发现却更加微弱。他们的参试由 202 名男性和女性构成。这些参试被诊断出患有重度抑郁症，他们参与这项研究的时间是 2000 年 10 月至 2005 年 11 月。他们被随机分配到 4 种条件中的一种：有监督的有氧运动、室内有氧运动、抗抑郁药物、安慰剂。在有监督的有氧运动条件下的参试，每周参加 3 次有监督的小组运动，共 16 周。室内运动条件下的参试收到了同样的指示，不过他们要在自己家里运动。药物条件下的参试要么收到了抗抑郁药物，要么收到了安慰剂药物。治疗后，两个运动组的有氧运动能力明显高于药物组的有氧运动能力，其中，有监督运动组的能力分数最高。主要的结果量度是重度抑郁症的缓解率和抑郁症状自我报告量度分数的降低。按计划进行的比对示明：有监督运动、室内运动以及药物，对抑郁症产生的缓解率比安慰剂高，两个治疗组之间没有差别。可是，这个比对并没有达到约定的显著性水平，在自我报告量度上产生的效应也不显著。在第二个结果量度（汉密尔顿抑郁量表评级上的改变）上的效应同样不显著。

Mead 等人(2009)发表的研究,在对 23 项随机对照试验结果整合分析的基础上得出,运动条件与无治疗或者控制干预相比,对结果产生了显著效应。但是,当这项分析只涉及那些使用意图·治疗方法的试验时,效应就大大降低至边缘显著。Blumenthal 等人(2007)和 Dunn 等人(2005)发表的干预试验,都属于该领域中研究方法最棒的试验。由于这两项干预试验发现了一些显著的运动效应,因此我倾向于这样的结论:对于轻度和中度抑郁症的个体,运动的确能产生积极的效应,尽管这些效应有些微弱。

运动甚至可以保护个体免受抑郁症的困扰。Paffenbarger 等人(1994)发表的一项针对 10 201 名哈佛大学男性毕业生的前瞻性研究发现,在 1961 年或 1966 年评估的体育运动程度,与在此之后 23 到 27 年期间的抑郁症发病率之间存在反比关系。1988 年,研究者曾询问参试是否曾经被医师诊断出有健康问题,并且要求他们说明问题开始出现的年份。研究者为这些参试提供了一张涉及抑郁症情况的清单,清单还涉及其他健康问题,如冠心病和肺气肿。抑郁症的发病率是根据随访期间第一次发作的情况确定的。结果表明,研究开始时报告的体育运动程度,与随访期间抑郁症的发病率之间存在反比关系。那些报告称自己每周运动 3 小时或 3 小时以上的男性,其患上抑郁症的相对危险率比那些报告称自己没有做任何运动的男性要低 27%。

中介过程

为了说明运动对抑郁症产生的影响,很多生理和心理机理被提了出来。有人建议,有氧运动可以促进脑内去甲肾上腺素的产生。中枢神经系统中的去甲肾上腺素水平低一直被怀疑是某些抑郁症产生的一种原因。另一种假设是,运动过后情绪状态得到改善,是体内释放的内啡肽(阿片类物质)刺激的结果。从心理的层面讲,运动可以减轻焦虑感和抑郁症,原因是运动可以分散人们的注意力,从而不让人们关注自己的问题。虽然这可以解释运动对焦虑和情绪产生的直接效应,但是,我们很难看出它能够解释长期效应。

能更好解释长期效应的假设是,运动可以提高个体的自我效能感。如果一个人定期运动或参加运动组,那么,他就会感觉自己更加守纪律、更加有用、更加有能力。运动的有些积极效应也可能源自与运动有关的因素,例如社会活动以及与他人接触时的参与感。因此,与朋友一起骑车、与同伴一起游泳、或者与他人一起跑步,这些都可以改善情绪,因为在这些活动中,大家都有人陪伴。

体育运动与健康的老去

体育运动能起重要作用的方面有:减缓随着年龄增长身体健康水平逐渐

下降的趋势;防止出现残障;有助于老年人保持自己的独立性。老去的特征是生理本领和生理储备的散漫丧失。我们的年龄越大,我们的身体健康水平就越低。我们身体健康水平随着年龄升高的这种下降,不是在 65 岁时突然发生的,而是在中年的时候就开始的,并在此之后持续下降。来自横断面研究的数据表示,在 30~80 岁,我们的有氧运动能力(即身体使用氧气产生能量的能力)要下降 50%,背部、腿部和手臂肌肉的力量减弱 30%~40%。多年以来,人们都普遍接受,身体健康水平的这种下降是由遗传因素决定的,因而是不可避免的。

最近,通过再现早在十多年前进行的一项有关老去与智力的研究,研究者注意到,年龄对身体健康的作用表现出因个体的不同而大不相同。有些年长个体的身体健康水平大大下降,而有些个体的身体健康水平下降极小。这就暗示我们,身体健康平均水平的这种陡峭下降趋势,虽然过去认为是老去的"正常"后果,但是现在看来并不是不可以避免的。Rowe 和 Kahn(1987,1997)创造了"成功老去"这个术语以指称这种类型的功能保守。成功老去的特点包括 3 个方面:患上疾病和与疾病相关的失能的可能性低;大脑和身体功能的本领高;积极投入生活。因此,成功老去不仅仅指没有疾病,也不仅仅指功能的本领得以保持。只有当这两方面结合起来而积极地投入生活,成功老去才能得到最充分的反映。

流行病学研究得出强有力的证据,支持定期体育运动可以保持肌肉的功能,提高身体的移动性,减少跌倒的危险,因此在成功老去过程中起着重要的作用。几项大型的纵向研究也观察到,对于在基线测量时功能完好(如能够爬楼梯和能走半英里路)的 65 岁和 65 岁以上男性和女性来说,之后几年期间不活动与身体移动性丧失的危险大大提高有关。干预研究也示明,有氧运动和力量运动可以增强高龄成年人的有氧运动能力和肌肉力量。Gu 和 Conn(2008)分析了运动干预对高龄成年人功能状态的影响后得出:运动干预对功能状态量度(如步行速度、步行耐力、平衡力)有显著但却一般的影响效果。Netz 等人(2005)分析了体育运动对高龄成年人心理健康状态的影响。这项分析示明,体育运动的好处不仅仅在于它能够改善生理功能状态。与对照组相比,治疗组的心理健康水平有不大但却显著的提高。

仅仅靠保持身体健康是不能让年长个体"积极投入生活"的,除非他们认知功能的能力也保持在一个高水平上。来自非干预研究的证据表明,与身体不活跃的老人相比,身体活跃老人的认知功能更好。Albert 等人(2005)通过对 1 000 多名年龄为 70 至 79 岁的高功能老人进行为期两年的随访调查,也得到证据支持这一结论。这项研究确定,在家里或在家周围进行的剧烈运动,是预测两年多时间里认知功能保持状态的四个因素之一。相比之下,来自不同干预研究的证据并不一致。原本,干预研究应该得出更加明确的因果解释证据。但是,这些计划大都持续时间短、样本规模小,从而减弱了它们的统计效力。

体育运动的决定因素

定期运动的决定因素

哪些人在保持健康,我们又如何说服那些不这么做的人去定期运动?很遗憾,从健康教育的观点看,与运动参加情况和运动坚持情况有关的许多变量都很难被影响,这些变量包括年龄、社会经济地位、教育情况、吸烟情况以及与运动设施的方便程度。在“身体变量”中,体内脂肪和身体质量似乎是决定人们运动计划坚持程度的主要因素。

有关刻画运动计划中参试特点的“态度”研究,常常都依靠针对体育运动态度的相当整体的量度,如“身体估计和吸引力量表”。作为运动计划参加情况的预测因素,这些总体量度只是中度成功。这并不奇怪,因为,总体态度是特定行为的不良预测因素(参见第 2 章)。

根据理性行动模型,特定行为的最好预测因素是人们打算实施该特定行为的意图,而预测该意图的,是人们对特定行为的态度,以及对于他人期望自己实施这一行为的重要性的知觉(并以他们的遵守动机或主观规范加权)。计划行为模型还把觉察行为控制作为意图的第三种决定因素和行为的潜在预测因素。这两种模型已经成功地用于各种体育运动的研究,包括各种休闲型运动。Hagger 等人(2002)对基于这两种模型的 72 项研究进行了整合分析,找到了支持这两种模型的证据。他们发现,有 45%的意图方差由态度、主观规范和觉察行为控制解释;与主观规范相比,态度和觉察行为控制的预测性更强。他们还发现,意图与觉察行为控制一起,能解释平均为 27%的个研究间的体育运动方差。

根据这两种模型,意图和觉察行为控制是直接影响行为的仅有变量。这就意味着,社会结构变量的影响会受到意图和觉察行为控制的影响。Godin 等人(2010)检验了这一假设。这项研究的样本为 1 483 名加拿大男性和女性,年龄为 18~80 岁。研究开始时,评估了参试对于休闲型体育运动的态度、主观规范、觉察行为控制和意图。通过让参试说明过去 3 个月里自己在休闲时间运动的程度,测量参试过去的行为。此外,研究者还评估了几种社会结构因素,如教育水平、家庭收入、性别、年龄以及物质匮乏情况。根据社区水平,研究者利用一种指标测量了参试的物质匮乏情况。物质匮乏情况,是在邻里水平上通过一个能反映给定邻里的教育、就业和收入水平的指标测量所得。3

个月之后，在研究的第二时段，研究者再次与参试接触，并且要求参试说出在过去的 3 个月里他们各自参加休闲型体育运动的程度。

意图、觉察行为控制以及社会结构变量的量度，与第二时段的行为显著相关。研究者进行了层次回归分析，以检测社会结构变量对行为产生的效应是否的确是通过意图和觉察行为控制的中介。结果显示，它们只有部分中介作用。在统计上对意图和觉察行为控制对行为产生的效应（通过首先让意图和觉察行为控制进入层次回归）加以控制后，教育、收入、年龄、性别和物质匮乏情况对行为产生的效应显著减弱。效应虽然减弱，但是仍然显著（或者在性别和物质匮乏的情况下，效应边际显著）。这就表明，除了通过意图和觉察行为控制中介的间接效应之外，结构因素对行为也有直接效应。

维持运动的决定因素

到目前为止，我所评论的研究都只评估了定期运动强度和频率的决定因素。还有一些研究，它们所研究的个体都打算增加自己的体育运动量，因而他们的典型做法是报名参加大学或体育中心的运动项目。由于很少有人能够定期地参加这些项目，有些人甚至会中途完全退出项目，因此，研究者就能够通过这类参试，来评估运动随时间推移得以维持的决定因素。

根据理性行动理论和计划行为理论，应该通过人们对于持续参加运动项目的态度来预测他们是否会持续参加运动项目（即坚持程度），而不是通过人们对于运动的态度。由于只有对体育运动持积极态度的个体才有可能被招募进运动者组，因此，项目坚持程度与体育运动的一般态度之间可能只存在微弱的关系。与该观点一致的是，体育运动态度的总体量度通常不能成功预测运动项目的坚持程度，即使在总体态度量度能够合理预测谁会成为参试的情况下也是这样。

有些研究评估了持续参加运动项目的态度和行为意图，这些研究较能成功预测运动项目坚持程度或运动保持情况，例如 Jonas（1995）、Armitage（2005）。Jonas 做了一项前瞻性研究，参试样本 100 多名，有男性也有女性，这些参试都选修了德国图宾根大学为期 4 个月的健身课程。Jonas 根据参试对于参加和觉察控制的态度（而非主观规范），预测了参试在后半学期是否会参加这项课程的意图（$R^2 = 0.45$）。参试对于健身课程的态度，即参试是否喜欢健身课程，是参试意图的另外一个决定因素。有 25% 的实际参加方差可由（客观测量出的）意图解释。虽然觉察行为控制对于预测意图行为没有多大贡献，但是，参试对于参加的情感反应却有重要贡献。参试越享受参加，他们就越有可能继续参加下去。

有趣的是，在这项研究中，觉察行为控制对于意图的影响只在后半学期显著,这可能是因为,在后半学期,意图可能变成了更好的行为预测因素的结果。在前半学期,参试学会了用更现实的态度来看待对于自己行为的限制问题。在第2章中描述的Ajzen和Madden(1986)发表的研究中,参试打算得到高分的意图并没有减弱,即使他们意识到要实现这一目标非常不现实。与这些参试形成反差的是乔纳斯研究中的参试。这些参试根据他们各自对于行为控制的更加现实的看法,调整了自己的意图。结果,在后半学期,他们的意图就变成了他们行为的更好预测因素。虽然这些研究结果与Ajzen和Madden的研究结果不同,但是这些结果与计划行为模型并无二致。因为,计划行为模型允许觉察行为控制去影响行为意图,虽然它并没有指明这种情况会在哪种条件下发生。

要产生Jonas(1995)在德国图宾根大学研究中所提出的模式,有两个条件是必需的。第一,必须在中途以某种方式测量一次意图,以方便做出调整。如果用最初的意图作为预测因素,那么Jonas发现的调整就不会出现。这就解释了为什么Armitage(2005)提出的同类型纵向研究没有再现Jonas的研究结果,其中Armitage的研究参试选修了为期12周的体育运动课程。Armitage用意图和行为控制来回归平均出席率时,只有觉察行为控制是显著的预测因素。由于Armitage把在为期12周的体育运动课程开始时所评估的意图作为了预测因素,因此,参试不能根据对于觉察行为控制更加现实的看法来调整他们的意图。第二种因素也许是被评估的行为目标的重要性。要将人们的体育运动意图调整到更加现实的水平上容易,而要放弃在一门课程上得A就困难得多,即使实现A这一目标的可能性相当小。

虽然Jonas得出的结果模式与Armitage得出的模式并不一致,但是,他们两个人的研究却一致地把觉察行为控制确定为行为得以保持的重要决定因素。尽管Rhodes等人(2008)和Williams等人(2008)都证实了这一结论,但是,该结论与Rothman等人(2004)提出的有关行为保持决定因素的理论观点并不一致。Rothman等人认为,自我效能(觉察行为控制的一部分)只会影响健康行为的发起,但不会对健康行为的保持起任何作用。在保持阶段,自我效能已不再重要,因为,人们已经证明自己能够在相当长的时期内执行健康行为,所以,他们就会认为再没有必要去怀疑或核实自己执行健康行为的能力了。

如何说服人们去进行运动?如何提高人们的运动计划坚持程度?对此,我们能够得出什么结论呢?该领域的研究者似乎都认为,人们参加运动计划是为了获得健康益处(如改善心血管健康、减肥),人们保持运动是因为运动计划便于实施且令人愉快。这就告诉我们,体育运动涉及两道程序。由于便利性可能是开始和坚持的预测因素,大众媒体活动不仅应该强调特定运动对于健康的好处，而且还应该告诉人们，要保持健康所需要付出的努力比大多数人预期的要少。此外，要说服人们加入健康俱乐部或者每天步行半小时很难，但是，要说服他们去重新安排自己的日常生活，进而更加积极地参加运动，这可能要容易很多。

Brownell 等人（1980）指出，可以说服个体去改变一些细小的生活习惯。他们观察到，在购物中心、火车站和公交车站，只有 6%的人倾向于爬楼梯而不是乘电梯。如果在楼梯和电梯的底端写上简单的提示语，指出运动的好处，那么爬楼梯的人数会增加 3 倍。同样，我们也能够说服人们去步行上班，而不是驾车上班，或至少可以说服他们把车停放在离自己工作地点较远的地方。谁知道呢？或许有些人喜欢这些小小的活动，因而变得更加健康。然后，这些人可能决定要开始进行慢跑，或者参加运动锻炼班。

干预对于促进体育运动的功效

在 1996 年的美国卫生部的报告中（第 226 页），对有关个体层面干预影响的研究，做了这样的总结：

采用行为管理法产生的结果有喜有忧。即使示明有效，效应也往往很小。一般来说，有证据表明，像自我监控、频繁后续电话随访以及激励之类的做法，也只是短期内有效，并不是长期有效。还没有足够且清晰的证据表明，有关坚持中度或剧烈运动的干预措施具有相对的有效性。（USDHHS 1996b:226）

自那以后，事情就变得更加清晰。Michie 等人（2009）在对 69 项采用实验设计或准实验设计干预研究整合分析的基础上得出：干预结果显著，其总体效应值 $d=0.32$。这些干预研究旨在提高 18 000 多名个体的体育运动水平。根据 Cohen 的统计学分类标准，这个效应还只是小效应。但是，对于心理干预来说，这个值已经在典型的效应值范围之内。实际上，针对体育运动干预的研究结果，与针对旨在改善健康饮食的干预研究结果非常相似：能解释大多数效能方差的行为改变技术是，要求参试把他们各自的体育运动情况记录下来（如写日记）。在与自我监控提示相结合时能够产生效果的其他改变技术是，诱导参试制订具体的目标，然后让他们就自己的行为提供反馈。无论是递交方式（如个体递交与小组递交），还是干预实施的环境（如工作场所或社区），似乎都没有对这些干预的影响起调节作用。

这些研究的一个重要局限是，它们只告诉我们，干预策略能够提高那些想要提高自己运动水平的个体的运动水平，但是没有告诉我们，说服久坐人群进行更多的运动，都有哪些有效的方法。在这些研究中，研究者在招募参试时通常通过电子邮件、网站或大众媒体告诉人们，他们邀请志愿者参加某个体育运动项目，并宣称该项目能够帮助参试提高他们的体育运动水平。这就暗示，参加这些研究的人们已经对他们自己现有的体育运动水平不满意，于是他们决定参加这些研究，希望以此来提高自己的体育运动水平。

那么，我们如何说服久坐的个体去参加更多的运动呢？先前描述过的一项社区干预给我们提供了一些信息，这些信息是关于如何有效地说服人们去提高他们自己的体育运动水平的。可是，这些信息并不十分令人鼓舞。在包括体育运动促进成分在内的“明尼苏达州心脏健康项目”“波塔基特心脏健康项目”“斯坦福五市项目”这 3 项社区干预项目中，只有“明尼苏达州心脏健康项目”对体育运动水平产生了显著效果，虽然这个效果很小。作为项目减少冠心病危险因素的尝试之一，“明尼苏达州心脏健康项目”倡导人们定期地进行体育运动。3 个接受干预社区接受了一个为期 5~6 年的计划，该计划旨在减少抽烟次数、影响饮食习惯，以及提高体育运动水平，通过大众媒体告知公众定期体育运动与冠心病危险降低之间的关系。此外，健康专家还通过他们在当地的组织宣传体育运动。还有其他 3 个没有接受干预的社区作为对照。休闲型体育运动是用自称经常运动的参试的比例评估的。干预社区与对照社区之间的横断面对比显示，在前三年期间，干预社区的体育运动水平显著提高，但幅度很小。第三年过后，效果不再显著，因为对照社区的体育运动水平也有所提高。因此，美国卫生部的报告总结指出，通常，旨在提高体育运动水平的社区干预结果令人失望。

自那以后所报道的全社区大众媒体活动，其提高体育运动水平的情况也有成有败。以“为了生活而运动”这项全国性的大众媒体活动为例。该活动通过英国的电视广告、海报、宣传册以及网站来宣传中等强度的体育运动，包括散步、骑车、游泳、跳舞，以及进行繁重的园艺劳动。虽然人们了解了这项活动，他们对体育运动的健康建议也有了更多的了解，但是结果表明，这项活动并没有提高体育运动水平，无论是总体的水平，还是子体的水平。

在澳大利亚新南威尔士州举行的以体育运动为目标的大众媒体活动，只是稍微更有效一些。这项活动的口号是：“你一定要定期运动，而不是认真运动。”活动包括付费电视广告和印刷媒体里的付费广告。虽然这项活动对人们的意识和知识产生了影响，但是，它对总体样本的运动水平并没有产生显著效果。不过，有一子体个体的运动水平有所提高，这些个体在开始时“有运动动机但是运动量不够”。

2002 年，美国疾病控制与预防中心发起了 VERB 活动。该活动属于为数不多的、似乎有效提高了目标群体体育运动水平的大众媒体活动之一。这项活动把全国性的广告与学校和社区宣传以及互联网活动相结合，目的是说服 9~13 岁的美国青少年进行更多的体育运动。活动采用了专业制作的电视广告、广播广告和印刷广告。根据已发表的报告，这些广告都是建立在计划行为理论基础之上的。广告的意思是，让小孩更加相信，体育运动会产生积极效果，他们也有能力克服有关的参加障碍。活动从 2002 年持续到 2004 年。通过对来自全国的孩子群团代表及其父母的纵向研究，评价了活动的开展情况。其中，对父母每年进行一次采访，第一次采访在活动开始前的几个月中进行。两年之后，剂量反应效应就显现出来：如果把体育运动水平控制在基线水平，那么，两年之后，活动意识程度与体育运动水平之间存在明显的相关。孩子报告自己看到的活动信息越多，他们报告自己进行的体育运动也就越多，那么对于体育运动好处的态度就越积极。

结　论

仅次于戒烟和健康饮食，定期锻炼对于保持健康和增加人们的预期寿命具有重要作用。本节评论的研究示明，体育运动与发病率和死亡率之间存在反比关系。此外，与理性行动模型和计划行为模型一致，对参加特定形式运动的态度和对觉察控制的态度，是体育运动的良好预测因素。虽然体育运动也取决于像年龄、收入水平或教育程度之类的社会结构变量，但是，这些效应可以部分通过意图与觉察行为控制进行调节。

也有证据表明，旨在帮助人们提高他们体育运动水平的干预措施相当有效。然而，这些干预活动的参试，通常都是那些已经有动机去提高自己体育运动水平的个体。那些旨在说服人们提高体育运动水平的活动，并没有产生多少吸引的效果。虽然我们很难根据大多数干预报告所提供的简短描述作出判断，干预产生影响不大的原因之一是，它们依赖于健康教育和健康诉求。如果想要说服人们去改变有损健康的行为方式、接纳健康的行为，那么，就必须分析每种生活方式背后的信念结构。在许多健康促进活动设计之中，都存在这样的先验假定：人们之所以会采取有损健康的行为方式，是因为他们不知道这些方式会带来负面的健康后果。然而，这一假定常常是错误的。虽然一些人可能会因为无知而采取有损健康的行为方式，但是更多的时候，还有其他的原因。为了让活动有效果，我们需要找出这些其他原因，编制出有说服力的论据，从而引起人们对这些原因的关注。

HIV 感染和艾滋病的预防

截至 2008 年 12 月，全世界已有 3 340 万人感染了 HIV，该病毒是艾滋病的致因。仅仅在 2008 年，就有 270 万新增感染人口，200 万人死于与艾滋病相关的原因。1981 年以来，已经有 2 500 万人死于艾滋病。直至今日，我们仍然处于既没有艾滋病的疫苗,也没有治愈艾滋病方法的状态。不过,随着1996年对高效抗逆转录病毒疗法的引入,人们似乎有了有效抑制HIV感染的方法。引入高效抗逆转录病毒疗法之后,艾滋病就成了一种慢性疾病,感染HIV个体的预期寿命也大大延长,至少在那些能提供这种治疗方法且国民能够负担得起有关治疗费用的国家是这样。但是高效抗逆转录病毒疗法并没有消除这种感染,它只是抑制住了这种感染。因此,感染HIV的个体,其预期寿命仍然要比一般人的短,即使在美国也是如此。为了避免这种感染,人们唯一可以采取的方式是,避免HIV传播所必需的行为。因此,旨在改变行为的计划仍然是制止艾滋病流行的唯一策略。

艾滋病的致因

艾滋病的致因是HIV,该病毒攻击人类的免疫系统。作为反应,免疫系统会形成抗体。虽然这些抗体在碰到HIV时,不会像它们遇到其他更熟悉的病毒感染时那样发挥保护作用,但是,它们可以作为HIV存在的标志。病毒感染后的两周到3个月,我们可以在感染者的血清中检测到这些抗体。据说,已经产生抗体的个体,其血清反应呈阳性。但是,在抗体没有产生之前,个体可能会通过性交或献血把病毒传染给他人。在西方国家,人类免疫缺陷1型病毒是造成艾滋病流行的原因。最近发现,还有第二种HIV,即人类免疫缺陷2型病毒。该病毒主要出现于西非的部分地区。虽然已经知道,在某些情况下2型病毒也会引起艾滋病,但是2型病毒引起艾滋病的速度似乎比1型病毒要慢。在本书中,当我提到HIV时,我指的就是人类免疫缺陷1型病毒。因为,它是世界上大多数艾滋病的致因。

根据一项来自美国25个州的全国HIV监测数据,诊断出携带HIV之后的人们,其平均预期寿命从1996年的10.5年延长到2005年的22.5年。有些证据表明,在后期阶段才诊断出携带HIV的个体,其预期寿命更短。"抗逆转录病毒治疗队列合作研究"是一项更大型的研究。该研究以4.3万名来自加拿大、欧洲和美国的患者为对象,在1996至2005年,对所有患者进行了联合抗逆转录病毒治疗。在治疗期间,年龄为20岁的个体的预期寿命,从36.1岁延长到了49.4岁,达到了这些国家中一般人群预期寿命的2/3。但是,各个子体之间的差异很大。女性患者的预期寿命比男性患者的要长。疑似因为注射毒品而感染艾滋病的患者,其预期寿命更短。还有,CD4细胞数基线水平低的患者,其预期寿命比CD4细胞数基线水平高的患者的更短。因此,尽管在引入了高效抗逆转录病毒疗法之后他们的生存条件有了很大改善,但是,感染了HIV的人的死亡率,仍然比一般人群的要高。

通过感染和杀死一种白血细胞(CD4+T辅助细胞),HIV破坏人类的免疫系统。这种白血细胞的重要功能是调节免疫系统,刺激其他细胞去攻击入侵的细菌。通过感染并最终杀死 T 辅助细胞的方式,HIV 一开始就会停止对入侵细菌做出反应的过程,因而大大降低了人们反抗其他疾病的能力。没有了免疫系统对其他细菌的阻拦,个体就很容易感染上细菌、真菌和其他病毒,同时还会患上各种平常不可能发生的恶性肿瘤。通常,通过检查是否存在不常见机会性感染(即利用免疫功能降低的机会而形成的感染)或不常见类型的癌症(如卡波西肉瘤这种发生在皮肤和结缔组织上的癌症),医生就能诊断出是否得了艾滋病。HIV 似乎也会攻击神经系统,从而对大脑造成损害。

传播方式

病毒通过含有该病毒的细胞体液的交换而得以传播。要使传播发生,体液中必须含有足够浓度的这种病毒。只有 3 种体液会有感染的危险,即血液、精液、阴道分泌物。其他像唾液、尿液,以及(不含血液的)排泄物之类的体液,因其不包含足够浓度的这种病毒,所以没有被感染的危险。

人类免疫缺陷病毒(HIV)传播的一个常见途径是性交。肛交对于行为两方来说都是高危活动,接受方的感染危险比插入方的要大。阴道性交造成的 HIV 感染危险比肛交造成的要低,因为,前者引起损伤的可能性较低。和肛交一样,行为双方都有感染的危险,但接受方(女性)感染的危险比插入方的要高 2~4 倍。虽然口交从生物学上来说似乎也是一种病毒传播的途径,但是,唾液中的病毒数量很少,因此这种传播途径造成的感染危险似乎很低。然而,在口腔阴茎性交过程中,如果有精液射入口中,那么这种性交也会产生一些感染的危险。在许多情况下,精液射入口腔是唯一报道的危险因素。

在静脉吸毒人群中,感染的危险并不是由吸毒本身造成的,而是由共用注射工具造成的。注射用的针头或注射器留有感染者的血液,而这些血液携带有 HIV,当这些用过的注射器或者针头被再次使用时,HIV 病毒就会传播到其他个体的身上。通常情况下,由于接触已感染者的血液而感染上 HIV 的危险非常高。因此,从已感染者身上抽血有很高的感染危险。

目前还没有证据表明,HIV 可以通过日常的身体接触传播。它似乎不能通过未受伤的皮肤进入体内,所以是不会通过触摸、握手、共用就餐器具、打喷嚏或者生活在同一个屋檐下而进行传播的。因此,在一项有关一位成员感染了 HIV 病毒的家庭研究中,400 多名家庭成员中没有一位因为自己家里这位受感染的成员而感染上 HIV 病毒,除非,该成员是感染了 HIV 病毒家庭成员的性交伴侣,或者,是感染了 HIV 病毒母亲所生的孩子。

流行病学

1981 年夏天,首批报道的美国艾滋病感染者不到 12 人。可到了 1990 年,全世界感染 HIV 或艾滋病的人数增加到了大约 800 万,到 2008 年竟然达到 3 340 万。大多数的感染者(67%)生活在撒哈拉以南的非洲地区。在那里,感染 HIV 或艾滋病的人群占年龄在 15 至 49 岁的成年人的 5.1%。在北美洲、西欧和中欧,HIV 或艾滋病的感染流行率则低得多:在北美洲,感染人数为 140 万,流行率为 0.4%;在西欧和中欧,感染人数为 85 万,流行率为 0.3%。与其他人群相比,少数民族感染上该传染病的概率往往更高。以美国为例,非裔美国人占了全国 HIV 感染者的 46%,而他们却只占美国总人口的 12%。

由允许病毒传播行为引起的感染危险取决于 3 个因素:这些行为发生的频次,依附于这些行为的感染危险(即两个血清状况不同个体之间进行交互活动引起感染的可能性),给定人群(或与该个体有危险行为交往的具体子群体)中的 HIV 感染流行率。在美国和西欧,男人之间的性交是主要的病毒传播方式,自高效抗逆转录病毒治疗出现以来,这种传播的危险一直都在增加。在北美洲和西欧,2006 年由异性传播引起的新增感染病例不超过 1/3。但是,在撒哈拉以南的非洲地区,异性接触是主要的传播方式。以斯威士兰为例,估计有超过 90%的新增感染病例是由异性接触引起的。即使在中欧,有超过一半的新增感染病例也是由异性传播引起的。

在西方世界,虽然注射毒品曾经是感染的主要源头,但是自 1980 年代后期以来,由注射毒品引起的感染就大大降低。以瑞士为例,在 1980 年代后期,大部分的新增感染病例是由注射毒品引起的,可是今天,只有 4%的新增感染是由注射毒品这种传播方式引起的。在北美洲和西欧,2006 年由注射毒品引起的新增感染病例分别不超过 15%和 8%。

在富有国家,由于为所有孕妇都进行 HIV 检查,提供了抗逆转录病毒选择性剖宫产,并且避免了母乳喂养,因此,HIV 感染的母婴传播危险几乎已经消除。但是,在贫困国家,母婴传播仍然是大量新增感染病例的致因。据估计,全世界每天感染上 HIV 的新增儿童有 1 000 多人,其中大多数出生在撒哈拉以南的非洲地区。

在为了使血液供应安全而制订保护措施之前,血友病患者和其他受血者可能会因为输血而染上艾滋病。据估计,在 1985 年开始对捐献的血液和血浆实行 HIV 病毒抗体筛检之前,美国就已经有 1.2 万人因为输血而感染上了 HIV 病毒。当时,有 70%~80%的血友病患者已经感染上了 HIV 病毒。

HIV 病毒感染的诊断

感染 HIV 之后,身体就会产生能够用来诊断 HIV 感染的抗体。大多数的个体在接触 HIV 6~8 周之内便会产生抗体,几乎所有个体在感染 HIV 6 个月之内就会有抗体。可以通过 HIV 病毒化验来找出这些抗体。对于高危个体

(如与其他男性发生无安全保护性交的男性),应当定期进行这样的化验,至少一年一次,甚至一年多次。在传统的 HIV 病毒化验中,人们必须先把血液样本送到实验室,并且必须在几天甚至几周之后才能拿到化验结果。现在,已经有了快速的化验方法,人们稍等片刻就可以拿到化验结果。虽然快速化验法得出的阴性结果可靠可信,但是也可能给出假阳性结果。因此,在出现阳性结果的情况下,还必须把重采的血液样本送到已批准的实验室进行传统化验。然而,即使是传统化验,对于阳性结果,也要通过第二次化验来进一步确认。

让感染了 HIV 病毒的人们意识到他们自己的 HIV 感染状况很重要,其中的原因有 3 个。第一,意识到后可能会减少性交危险行为。根据一项关于在美国几个都市区进行的研究的整合分析结果,那些意识到自己血清状况呈 HIV 阳性的个体,比那些没有意识到自己血清状况呈 HIV 阳性的个体更少可能进行有危险的性交行为(如无保护措施的肛交或无保护措施的阴道性交)。第二,那些意识到自己血清状况的受感染个体可以受益于抗逆转录病毒治疗。有迹象表明,如果在相对较早的阶段治疗 HIV 感染,抗逆转录病毒治疗会更加有效。第三,抗逆转录病毒治疗还可以降低病毒荷载量,从而降低 HIV 病毒传播的可能性。可是,即使在美国这样的高收入国家,以 2004 年为例,在感染了 HIV 病毒的个体中,也有将近 1/4 的人没有意识到自己感染了 HIV。在中低收入国家,人们的意识程度可能要低得多。Pinkerton 等人(2008)估计,2001—2004 年,由于美国人对于血清状况的意识度提高了 4%,所以这段时间的 HIV 感染人数减少了近 6 000 人。这种效果在低收入国家可能会更小,因为在那里,使用抗逆转录病毒药物的人数并没有这么多。

HIV 病毒和艾滋病的治疗

1996 年以来,抗逆转录病毒药物就被用来治疗 HIV 或艾滋病。把 3 种或 4 种此类药物结合起来使用被称为高效抗逆转录病毒治疗(见上文)。不同种类的抗逆转录病毒药物在逆转录病毒生命周期的不同阶段起抑制作用。核苷类和非核苷类反转录抑制剂,通过抑制 HIV 病毒在其复制周期早期产生 DNA 的能力而起作用;蛋白酶抑制剂能阻止成熟 HIV 向血液中释放的病毒颗粒(病毒粒子)变成熟,这一成熟过程发生在复制周期的后期。整合酶抑制剂能抑制病毒 DNA 整合进受感染细胞的 DNA 之中,而成熟抑制剂抑制该过程的最后一步。必须联合使用这些试剂,因为,单一的抗逆转录病毒药物不可能长期抑制感染。

使用抗逆转录病毒药物不仅能增加艾滋病患者的预期寿命,而且有助于预防 HIV 的母婴传播,因为,该药物在发挥作用的过程中提高了 CD4 水平,降低了病毒的荷载量(即个体血液中病毒复制的数量)。通过减少病毒的荷载量,抗逆转录病毒治疗还能降低接受治疗个体在与血清反应呈阴性同伴性交时的感染危险。但是,只有当个体认真服用自己的药物(即高度坚持)时,正面效应才会实现。因此,成功的 HIV 感染治疗需要近乎完美的坚持。由于这些药物会产生严重的负作用,包括疲劳、腹泻、呕吐、胃痛和脂肪代谢障碍(即脂肪组织分布不均),还由于这些治疗方法很复杂(需要患者每天服用几种药),因此,坚持是一个大问题。然而,对于处方治疗的持之以恒是必不可少的,如果要取得对于病毒的抑制,就要提高 CD4 病毒的水平,要把发生抗药性的危险降到最低。事实上,已经发现,不能坚持与死亡危险的显著增加相关。

有关坚持抗逆转录病毒药物治疗的社会认知决定因素的典型研究都通常发现,服用药物的自我效能感和消极情感或沮丧感是坚持的直接预测因素,其中社会支持和精神状态有更多的间接效果。也有研究发现,对于坚持病毒荷载量和病情进展之间关系的信念与不坚持有关。Wore 和 Thomas(2003)进一步区分了故意不坚持和非故意不坚持。故意不坚持的特点是,故意不服用药物,或者,改变药物剂量以满足个人的需要。与之相反,非故意不坚持则表现为只是忘了服用药物。故意不坚持与权衡服用药物的支持理由和反对性理由有关。一个人能够想到的不服用药物的理由越多,那么,这个人决定不坚持服药的可能性就越大。相比之下,这些理由并没有把高非故意不坚持人群与低非故意不坚持人群区分开来。但是有这样一种趋势,从而使高非故意不坚持人群比高故意不坚持人群更加年轻、更加沮丧、更加焦虑。

高效抗逆转录病毒治疗的出现以及关于艾滋病已经由绝症变为可以治疗的慢性疾病这一点的了解,降低了 HIV 病毒感染的威胁,增加了男性之间不安全性行为的频次。结果,最近几年,男性同性恋者之间的 HIV 病毒有关性交危险行为数量和 HIV 病毒感染人数都有所增加。因此,Kalichman 等人(2007)对在 1997 年和 2005 年“亚特兰大同性恋自豪节”上调查的两个便利样本进行的横断面研究发现:自我报告称与两个或两个以上同伴进行无保护措施肛交的男性的比例,从 1997 年的 9%增加到了 2005 年的 21%。同样,Stolte 等人(2004)发表的阿姆斯特丹队列研究,在对 HIV 呈阳性的男性同性恋者进行纵向研究的基础上也报告:与临时伴侣进行的有危险性行为,从 2000 年的 10.5%增加到了 2003 年的 27.8%。

尽管男性同性恋者当中那种关于抗逆转录病毒药物最初的乐观主义已经被现实主义所取代,但是有证据表明,这些药物的可获得性有效地降低了 HIV 病毒感染所带来的威胁。Stolte 等人(2004)指出,尽管他们样本中的男性同性恋者对于高效抗逆转录病毒治疗的有效性和结果似乎持非常现实的态度,但是,那些由于高效抗逆转录病毒治疗的出现而认为 HIV 或艾滋病不再那么危险的男性同性恋者,却更有可能从以前的有保护措施肛交转为无保护措施肛交。Van der Snoek 等人(2005)指出,在对荷兰鹿特丹市男性同性恋者进行的纵向研究中,也得到了类似的发现。此外,如果因为高效抗逆转录病毒治疗的出现就认为不太需要安全性交,那么,性传播疾病的发生率会更高,HIV 病毒血清转化也会更多,尽管绝大多数的参试都非常不赞同,但高效抗逆转录病毒治疗还是能够有效减少来自 HIV 或艾滋病的威胁。同样,Crepaz 等人(2004)通过对有关高效抗逆转录病毒治疗信念与无保护措施性交信念之间关系研究的整合分析发现,如果同性恋者和异性恋者由于知道了可以采用高效抗逆转录病毒治疗,对无保护措施的性交就不太关心,那么,他们进行无保护措施性交的可能性就会明显增大。

通过(更)安全的性交来预防 HIV 感染

节制插入式性交

只有在伴侣没有暴露于 HIV 病毒的条件下,性交才可以看作完全安全的。也就是说,只有性交伴侣没有进行任何引起或者能够引起血液交换、精液或阴道分泌物的活动,那么,性交才可以看作完全安全的。因为安全套有时也不起作用,所以插入式性交不能视为是完全安全的,即使用了安全套。只有像拥抱、拉手、亲吻或按摩之类的非插入式性交行为,才能称为完全安全的性行为。由于在开始性接触之后,人们通常难以戒绝插入式性交,所以安全性交并不是一个非常可行的预防类干预目标。因此,大多数干预的目的,是要说服个体进行更安全的性交,而不是安全的性交。更加安全性行为的定义是,能够大大减少而非完全消除感染危险的性活动。

使用安全套

使用安全套是进行更加安全性交的一种最常用方法。使用乳胶安全套能大大减少 HIV 病毒感染的危险。这一点,已经在一项关于异性伴侣的研究中示明。在所研究的伴侣中,其中的一个是 HIV 病毒感染者,而另一个不是。例如,Saracco 等人(1993)研究了 HIV 病毒血清反应呈阴性的女性,这些女性与血清反应呈阳性的男性有稳定的单一性伴侣关系。Saracco 等人在研究中发现,性交坚持使用安全套的男性配偶,有 2%的人得了艾滋病;相比之下,性交没有坚持使用安全套的男性伴侣,就有 15%的人得了艾滋病。同样,Detels 等人(1989)发现,只是有时使用安全套的男性同性恋者,其感染上 HIV 病毒的可能性是总使用安全套者的 6 倍。

安全套可能会滑落或破裂,这在肛交中发生的可能性要比在阴交中发生的可能性更大。"阿姆斯特丹队列研究"中的男性同性恋者经常使用安全套,据报道,在肛门生殖器性交中,发生安全套滑落或破裂的可能性是 3.7%。不过,安全套失效率的大小取决于这些男性所用的润滑剂。de Wit 等人(1993)指出,涂上水性润滑剂的安全套的失效率(1.7%),比没有涂上任何润滑剂的(5.9%)或涂上油性润滑剂的(10.3%)都要低。

并不是所有的安全套都由乳胶制成。有些安全套由天然薄膜制成,最常见的是由羔羊肠子制成。虽然这样的安全套耐用,能够有效预防意外怀孕,还能够增强性交过程中的性刺激感,但是这类安全套的小孔更大。由于病毒远远小于精子,所以,这类安全套对于 HIV 病毒不会起到多大的防护作用。另一种安全套是由聚氨酯制成的。这类安全套似乎是乳胶安全套之外的又一个安全选择。

减少无保护措施的肛交危险的策略

由于使用安全套会降低性亲密和性享受,想继续进行无保护措施肛交的男性同性恋者发明了大量的策略,以降低他们自己肛交的危险。首先是进行血清分类。这种策略要求,只与 HIV 呈阴性的伴侣进行无保护措施的肛交。如果性交伴侣双方的血清反应都呈阴性,那么就不存在 HIV 感染的危险,即使用无保护措施的插入式性交也是如此。但是,只有在性交的一方能够肯定其伴侣的血清反应确实呈阴性的条件下,这种策略才安全。这大概属于单一性伴侣关系之内发生的无保护措施肛交,其中伴侣的双方都化验过各自的血清状态,并且知道他们的血清反应呈阴性。Kippax 等人(1997)建议用"协商安全"这个术语来指性交伴侣双方达成的以节制在他们关系之外进行无保护措施性交的协议。另一种策略是"战略体位",其中 HIV 阴性的男性在无保护措施的肛交中只作插入方。最后一个策略是"撤退",其中,只有在不把精液射入自己直肠内的条件下,HIV 阴性的男性才作为接受方进行无保护措施的肛交。

虽然这些策略可能会在某种程度上减少无保护措施肛交带来的危险,但是,只有"协商安全"这一个策略才是真正安全的策略。但是,即使采用了这种策略,安全性还是取决于性交双方对于协议的遵守程度。Kippax 等人(1997)研究的 181 名澳大利亚男性同性恋者,虽然他们与他们的稳定性伴侣的血清反应都呈阴性,且与他们的稳定性交伴侣达成协议,同意不会在他们关系之外进行不安全性交,可是他们当中还是有 9 人称自己与临时性交伴侣进行过无保护措施的肛交。de Vroome 等人(2000)指出,阿姆斯特丹队列研究中搜集的关于男性同性恋者的资料表明,虽然 47 名血清反应呈阴性的男性都有与自己病毒感染反应一致的稳定性交伴侣,并且在他们之间进行无保护措施性交,但是,还是有 8 名违反了安全性交协议,并且与临时性交伴侣有过无保护措施的性交。这类证据表明,即使是"协商安全"措施,也没有完全排除感染的危险。

Jin 等人(2009)对男性同性恋者感染 HIV 病毒的危险进行了评估。在这项研究的样本中,有些人采用过一种降低危险的策略。在这个刚刚超过1 000 人的参试样本中,53 名有 HIV 病毒血清转换情况。这项研究得出的结论是,与不进行无保护措施的肛交相比,只有"协商安全"策略和"战略体位"策略与 HIV 病毒感染率的显著提高没有关系。遗憾的是,由于研究样本太小,零发现很可能是因为缺乏统计力度而造成的。因此,与不进行无保护措施的肛交相比,虽然这些策略可能会使感染危险有所降低,但是这些策略仍然存在相当大的危险。

性交危险行为的心理社会决定因素

对于大多数性欲旺盛的个体来说,放弃插入式性交是一个相当没有吸引力的选项。因此有关能影响降低艾滋病感染危险因素的研究,都把主要焦点放在异性恋个体以及异性恋男性使用安全套的心理社会决定因素上。

异性恋者的安全套使用情况

对异性恋者安全套使用的影响因素的整合分析,得出了一些支持理性行动理论和计划行为理论的证据,例如,Sheeran 等人(1999);Albarracin 等人(2001)。有人发现,理性行动理论所确定的 3 个变量都与两项整合分析中的安全套使用情况强相关,这 3 个变量分别是,对使用安全套的态度,关于安全套使用的社会规范,以及使用安全套的意图。Albarracin 等人(2001)分析发现,觉察行为控制也与行为有关,但是一旦意图对行为的影响受到控制,这种联系就会消失。

根据 Sheeran 等人(1999)发表的整合分析,与理性行动理论和计划行为理论相比,健康信念模型的情况更差。根据健康信念模型,是否使用安全套取决于对 HIV 病毒感染威胁的知觉(即严重性×脆弱性)以及对使用安全套所产生的费用和益处的知觉。令人惊讶的是,在刺激预防行为过程中,对威胁的觉察似乎产生很小的作用。因此,对于 HIV 病毒感染严重性的觉察与安全套使用情况之间的关系,还没有达到可接受的显著性程度。因为艾滋病一般被认为是一种致命的疾病,所以这就可能成为一种"天花板效应"。不过,在脆弱性量度上并没有产生"天花板效应"。而且,在这项整合分析中,觉察到的脆弱性与安全套使用尽管是显著相关,但也只是低度相关。Gerrard 等人(1996)通过对异性恋者和男性同性恋者样本的整合分析发现,脆弱性与安全套使用之间存在更弱且不显著的关系。

关于这些令人不解的研究结果,我只能提出两种可能的解释。觉察到的易感染性和保护行为量度之间存在微弱关系的原因之一可能是,大多数的人认为,自己不会有通过性接触而感染上 HIV 的危险。虽然目前这一观点对于某些群体来说还可能具有一定的现实意义,但是它也可能反映出其他群体拒绝接受这一观点的情况。Gerrard 等人(1996)通过对性交危险行为的整合分析,结果也支持了这后一种假设。杰拉德等人得出:尽管对于易染性的觉察与过去的危险和预防行为有联系,但是,这种联系在低危险群体中的程度要比在高危险群体中的程度强得多。致使觉察出的易染性和预防行为之间联系程度降低的第二个原因可能是,多年来人们就已经知道 HIV 的威胁,那些愿意且能够采取预防行为的个体也已经采取了相应的行为。这后一种说明也可以解释,为什么对 HIV 或艾滋病的知识仅仅与安全套的使用有微弱的关系。不应该把这一点曲解为,对这类有关健康危险的信息的了解就不重要。我们必须继续进行健康教育以保持人们对这种危险的了解水平,尤其是对特别容易遭受该危险的青少年进行健康教育。

健康信念模型的其他行为决定因素量度的情况,即觉察出的安全套使用益处和障碍的情况略好一点。像使用安全套的效能,关于安全套感有吸引力且不会妨碍性交快感的信念,购买安全套时遇到尴尬之类的觉察障碍,这些因素都和安全套的使用微弱但显著相关。值得注意的是,我们也在 Sutton 等人(1999)的研究中发现,年轻参试样本与安全套吸引力有关的信念(如减缓性交的即时性、降低性交的享受感、降低性伴侣的性交快感)和使用安全套意图之间的相关最高。

Sheeran 等人(1999)也发现,不属于任何这类理论模型构成部分的两种变量,也与安全套的使用表现出强相关。这一点非常有趣,因为这两个变量在干预过程中可能会发生改变。这两个变量中的一种是"随身携带安全套"或"安全套的可获得性"。由于安全套的可获得性是使用安全套的先决条件之一,所以,该变量与安全套使用密切相关就不足为奇。此外,随身携带安全套可能反映出携带之人具有使用安全套的强烈意图。鉴于很少有干预项目关注这种预备行为,这一研究发现也就非常重要了。

另一种表现出与安全套使用有强烈联系的变量是,就安全套使用问题进行相互沟通。虽然谈论感染艾滋病的危险只与安全套使用有弱正相关,但是,与性交伴侣谈论是否应该使用安全套,却与性交过程中实际使用安全套的情况有强烈的联系。这一研究发现与两三页之后将要讨论的干预研究结果相一致。这就表明,性交沟通技能训练能够增加男同性恋者的安全性交行为。

同性恋者中的安全套使用情况

应用理性行动模型和计划行为模型研究男同性恋者的安全套使用情况,

虽然得到的结果不太一致，但是这些结果还是支持理性行动模型和计划行为模型的。Fishen 等人（1995）支持理性行动模型所确定的全部关系，并指出男同性恋参试样本与男女异性恋参试之间没有多少差别。但是，Gallois 等人（1994）发表的研究却发现，这两者之间具有重大差别。他们的报告称，基于理性行动理论的决定因素对预测异性恋者的安全和不安全性行为有用，但对预测同性恋者的安全和不安全性行为无效。Kelly 和 Kalichman（1998）发表的研究发现，理性行动模型中的变量，解释了男性同性恋者当中那些自认为性欲旺盛者安全套使用方差变异的 7%～12%。在这项研究中，一个未包含在理性行动理论和计划行为理论中的变量，却在此之外还解释了大量的方差变异。这个变量，就是个体所报告称的从无保护措施肛交中所衍生出来的快感。

de Wit 等人（2000）发表的前瞻性研究建议，理性行动模型和计划行为模型诸变量在男同性恋者安全套使用情况方面所产生差异影响的原因，可能是不同样本之间的实际不同同性恋关系。德威特等人在研究中发现，理性行动理论和计划行为理论在预测安全性交行为（即使用安全套和节制肛交）方面的价值，在很大程度上取决于性交伴侣之间的具体关系。虽然想要与稳定伴侣进行安全性交的意图与态度、主观规范和觉察行为控制强烈相关，但是，只有觉察行为控制属于想要与临时伴侣进行安全性交这类意图的显著预测变量（见表 5.1）。关于实际行为的预测，情况也是这样：与稳定伴侣的安全性交只能被意图预测，而与临时伴侣的安全性交却只能被觉察行为控制预测。最后一点是，模型解释了与稳定伴侣安全性交方差变异的 64%，而只能解释与临时伴侣安全性交方差变异的 21%。因此，男同性恋者是否会与其稳定伴侣进行安全性交在很大程度上取决于他们的意图，但是，他们与临时伴侣进行安全性交的行为，则取决于他们在说服临时伴侣进行安全性交方面的果断态度和社交技能。值得注意的是，Sheeran 和 Orbell（1998）发表的研究，通过对 3 项有关异性恋个体研究的整合分析发现，与稳定伴侣相比，与临时伴侣性交使用安全套的情况与意图的相关要弱得多。

表 5.1　根据关系类型得出的男同性恋者安全性交意图和安全性交行为的决定因素

	临时伴侣	稳定伴侣
意图		
态度	0.05	0.41 *
主观规范	~0.12 *	0.31
觉察行为控制	0.52 *	0.06
确定系数	0.54 *	0.79 *
行为		

续表

	临时伴侣	稳定伴侣
意图	~0.09	0.85 *
觉察行为控制	0.52 *	~0.06
确定系数	0.21 *	0.64 *

注：表中的系数都是标准多元回归系数(β)。

* 显著性水平 $p<0.001$。

资料来源：de Wit et al.(2000)。

因为参试样本中的大部分男性除了稳定伴侣之外还有临时伴侣，所以，我们很想知道，他们与稳定伴侣关系的质量是否会影响他们与临时伴侣是否进行性交。Bakker 等人(1994)在对异性恋者参试样本进行研究时发现，这些参试的关系和他们的“关系承诺”的质量与这些参试想要进行关系外性交行为的意图呈负相关。de Vroome 等人(2000)的有关男同性恋者的前瞻性研究揭示，稳定关系的质量对于关系外性交行为的影响出乎意料。男同性恋者有没有关系外性交行为与他们与稳定伴侣关系的质量并不相关。但是，关系质量对男同性恋者是否与临时伴侣进行安全性交却有强烈影响。与自己稳定伴侣的关系越好，那么，他们与临时伴侣进行性交时就越有可能采取保护措施。值得注意的是，这些关系量度改善了对行为的预测，甚至在对安全性交意图和觉察行为控制统计之后也如此。

对干预的启示意义

上述研究结果对干预设计可以有三大启示。第一，依靠流行病学知识来强调艾滋病的严重性以及目标群体的脆弱性，这样的干预方法可能会失败，因为这种干预方法所涉及的因素似乎没有一种会成为安全套使用的主要决定因素。相反，沟通应该把目标锁定在强调如何使用安全套来增加性欲上。第二，说服性沟通不仅要以态度、主观规范和觉察控制背后的信念为目标，还要说服人们准备与自己的可能性伴侣讨论安全套使用问题。第三，以提高男同性恋者安全套使用频率为目标的说服性沟通，必须把稳定关系中的安全套使用情况与临时关系中的安全套使用情况明确区分开来。稳定关系中的安全套使用主要由态度和主观规范决定，而临时关系中的安全套使用则似乎主要受觉察行为控制的影响。因此，虽然说服有助于影响稳定关系中的安全套使用，但是沟通技能训练可能更加有助于增加与临时性交伴侣发生关系时的安全套使用。

干预的效能

早期的干预措施很少是根据社会心理学中的态度和行为改变理论,而是建立在一种非正式的逻辑和实践经验混合体基础之上的。虽然这些干预措施还存在某些缺陷,但是它们可能相当有效。让个体知道感染 HIV 病毒和得艾滋病的危险,激励他们避免不安全的性交行为,这可能足以改变人们在该传染病早期阶段的行为。在艾滋病高发的旧金山和纽约进行的危险行为队列研究报告指出,无保护措施肛交行为在 1980 年代后期减少了 60%,其中,不到 20% 的参试报告称自己在前一年有过无保护措施肛交行为。此外,在同一时间段内,参试的平均性伴侣数量也大幅降低。在受影响较小地区进行的研究其典型结果是:男同性恋者的危险行为的等级更高,尽管在这些区域发生的危险行为大大减少。

今天,HIV 病毒的危害已广为人知,但是,那些仍然进行性交危险行为的人,要么认为他们自己没有危险,要么不愿意或不能够避免不安全的性行为。因此,今天要想使干预有效,我们不仅要传播知识和鼓励个体,而且还必须把行为技能训练纳入干预,教导个体如何与潜在性伴侣进行沟通,如何成功拒绝潜在性伴侣的要求。

最近几年,人们发表了许多评估干预措施对于降低 HIV 病毒传播危险效能的整合分析。Noar(2008)指出,几乎所有这些分析都发现,安全套的使用和无保护措施性行为显著减少。Johnson 等人(2008)通过对 HIV 病毒干预措施对男同性恋者性交危险行为影响的整合分析发现,自我报告的无保护措施肛交行为减少了 27%。这意味着,每 6 个月期间,无保护措施的性行为次数从 10.1 降到了 7.4。

Albarracin 等人(2006)的研究是最广泛的关于 HIV 病毒干预措施的整合分析。分析以 254 次 HIV 病毒干预措施试验为基础,涉及 99 个控制组,时间跨度为 1985 到 2003 年,参试既包括男女异性恋者,也包括男同性恋者。该整合分析既比较了被动干预措施的影响,也比较了主动干预措施的影响。被动干预措施的特点是,只向参试展示相关材料,而参试很少有机会参与。这些材料包括:激发支持安全套使用态度和规范的信息,增强有关 HIV 病毒觉察威胁和相关知识的信息,以及促进安全套使用的标准技能信息。主动干预措施虽然也包含这类信息,但是,它们的主要特征是包含了受众定制咨询、增强行为技能的活动,以及 HIV 病毒咨询和检测。其中的行为技能训练包括安全套使用技能训练(实际打开和使用安全套)、人际交往技能训练(如扮演有安全套使用冲突的角色),以及自我管理技能训练(如在酒醉的情况下做决定,避开高危情境)。

该项整合分析得出的主要结论如下:

- 总体上,干预措施可以显著增强赞成使用安全套的态度、控制觉察、安全套使用规范、使用安全套的意图、对 HIV 病毒的了解、行为技能以及安全套使用次数。
- 主动干预措施对于安全套使用的影响比被动干预措施的更大。
- 在临床环境下干预措施效果最好,在社区环境下干预措施效果最差。
- 行为技能论证和安全套使用技能训练对男性具有积极影响,但是对女性没有。相比之下,态度性证、信息、自我管理技能训练以及 HIV 病毒的咨询和检测,对女性产生的积极影响比对男性产生的更大。

显然,对于青少年这个既面临危险又很难通过其他方法触及的群体,学校是干预的绝佳切入点,所以,学校干预项目所涉及的特殊问题就非常值得我们讨论。基于学校环境的干预项目,要面临一个在其他环境下干预项目中不很明显的问题:除有关性节制信息的程度之外,学校干预项目还必须解决安全套使用的程度问题。在美国受欢迎的性节制类项目,强调的是直到婚后才能性交的重要性。这些项目要么禁止讨论避孕措施(如使用安全套),要么强调避孕措施无助于防止怀孕或感染。这些项目一般都被证明是无效的。

实践证明,与基于性节制的干预措施相比,强调学生应通过戒除性交或使用安全套来避免无保护措施性交的项目更为有效。成功的干预项目都包括了行为技能训练活动,以增强施展危险降低策略和更安全性行为协商策略的自我效能。虽然行为技能训练在学校中产生的影响比在其他环境中产生的要小,但是,安全套使用技能训练和规范论证却更加有效。值得注意的是,所有这些项目都没有使性行为发生的时间提早,也没有使性行为的频率提高。这些研究结果非常重要,因为,人们反对旨在避免无保护措施性交的项目,而不反对旨在促进性节制的项目,其最常用的理由是,人们担忧不计后果的性行为。

如果有关 HIV 病毒干预措施的评论未提及通过互联网的干预措施,那么,这篇评论就不算完整。通过互联网提供的干预措施,可以触及更多方面的人群,这些人群通过正常渠道很难接触得到。由于这类干预措施可以设置成交互模式,因此,干预措施可以针对参试的具体需求和危险特征而特供。Noar 等人(2009)对 12 项 HIV 预防干预项目进行了整合分析,其中包括所有基于计算机的干预项目(即不仅仅包括通过互联网提供的干预措施)。该综述的结论是:基于计算机的干预能够增加安全套使用频率,并能减少性行为次数、性伴侣数量以及性传播疾病的发生。整合分析结果还暗示,对于预防 HIV 病毒感染,基于计算机的干预与很多常用的人工干预一样有效。令人吃惊的是,在 Noar 等人整合分析的这些研究中,只有少数研究利用了互联网提供干预。

不过很容易预测,在不久的将来,通过互联网提供的干预项目将会成为标准的干预项目。

结　论

很明显,与 HIV 病毒传播有关的已知行为已经大大减少。自艾滋病出现以来,人们的行为已经发生了重大变化。毫无疑问,这种变化就是人们对有关艾滋病信息传播做出的反应。虽然为了维持现有的知识水平还必须继续开展这类危险教育,但是也必须意识到,仅仅开展危险教育是不够的。为了有效,任何旨在减少性交危险行为的干预项目,都应该用某种形式的技能训练来补充性交危险信息,这些技能是人们进行更安全性交所需要的。

意外伤害的预防和控制

20 世纪期间死亡原因发生巨大改变的后果之一是,意外伤害成为在人生前 40 年间死亡的主要原因。之前,影响儿童健康和幸福的最大威胁是传染病、营养不良以及卫生设施不足,而今天,在美国和大多数西方国家,伤害造成的儿童死亡人数大于排在其后的 6 种常见原因造成的儿童死亡总数。所以,在 65 岁之前,由于伤害造成的折寿要远远大于任何其他主要原因造成的寿命损失。因此,由减少伤害中的死亡率而引起的寿命增加,要大于降低其他任何死亡原因而引起的寿命增加。

流行病学

在美国,意外伤害仍然是 2006 年的第五大死亡原因,排在其前的是心脏病、癌症、中风和下呼吸道疾病。在 10 至 19 岁的美国青少年中,意外伤害是造成死亡的主要原因,其中大多数死亡由车祸引起(在 10 至 14 岁的青少年中,57.9%的死亡由车祸引起;在 15 至 19 岁的青少年中,72.3%的死亡由车祸引起)。据报道,道路交通事故也是全世界造成青少年死亡的一个主要原因。在美国,虽然溺水和中毒是仅排其后的常见意外伤害死亡原因,但是,两者所引起的死亡占比还不到 10%。然而,死亡人数只反映了部分情况。据估计,对于每一起伤害性死亡,就会有 12 起伤害医院治疗,641 起急诊救援。

意外伤害的控制

通常,把伤害定义为因与物理和化学物器猛烈接触而造成的身体损坏。当身体接触到的这些物器让身体无法忍受时,伤害就会产生。可用来控制伤害的公共卫生策略有 3 种:说服、法律规定、结构改变。前两种策略依赖于诱导人们改变自己的行为,第三种策略则通过改变设备的设计、交通工具或环境以减少伤害的危险。

我们可以根据执行某伤害防护策略所需要人们付出努力的大小程度,把伤害防护策略放置到一个从主动到被动的连续体上。例如,为了降低儿童被热自来水烫伤这一危险,最主动的策略可能是阻止儿童用热自来水。该策略可能包括禁止儿童接近热水龙头,以及每当孩子靠近水龙头时把他们监控起来。一种较次主动的策略可以是,把热水器的温度设置到不会烫伤的水平。这种策略只需要一次行动:调整恒温器。最不主动的策略可以是,通过法律规定,要求制造商把热水器的温度固定在某个设置值上,从而使热水器不再能够放出能烫伤人的水。通过使用这种策略,看管者无须采取任何行动就能确保热水器对儿童是安全的。伤害控制领域内的专家一致认为,与旨在引导人们进行自我保护的大众教育或法律建立相比,只要有可能,改变环境或改变所用交通工具或设备对人们产生的保护效果会更好。

说　服

与其他方面的健康行为一样,要说服人们采取保护自己免遭意外伤害的行动非常困难。安全带的使用就是一个很好的例子。在大多数国家,在法律规定驾驶员要系安全带之前,只有 10%~20%的驾驶员使用安全带,尽管系安全带不过是举手之劳,而且有估计,就此一举即可把事故中系安全带者的死亡危险降低 60%。所以,要说服人们使用安全带应该是很容易的。

但是,众所周知,说服驾驶员使用安全带的媒体倡导活动并没有什么效果。在一项研究中,研究者在第一个社区通过广播和电视广告广泛说服人们要使用安全带,在第二个社区只是适度通过广播和电视广告说服人们要使用安全带,在第三个社区没有进行任何广告说服。Robertson(1986,1987)指出,在这项研究开展 5 周之后,安全带使用情况并没有因这些广告而发生显著变化。Roberston 等人(1974)发表的一项为时 9 个月的安全带使用倡导活动,所产生的效果同样令人失望。尽管活动通过提供市场研究专用的有线电视系统,把有关安全带使用的广告在黄金时段播放了近 1 000 次,但观察结果还是显示,实验组家庭和控制组家庭或社区一般家庭,在安全带使用方面并没有任何差异。

为什么人们会如此抵触说服?即使为了维护他们的自身利益而采取行动时也是这样?原因之一是,说服性策略通常只关注知识和动机,因此只能影响与自我保护有关的两种因素。显然,关于危险和保护行动的知识只是自我保护的先决条件。即使个体知道某种行动能使自己免遭某些危险,但是,他们可能会在相关时刻忘记采取该行动。当保护行为的必要性不经常出现,并且也不与行动序列有关时,这种情况尤其可能发生。

即使有人提醒要采取自我保护行动,但是人们也可能不会有动机去采取该行动,因为采取行动很费力,以及/或者因为发生事故的可能性似乎很遥远。例如,在1970年代早期,在大多数美国汽车上所安装的提醒设备,就并没有起到多少提高安全带使用频次的作用。在这些情况下,如果采用额外奖励以及/或者使行动简易的方法,通常会增加采纳保护建议的可能性。如果儿童座椅更容易系,或者永久地安装在普通座椅下面以便能够在需要时随时打开,那么,人们每次在承载幼童乘客时就更有可能使用儿童座椅。

如果人们对所需行为还没有充分控制,那么人们就可能无法采取自我保护行动。例如,对年幼儿童的行为,父母就只能有限地控制。因此,每当涉及年幼儿童的安全时,让儿童环境变得更加安全的结构改变就会特别有效。同样,犯有酒后驾驶罪的人通常是有酗酒问题的人,这些人通常不能控制自己的饮酒行为。对于这种情况,与对他们进行酒后驾驶危害教育相比,在他们克服酗酒问题之前一直吊销他们的驾照可能会更加有效。

法律规定

法律规定的有效性取决于规定是否成功地把新的奖励与给定的行为联系了起来。因此,安全带使用法为安全带的使用提供了一种新的奖励:系安全带就可以避免罚款。有充分证据表明,法律规定能够引起行为改变。例如,在瑞典政府规定私家车前座乘客必须系安全带之后,在短短几个月内,安全带使用率就从30%上升到85%。今天,除了新罕布什尔州之外,美国其他州都颁布了要求系安全带的法律。但是,这些法律的力度不大相同。安全带一次法允许警察对未系安全带的驾驶员开具罚单,即使之前没有违反过这条交通规则。安全带二次法规定,只有在违反过一次该交通规则的情况下才能对未系安全带的驾驶员开具罚单。1983年,美国的全国安全带使用率约为17%,而到了2002年就上升到了75%。其中,强制性规定起了作用。根据对1991至2001年期间每年各州安全带使用情况的分析发现,实施安全带一次法的州,其安全带使用率比实施安全带二次法的州要高出9.1个百分点。

美国各州都实施的另一项法律也非常有效。这项法律规定,在机动车辆旅途中,父母要限制自己的婴儿或幼童。在19个城市的购物中心开展的观察法调查结果显示,儿童安全座椅使用率从1980年的约20%提高到了1990年的80%。据估计,儿童安全座椅法律实施之后,在机动车辆碰撞事故中婴儿和幼童的死亡率比该法律实施之前要低25%~40%。

规定摩托车驾驶员穿戴头盔的法律也同样成功。根据1975至2004年的关于美国50个州和华盛顿哥伦比亚特区的跨地区时间序列数据,Houston和Richardson(2008)估计,在规定所有摩托车驾驶员穿戴头盔的州中,摩托车驾驶员死亡率要比没有此规定的州低22%~33%。

为了让法律规定产生成效,强制要求的行为必须要容易监视。因此,限制驾驶员血液中酒精浓度的法律就难以实施。根据某些先前的估计,在2 000个受酒精非法影响的驾驶员中,实际上只有1个因犯罪而受捕。但是,有关部门仍在不断增设路边酒精检查站,以便提高发现和逮捕醉酒驾驶人员的概率。此外,有些州还通过立法强化惩罚的速度。法律规定,警察有权在有证据表明驾驶员血液中酒精浓度超过法律规定限度而定罪之前,就吊销该驾驶员的驾照。

尽管法律为鼓励采取自我保护行为提供了额外奖励,但是法律的有效性,仍然不得不取决于身处危险之中个体的动机。因此,对那些身处最危险境地的亚团体成员,法律产生的影响往往最小。因为,那些最不计后果的人可能最不会去遵守法律规定。例如,青少年和受酒精伤害的人群似乎最不会遵守安全带法。

结构改变

伤害控制的结构路线就是通过改变环境而使环境变得更安全。这么做的巨大优势就是,它既能够保护人们,还不需要人们付出任何的努力。把儿童用的阿司匹林容器改小就是一个结构改变的成功例子。把阿司匹林容器改小到只能盛下小于致死剂量的阿司匹林之后,因过量服用加味阿司匹林而引起的儿童死亡率就大大降低,因为,即使一次吃光了瓶子里的所有药片也不会致命。该策略比使用儿童安全盖更有效,因为儿童安全盖每次打开之后必须盖上,而且有些孩子还会避开安全盖对他们的阻拦。

在交通安全领域,美国在1968年就制定了联邦标准,要求新车必须达到耐撞性能和避撞性能标准要求。据估计,从标准实施到1982年,每年的交通事故死亡人数减少14 000人。电子稳定控制系统和先进安全气囊系统进一步大量减少了交通事故的死亡人数。其中,电子稳定控制系统是一种计算机化的技术,它能够通过检测和尽量减少车辆打滑来提高车辆的安全性和稳定性;先进的安全气囊系统能够区分成年乘客和儿童乘客,并能根据乘客的体型、安全带使用的状况、座椅的位置以及撞击的严重程度自动部署气囊。

结　论

伤害控制研究领域的专家认为,被动策略比主动策略更可取,这种观点令人信服。因为,控制伤害的主动策略要靠说服一大群的人改变他们的行为方式，从而使自己免遭伤害，而事实证明要做到这一点很困难。如果一种行为费力、不方便、很昂贵、难控制，加上/或者发生伤害的危险显得相当遥远，那么，说服就特别容易失败。然而，被动策略也不总是有可能应用。因为，在那些行动时不考虑自身安全或他人安全的个体手里，即使是最安全的车辆、设施等也会是危险的。对于这种情况，法律规定能够起到一定的作用，但应用范围也一样有限。因此，就伤害控制而言，除了上述的被动策略之外，没有其他策略能够代替大众教育。

小结与结论

20 世纪后半叶，人们的健康态度发生了空前变化。今天我们很难想象，在 1960 年代前期之前，人们还一直认为可以尽情吸烟，可以暴饮暴食，除了害怕吸烟引起的咳嗽、超重和宿醉之外，不用惧怕任何更加糟糕事情的发生。但是，从 1964 年开始，这种无知的快乐时代就结束了，当时美国卫生署的报告首次报道了吸烟的危害性，并对高胆固醇食物进行了谴责。

有些时候，性交似乎是一种没有惩罚的享受行为，在避孕药发明之后尤其如此。但是，当 1980 年代中期性传播病毒感染引起广泛关注时，人们的这一幸福蓝天便首次布上了惧怕生殖器疱疹的乌云。通过性交途径可以传播艾滋病的消息，更是终结了这一幸福时代。（和每天吃个苹果一样）运动一直被看作一种有益健康的行为，但是直到最近，这一信念才得到了科学证据的支撑。

正如健康促进支持人士喜欢强调的那样，用流行病学研究证据向公众传播各种健康行为对健康的影响，这大大改变了人们的态度和行为。今天，暴饮暴食已不再流行，饮用巴黎水、食素、坚持一夫一妻制、不抽烟、定期慢跑以及开车就系安全带，所有这些，几乎已经成为后现代时期时尚男女的标志。

正如我们所见，评估健康促进对健康行为影响的方法有两种。在美国卫生署首次报道吸烟有害 20 年之后，美国吸烟者人数降低了 20%，我们对此欣喜若狂。令人失望的是，尽管所有研究结果均显示吸烟有害健康，但是还有 20%的美国人仍然在吸烟。

我们该如何解释人们为什么对健康警告置若罔闻呢？是人们想要自取灭亡吗？还是，人们对说服的抵制表明健康促进无效并且应该放弃？我认为，过去 45 年间健康态度和行为方面发生的巨大变化，充分表明健康教育是富有成效的。我们必须铭记在心的是，尽管身体健康和长寿是大多数人生活的重要目标，但并不是唯一的目标。正如 Becker 于 1976 年简述的那样，一个人可能会过度吸烟或疯狂工作到忽略一切运动，他或她这样做并不是因为无知，而是因为戒烟或改变饮食习惯需要大量时间,因此似乎不值得去做。此外,对于其他很多人来说,健康目标似乎很难实现,因为他们认为自己无法戒烟或改变饮食习惯,即使他们自己想做。

对于我们当中那些立志要活完属于自己的最后一分钟的人,我们就不得不放弃许多生活中的快事。像我们这样的人就很难理解(和接受),周围为什么还有那么多人依旧在抽烟,在疯狂饮酒,在吃油腻食物,好像明天不会再来一样。我们不禁要告诉这些人:你们正在损坏自己的健康。不过,他们之前极有可能已经多次听到过这类劝告,再听一遍也不会改变他们的想法,或者影响他们的行为。因此,如果我们确实想要"帮助"他们,那么我们就必须了解,为什么他们会继续做那些自己已经知道会损害自己健康的事情。

第 6 章　压力与健康

本章和第 7 章的重点都集中在作为导致疾病危险因素之一的压力，以及调解压力和健康关系的社会因素、人格因素之上。有充分的证据说明压力会损害健康。尽管在一定程度上，通过内分泌系统、免疫系统和自主神经系统的改变使这些健康损害得到了缓解，但是产生压力的过程还是会引起健康行为的负面变化，这些变化对压力和疾病的关系产生了影响。本章将考究“压力会增加疾病的危险”这一假设的证据检验，并讨论一些可以调解压力和疾病关系的方法。第 7 章将论述社会因素和人格因素是如何调节压力对健康的影响的。

生理压力与适应性的崩溃

Selye 开创性的身体反应模型实验让压力的概念流行开来，这个模型主要是通过把微生物暴露于强热源或感染源来观察微生物的反应。尽管 Selye 这个实验的大部分理论基础都是基于 Cannon 1929 年出版的专著，但 Selye 的研究加深了我们对有害刺激生理反应的了解，并且该研究还成了后来研究压力概念的范式。

在 Selye 可读性很强的一本书《生活的压力》(*The Stress of Life*)(1976)中，他说道，作为布拉格大学的一位年轻的医学学生，他在得知了这样一个事实后震惊极了：除了给定疾病的少数症状特点外（这些症状特点对该疾病的临床诊断很重要），患者还出现了许多身心压力的迹象。虽说不是患所有的疾病都会出现这些迹象，但它们普遍存在于大多数疾病中，如体重减少、食欲不振、肌肉力量减弱以及提不起兴致等。直到十年后，在对动物做生理实验时，Selye 才发现每当把生物体暴露于压力源，该生物体就会产生一系列显然非特异性的身体反应，不管这个压力源是外伤、极度的寒冷环境或是非致命有毒液体的注射。这些身体反应包括肾上腺皮质增生肥大、胸腺淋巴腺体收缩、胃和十二指肠溃疡。

肾上腺是位于肾脏上方的两个小小的内分泌腺。它由两部分组成:肾上腺髓质这个核心部分,以及肾上腺皮质这个外壳部分。髓质和皮质一起,合成能使生物体进行运动的激素。另一方面,胸腺淋巴系统在身体的免疫防御方面起了很大作用。把这些形态变化作为包括参与免疫系统在内的肾上腺皮质活动指数,Selye 认为,这些内分泌反应帮助生物体在生理上应对压力源。假设身体外伤频繁发生在动物不得不争斗或逃跑的情况之下,那么,能够促使生物行动的生理反应,的确是适应性的反应。谢耶把这些非特异性反应定义为“压力”。

没有生物体可以一直处在高度的警觉状态。因此,生物体对压力源的反应会随着时间而改变。谢耶认为,随着生物体反复地接触压力源,其防御反应要经过 3 个不同的阶段。这些阶段一起代表了一般适应综合征的征状。首先,在“警觉”阶段,生物体开始主动面对威胁。第二,在“反抗”阶段,生物体似乎已经适应了压力源,于是普遍激活减退。但是,长时间接触同一个压力源会“耗尽”生物体的适应精力。因此,当生物体不能克服威胁且在此过程中耗尽了自身生理资源时,“枯竭”这个第三阶段就产生了。

所以,在两种情况下生物体会受到压力源的伤害:压力程度如果超出了生物体的适应能力范围,便会产生直接的伤害;对抗压力的防御过程也可能导致生物体受到间接的伤害。Selye 把一些疾病称为“适应病”;在这些疾病的发展过程中,生物体的压力反应作用重大。例如,溃疡这种属于一般适应综合征第三阶段的典型征状,就会被认为是一种适应性疾病。同样,各种各样看似会积累成生活压力的疾病,也可能归为这一类别。因此,疾病是生物体为抵抗长期压力而必须付出的代价。

多年来,Selye 的疾病-压力模型受到许多批评,理由各种各样。其中一个主要批评点是,模型留给各种心理因素的作用范围非常有限。与 Selye 相反,许多研究者今天都相信,心理评估在判断是否有压力时很重要。即使是 Selye 提出的压力源,生物体的压力反应也可能受到情绪困扰、不适以及疼痛的调节,而不是对这些伤害性刺激造成的组织损伤的直接生理反应。因此,Mason (1975)指出,为了研究压力源而设计的传统实验条件,如运动、冷、热等,也经常引起明显程度的情绪困扰、不适,甚至疼痛。如果采取防范措施来减少生理反应的话,那就无法激活肾上腺系统。一个相关的批评是针对 Selye 的“非特异性假设”。该假设认为,所有的压力源都产生同样的身体反应。越来越多的证据表明,不同的压力产生不同的内分泌反应,个体对压力的反应可能受其人格、知觉以及生物构造的影响。这些论断对谢耶的“非特异性假设”提出质疑。但是,对此假设的批评不应该偏离的事实是,Selye 的观点对压力研究已经产生了持久的影响。

心理社会压力与健康

压力理论进步的第二大推动力来自于精神病学家的研究,他们开始把生活事件作为导致各种身心和精神疾病的因素来进行研究。这项工作的基础是,假定社会心理压力会导致相同的身体变化。通过观察,Selye 认为,这种身体变化是组织损伤的结果。这一本质上属于心身医学的传统,引发了很多临床和流行病学研究,这些研究倾向于支持这样一个假设:充满压力的生活有增加发病率甚至死亡率的危险。

对于心理社会压力会对健康会产生消极影响这一假设的研究,最初是在发生关键生活事件的前提下进行的。关键生活事件包括丧偶、被解雇这类突发事件,也包括一些更普通但仍存在问题的事件,如和老板产生冲突。虽然部分研究调查的是具体生活事件的影响,如失去亲人、失业等,但大多数研究使用的是关键生活事件自我报告列表,或者基于访谈的量度,以及研究压力事件数量或总严重性对健康的累积影响。这些重大事件都是研究对象自己报告的在给定时间段内所经历过的事件。因为轻微刺激的累积也可能产生压力,研究者也关注日常生活中发生的更细微压力事件对健康产生的累积影响。这样的日常压力可能包括要参加太多的会议,或者没有足够多的闲暇时间来陪伴家人。下面,我们将评价关于心理社会压力是否具有健康损害性质的证据。

累积生活压力对健康的影响

关键生活事件

尽管最近几年,针对关键生活事件采取的一些基于访谈的措施得到了发展,但是,关于压力生活事件对健康影响的早期研究,几乎完全依靠自我报告“清单”,Holmes 和 Rahe(1967)首创了这种“清单”。他们既编制了“近期经历表”,也编制了“社会调整评定量表”。

典型的自我报告量度通常由生活事件的列表组成,使用时要求调查对象指出在给定时间段内自己所经历的事件。Holmes 和 Rahe 编制的清单,列出了 43 项描述“生活变动事件”的条目。“生活变动事件”被定义为那些个体需要做出一定量社会调整的事件(见表 6.1)。既然假定任何强迫个人改变他(或她)习惯模式的事件都是有压力的,那么列表就不仅包括了令人不愉快的事件,也包括了令人愉快的事件。列表中既包含积极变化也包含消极变化的设计是有道理的,如果和 Selye 的传统理论相一致,即假定压力是由于需要适应新形势而造成的。但是，现在有证据显示，只有消极事件才与不健康的指标变量有关。

表6.1　社会调整评定量表

排名	生活事件	平均值
1	丧偶	100
2	离婚	73
3	分居	65
4	刑期	63
5	亲人离世	63
6	人身伤害、疾病	53
7	婚姻	50
8	被解雇	47
9	婚姻和解	45
10	退休	45
11	家人健康状况的改变	44
12	怀孕	40
13	性障碍	39
14	新家庭成员的诞生	39
15	生意调整	39
16	经济状况的改变	38
17	好友离世	37
18	工作岗位调动	36
19	与配偶争吵次数的改变	35
20	超过10 000美元的按揭	31
21	取消抵押品赎回权的按揭或贷款	30
22	工作职责的改变	29
23	儿子或女儿离家	29
24	姻亲间的矛盾	29
25	突出的个人成就	28
26	妻子开始或停止工作	26
27	开始上学或毕业	26

续表

排名	生活事件	平均值
28	生活条件的改变	25
29	个人习惯的改变	24
30	与老板产生嫌隙	23
31	工作时长或工作环境的改变	20
32	乔迁	20
33	转校	20
34	娱乐方式的改变	19
35	教堂活动的改变	19
36	社会活动的改变	18
37	低于 10 000 美元的按揭或贷款	17
38	睡眠习惯的改变	16
39	家庭聚会频率的改变	15
40	饮食习惯的改变	15
41	假期	13
42	圣诞节	12
43	轻微的违法行为	11

资料来源:Holmes and Rahe(1967)。

在回答清单上的问题时,要求调查对象指出在给定时间段内经历的所有生活事件。累积生活压力的测量可以是给定时间段内所经历生活事件的数量(近期经历表),也可以是在数量之外同时考虑这些生活事件严重程度的加权结果(社会调整评定量表)。因此,这两种量表的差别仅仅在于对各生活事件分配的权重。在对生活事件可能需要的社会调整大小评级的基础上,"社会调整评定量表"提供了量表值。可以把未加权的分值(仅仅反映所经历的压力事件的数量)或生活变化的单位分数(反映这些事件的强度总和)与疾病的之后情况进行关联。出人意料的是,似乎并没有提高这些量表预测健康问题力度的,是根据生活事件严重性进行了加权的分数,而不是仅仅使用生活事件发生频次的分数。

尽管"清单"还用在很多研究之中,在这些研究中,只是在疾病发生之后才对生活事件进行回顾性评估。由于"清单"容易使用,就使得对大量的人进行筛查变得可行,因此也鼓励研究者进行前瞻性的研究(即在疾病发生前就评估生活事件的研究）。Rahe（1968）评估了3艘海军巡航舰上2 500名海军军官生活的变化。这些变化，都是他们在登上这3艘海军巡航舰开始国外生活之前6个月内所发生的。然后，把这些生活变化的单位分数与6个月舰上生活结束时的医疗记录进行关联分析。生活变化单位分数分布在前30%的个体归为高危组，分数分布在最后30%的个体归为低危组。拉厄发现，在最初几个月的航行期内，高危组比低危组首次生病的人数高将近90%。而且在整个航行期内，高危组比低危组每个月一致都报告有更多的病患人数。

但是，其他的前瞻性研究结果并不那么支持压力—疾病关系。例如，Theorell等人（1975）通过对一个由4 000多名瑞典建筑工人组成的样本的研究，发现在给定的一年时间内发生的压力生活事件，并未导致来年建筑工人的死亡、住院或者休假。Goldberg和Comstock（1976）通过对来自美国两个社区的参试的分析，同样没有发现生活事件与死亡、住院之间的联系，此外，正如Rabkin和Struering（1976）指出的那样，生活压力和疾病的相关性通常低于0.30。也就是说，生活事件只能确定患病方差变异的不到9%。

这些量度方式出现后最初迎来了一段时间的雀跃。之后，很快就进入了批评性的再评价阶段。其中一种批评观点认为，生活压力和健康之间的关系，很可能是报告的偏差所致。毕竟，使用生活事件量表的研究，并没有直接评估压力的大小和疾病的数量，而是把自我报告的生活压力和就医行为联系在一起。所以，那些就医门槛很低的个体，即使碰到很小的健康问题，也会去咨询自己的私人医生，也很有可能把任何的变化都描述成重大的生活事件。这一假设可以解释之前提到的Rahe（1968）对海军所做研究的大部分结果。

沿着类似的逻辑，Watson和Pennebaker（1989）认为，压力生活事件和健康诉求的自我报告方式，反映的是消极情感的普遍情绪倾向，这代表一种体验消极情绪的稳定人格倾向，并且和神经过敏紧密相关。虽然消极情感与报告症状的方式高度相关，但似乎它与客观的健康指标（如血压水平、血清危险因素、免疫系统功能）并无联系。Waston和Pennebaber认为，具有过分消极情感的人警惕性过高，因此更容易注意到正常的身体感受。由于他们观察健康变化时总是充满着焦虑和不确定性，所以容易把正常的症状理解成痛苦的、病态的症状。

消极情感不能说明研究的结果，因为，这些研究把生活事件量度与身体健康量度联系在了一起。例如，Sibai等人（1989）探讨了战时压力变化与冠状动脉疾病之间的关系。该研究针对的是1986年遭受战争蹂躏的黎巴嫩的情况。参试是在做血管造影的患者，因为临床显示他们患有心脏病。患者要先填一份问卷，之后才能知道动脉脉搏图的结果。在问卷中，他们必须标出近期自己或者家庭核心成员是否经历了各种程度的战时压力（如损伤、绑架、攻击、严重威胁、背井离乡、无家可归)。结果显示,动脉收缩大于 70%的患者经历过战争的可能性,是那些没有显示出动脉硬化患者的 3 倍左右。这一发现很难用消极情感的作用来解释,因为,它是对两组患者进行比较的结果。由于心绞痛症状是患者必须进行冠状动脉造影的原因之一,所以有人可能会觉得,在没有患病的参试中出现消极情感的比例可能更高,因为这些参试之前就没有身体问题。

战争压力不仅可能加速动脉硬化,还可能诱发心肌梗塞。这已经在一项评估导弹袭击影响的研究中得到验证。Meisel 等人(1991)分析了伊拉克导弹袭击对以色列市民心肌梗塞发病率和突然死亡率的影响。从方法论的角度看,这项研究同样有趣。因为,它把可客观化的压力源(导弹袭击)与可客观化的健康量度(心肌梗塞)联系了起来。据迈泽尔等人报道,在海湾战争的最初几天,与可控时间段(如一年前的同一时间段或战争爆发前的几个星期)相比,急性心肌梗塞的发病率急剧上升。有类似证据表明,"9.11"恐怖袭击在美国发生后,美国急性心肌梗塞的患者人数大幅上升,不稳定型心绞痛的患者人数上升略少。

第二个反对使用生活事件自我报告量度方法的观点认为,压力量度和疾病量度中都会有污染。生活事件量表至少会以两种方式和健康量度混杂。首先,生活事件量表经常包含可能反映调查对象身体和心理状况的项目。如果像"身体伤害或疾病"或者"怀孕"这样的项目也被作为压力生活事件的量度,那么,事件得分就直接受到同时段身体健康量度的污染。第二,生活事件量表经常包含反映心理问题的结果而非原因(如姻亲间的矛盾、被解雇、分居)的项目。Schroeder 和 Costa(1984)发表的研究结果与这些假设是一致的。该研究示明,生活事件标准量度与身体疾病之间的相关就会消失,如果把"污染项目"从生活事件量表中剔除的话。然而,Maddi 等人(1987)发表的研究却未能复制这些发现。

第三种反对观点是,"清单"法把给定类型的所有生活事件都看成是等价的。例如,"丧偶"被赋予的生活变化值为 100,却并没有考虑丧偶事件的突然性,或其他任何可能使该事件具有更大压力的环境情况。类似于"剥夺"这样的个体事件研究中有证据显示,在做出这些区分之后,生活事件和抑郁之间的关系就会大幅增高。

解决这个问题的一种策略称为"语境法"。这种方法要根据当事人及其生活情境信息来构建独立的判断,以断定在这种情境中,该事件对一个典型人的压力有多大。这一最初由布朗和哈里斯开创的方法包括两个阶段。Brown 和 Harris(1989)指出,第一阶段使用半结构访谈,即"生活事件和困难时间表"。构成这一访谈内容的,是一系列关于过去 12 个月内是否发生过的特定事件型问题和一套探索积极回应这些问题的指南。这种访谈方法的目的是，让受访者叙述每一事件。“生活事件和困难时间表”使用了压力生活事件的严格标准，并允许在威胁严重性、情绪重要性以及事件所发生领域的基础上，对每一事件进行分类。第二阶段由专家对事件描述的评价组成，这里的事件描述是在访谈的基础上编写的。评价是由一组评级人员评定的，他们对受访者的疾病程度一无所知，但却要讨论相应压力威胁等级的合适性。因此，根据死亡的伴随情况，“丧偶”可能会得到不同的分数。例如，与伴侣在经受了病痛的折磨后死去相比，伴侣突然死去的压力威胁等级可能更高。尽管这种方法在很多方面都优于“清单”方法，但是，压力威胁严重性的评级结果还是包含了先前关于事件严重性的一些心理假设（即突然的损失比可预见的损失更严重），而这些心理假设，正是研究者首先要检验的假设。

细微生活事件

随着从主要生活事件的自我报告量度方法移向评估“日常困扰”之类细微生活事件的量表时，方法问题的严重性便会增加。困扰是那些恼人的、令人沮丧的、痛苦的需求。这些需求在某种程度上表现出了当事人在日常环境中所作所为的特点。Kanner 等人（1981）编制出了这一由 117 种潜在困扰构成的“困扰量表”。潜在困扰的例子有“东西放错地方或者丢失”“麻烦的邻居”“想到死亡”“担忧债务”“难以放松”“担心工作保障”等。使用时，要求参试标出在给定时间段内自己所受到的困扰，然后标出每一个困扰在那段时间内带来压力的严重程度（有点严重、中度严重、极度严重）。从这些信息中可以计算出“频次”和“强度”这两个分数值，其中“频度”反映所发生困扰的数量，“强度”反映困扰的平均严重程度。尽管该量表是为了测量日常压力而编制的，但是，量表的初衷是每月测量一次，并连续数月都要进行测量。

在 Kanner 等人（1981）发表的一项研究中，连续 9 个月，用“困扰量表”对 100 位中年人进行了评估。然后分析评估结果和参试所报告心理症状（包括抑郁和焦躁）之间的关系。研究发现，生活中的困扰比关键生活事件更能预测并发和随后的心理症状。尽管关键生活事件对独立于困扰效应的症状影响很小，困扰能继续预测心理症状，即使在主要生活事件的影响被统计控制之后。DeLongis 等人（1982）、Monroe（1983）、Zarski（1984）、Weinberger 等人（1987）都报道过，生活中的困扰能和关键生活事件一样，甚至更好地预测健康结果。

那些对于依靠关键生活事件量度研究的批评，很快就降落到了使用“困扰量表”的研究之上。具体而言，Dohrenwerd 等人（1984）、Dohrenwerd 和 Shrout（1985）指出了“污染问题”。他们先是指出，“困扰量表”中包含许多可能也可以反映心理症状的项目(例如,“除了身体问题外,你还有性问题”“你担心自己对酒精的使用问题”“你害怕被拒绝”)。但是,Lazarus 等人(1985)示明,仅由未混杂项目组成的子量表和心理症状之间的相关,与主要由混杂项目组成的子量表和心理症状之间的相关一样高时,Dohrenwerd 和 Shrout(1985)修改了自己的观点,他们指出,因为“困扰量表”反应方式的原因,所有的困扰都能反映心理症状。他们认为,响应量表允许的最低强度是“有点严重”,受试可以把它解读为只有至少达到“有点严重”的事件才能称为生活中的困扰。因此,只有那些经历过特定困扰的研究对象,才可能感觉到他们应该指出该困扰。

为了回应这些批评,DeLongis 等人(1988)改进了“日常困扰量表”:从量表中删除了那些污染项目;通过让受试只评定具体事件能构成困扰的程度,从而改变了量表的反映方式;并且要求参试连续几天每天进行一次测试。这最后一条改变,使得“日常困扰量表”确实是在评估日常生活事件,而且还符合方法论的趋势,即编制能在日常层面评估压力经历的量度。与“日常困扰能导致健康损害”这一假设一致,DeLongis 等人(1988)指出,日常压力与并发和随后的健康问题之间有显著关系,这些健康问题包括流感、喉咙痛、头痛和背痛等。但是,这项研究并没有排除 Watson 和 Pennebaker(1989)指出的可能性:日常困扰和报告的心理症状之间有联系的原因,最少部分是消极情感影响之故。

结　论

有证据表明,反映主要和次要压力的累积压力量度,与心理和生理健康问题显著相关。但是,对于基于自我报告压力量度的研究,现在存在很大疑问,质疑在多大程度上把这种关系解读为压力和健康之间的因果关系是合理的。问题不仅仅是报告中的偏差和项目中的污染。此外,越来越多的证据还表明,压力和健康诉求的自我报告量度,反映出的是消极情感或神经过敏的稳定人格倾向,这种倾向至少是所观察到的这些量度之间关系的部分致因。其中的部分问题可以通过个人访谈的方法来解决,但是,做访谈的成本很高。因为消极情感与客观的健康量度之间没有联系,所以,使用这种量度可以更有效地防止这类批评。

这些清单的最后一个缺陷是,它们只是根据严重性或可能需要的调整程度来区分压力源。压力源的其他重要方面,像压力源持续的时间或可控的程度,却都没有考虑在内。例如,压力源可能是急剧而短时的(如公开演讲、考试),也可能是缓慢而长期的(如丧亲、逃难)。缓慢压力源反映了两种情况。一种是情况会持续很长一段时间,另一种是情况持续的时间很短,但却在很长一段时间内都可能被看作是威胁(如遭受性侵)。压力源的可控性指的是,如果想要,个体就能够终止压力。可控性与缓慢性是相关的:急剧性压力源的可控性可以变化,但缓慢性压力源的可控性通常固定不变。有证据表明,压力事件的这些方面可调节人对压力的心理反应。

具体生活事件对健康的影响:以丧偶为例

使用累积生活事件量度涉及的大多数歧义,都可以通过研究具体压力生活事件的健康后果来避免。"丧偶"这一事件具有很多特点,使得它特别适合作为"生活压力事件对健康影响"的研究案例。丧偶不仅仅是最严重的压力生活事件之一,而且还可以客观化(因此消除了报告偏差影响压力量度的危险)。因为婚姻伴侣的死亡还可以在人口普查和健康记录中反映出来,所以有大量数据可以用来分析具体疾病甚至死亡的过度危险。最后,由于可能排除自杀造成的丧偶(伴侣患病可能驱使另一方自杀),毫无疑问,压力生活事件(即丧偶)发生在健康问题之前。因此,尽管生活事件量表清单上许多像"离婚"或"分居"之类的生活事件可能是人格问题或抑郁的果而不是因,但是在"丧亲"这一生活事件中是不可能的。所以,我先要简单地概述一下有关丧偶影响健康后果方面的重大研究发现。

的确,因死亡而造成的丧偶会对活着的配偶造成负面的健康影响。这一点,在流行病学研究和纵向队列研究中都有所显示。流行病学研究通过各种健康量度比较不同婚姻状况组之间的情况;纵向队列研究则对丧偶者(与非丧偶者比较)在丧偶之后一段时间内的健康状况进行跟踪调查。

丧偶的后果可能会非常直接,直接到危及丧偶者的生命。正如在多个不同国家所进行过的横断面研究所表明的那样,孤身丧偶者的死亡率比再婚丧偶者的要更高。此外,丧偶者的生命危险最容易出现在丧偶后的最初几个星期和几个月内。Parkers 等人(1969)发表的经典研究,就是对这一现象的清楚例解。如图 6.1 所示,Parkers 等人的纵向研究,通过对 54 岁以上的鳏夫样本的研究发现,与已婚控制组相比,在丧偶后的最初半年内,研究组中的死亡率要高出 40%。虽然各研究间丧偶者过度死亡率的模式有所不同,但还是有一定的规律。例如,鳏夫的过度死亡率就比寡妇的相对要高,青年丧偶者的过度死亡率也比老年丧偶者的更高。Siegel 和 Kuykendall(1990)发表的研究以及 Umberson 等人(1992)发表的研究也都确认了这种模式。

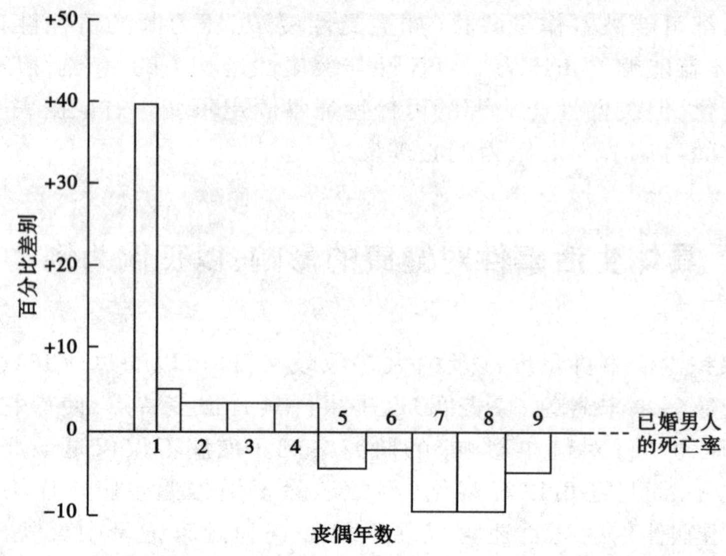

图 6.1 54 岁以上鳏夫和非鳏夫死亡率的百分比差别与丧偶年数的关系

资料来源:Parkes et al.(1969)。

尽管死亡的过度危险率很高,但是如果用绝对数值表示,丧偶者中真正提前死亡的人数其实很少。然而,对于丧偶者中的相当一部分人来说,丧偶不仅带来很长一段时间的强烈痛苦,而且增加了患各种心理和生理疾病的危险。因此,丧偶者比未丧偶者的抑郁比例更高。通常,前者比后者看内科医生的次数更多,而且丧偶者患身体疾病的比例也被提升。

现在,多项研究已经开始想办法把丧偶者中那些特别有风险遭受丧偶不良后果打击的人找出来。有证据表明,影响丧偶者健康状况的因素有:死亡方式(突然死亡比预期死亡的后果更严重),性别(男性所受的影响更严重),丧偶后受到社会支持的程度(未受到太多社会支持的丧偶者受到的影响更严重),等等。

尽管丧偶与各种心理和身体健康之间的关系已有所确立,但仅此还不能构成证据让人信服,丧偶的压力就是健康问题的中介因素。还有大量的其他说明。抑郁模型可能倾向于把目光放在失去至爱之人后的孤单因素,或者对于无助和"放弃"的反应因素之上。其他的则从人为现象的角度进行讨论,例如,配偶间的夫妻相(即婚姻伴侣在社会、心理和身体特征方面的相似性),或者伴侣共处的不利环境(如双方呼吸了同样不健康的空气或都吃不健康的食物)。

但是,似乎很少有人怀疑丧偶的压力。纵向研究已经一致性地确定了与丧偶有关的各种压力,包括经济困难、社交约束、单亲孩子的照料问题等。Stroebe 和 Schut(1999)提供了关于丧偶者遭遇到的压力类型的系统分析。在批评传统路线方法的同时,这些研究者提出,接受亲近之人死亡的事实需要面对两种压力源,一种称为"损失导向"应对,另一种称为"恢复导向"应对。丧偶之人不得不既关心丧失亲人之事(考虑死亡事件,缅怀亲人、祭奠亲人等),又要关心亲人失去之后所产生的变化(继续死者生前未完成的任务,重新定义自己的身份和角色等)。前一种关心就定义为损失导向,后一种关心则定义为恢复导向。有理论预设,在面对和躲避这两种压力源之间的动荡过程,对于丧偶后的成功适应至关重要。

在一个更一般性的压力框架下,解释起上述不良丧偶结果(自尊心低下、缺乏社会支持、突然不知所措等)的危险因素就更加容易。Jacobs(1999)提出,对于生者而言,创伤性死亡就特别难以接受,而且与体弱的引发率密切相关。似乎不言自明,与老年人寿终正寝、安详离世相比,创伤性死亡对生者造成的压力更大。此外,这样的结果还告诉我们,正是那些不足以应对事件之人,例如那些相信自己难以把控事件的人,他们才感觉到特别不能应对丧偶的压力环境。

什么使得关键生活事件压力巨大?

通过把生病率和特定的压力事件联系起来,关于关键生活事件对健康影响的研究规避了这样一个棘手的问题,即具体说明:为什么有些心理体验有压力?生物体怎样识别压力事件并把它们与积极事件区分开?如何说明个体之间对压力反应的差异?因此,尽管 Selye 使用的物理压力源似乎很有道理,如极度寒冷、注射非致命剂量的有毒液体等,这些压力源都会挑战生物体的防御系统,但是,伴侣的死亡和失业为什么会产生相同的影响就不那么显而易见了。

压力的心理进路就是针对这些问题的。这些心理方法对作为生活事件和压力中介的认知过程进行了分析。交互作用进路则采取了一种更加广泛的观点,认为压力是一种觉察到的不匹配的结果,这是一种环境需求与个体应对这些需求时所可以使用的资源之间的不匹配。Seligman 及其合作者一起,提出了一个更加具体的理论,认为觉察到的缺乏控制感是压力情境的一个关键特点。具体内容可参见 Seligman(1975)、Abramson 等人(1978)、Peterson 和 Seligman(1987)的研究。

压力:人与环境间的互动

几十年来,Lazarus 一直都是压力互动观的主要倡导者。根据 Lazarus 和 Folkman(1984)提出的那广为接受的定义,心理压力是人与环境之间的一种特殊关系,该环境经个体评估认定为很累人,或者,超出了自己的资源且危及自己的幸福。因此,特定情境中所经受压力的大小,并不单单取决于该情境的需求或当事人的资源情况,而是取决于个体所觉察到(评估出)的需求和资源之间的关系。但是,这并不是就说,各种情境所造成压力体验的可能性都是一样的。

Lazarus 理论中两个确定给定情境中压力体验大小的中心过程是认知评估和应对。"认知评估"是这样的一个评价过程,在这个过程中,个体要确定为什么某特定情境对于自己有压力,有压力的程度是多大。Lazarus 区分了 3 种评估的基本形式:初级评估、次级评估、重新评估。在初级评估中,个体对给定情境对自身幸福的重要性进行分类,并决定该情境是否无关、是否积极、是否有潜在危险。在次级评估中,当事人需要根据自己的应对资源来评价潜在危险,并决定自己的应对方案。

Lazarus 和 Folkman(1984)强调,初级评估和次级评估通常是同时发生的。因此,当面临环境需求时,个体会评价这些需求是否会构成潜在威胁,以及是否有足够的可用资源来应对这些需求。如果他们发现环境需求繁重或构成威胁,同时也认为自己的应对资源不足,这时,他们就会感到自己处在了压力之下,这种感觉通常会导致消极情绪。所以,把情境评价为有压力以及体察到的压力强度,都在一定的程度上取决于个体对有关应对资源的评价结果。

"重新评估"概念的引入是为了强调,由于新输入的缘故,认知评估过程是一个永远流动的过程。因此,随着有关情境或自身行为影响的新信息的接收,对于该情境的原始评估结果可能会改变。认识到原先当作心绞痛的症状其实只是强烈的心痛,将会导致对此症状所标志的威胁进行重新评估。

当一个情境被评估为有压力时,个体就必须做点什么来掌控局面,并且/或者控制自己对该情境的情绪反应。这些应对压力需求的过程称为应对过程。Lazarus 和 Folkman(1984)区分了两种应对的基本形式:以问题为焦点的应对和以情绪为焦点的应对。如果应对是为了管理和改变引起困扰的问题,那么这种应对就是以问题为焦点的。例如,某学生担心即将到来的考试,于是便会做一切事情来充分准备应对考试(如上课、加入学习小组)。但是,该生仍有可能非常焦虑,甚至开始失眠或者无法集中注意力。为了减少这种情绪困扰,该生可能采取一系列的以情绪为焦点的应对。这可能包括认知活动,例如尝试重新评估该情境,认定情境并没有那么大的威胁。但是,应对方式也可能包括吃安眠药、吸烟或喝酒,以此来应对情绪困扰并使自己的情绪平静下来。

情境在多大程度上可以认定为是有压力的,个体在多大程度上能成功掌控该局面,这些将取决于个体自身的应对资源。Lazarus 和 Folkman 把主要是人属性的资源和主要是环境属性的资源区分开来。人属性的资源包括健康和精力之类的身体资源,积极信念之类的心理资源(如正面的自我意识,相信自己的控制力),以及问题解决和社交技能之类的能力。环境属性的资源的例子有物质资源(如金钱)和社会支持。

值得注意的是,Lazarus 和 Folkman(1984)提出的认知压力模型与健康信念模型,以及保护动机理论之类的健康行为模型之间存在多方面的重要相似性。这种重合一点儿也不奇怪,因为这两种理论的提出,都是为了说明个体是如何评价威胁的,以及这些评价结果是怎样决定人们处理威胁性情况的方式的。因此,认知压力理论中的初级评估,尽管评估范围更广泛(即不仅仅限于健康威胁),但是在结构上与威胁评估的过程相似。在之前讨论过的健康信念模型和保护动机理论中,威胁评估被作为健康威胁的概念。根据健康行为诸模型,个体为避免某些健康威胁而做出特定行为的概率,既取决于该个体评估自己是不是容易患上特定的疾病,还取决于个体对于自己得病后果严重性的知觉。

认知压力理论中的"次级评估"概念,与修订后的保护动机理论中的应对评估构建有一些相似之处。与次级评估一样,应对评估也涉及对一个人是否有能力执行某个应对反应的评估,以及对该应对反应是否能有效减少威胁的评估。但是,纳入认知压力模型中的应对策略细目,比健康行为模型假定的动作范围更广。健康行为各模型只专注于一种应对策略,即面向问题的、设计用来减少或避免健康威胁的应对行为。至少,如果只使用以情绪为中心的应对方式,从健康行为模型的角度来看是无效的,因为该应对方式并不会直接对健康危险的减少有所贡献。事实上,提出健康行为模型的理据之一就是研究说服策略,从而激励面向问题的应对,而不是以情绪为中心的应对或问题躲避。

Lazarus 及其同事提出的认知压力模型,为心理压力的分析提供了一个总体框架。尽管该模型确定了许多压力和应对方式的重要一般原则,但是,如果研究者想用该模型为具体压力生活事件推演出可以检验的预测因素,它的高一般性可能是缺点。因此,又先后提出了许多更加具体的压力理论。这些理论应用了特定生活事件的互动思想(如丧偶的缺失模型;工作压力的环境吻合模型),并/或更准确地指出情境中那些决定压力强度和持久性的具体方面(如学得无助理论)。下面,我就把焦点放在学得无助理论上面,因为作为压力研究的一个主要影响,它已经与拉扎勒斯的模型相媲美。

压力之习得性无助

虽然 Seligman(1975)[又见 Poterson 等人(1993)]的最初兴趣是抑郁产生的原因,而不是压力产生的原因("压力"一词并没有作为术语出现在该书1975 年的主题索引中),但是,他对生活事件会导致抑郁的条件的分析,把觉察到的控制缺失认定为压力情境的一个重要特征。最初,学得无助模型是在"逃避—避免"问题动物研究的基础上推演出来的。这些实验表明,正常动物在经过几次可逃脱的电击之后,它们便学会了逃避电击;而那些之前经历过无法避免电击的动物,似乎就没有学会该如何去逃脱。之后的研究表明,对不可控事件的重复经历对人类也有相同的影响。

Seligman 是把习得性无助模型作为一个统一的理论框架而提出的,该框架把来自动物研究和人类研究的数据整合在了一起。模型的基本假定是:当人类或动物经历了一个无法控制的事件时,在将来类似的情况下,也会表现出缺乏控制的期望。这种学习就导致了无助综合征,包括动机缺失、认知缺失以及情感缺失。如果人或动物认识到,对厌恶性刺激的成功逃脱与自己的反应无关,那么就不会努力主动做出反应以获得轻松感;不会去学那些可以帮助自己避免厌恶性结果的新反应;对创伤性的经历做出这样的反应,首先是感到害怕,之后就是抑郁。基于学得无助和抑郁症状的相似性,Seligman 提出,学得无助是反应性抑郁症的一个重大致因。

把习得无助模型扩展到包括抑郁问题,这引发了很多问题。Seligman 最初强调,导致动机缺失和情感缺失的原因是结果的不可控制性,而不是结果的厌恶性。但是,肯定会到来的好事让人抑郁似乎就很难说得过去。此外,抑郁的人感到无助的观点也与他们更倾向于自责的情况不一致。如果个体认为自己的结果与反应没有关系,那么,抑郁的人怎么会感觉到自己应该为这些结果负责呢?旧无助性模型的另一个不足,涉及无助的跨情境和跨时间普遍性。该模型不允许预测,不可控性在什么条件下能够导致长期的、广泛渗透的无助症状,而不是暂时的、只在非常有限的生活范围内起作用的无助。

为了解决这些问题,Abramson 等人(1978)提出了对学得无助模型的认知修订。根据修订后的模型,不可控性经历和抑郁症状之间的关系是以个体的因果归因为中介的。也就是说,以他们对自己之所以不能控制给定情境的解释为中介,而这个情境却对他们意味着厌恶性结果。对于无助性的产生,有 3 个归因维度被假定是很重要的:内在性、稳定性、全局性。例如,一个失了业的人可以有各种理由把自己失业的原因归咎于内部(如个人能力不够)或者外部(所工作的公司破了产)。虽然任何一种归因都可能使当事人感到沮丧,但是个人能力不足的归因最有可能导致自尊的丧失。相对于破产,个人能力不足也更有可能是稳定性原因。尽管未来雇主同样破产的可能性相当低,但是个人能力不足却是一个稳定条件,是面对下一任雇主时同样要遇到的问题。全局性是指无助性的影响范围。例如,如果个体只是对某一类工作感到不能胜任,那么,换到另外一类工作上,该个体就会感到好很多。这种类型的无助并没有多少渗透性。但是,如果个体觉得对于自己所选择岗位上的工作均无能为力,那么,这种情况的无助性则有很强的渗透性。最后要指出的一点是,无助性所经历的情境越重要,越可能具有厌恶性,那么,抑郁症状的严重性和强度就会越大。

因此,根据学得无助的归因理论,导致压力和抑郁的原因不是负面生活事件的厌恶性,而是由那些归因于内在的、稳定的、全局性负面事件所造成的缺乏控制的经历。在前无助性阶段,个体尽力让情况在掌控之下。这一阶段的特点是压力在持续。在这个阶段,个体努力应对威胁,不管是用以问题为中心的应对方法还是用以情感为中心的应对方法。当个体停止努力应对时,学得无助就变成进入像谢耶所描述的资源耗尽阶段。人们真的经常恢复掌控,或者成功重建掌控,但是个体越是把无助归因为内在的、稳定的全局性原因,压力性经历就越会导致持久的抑郁性反应,既带着相应的认知后果,也带着相应的情感后果。

归因模型还进一步建议,可能存在一种典型的"归因风格",让个体对压力生活事件以抑郁的方式做出反应。Seligman 及其同事认为,有抑郁倾向的个体应该倾向于把厌恶性事件归因于内在的、全局的稳定原因。这种悲观的说明风格体现在了两套测量工具中。一套是被称为"归因风格问卷"的自陈问卷,另一套是被称为"逐字解释之内容分析"的内容分析程序。

"归因风格问卷"把 6 件坏事(如遇到对自己不友好的朋友)和 6 件好事(如你做的一个项目得到高度赞扬)拿给调查对象,要求他们想象自己就处在这些情况之下,并对每个事件做出因果解释。然后,要求调查对象对每个原因的内在性、稳定性和全局性做出评级。解释风格根据调查对象对这 3 个归因维度的评定分数推断而来,对好事和坏事分别计算平均分值。对于"逐字解释之内容分析"技术,评分人员对所感兴趣样本的好事和坏事的原封归因,沿内在性、稳定性和全局性维度进行评估打分。该技术允许研究者在为了完全不同目的所收集的材料基础之上,对归因的风格加以评估。

在大量的研究中,都观察到了归因风格与抑郁之间的关系。Sweeney 等人(1986)通过对 100 多项研究的元分析发现,预测到的归因模式与抑郁之间存在中度相关。然而,学得无助修正理论的批评家怀疑,归因作为抑郁的中介因素是否很重要。特别是,Brewin(1988)认为,有些事件自身的影响就可能很大,从而使得因果认知在情绪反应中的中介作用就相对不那么重要。有些生活事件远远超出了普通人所能经历的范围,因此,这些事件对几乎任何人都是明显沮丧的。这类事件都是极端情境,如战争行为、集体灾难、意外事故、暴力犯罪或者因暴力失去挚爱。可是,尽管像丧子、丧偶这样的大事件几乎对每个人来说都有压力,都悲伤,但是,受损失影响的人当中也只有少数才会表现出长期的抑郁和健康恶化。似乎可信的是,抑郁的归因模式与减弱了的抗抑郁能力有关,也与变差了的从抑郁状态恢复过来的能力有关。不幸的是,理论对这些其他因素的确切性质有点模糊。其中的一些顾虑在又一个无助性理论中就有所体现,该理论称为抑郁的无助理论。

在他们后来的研究中,通过使用"逐字解释之内容分析"技术对归因风格进行评估,Seligman 曼和同事开始把悲观的归因方式和身体疾病甚至死亡联系在了一起。通过这种方式,Seligman 讨论了他 1975 年所著的书中提出的一个重要看法,即习得无助既会损害身体,也会损害心理。

Peterson 和 Seligman(1987)把棒球名人堂成员的死亡年龄与他们的典型归因风格联系起来加以分析,这些球员的棒球职业生涯在 1900 至 1950 年之间。在体育版报道的逐字引用基础之上,对 24 名球员的归因风格进行了评估。Peterson 和 Seligman 发现,球员用内在、稳定及全局原因解释失利情况的程度与寿命之间仅仅边际显著相关($r=0.26$)。那些用外在、不稳定及具体原因解释得利情况的球员,同样具有较短的寿命($r=0.45$)。

在另一项研究中,归因风格是通过 99 名 25 岁哈佛大学学生完成的访谈进行评估的,这些学生是 1942—1944 届的毕业生,他们在心理和身体上都适合进行访谈。那些在 25 岁时通过自身的内在、稳定及全局消极品质来解释不良事件的人,在 20 到 35 年之后的健康状况显著较差。因此,45 岁时由个人私人医生评估的健康状况与 25 岁时评估的消极解释方式之间显著相关($r=0.37$)。60 岁时测评的健康状况与同一归因风格得分之间的相关是 0.25。这些发现表明,成年早期的消极归因风格是中年和老年时期身体健康不佳的一个危险因素。但是,尽管 Peterson 和 Seligman 讨论了解释方式和身体健康之间的各种路径,很少有经验证据表明有什么因素是这种关系的中介。

结　论

Lazarus 和 Seligman 两人都提出理论,以找出压力经历深处的认知过程,预测应对行为的实作。根据 Lazarus 的认知压力理论,一个情境是具有压力的,如果该情境有潜在伤害性,或者,个体觉察到自己的资源不足以预防厌恶性结果的出现。虽然最初的学得无助理论把压力看作不可控制性结果,不管事件隐含的是有害的结果还是积极的结果,但是,修正后的模型对压力的定义与拉扎勒斯及其同事对压力的定义一致,即压力是来自遇到令人厌恶结果的危险。学得无助理论的修订版,还进而指出这类令人厌恶情境可能造成持续性无助感和抑郁感的条件。该理论建议,对令人厌恶事件缺乏控制感可能导致焦虑和抑郁,这些令人厌恶的事件归咎于内在、稳定及全局性的原因。该模型进一步假定,存在一种典型的归因风格,它既是构成抑郁的危险因素之一,又是不良身体状况的危险因素之一。

关于应对，两种理论都暗含着，当个体暴露在潜在威胁情境之中时，他们会启用应对策略来控制威胁。这些策略可能包含面向问题的应对行为，也可能包含面向情感的应对行为。此外，学得无助模型还预测，在慢性压力情境中，如果个体认为不可控性的原因是内在的、稳定的以及全局性的，基本上就会放弃应对活动。

心理社会压力是如何影响健康的？

像失业或丧偶这样的压力生活事件，对人身体系统产生的作用，和 Selye 研究过的有害物理、化学刺激物的作用不一样。可是，像我们之前看到的一样，压力生活事件经历毫无疑问增加了广泛生理和心理紊乱发生的危险。有两种机理可能是心理压力对健康影响的中介：第一，通过身体生理机能的改变，压力可以直接影响健康；第二，通过个体行为的改变，压力可以间接影响健康。

压力的生理反应

急剧性压力

按照进化论原则，对急剧性压力的生理反应是让有机体做好行动的准备。如果假定身体损伤频繁地发生在动物不得不搏击或逃跑的情境下，那么，压力反应主要由降解代谢过程，即由消耗储存在体内能量的过程组成就有了意义。所以不必感到惊讶的是，交感肾上腺髓质系统和下丘脑—垂体—肾上腺皮质系统是两个重大神经内分泌系统，这两个系统负责很多与压力相关的生理变化。“内分泌物”就是体内分泌出的生物活性物质或激素。激素是由内分泌腺（如垂体）释放并进入血流中的化学物质，在遥远的目标场所发挥作用。

交感肾上腺皮质系统的激活导致去甲肾上腺素和肾上腺素这两种激素分泌的增加。这些儿茶酚胺的释放，刺激心血管的活动并使血压升高。心脏跳动加快，使每一次跳动所泵的血量增加。通过周围血管和那些通向胃肠道血管的收缩，血压得以上升。与此同时，为肌肉服务的动脉（包括心肌的冠状动脉）膨胀，因此增加了血液的供给。儿茶酚胺还可以放松气道。呼吸变得快而且深，肺部的细支气管膨胀，气道内分泌的黏液减少。因此，新陈代谢系统就可获得更多的氧气。儿茶酚胺还会引起肝脏葡萄糖（可用能量的主要来源）的释放，因此使肌肉能够得到大量的能量资源。另一个进一步的效应是，儿茶酚胺增加血液凝结的趋势，这对受伤的身体非常有利。

下丘脑—垂体—肾上腺皮质系统的激活导致了肾上腺皮质分泌和释放更多的皮质类固醇。对于压力反应的生理过程,最有趣的皮质类固醇是皮质醇。皮质醇对身体能量的调动非常重要。它能促进肝脏中葡萄糖的合成。皮质醇还可以调动脂肪组织中所存储的脂肪,提高血脂水平,即血液中类脂肪物质的水平,如甘油三酯和胆固醇。这些物质同样为骨骼和心肌提供能量。最后,皮质醇还具有抑制免疫系统炎症的作用。

交感肾上腺皮质系统和下丘脑—垂体—肾上腺皮质系统所释放的激素,在免疫系统的调节中发挥着重要作用。虽然 Selye(1976)的研究最初导致人们假设,压力对免疫有广泛的抑制作用,但是,近段时间人们认为,在危及生命的情况下,免疫功能的广泛下降不会是进化—适应性的。现在有证据表明,紧急性压力实际上可以激活免疫系统。免疫系统(即自然免疫)的细胞迁移到最有可能在身体对抗时受到损伤的组织内,例如皮肤。一旦定位到那里,这些细胞就能够控制可能通过伤口进入体内的微生物,从而促进伤口愈合。

这些生理压力系统的激活使得生物体为战斗或逃脱做好准备。然而,压力反应为我们准备的剧烈身体活动,并不是应对当下遭遇的典型压力生活事件的恰当反应。反而在许多压力情形下,压力反应可能会阻碍而不是帮助应对和调整。此外,尽管在遥远的过去压力反应通常是由暂时的压力源激活的,但现今许多压力源都是慢性的,而不紧急性的,这就导致了唤醒水平的长时间提高。这就可能损伤各种脏器系统,打开生物体感染的大门。

缓慢性压力

正如 Selye(1976)指出的那样,紧急性压力反应如果被反复或持续地激活,那么就会变得适应不良。例如,在对压力进行回应时,通过交感肾上腺皮质系统分泌的激素对心血管系统的慢性刺激,导致了血压的持续升高。缓慢升高的血压迫使心脏更辛苦地工作,还可引起动脉受损和空斑的形成。由于慢性压力造成的压力激素基础水平的升高,同样会抑制免疫力,而且可能会减小免疫系统对皮质醇抗炎症行动做出反应的能力。对于老年人,慢性压力尤其不确定,因为随着年龄的增加,免疫系统会恶化。

对压力的认知反应

Brosschot 团队(2006,2007)和其他研究者(Pieper et al.,2012;Thayer 和 Brosschot,2010)最近建议,大多数与压力有关的生理活动的起因,都不是压力事件本身,而是这些事件所激发的想法和担忧。这些认知是由觉察到的压力源的不可控制性产生的(如果压力源是可控的,那就没有必要担心和反复思考)。这样的持续性认知延长了对不可控制性的经历,最后还会延长源自压力源不可控制性认知表征的生理激活。因此有人假设，在把生活事件和日常压力源的直接生理伴随物转变为对压力源生理反应的长期激活过程中，持续性认知扮演着重要角色。久而久之，这些压力源就会导致疾病。为了支持持续性认知通过心血管、免疫、内分泌系统直接作用于身体疾病的理论假设，Brosschot 等人(2006)验证了关于压力事件之担忧、反复思考甚至预想都与增强的心血管、内分泌和免疫活动有关的证据。

对压力的行为反应

压力经历会激发个体运用各种各样的行为策略来达到自己的目的，即减少由潜在令人厌恶型经历所引起的威胁，或者应对由此引发的不良情绪。例如，一个正在竞争一个重要职位的管理者，就会试图通过延长工作时间和普遍提高自己绩效质量的方式，来提高自己成功的机会。当工作负荷到达极限，人们便放弃了按时吃饭，而是只要有时间就“来几口快餐”，当人们需要靠镇静剂、烟或酒精来镇静自己或入睡时，应对行为就可能对他们的健康产生危害。

处在压力下的个体更有可能有这些不健康的行为模式，这一假设得到了 Cohen 和 Williamson(1988)发表的研究发现的支持。在这项研究中，研究人员发现，觉察压力和睡眠时间短暂、不常吃早餐、饮酒量增加以及非法药物使用频率增加之间的相关，虽然很小，但却统计显著。此外还发现，压力和(1)吸烟以及压力和(2)缺乏身体锻炼之间存在边际显著关系。

同样，参与图宾根丧亲纵向研究的丧偶者，也报道了在镇静剂使用、烟和酒精耗量上有变化(参见表6.2)。据报道，研究中的寡妇主要增加了镇静剂和安眠药片的使用，而鳏夫则增加了酒精和烟的消耗量。这一模式与流行病学的数据一致。流行病学数据显示，在肝硬化作为致死病因之一的男性留偶当中，鳏夫的过度死亡数量比已婚男性多得最多。这一结果也与来自复发者的报告相一致。通常情况下，压力一出现，他们就转向吸毒。像饮酒和粗心大意这样的行为因素，也许与身处压力之下人们发生事故的比率相对较高脱不了干系。

最后，处于压力之下的个体也有可能利用自己的社会资源，寻求社会支持。与他人互动的增加，会导致接触传染性病原体概率的增大，随后受到感染的概率也增大。然而，在压力之下寻求社会支持，这种需求在某种程度上也受个体亲和倾向不同和压力源性质不同的影响。在某些条件下，压力也可能因此导致社交退缩，从而导致接触性感染危险的降低。

表 6.2 受采访的男性和女性中镇定剂、安眠药、含酒精饮料或卷烟用量增加人数的百分比[a]

	女性		男性	
	已婚（$n=30$）	寡妇（$n=30$）	已婚（$n=30$）	鳏夫（$n=30$）
镇定剂	0.0	24.1	0.0	10.0
安眠药	3.3	13.3	3.3	6.9
含酒精饮料	3.3	6.7	3.3	17.2
吸烟	10.0	17.2	10.0	30.0

注：[a]数据来源于“图宾根丧亲纵向研究”的首次访谈。问丧偶的受访者，在伴侣离世之后，是否增加了对上述 4 种物质的需求量。问已婚受访者，在可比时期，是否增加了对上述 4 种物质的需求量。

压力与疾病

压力与心理健康损伤和生理健康损伤之间都有联系。关于心理健康，有大量的证据表明，慢性压力能够预测随后的抑郁症状。这些证据都来自使用生活压力清单以及具体生活事件评估的研究。关于生理健康，引起最多关注的是传染病、冠心病、消化病（如消化不良、溃疡），以及精神病理问题（如抑郁）。压力还被怀疑是许多其他疾病的重要致因，包括糖尿病、哮喘甚至癌症。然而，关于压力在各种疾病发展过程中所起的因果作用以及在该关系中的中介机理，仍然存在争议。因此，我仅仅通过一些例子说明这些压力的影响，有冠心病、传染病、自身免疫疾病和抑郁等方面的例子。

压力与冠心病

冠心病以两种主要形式存在，即心绞痛和心肌梗死。心绞痛（字面意思是“胸部压榨”）就是明显出现在胸部的阵发性疼痛，疼痛的部位通常是胸骨后部，可放射至胸部和左上肢。心绞痛患者抱怨胸部紧绷、有压迫或者感到胸部上有根“绷带”。心绞痛通常在体育锻炼和情绪激动时发作，一般在 1 到 2 分钟内疼痛就会消失，最多不超过 10 分钟便会停止。通过休息或药物，心绞痛可以快速得到缓解。药物的作用是扩张血管、降低血压。发生心绞痛的主要原因是，动脉粥样硬化导致了心脏的供氧不足。心绞痛很少会导致心肌的永久性损伤。

如果斑块生长的速度超过其细胞营养所需的供血速度，斑块可能会破裂并形成血栓的基础，血栓形成之后就会完全阻塞已经很狭窄的血液通道。这样的斑块破裂也可能是像动脉血压之类的血液动力因素之果。那些阻塞动脉、减少心脏左心室供血量的血栓的形成，是心肌梗死这种由长期供氧量不足引起的心脏组织坏死疾病的最常见的原因。在大多数的工业化国家,心肌梗死是主要死因之一。

回顾性研究是压力和冠心病之间关系大部分证据的来源,这些研究都使用了生活事件量表,因而也面临方法论上的批评。例如,Rahe(1974)搜集了芬兰首都赫尔辛基地区200多名心肌梗死幸存者的生活变化数据,以及类似数量的突发冠心病死亡的例子。猝死者的生活变化数据是由其家人提供的,其中大多数是配偶。结果显示,在发生心肌梗死前的几个月,死者总的生活变化,与一年前的同一时间相比,有了明显的增加。这类研究的最大问题是,对生活事件的回顾性评估,可能受到了被调查者对疾病发生知识不足的影响。由于相信压力对冠状动脉健康不利是共同文化中的一部分,那么,那些倾向于对自己或伴侣的疾病进行解释的被调查者,就可能记起更多的恰好发生在心肌梗死之前的压力生活事件。

然而,还有许多关于压力对心脏疾病影响的前瞻性研究,其对象是已经处于高危状况的个体。例如,Byrne等人(1981)就对120名男性和女性心脏病幸存者进行了调查。第一次访谈发生在病人被送进冠心病监护病房后的10到14天之后。要求患者对一份广泛的问卷作答。问卷还包括了在心脏病突发之前的关于个人、社会和经济担忧问题,这些问题在患者看来可能是导致心脏病的原因。初始样本是102名患者。8个月之后,20名患者心脏病复发,其中7名患者因此而直接死亡。那些疾病复发的个体,不管是丧了命的还是未丧命的,都在初次访谈中报告有比没有复发的患者更多的担忧。Ruberman等人(1984)也报道了类似的发现。因此,尽管来源于累积生活压力对冠心病影响的回顾性研究的证据有点问题,但是,关于丧亲影响的研究和关于高危人群的前瞻性研究,其结果为心理压力与心脏疾病之间的关系提供了一致性的证据。

这些来自于对人类研究的发现,也得到了关于动物实验结果的补充。这些动物实验提供了证据,说明实验所操纵的心理压力在动脉粥样硬化过程中很重要。在一系列的研究中,Clarkson等人(1987)通过反复重新编组和打破稳定的社会结构,从而使食蟹猴群处在压力之下。处在不稳定因而具有压力的社会结构之中,占主导地位的猴子患冠状动脉粥样硬化可能性的增加,比其他两类猴子的要更多。这其他两类猴子中的一类是,不愿通过努力获得主导地位的屈尊者,另一类是处在稳定社会小组中的主导者。使用β阻断药降低了患动脉粥样硬化的倾向性。

压力可以通过几种不同的机理导致冠心病。压力可能通过增加儿茶酚胺和皮质醇(这两种物质都与调动脂肪存储有关)的分泌从而升高血脂水平的方式,来加速动脉粥样硬化的发展。一个关于压力对血脂水平影响研究的广泛综述发现，大多数的研究表明，胆固醇（尤其是游离脂肪酸含量）的显著增加，是对各种压力源引起的情感激发的反应结果。儿茶酚胺还能增加血液凝结的趋势，这可能会导致血栓的形成，随后导致动脉阻塞，尤其是因为动脉粥样硬化斑块的形成而已经变窄的动脉。

另一种观点提议，对行为挑战的一个夸张的精神生理反应，可能隐含在重大心血管疾病之中，例如冠心病和原发性高血压等。根据这一假设，一次又一次的涉及心率过速以及/或者对行为压力源升压反应的生理反作用，通过动荡和纯粹压力这样的血液动力力量，促进动脉的"损伤"。心血管的活动性是用心率、血压或其他对压力产生的心血管变化测量的，这与仅仅测量这些变量的静息水平截然不同。

动脉粥样硬化发展中涉及的生理反应证据既来自于对人类的研究，也来自于对动物的研究。Clarkson 等人（1986）分别测量了一群雄食蟹猴和一群雌食蟹猴的心脏反应性。给这些猴子喂的食物是一些中度致粥样硬化（即可能导致动脉粥样硬化）的食物，这样的喂食进行了大约两年时间。这些猴子特别适合这类研究，因为已经知道，它们极易患饮食引发的动脉粥样硬化。分别测量了每只猴子在静息条件和压力条件下的两个不同心率。高心率组猴子和低心率组猴子只是在他们对压力情境的反应性方面表现出差异。在基线测量期间，它们的平均心率并没有差异。两年结束时对"高""低"心率反应动物的冠状动脉研究表明，"高"心率反应猴子患冠状动脉粥样硬化的数量大约是"低"心率反应猴子的 2 倍。

由于生理反应性在典型的流行病学研究中不予评估，所以很少有关于人类的反应性—冠心病关系证据。Keys（1971）可能是唯一对压力的血液动力学反应进行了评估，并且把评估结果与冠心病的患得情况联系在一起分析的前瞻性研究。这些作者报道称，参试对冷水浸泡（冷加压测验）的心脏舒张血压反应大小，与 23 年追踪研究发现的冠心病患病情况显著联系。

Blascovich 和 Katkin（1995）报道了一个较新的横向研究。研究中，对患者在接受冠状动脉造影之前进行了心理压力测验。用血压变化评估的心血管反应性，是这些男性患者动脉粥样硬化进展各种指标的一个显著性的预测变量，即使在传统预测变量被控制的情况下也是。根据 Brosschot 等人和 Pieper 等人的观点，对于压力事件对生理反应的扩展影响，持续性的认知比夸张的心理生理反应性给出了更加合理的说明。如前所述，这些研究人员假设，担心及其生理效应可能是个体延长压力源认知表征的主要机理。Brosschot 等人在两个研究中都对该假设进行了检验。这两个研究的参试都配备有可以测量一天中心率和心率变化的巡回检测系统。长期的心率增强是全因死亡率的一个危险因素，心率变异的降低同样也是全因死亡率的危险因素之一。Brosschot 等人

(2007)指出,巡回检测系统大约每小时向参试发送一个“哔哔”信号,以提醒参试需要填写日志了。

Pieper 等人(2010)指出,用手提电脑来记录日志。每条日志要求记录一段或更多担忧期,以及担忧期之前的一种或多种压力源。研究把任何使得参试感到被激怒、生气或抑郁的轻微或重大事件都定义为压力事件。把担忧期给参试描述成下面的任何一种感受:当在某一段时间感到担忧,为某些事感到不安,或者老是想某些问题。正好印证了他们的假设,两项研究都表明,担忧比压力事件对心率和心率变异性的影响更大。Brosschot 等人发现,不仅是在醒着的时候,而且在睡眠的时候,压力源及长期担忧与高心率和低心率变异之间都有关系。然而,更重要的是,担忧的持续时间是压力源影响的中介。当在统计上对担忧持续时间对心率和心率变异的影响加以控制时,压力源的影响基本上就可以消除。Pieper 等人发现,压力事件对心率只有边际性的影响。但是,担忧事件对心率和心率变异性的影响确实很大,而且是独立的、长期性的。这些发现强有力地支持这一假设:在延长压力性生活经历的生理影响中,持续认知扮演着重要角色。

除了这些生理路径外,还有行为路径可能作为压力对冠状动脉健康影响的中介。如前所述,压力与许多不好的卫生习惯相关,这些习惯都可能加速动脉粥样硬化的发展。处在压力之下的个体可能增加吸烟和饮酒的量,可能养成不良的饮食习惯,也可能很少参加体育运动。

压力、免疫功能、传染性疾病

传染由某些传染源引起,但是接触这样的传染源并不总会引起传染。接触传染源的个体是否真的会被传染,这要取决于该个体对传染源的易感性,而易感性则主要是以免疫系统为中介的。很多因素都可以影响个体对疾病的易感性(例如,宿主之前对微生物的接触、免疫力的发展、营养状况以及广泛的遗传因素)。自 Selye 在压力对免疫系统的影响方面所做的经典工作以来,接触到的压力必须包括在个体易感性的决定因素之中。压力影响免疫系统所通过的 3 个主要途径是:中枢神经系统和免疫系统(免疫器官的神经末梢,如胸腺、骨髓、脾脏甚至淋巴结)的直接神经支配、激素的释放(如肾上腺素、去肾上腺素、皮质醇、生长激素和催乳激素),以及行为(健康行为)。

关于压力对免疫系统介导疾病(如传染病)影响的研究,评估的是压力对免疫系统功能指标的影响,或者,压力对于疾病结果的影响。很少有研究尝试既评估压力对疾病的影响,又评估免疫学变化在这种关系中的中介作用。我首先将讨论有关压力与免疫功能之间关系的研究,然后考虑压力对传染性疾病发病和进展的影响。

对人类进行的心理神经免疫学研究,把焦点集中在了对发生在外周血循环的免疫过程之上。外周血在免疫系统器官和炎症部位之间运输免疫成分。免疫系统的一般功能就是保护身体免受入侵微生物的损害。这些外来物质称为抗原,包括细菌、病毒、肿瘤细胞和毒素。抗原的识别和消除是通过几种类型的淋巴球(白血球)来完成的。

要了解心理社会压力源对免疫系统的影响,区分自然免疫和特异免疫就非常重要。自然免疫是一种非特定的、快速的、通用的免疫反应,可对任何病原体做出抵御,且不需要事先接触该病原体。自然免疫中涉及的最大的细胞组是粒细胞,包括可吞噬病原体的吞噬细胞(例如,中性粒细胞和巨噬细胞)。由这些细胞发起的普遍反应就是炎症。巨噬细胞还会释放沟通分子和细胞因子,这对有机体的影响更加广泛,不仅包括发烧和炎症,还可促进伤口愈合。自然杀伤细胞是自然免疫中涉及的另一类细胞。这类细胞可以识别并摧毁异己细胞。特异免疫取决于病原体的特定识别,而且它是感染的通常结果或预防性的免疫接种。特异免疫更加具体,且只对抗某一特定病原体。尽管特异免疫非常有效,但整个预防过程却需要几天的时间才能完成,而且与此同时,身体必须依赖自然免疫来控制感染。

为了测量免疫系统的功能,研究人员采用定量量度和功能量度方法。对免疫系统的定量列举测试,包括计算不同类型免疫细胞的数量或百分比,如辅助性 T 细胞、抑制/细胞毒 T 辅助性细胞和存在于外周血内的自然杀伤(NK)细胞。量化循环细胞的数量之所以重要,有两个原因。首先,身体需要最小数量的各种免疫细胞来充分回应抗原反应;其次,最佳回应需要各种细胞之间的平衡。由于这些不同子类别的细胞执行特定的功能,用单独一种测量方法来决定全局免疫能力就不可能。

功能量度是针对一定免疫细胞的性能的检查。淋巴细胞在面对抗原挑战时快速增殖的能力,对充分的免疫反应来说不可或缺。淋巴细胞增殖是细胞免疫的一个测试,检查在当淋巴细胞孵化时有分裂素(如植物凝结素)或伴刀豆球蛋白 A 参与刺激时,淋巴细胞分裂的有效性到底如何。分裂素是能够诱发淋巴细胞分裂的物质。假定细胞增殖越快,则表明细胞功能就越有效。自然杀伤细胞摧毁肿瘤细胞的能力,是通过把自然杀伤细胞和肿瘤细胞一起培养来评估的。这些测试都是体外测试。把细胞从体内移除,然后在实验室内研究它们的功能。

有足够的经验证据来支持这样的假设:慢性心理社会压力与免疫系统功能损伤相互联系。对像丧偶者、分居和离婚男女、重大抑郁型精神病患者以及阿尔茨海默症患者的家庭照顾人这样的不同群体的研究表明,与相匹配的其他社区成员相比,这些群体中的成员更加痛苦,他们的免疫功能也相对更差。

其他研究者也观察到,与一个月前较悠闲情况下的类似量度相比,医学院的学生在参加考试期间,出现了中度的免疫功能抑制。也有越来越多的证据表明,免疫反应的变化是长期反复接触压力的结果。例如,Mckinnon 等人(1989)提出,生活在三里岛上核电站附近且有 6 年以上时间处在有压力不确定性之下的居民,其免疫功能损伤(相对于匹配控制组)与核电站的事故有关。

这些发现示明了心理压力对免疫系统的影响。但是,目前还不太清楚,免疫功能的这些变化是否真的会导致生病。尽管我们知道,明显的免疫力变化可能与更大的发病率和死亡率有关(如艾滋病),但对免疫功能中的这些更中度变化所导致的实际健康后果,我们却了解得很少。因此,显示心理压力与生病之间存在关系就变得非常重要。

关于这一联系的有些证据来自实验研究,这些实验研究是关于压力在增加对传染病的易感性中所起的作用的。在这些实验中,志愿者需要接触一些令人不愉快但并不危险的病毒,通常是感冒病毒。这些志愿者接触的压力生活事件,在实验之前就已经进行过评估。Cohen 等人(1993)发表的研究,就是这些研究中的一项。在这项研究中,Cohen 等人通过鼻滴法,向 420 名男性和女性志愿者注入感冒病毒或者盐溶液(即对照组)。这些志愿者在注入感冒病毒或盐溶液之前,在隔离室隔离了 2 天,之后又在隔离室隔离了 7 天。作为心理压力量度的,是通过此前 12 个月所发生的压力生活事件数量、对超出能力应对的当前需求的知觉以及当前的消极影响,方法是自我报告法。在这项研究中有两个健康结果,即传染病和临床疾病。传染病是由入侵微生物的繁殖造成的。但是,一个人很可能没有表现出临床症状而实际上已经被感染。在注入盐溶液的对照组中虽然没有一人发生感染,但在那些接触了病毒的人中,压力的程度和健康结果之间存在明显的联系:与压力程度较低的人相比,感到高度压力的人感染病毒的危险更高,患感冒的危险也更高。对健康行为加以控制并没有减小压力和疾病易感性之间的联系。

Cohen 等人(1998)重复了 1993 年的研究。Cohen 等人让 276 名志愿者在隔离室隔离了 6 天,其中在接触病毒之前隔离 1 天,在接触病毒之后隔离 5 天。评估生活压力源用的是一个标准化的半结构化访谈,即“生活事件与困难时间表”;访谈能让人们根据严重性和长期性对压力源做出可靠的分类。有 84%的参试发生了感染,但只有 40%的被确诊为感冒。关于压力对疾病易感性的影响,在急性压力源和慢性压力源之间出现了一个有趣的差异。虽然急性事件和易感性之间没有联系,但是持续一个月或更久的慢性压力经历,却与感染危险的增加有关。此外,感染的危险随着生活压力源的持续而显著增加(见图 6.2)。

这项研究也堪称典范,因为,为了说明压力和感染危险之间的联系,它对一系列潜在中介变量的作用都进行了评估。一个变量要成为压力—感染—易感性关系的潜在中介因素，就必须分别与压力和感染危险都存在联系。因此，就必须示明假定的中介因素受到了压力的影响，而且，它自身还要影响个体对压力的易感性。最后，还不得不示明，在压力—感染关系的检验中，如果在统计上控制了该变量，这种关系就会减小，或者甚至消除。

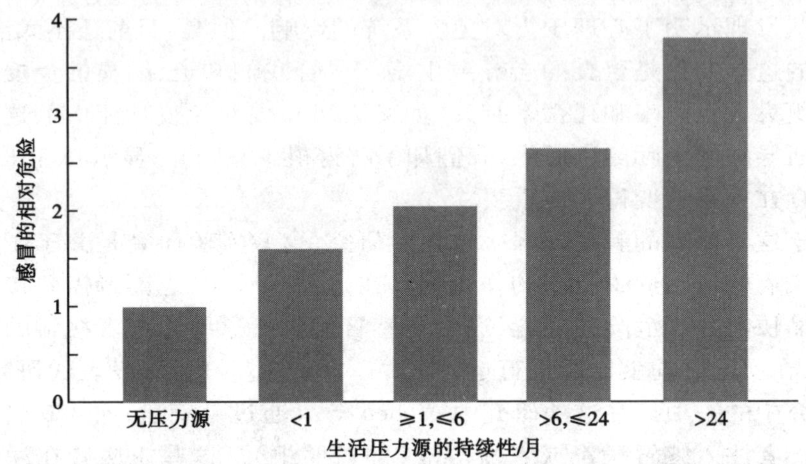

图 6.2　压力持续不同时间的人患感冒的危险与没有压力的人患感冒的危险

资料来源：Cohen 等人(1998)。

所测量的许多健康行为(如吸烟、锻炼、睡眠效率)，都与慢性压力和感染危险的增加显著相关。而且，对这些健康行为的统计控制，只导致了慢性压力与传染病易感性之间关系的微小减弱。因此，和他们之前的研究一样，Cohen 等人在其 1998 年发表的研究中得到结论，认为压力和感冒易感性之间的关系并不是主要以健康行为为中介的。更令人不解的是，该项研究发现，研究中的慢性压力源与压力激素(如肾上腺素、去肾上腺素或皮质醇)的水平升高没有关系。所以，这些压力激素的变化不可能作为压力和健康之间关系的中介，尽管这些激素的水平升高与感冒危险的增加存在联系。

这就给我们留下了一个疑惑。现在有令人信服的证据表明压力经历，尤其是慢性压力经历，与传染性疾病的易感性的增加有关。然而，尽管现在有些证据支持压力对内分泌、免疫和行为变量可能有影响，但至今很少有直接证据表明，这些变量中的任何一个在压力与感染之间的关系中扮演中介角色。

压力、免疫功能、自身免疫失调

还有另一个疑惑。免疫抑制模型并没有说明，压力可能会怎样影响那些中心特征为过度发炎的疾病。过度发炎在过敏性、自身免疫、风湿和心血管疾病的发展过程中都存在。已经发现，所有这些疾病都会因压力而加重。既然压力的免疫抑制作用也可以抑制炎症免疫反应，那么，人们就会期望，压力能够改善这些疾病状况。然而，情况并不像通常发现的那样。

在自然免疫系统对抗病原体的过程中，发炎是第一道防线。免疫系统的炎症反应可以由感染和创伤触发，也可以由与最初促进愈合炎症反应有关的机理触发；这种愈合通过促进免疫细胞迁移到伤口或发炎部位来进行。发炎的主要驱动因素是某些细胞因子（统称为促炎细胞因子）。这些包括肿瘤坏死因子 α 和几种白细胞介素，具体说就是 IL-1-β 和 IL-6。细胞因子是由细胞释放的蛋白物质，其作用是，作为细胞之间的信号来调节对损伤和感染的免疫反应。这些细胞因子的主要行动是，把免疫细胞吸引到感染或损伤部位，并把这些免疫细胞激活，使其能够做出反应。尽管与炎症联系的机理最初对感染和损伤的免疫抵御有帮助，但是，缓慢性或反复性的感染则可能引起病理上的变化。

为了说明压力对炎症的影响，Miller 等人（2002）建议，慢性压力减少了免疫系统对糖皮质激素（如皮质醇）的敏感性，而糖皮质激素通常抑制免疫系统对炎症的反应。在应对慢性压力时，下丘脑—垂体—肾上腺系统和交感肾上腺皮质系统就会分泌一些激素，而过度接触这些激素就会引起这种不敏感性。结果，免疫系统对皮质醇抗炎行动的反应能力就降低，发炎过程就可以不受控制地繁茂。越来越多的证据表明，炎症不仅与自身免疫疾病进程有关，还与心血管疾病和某些癌症的进程有关。

Miller 等人（2002）通过一组长期感受到有严重压力的个体，对他们的模型进行了检验。试验组的参试都是其孩子正在接受积极癌症治疗的父母亲，控制组的父母的孩子都很健康。促炎性细胞因子对（合成）糖皮质激素的反应性，是通过在体外把血样本与激素一起孵化的方式进行评估的。与他们的模型一致，合成糖皮质激素抑制促炎性细胞因子白介素-6 体外生成的能力，在患癌症孩子的父母当中有所降低，但在健康孩子的父母当中却并没有降低。

压力与抑郁

有充分证据表明，压力经历可以触发抑郁。有估计得出，有 60%～80%的抑郁案例，在发作之前都经历过重大生活事件。但是，这些估计仅适用于一生中首次发生抑郁的情况。重度抑郁的特点通常是，在生命历程中反复发作，而且不管是横向研究还是纵向研究，都有大量的证据表明，人生中的首次抑郁发作与重大生活压力的关系更强，而连续复发则与重大生活压力的关系较弱。例如，在一项纵向研究中，Kendler 等人（2000）发现，压力生活事件和出现抑郁症状之间的联系强度，随着每一次的复发要降低大约 13%。虽然个体首次出现严重抑郁症状之前都有压力生活事件发生的优比值（发生概率与不发生概率之比)是 9.38,但是,第二次出现的优比值就变成了 6.74,第三次出现变成了 5.22,第四次变成了 3.63。

对于这些发现,有两种相互矛盾的理论说明。一方面,个体可能会习惯于关键生活事件,或者变得更有能力应对这些事件。所以,严重生活事件和重度抑郁发作之间的关系,随着每一次的抑郁发作就变得微弱一些,关键生活事件触发抑郁症状的可能性因此也变得更小。这就是所谓的自治假说。还有另外一种可能,那就是随着每一次的抑郁发作,个体都变得对生活压力更加敏感。结果,能引发抑郁发作的严重生活事件开始变得越来越少。由于抑郁发作现在是由细小生活事件触发的,关键生活事件与抑郁发作之间的关系就变弱。目前,还没有充分的证据可以让我们在这两个假设中间作出抉择。不过,现有证据更加支持敏化作用假设,更少支持习惯化假设。

抑郁不仅仅是心理疾病,它还是导致身体疾病的一个危险因素。来自几个前瞻性研究的证据,都把抑郁症和冠心病联系在了一起。Kiecolt-Glaser 等人(2002)在评审了证据的基础上指出:抑郁还是其他几个医学难题的危险因素。慢性压力和抑郁之间的关系引出了这样一个问题:抑郁是否就是这些健康结果的因果影响。这样的一种因果影响,可能是由于抑郁与健康损害行为模式之间有关。抑郁的人不会花大量的精力来照顾好自己。他们锻炼得更少,营养状况更差,更倾向于滥用酒精和毒品。还有另外一种可能是,抑郁对冠心病的影响并不是因果性的,而是源于压力的影响。到目前为止,还没有足够的证据能让我们把这两种说明区分开来。

小结与结论

压力这个概念是因为 Selye 对生物体的研究而变得流行起来的。Selye 把生物体暴露在如强热或严寒、非致命有毒物质的注射,以及传染病这样的压力源之下,看生物的身体会做何反应。Selye 建议,身体对压力的反应是非特异性的,是用来帮助生物体应对压力源的。疲劳阶段所产生的适应性特点疾病,是生物体对抵抗长期接触压力源所必须付出的代价。

解决压力问题的心理社会途径的基础假定是,心理社会压力所导致的身体变化,与 Selye 观察到的由组织损伤所致的结果是同一种类型。在这一传统中,有证据示明,具体生活事件或累积生活压力与发病率甚至死亡率危险的增加有关联。

该项研究只是把压力生活事件与疾病的发生率联系了起来,但是,并没有回答为什么特定的心理经历是有压力的,生物体如何区分压力事件和正面事件之类的问题。这些问题在后来的关于压力的各种心理学理论中得到了回答。这些心理学理论把焦点聚集到了作为生活事件和压力之间中介的认知过程之上。本章对其中的两种进行了讨论,一种是 Lazarus 等人的认知压力理论,另一种是 Seligman 等人的学得无助理论。在这两种理论看来,只要是事件被评定为潜在有害,或者,个体觉察到自身的资源不足以阻止厌恶性结果的发生,那么这时就会产生压力。

本章最后一部分讨论的问题是,压力事件如何能够对身体和心理健康造成伤害。心理社会压力可以通过两种途径的中介造成影响,一种是直接通过身体的生理机能,另一种是间接地通过个人行为影响健康。对压力的这些反应,共同引发了身体的不健康发展,要么通过与其他病因的相互作用,要么通过影响人体抵抗感染的能力。这项研究导致了对谢耶最初模型的重大修改和拓展。关于压力是通过什么途径来影响健康的,我们同样也有了更多的了解。疑惑几乎解决,但尚未完全解决。我们已经能够找出很多生理途径和行为途径,就是通过这些途径,压力才可以影响身体和心理健康。但是,即使我们能够示明,压力会导致这些生理和行为方面的变化,即使我们能够示明,这些变化中的部分对身体有负面影响,但是据我所知,目前还没有前瞻性研究能够解释,由压力诱发的特异行为或生理变化,在压力对特定疾病发展的影响过程中起中介作用。

第7章 压力—健康关系的调节因素

在对丧亲个体进行访谈，以评估出受访人失亲经历对自己造成的健康后果有多严重这个过程中，一直让我无法忘怀的是，这些人处理这些事件的方式竟能有如此大的差异，而这些差异往往与事态的严重性程度标志很不相关。当然，这种调节方面的差异与压力的交互性概念是一致的。根据该交互概念，对于决定压力被体验到的程度，个体在应对风格和应对资源方面的差异和情境需求的各种变化一样重要。这一章将会更深入细致地讨论各种应对过程，讨论调节压力和病态健康之间关系的重大应对资源。

应对策略

在面对消极、有压力的生活事件时，应对策略或风格在个体的身体和心理健康方面都扮演着重要的角色。应对的典型定义是，人为了处理（减少、最小化、掌控或忍受）自己与环境相互作用中的内部和外部需求而做出的认知和行为努力，而这种相互作用被个体评估认为是很难或超出了个人的资源范围。因此，应对包括认知和行为策略，这些都是个体用来处理压力情况和由该事件引发的负面情绪反应的策略。

以上应对定义的最显著特征是它的宽广度。应对过程不仅假定包括个体面对压力生活事件时所要做出的全部决策和行动，还要包括面对伴随而来的负面情绪所要做出的全部决策和行动。唯一的限制条件是，为了构成应对，这些认知策略和行为策略应该具有处理有关压力状况的功能。这就意味着，构思应对方案时，策略应该以降低压力遭遇所引起危害的可能性为目的，以及/或者以减少负面情绪反应为目的。这些策略是否能够成功达到处理压力状况的目标，这并不是应对定义的部分。

应对的维度

为了识别应对的基本维度,已经开展了大量的研究工作。这不足为奇,因为对有关应对的文献分析,或者,对压力遭遇中参试样本用来应对的认知或行为策略自我报告的分析,都表明有大量的各种各样的应对策略存在。在这些调查中,受访者会收到各种应对策略清单,要求他们在清单上标出他们自己在最近一次压力经历中所用来应对的策略。然后,对所得到的这些结果进行因素分析。因素分析是一种统计分析方法。这种方法允许人们从一组相互联系的项目中,找出少数几个假设的基础维度来解释这些相互联系。

使用因素分析程序的研究,已经发现了各种不同的基础维度。Folkman等人(1986a)确定出了8种不同的应对策略(见表7.1)。这项研究还得出了使用最为广泛之一的量表——"应对方式问卷"的编制。另一方面,Endler和Parker(1990)使用可比的程序编制出了"多维应对问卷"。这项研究也确定出了3个维度:任务取向应对、情绪取向应对、回避取向应对。Amirkhan(1990)通过因素分析也确定了3个维度,但是与Endler和Parker得出的3个维度略有不同。Amirkhan把自己找出的3个维度分别称为问题解决、寻求社会支持、回避。

对于这些不一致有很多理由可说。因素分析远不是一个客观的过程,因此用它得到的结果还有赖于多方面的研究。例如,项目池的构成,调查对象样本的构成,以及所用的因素分析方法。最后,研究人员在为自己的量表贴标签时也有很大的自由度。因此,即使各研究之间表面上相似,也更可能是标签上的一致,而不是维度深层的项目一致。

尽管如此,也有可能推断出这些研究之间的某些共识。在这类研究中,似乎涌现出了大量的基础维度。大多数研究建议,应对有两大功能,一是降低压力事件导致有害后果的危险(即问题聚焦应对),二是调节对于事件的悲伤情绪反应(即情绪聚焦应对)。这两种应对类型都不能反映互相排斥的反应选项,而只是两种同时发生的过程。尽管问题聚焦应对通常由一个或两个因素反映,但是,往往有一大堆情绪聚焦的因素。在Folkman(1986)发表的研究所提出的策略中,两个(直面应对、有计划的问题解决)似乎都是清清楚楚的问题聚焦策略,5个(拉大距离、自我控制、接受责任、重新积极评估、摆脱回避)是清清楚楚的情绪聚焦策略,还有一个(寻求社会支持)聚焦了两种功能。

表 7.1　Folkman 确定出的应对策略

量表 1:直面应对	量表 5:接受责任
站在我的位置为我想要的战斗 努力让那人愿意改变自己的思想 对引起问题的人,我表达了气愤 我让自己的感情有所发泄	批评自己或教训自己 认可问题是自己搞出来的 向自己许诺,下一次事情将会不同
量表 2:拉大距离	**量表 6:摆脱—回避**
看轻情境:拒绝把它太当一回事儿 继续下去,就像啥事没有发生一样 不要让它缠着我:拒绝想它太多 努力忘记整个事情	希望情境会走开或有点过去 我希望奇迹会发生 我有过事情结果的幻想 通过吃、喝酒、抽烟、使用毒品或药品等努力让自己感到好一些
量表 3:自我控制	**量表 7:有计划的问题解决**
我努力控制自己的感情。不让其他人知道事情有多糟糕 我努力控制自己,不让自己的感情太多地干扰其他事情	我知道必须做什么,所以我竭力使事情前行 我做了行动计划并按照计划在做 我改变了某事从而使结果变好 我汲取自己以往的经验;我曾经处在类似的情境中
量表 4:寻求社会支持	**量表 8:重新积极评估**
跟人谈话以更多地了解情况 跟能具体解决点问题的人谈话 我让亲戚或尊敬的朋友给些建议 告诉某人自己的感受	作为人,变得或长得更好 我现在比事情刚发生时要好 我找到了新的信心 我重新发现生活中什么是重要的

资料来源:根据 Folkman 等人(1986a)的研究改编。

该研究中经常出现的第二维度是方法:回避。回避型应对与几个有很长研究历史的构建都有关系(如压抑—敏感化,监控:回避)。个体可以直接面对自己的情绪(如,通过重新评估情境或信任一位朋友),但是个体也可以使用像否认、干扰或痴心妄想之类的策略去回避这种面对。同样,在经历了广泛的诊断程序或推荐的操作之后,个体可以直面健康威胁,但是个体也可能会决定,认为回避寻求诊断或进行操作也许更好。虽然"应对方式问卷"中的拉大距离和摆脱—回避维度反映的是逃避策略,但是,直面应对、寻求社会支持、接受责任以及有计划的问题解决,这些似乎都涉及基于进路的应对。

这些研究中典型出现的第三个维度是寻求社会支持。个体可能会独自应对压力经历,也可能会寻求社会支持以帮助自己减轻压力。作为一个社会心理学家,我自然想把社会维度增加到应对之中。然而,Endler 和 Parker(1990)发表的研究中的看法也许是对的。社会支持应该作为应对策略的资源,而不是一个具体的应对维度。

这样,我们就只剩下一个两维度的分类,隐含了 4 类应对策略:问题聚焦进路、问题聚焦回避、情绪聚焦进路、情绪聚焦回避。表 7.2 给出了几个这些应对策略的例子,以说明这两个维度的确是独立的。尽管进路和回避是连续体的端点,但情绪聚焦应对:问题聚焦应对却代表了两个独立的维度。根据定义,压力情境几乎会引起强烈的情绪,这些情绪可能会伤及个体贯穿于决策和行动之中的能力。所以,个体的典型做法是,不得不同时处理问题和情绪。压力情境是否会引发以情绪聚焦或问题聚焦为主的应对,这在一定程度上取决于情境的可控制性。有些压力情境很难人为改变,有些却易于掌控且能引发多种应对选项供人选择。此外,还需要指出的是,和压力一样,可控性是人和环境之间互动的结果。虽然有些压力经历对谁都不可控,但是还有些压力经历,只对那些缺乏掌控情境必要能力的人才不可控。

表 7.2　应对策略举例

	问题聚焦应对	情绪聚焦应对
进路应对	计划 寻求工具支持 任务取向应对 直面应对	认知重构 寻求情绪支持 转向宗教 接受 重新正面或负面解释
回避应对	问题回避 行为中断	否认 拉大距离 心理中断 痴心妄想 社会撤退

资料来源: Solberg and Segerstrorn(2006)。

应对策略的差异效果

有广泛的研究都致力于找出应对的基本维度,但令人失望的是,对于这些应对策略的差异效果,我们知道的实在太少。尽管有大量研究把应对策略与遭遇压力之后的身体和心理健康联系起来分析,但是,从此类研究中所能得出的一般性结论却很少。这种结果型研究之所以没有得到清晰的结果,有大量的概念和方法上的理由可讲。

早期有关应对研究的主要问题是,相对于一系列的不同压力遭遇来评估应对效果。在这些研究中,要求被试或参与者指出特定时期内他们自己所经历过的最有压力的事件。这些压力事件可能包括经济问题、健康问题、人际纠纷以及工作上的困难。这些文献的普遍共识是,给定应对策略的有效性依赖于压力遭遇的性质。鉴于此,决定采取汇集不同遭遇应对有效性量度的程序,并因此而基本忽视有压力遭遇本质的做法就很令人吃惊了。

最近一些关于应对有效性的研究意识到了这个问题。这些研究的基础是明确假定,个体对压力情境的控制程度调节着他们应对策略的有效性。更具体地说,可以预测,在个体高度掌控的情境中,问题聚焦应对策略比情绪聚焦应对策略更有效,但是在个体很少能掌控的情境中,情绪聚焦应对策略则更有效。

对于这些不一致,一个潜在的理由可能是:用来评估情绪聚焦应对的量度存在心理计量学问题。正如 Stanton(1990)和她的同事所言:一些用于评估情绪聚焦应对策略的量表,包含了一些混淆应对策略和应对结果的项目。例如,Endler 和 Parker(1990)发表的研究中编制的量表,就包含了一些只反映悲痛的情绪聚焦应对项目(如"变得非常紧张"),还有一些反映低自尊心的项目(如"关注我的不足")。

为了解决这些问题,Stanton 等人(2000)的研究中推出了一项新的情绪进路应对量表。这个量表产生了两个不同的因素:情绪处理和情绪表达。测量情绪表达过程的项目包括"我承认自己的情绪"和"我肯花时间去了解自己的真实感受"。情绪表达通过"我肯花时间表达自己的情绪"和"我允许自己表达自己的情绪"之类的项目反映。使用这些量表的纵向研究和实验研究都表明,对于一定范围内的压力源,情绪进路应对都具有潜在的适应性,这些压力源包括不孕症、乳腺癌以及慢性疼痛。

有证据表明,直面自己的情绪与更好的调节相联系,而回避就没有这种联系。这与 Pennebaker 的有关研究结果一致。Pennebaker 的研究,是关于之前未说出创伤性事件说出来之后对于健康的积极影响的。Pennebaker 在其与同事(1988)一起进行的两项研究中一致发现,和控制组中那些按照要求写出生活琐碎事件的被试受试者相比,那些按要求写出自己过去创伤事件和近期悲伤经历的被试受试者,在实验之后,报告有更少的去健康中心看病情况。Frattaroli(2006)的研究,通过对 146 项有关实验披露随机研究的整合分析,得出了 $d=0.151$ 的效应值。这样的效应虽然不大,但却达到了显著水平。

最初,Pennebaker 运用抑制理论来说明表达性写作的改善效应。根据抑制理论,没有直面创伤事件,这会通过一系列的过程,最终导致健康状态的下降。这一理论的中心假设是,对思想、感受及行为的抑制是一种积极的需要生理工作的过程。如果个体长期抑制自己诉说或想到创伤性经历的欲望,压力就会在身体上累积。久而久之,就会增大身体对于压力相关疾病的脆弱性。后来,Pennebaker(1997)改变了自己之前说明的焦点,把重点从压抑的潜在负面影响转到了倾诉的正面效应。他认为,倾诉有助于个体把自己的经历组织起来,以便把自己的心态向他人说清楚,把自己的情绪体验转化为言语表达。不过,Frattaroli(2006)并没有发现多少支持这一理论的证据。她得出的结论是,所提供的数据大多数都支持“曝光理论”。该理论假定,如果一个人一次又一次地面对和叙说,这在本质上就是再度生活在关于负面经历的想法和感受之中,这种重复和曝光可以使那些想法和感受最终消失。

尽管情绪聚焦应对的各种直面方法都比回避应对似乎更为有效,但这种联系可能是曲线性的。有证据表明,过多思考自己的情绪也和不好的结果相联系。诺伦-霍克西玛及其同事发现,反复思考是一种无效的应对策略(例如,Nolen-Hoeksema 等人(1997);Nolen-Hoeksema 和 Larson(1999))。反复思考的人倾向于被动关注自己的痛苦症状以及这些症状的意义和后果,而不是积极地去处理自己的情绪。通过增强负面情绪对认知的影响以及对工具性行为的干扰,反复思考这种反应风格可能会使抑郁延长。好的情绪直面与坏的情绪直面之间的区别,可能就在于,反复思考者一厢情愿,一次又一次地被动重复自己的情绪。而非反复思考者则会主动去重新进行正面评估,尝试用一种新的、积极的方式重构压力情境的意义。不过,反复思考的目的也许并不是直面情绪,而是回避情绪。在反复思考外围问题的过程中,例如,造成损失和事件的原因,悲伤之中的思考者可能在试图回避面对那个可怕的事实:可爱之人已经永远离去。

大多数的实证文献都建议,长期依赖回避型的应对与更差的调节能力相联系,而那些让个体直面自己情绪的应对策略则与更好的调节能力相联系。Epping-Jordan 等人(1994)的研究甚至发现,回避与癌症的进展相联系。Weaver 等人(2005)指出在 HIV 阳性个体中,回避型应对策略的使用与更低的坚持医治现象相关;Avants 等人(2001)指出,在 HIV 阳性注射型毒品使用者中,回避型应对策略的使用还与更多的冒险相关,Stephens 等人(2002)还发现与手术后更差的功能恢复有关。

关于这个一般模式,还可能有一个例外。有限的证据表明,在一些非常特异的情况下,即在面对一个短期的且不可控制的压力源时,情绪回避就可能有用。当面对问题无力可为,而该问题很快就会解决且到时总会解决,这种情况下最好的策略也许就把问题先放一放,不再去想它。Heckman 等人(2004)支持了这一假设。研究对象是一组因为怀疑初次检查结果而必须一遍遍做乳房 X 光检查的妇女。Heckman 发现,那些对结果使用了认知回避理论的妇女,在被告知结果是良性时,她们的焦虑感会降低。

最后要指出的是,在有关应对有效性的研究中,目前还一直忽视了两个概念性问题,一个是选择标准来定义“有效性”,另一个是评估有效性的时间范围。在这些研究中,大多数都把有效性定义为:在压力遭遇之后,个体在某任意选定的时间点上所经历的痛苦感受的水平。如果使用了某种应对策略的个体比使用其他应对策略的个体经历更少的痛苦,情绪障碍或抑郁症状,那么,这种应对策略就是有效的。但是,我们很容易就可以论证,这种选择标准是有问题的。虽然心理和身体健康往往相关,但是在很多实例中,它们并没有相关。例如,一个用否认策略应对急性冠状动脉疾病症状的人,在短期内可能会有更少的痛苦,但从长远的角度看,却冒了更严重的身体后果危险。类似地,Pennebaker 等人(1990)发现,表达了自己关于某未泄露创伤情绪的人,虽然他们的心理痛苦水平增加,但是他们去健康中心看病的次数却减少了。

第二个概念问题涉及的是时间范围。这既指体验到压力与使用应对策略之间的时间,又包括应对策略评估和结果测量之间的间隔。举个例子。尽管与回避应对相比,进路应对被普遍认为更好,但有证据表明,回避型应对策略(如否认事实)对受到严重创伤的初期可能颇为有效。这类策略可以减轻压力和焦虑,并能使人慢慢地认识到恐惧。如果当事人自己处理严重事件的方式方法能够防止局面失控,那么,就会为自己赢得时间来消化关于压力的信息并努力以改变环境或提供保护。由于个体最终不得不消化即使是最痛苦的经历,因此,长期使用否认应对就可能损害调整的可能性。一个相关的问题是,应对策略的评估与对结果进行测量之间的时间。在短期内,有些应对策略似乎会产生正面影响,但长期来看却适得其反。例如,大多数研究人员报道,对于失去挚爱之人,从长远的角度来看,使用酒精和毒品来应对反而与痛苦的增加有关。但是也非常容易理解,酒精和毒品马上产生的效果是正面的效果。

结　论

大部分关于应对方式有效性的早期研究,都受到了 Lazarus、Folkman 及其同事交互压力理论的激发。尽管如此,交互压力理论并不能预测应对策略的选择或应对的有效性。结果,由于缺乏理论指导,同时又由于测量应对风格的工具唾手可得,于是,研究者经常采用一种与理论无关的研究策略,即要求个体报告(回顾)压力情况下他们自己所使用的应对风格,然后,就把这些报告结果和痛苦的某种度量联系起来分析。通过使用横断面研究设计,以及把不同压力情境的发现聚集在一起,这种研究在方法层面的弱点就更加恶化。

最近,对这些问题有所认识,关于应对研究的方法也得到改进。更多的研究开始使用前瞻性的方法来观察在具体压力情境中个体是如何应对的。例如,有几项研究考察了乳腺癌患者的应对方法,在一年期跟踪点时对结果的影响情况。这些研究表明,回避型应对与更高程度的痛苦以及更差的疾病结果相联系。最近,有研究用应对即时报告来解决应对报告的回顾性问题。最后一点,或许也是最重要的一点是,这些方法与允许预测应对有效性的理论并行发展。结果,通过理论观点来预测特定压力源下应对是否有效或无效的研究,其数量一直增多。未来几年,我们关于不同应对风格相对有效性的知识应该突飞猛进。

应对资源:压力与健康间的调节剂

根据认知压力理论,压力对健康的影响也依赖于应对资源,这些资源,在个体面对生活中的压力事件时可以使用。在关于应对资源的分析中,研究者区分了个人外应对资源和个人内应对资源。个人外应对资源是指那些有帮助缓解压力潜能的外部资源。例如,能帮助个体应对生活压力的个人外应对资源有经济资源和社会支持。个人内应对资源包括人格特质、能力以及能使人们应对压力经历的技能。应对资源有时也称为"压力缓冲"资源,因为人们假定,它们能够保护人们免受压力事件负面影响的伤害,或者是人们和压力事件之间的缓冲器。

通过影响压力评估,或者通过影响应对过程,压力资源能够调节压力生活事件的影响。大多数的资源在这两个阶段都介入干预。例如,化作概念进入修订后的习得无助模型之后,就能假设悲观归因风格可以调节评估和恢复过程。类似地,个体感觉到有支持性他人可用的程度,也会既影响应对过程也影响评估过程。大多数关于应对资源的实证研究探究的,都是一个人的健康状况与这个人拥有给定资源多寡之间的关系。例如,就像下面将要论述的那样,有证据表明,有大量社会支持的个体所遭受心理和身体伤害甚至死亡的风险,都要小于那些没有多少社会支持的个体。

个人外应对资源

两大个人外应对资源是物质资源和社会支持。虽然有很多关于社会支持作为应对资源的文献,但是,经济资源却很少作为这种资源被人讨论。因此,这里我们仅简要讨论一下经济资源,而把大部分篇幅留下来讨论社会支持对健康和福祉的影响。

物质资源

从社会阶级与疾病之间,以及社会阶级与死亡率之间的强负向关系看,很少把物质资源作为应对资源来讨论,这很令人吃惊。经济资源的应对功能造成了社会经济地位和病发率或死亡率之间的负向联系,这似乎合情合理。毕竟,有钱人,特别是会把钱花在刀刃上的有钱人,在大多数的压力情境中,都有比穷人更多的应对选择。钱可以使人更容易地得到法律、医疗以及其他方面的专业援助。

把数据作为社会经济地位与健康之间联系的证据,其问题是,对于这种关系本身我们了解的还不够多。然而,除了前面讨论过的因素之外,即除了缺乏关于健康危险和不良健康行为方面的知识之外,对有压力生活事件的差异接触也可能造成高发病率和死亡率与低社会经济地位之间的相关。社会经济地位和生活改变分数之间那种不强但却显著的正相关表示,有压力生活事件在下层阶级中过高。也有证据表明,与不良生活事件接触,有更多可能引起低社会经济地位个体的心理健康问题,有更小可能引起高社会经济地位个体的心理健康问题。底层阶级个体的更大脆弱性,在一定程度上似乎是由于能够获得社会支持的差异而引起的。而且,由于有限的经济手段限制住了通往其他应对资源的路,这样也帮了这种关系的忙。

如果经济资源形成一个重要的应对资源,那么,它们就应该可以缓冲压力带给个人的有害影响。然而,至少在丧亲研究中,还没有发现证据能够支持,高社会经济地位能缓冲丧亲经历对个体的健康伤害。丧亲经历是唯一把社会经济地位作为压力调节器研究的领域。虽然大多数研究都显示,丧偶孤寡个体中的低社会地位者没有相应高社会经济地位者那么健康,但是,与未丧偶的控制组相比,由于社会经济地位引起的健康差异,对丧偶组和非丧偶组是相同的。不过,经济资源不能缓冲丧亲给个体造成的健康损害这个事实,并不能排除这些资源也不能保护个体免受其他类型压力事件造成损害的可能性。

社会支持

在过去几十年里,很多研究资源都投向了关于社会支持对健康和福祉有利影响的检查方面。现在,有大量的证据表明,社会支持的可获取性与心理疾病和身体疾病,甚至是死亡危险的降低相关。"社会支持"的定义是,来自他人处的关于一个人的如下信息:是受人爱戴的、受人关照的、受人尊敬和重视的,是通信网络相互义务的一个部分。这些信息可能来自配偶、情人、孩子、朋友、以及像教堂和俱乐部这样的社会或社区机构。

(1)社会支持的概念和测量

社会支持从两个角度测量,反映了社会支持的不同概念:一个把社会支持看成是目标人的人际关系或社交网络结构,另一个是依据为他/她提供的其他关系和网络。

通过评估这些个体的社会关系存在或社会关系数量，结构性测量反映个体的社会融合或融入程度。这些信息是相对客观、可靠且容易得到的，有时可以通过观察或个人记录（如婚姻记录，机构会员登记）来收集。即使是基于自我报告，关于一个人是否结婚、独自生活或属于某个教会的信息也都容易收集，而且通常还相当准确。Stokes（1983），编制出了测量各种社交网络特征（如大小，密度）的标准化程序"社交网络清单"。有证据表明，低水平的社会关系与死亡率危险的增加有关。

社会支持的功能测量是用来评估人际关系是否具有其特定的功能。目前，学界已经提出了支持功能的各种拓扑结构。大多数结构都区分了情绪性、工具性、信息性以及评估性支持。情绪性支持包括提供同情、关照、爱以及信任。工具性支持是指直接为有需要的人提供帮助，例如，当个体为别人分担工作，帮助别人照顾孩子或帮助别人运输东西，这时，该个体就在为他人提供工具性的支持。信息性支持是为他人提供一些可以帮助他们解决问题的信息。评估性支持与信息性支持密切相关，也包括对信息的传输。所不同的是，评估性支持中的信息与提供人的自评价有关。因此，通过和他人比较，一个人可以用他人作为信息资源来评价自己。

社会支持功能的测量一直以评估个体特定知觉的量度为基础，该知觉要么是关于给定时间段内提供这些功能的他人是否可用，要么关于该时间段内所实际收到的支持功能。"人际支持评价表"（ISEL）和"社会支持问卷"（SSQ）关于社会支持觉察可用性量度的两个例子。其中，ISEL评估的是关于4种社会支持（有形、评价、自尊、归属感）的觉察可用性。例如，调查对象不得不标出是否有人可以让自己谈论自己的私人问题，或者给自己提出建议。SSQ问卷的项目有两部分，一部分用来评估可用他人的数量，这些他人是个体认为自己靠住能得到具体支持的他人；另一部分是度量在特定情况下，个体对自己所受到的支持的满意程度。可用支持提供者的数量，更像社交网络大小的结构性测量，而不是像这些关系或网络为个体服务的功能。

一种广泛使用的评估所受社会支持的量表是"社会支持行为问卷"（ISSB）。ISSB问卷中的项目是对具体支持行为的描述，代表了情绪性支持、有形性支持、认知—信息支持，以及直接指导支持。要求受访者标出，在过去4星期内，每一种支持行为发生的频次。个体的得分代表了他/她所受这些支持性行为的平均频次值。

(2)不同量度之间的关系

似乎可以相信的是，一个人建立的社会关系数量，与这个人感觉可用或实际用过的功能支持紧密联系。然而，社会支持不同量度类型之间所表现出的，却是微弱关系。例如，Saranson等人（1987）检查了"社交网络量表"与觉察社会支持及所受社会支持量度(SSQ;ISSB)之间的关系,发现网络大小与对觉察或所受社会支持的满意度之间只有中度相关。这些发现也有理可陈,如果考虑到足够的功能支持可能来自于一个好关系而不是多个表面关系。

Dunkel-Schetter 和 Bennett(1990)指出,社会支持的觉察可用性量度与所受社会支持量度之间的关系不太大。这种较低的相关性非常典型,这篇文章调查了有关这两种量度之间关系的大量研究。Newcomb(1990)用结构方程建模方法检查了这两种功能量度之间的关系,发现这两种潜建构有强大的支持,这两种建构分别代表了感到的社会支持和受到的社会支持;还发现这两种建构存在中度重合的证据。

很多研究者认为,从这些不同量度之间只有中度相关的角度看,社会支持应该是一个复杂建构,包括了社会融合或融入、社会支持可用感,以及所受社会支持三个部分。社会融合量度把社会支持化为个体人际网络的大小和结构。这些量度描述的是支持性资源可以但却不必流过的渠道,因而只是社会支持的间接量度。这样,就降低了团组互动的丰富性,让量度只反映团组成员那些可以看作正面或有帮助性的行动。虽然从社会心理的角度看,对于社会支持这个概念,实际的资源交换似乎比感觉到的可用性更加核心,但是却发现,感觉到的可用性(即社会支持的可用感)的量度与健康之间的关系,比实际所受支持与健康之间的关系更为密切。所受社会支持与健康结果之间这种微弱关系的原因之一是,他人的支持性行为不仅仅是谁可以用的结果,还可能是需要帮助情况中实际帮助事例的结果。所以,不足为奇的是,与社会支持的可用感量度不同,经常有研究发现,所受社会支持的量度与负面生活事件和症状正向相关。

(3)社会支持对健康的影响

研究社会支持和健康问题的多数动力,来源于流行病学领域。Berkman 和 Syme(1979)这项颇为感人的调查,就展示出社会支持和死亡率之间的关系。两位调查者研究了社会和社区之间的纽带。他们随机抽取了 6 928 名年龄为 30~69 岁的男女。第一次采访是 1965 年在加利福尼亚的阿拉米达县进行的。当时评估的 4 种社会关系(婚姻关系、与扩展家庭成员及朋友之间的接触关系、教会成员之间的关系、其他组织成员之间的关系)中的每一种,都可以在接下来的9 年里单独预测死亡率。总社交网络指数低的个体,在 9 年期间的死亡危险,大约是总社交网络指数高的个体的两倍。该总社交网络指数对亲密关系赋予了更大的权重。

这些发现真的可以表明社交网络的可用性能延长人的寿命吗？另一种明显不同的说明是,网络和死亡率之间的关系是由于孤独的人在调查时正在生病,因此未能保持他们的社会接触。然而,情况似乎并非如此。因为,即使在把基线调查时的健康状态统计控制了之后，社交网络指数仍然能继续预测死亡率。

Berkman 和 Syme(1979)指出，不得不依赖关于身体健康、吸烟、饮酒、肥胖以及体育运动水平的自我报告数据。因为自我报告形式的健康量度并不是最可靠或最有效的个人健康状态指标，因此，重要的是，用更客观的健康状态指标重复出这些发现。在一项大规模的前瞻性研究中，研究者就重复了以上结果。这项研究是特库姆塞社区健康研究的一部分。研究样本是 2 754 名男性和女性，1967 年研究开始时他们的年龄为 39~69 岁。除了对几类社会关系和活动进行评估外，还对广泛的健康指标做了生物医学测量(例如，血压、胆固醇水平、呼吸功能、心电图)。结果是：在 10~12 年的跟踪期内，这些关系的复合指数与死亡率成反比关系，即使调整了最初的健康状态。低水平社交关系人们的死亡率，大约是高社交关系人们的两倍。

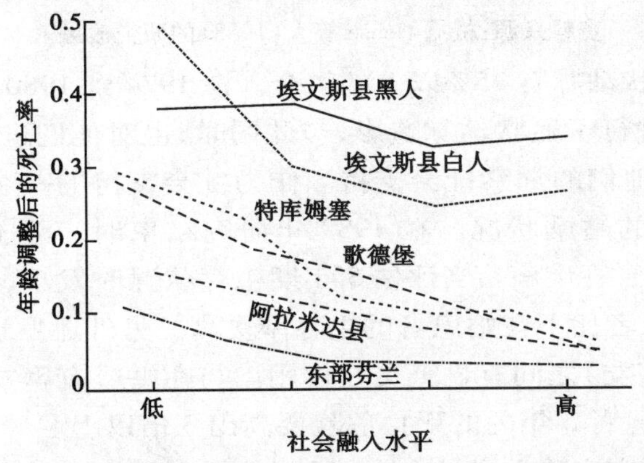

图 7.1　5 项前瞻研究中男性社会融入水平与年龄调整后的死亡率关系

资料来源：根据 House 等人(1988)的研究改编。

这个基本模式在美国(例如 Schoenbach 等人，1986)以及在瑞典(例如 Welin 等人，1985)进行的其他研究中也得到了验证。在美国的研究中，只有埃文斯县的研究提供了黑人数据。尽管各地研究间的死亡率水平变化很大，尽管社会支持的效应在女性身上比在男性身上更弱，前瞻研究中社会融入和死亡率联系的模式却非常相似，这一点可以从图 7.1 和图 7.2 中看出。图中数据是来自 5 项可以提取平行数据的研究，根据年龄对男性和女性的死亡率分别做了调整。

缺乏社会支持可造成的少数不良后果已经确立。有证据表明，社会支持和多种身体疾病的流行及发生成反比例关系。也有经验数据表明，社会支持加速了冠心病的恢复。关于社会支持对冠心病患者有健康保护效果的早期证据来自于一项前瞻性研究。这项研究涉及 1 368 位有症状患者，其中每个人

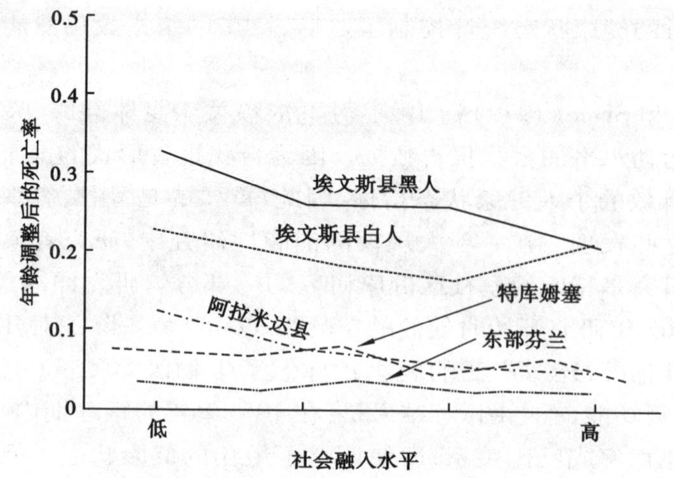

图 7.2　5 项前瞻研究中女性社会融入水平与年龄调整后的死亡率关系

资料来源：根据 House 等人（1988）的研究改编。

至少有一条主冠状动脉有 75%以上的闭合。在 1974 到 1980 年的研究初始阶段，对这些患者进行了冠状动脉造影，与此同时，也对他们进行了一次社会支持感测试以确定他们的觉察社会支持。作为社会支持的一个结构性量度，也记录下了每个人的婚姻状况。在 1989 年研究结束时，781 位患者接受了手术，237 人死于心血管疾病。当评估 5 年期生存状况时发现，在控制了冠心病程度之后，在婚患者比不在婚患者的生存率更高。另外还发现，婚姻状况和密友可用性（有无密友）之间有显著交互作用。与在婚或有密友的患者相比，没有密友的不在婚患者 5 年内的死亡危险要高出 3 倍以上。

同时，很多研究也确立了社会支持和心脏病患者生存之间的正相关关系。Barth 等人（2010）的研究，在对 20 项关于冠心病患者研究整合分析的基础之上发现，功能性支持可以显著降低心脏病以及全因死亡的危险。结构性社会支持大大降低了全因死亡率，但降低心脏病死亡率的效果并不显著。不过，关于社会支持可以降低患冠心病风险这一假设，能找到的证据也有支持的与不支持的。

癌症是工业化国家人口死亡的第二大造因，其仅次于心血管疾病，占美国死亡总人数的 22%。大量证据表明，结构性和功能性社会支持降低了癌症死亡率。Pinquart 和 Duberstein（2010）通过对 87 项有关研究的整合分析发现，结构性和功能性社会支持量度与癌症死亡率之间的联系，对于最初的健康样本和癌症患者两个组都显著。

因为在这些研究中没有评估压力水平，所以还不清楚，这些发现反映的只是社会支持的与压力无关的普遍性益处，还是社会支持缓冲了压力对个体的不良影响。这两种假设在文献中都有论述。图 7.3 展示了社会支持惠及健康和福祉的两种方式。

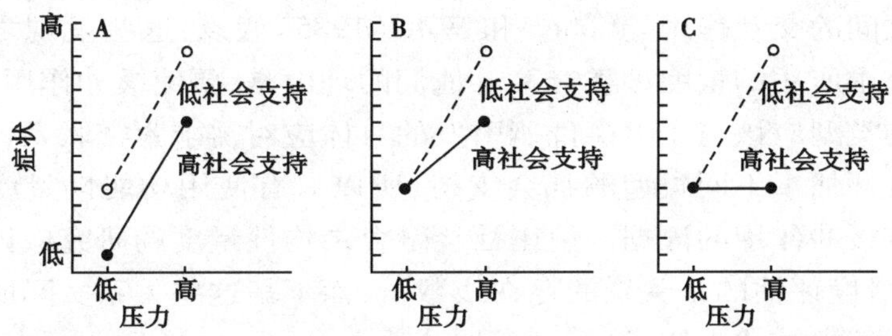

图 7.3　社会支持有益于健康的两种方式示意。直接效果假设(A 图)认为,无论压力水平是高是低,都会有社会支持的受益效果;缓冲效应假设认为,社会支持保护个体在一定程度上(B 图),或者全部(C 图)免受压力对健康的负面影响

社会支持对健康的直接影响,即独立于个体所经历压力多寡的影响,所发生的原因是,大型社交网络为人们提供了一个平台,从而使人们获得定期的积极体验,能够在社区中扮演一些稳定的有社会回报感的角色。例如,有高社会支持感的个体觉得自己更加受人喜爱、更受人关心,这会对他们的自我价值和自我效能感产生正面影响。和他人互动也可能增加正面情感,并限制负面情感持续时间。这一切所提供的乐观的心态可能对健康是有益的,而且这种益处与个体的压力经历无关。高社会支持感也可能鼓励人们以更健康的方式生活。

根据缓冲假说,通过保护个体免受高压力水平对健康的负面影响,社会支持影响了健康。理解这种保护作用的最佳方法是,把它和接种疫苗做个类比。正如只有在接触到传染病病原体时我们才能发现接种者和未接种者之间的健康差别一样,也只有在遇到强大的压力源时,我们才能发现社会支持的保护功能。在压力小的情况下,很少甚至没有缓冲作用出现。因此,在压力小的情况下,我们并不期望在接受不同程度社会支持的人身上,看到他们健康和福祉的差别。

缓冲能通过两种过程发挥作用:第一,经历高社会支持的个体可能把一个金融危机和失业这类事件的压力水平低评,而经历低社会支持的个体则可能把同样事件的压力水平高评。因为高社会支持经历者知道,有人会给自己建议,或者,甚至愿意在经济方面提供支持。通过提高个体应对压力源的能力来缓冲压力的负面影响,这可能是第二种方式。因此,正在经历一场危机的个体可以更好地应对危机,如果该个体知道有人会为自己提供建议甚至解决问题的方案。

为了区分社会支持的直接作用和缓冲作用,研究不得不评估不同程度社会支持在不同压力水平上对健康和福祉的影响。出现在这类研究中的模式并不是那么清楚可见。有些研究报告只有主效应,而其他研究却发现了压力和社会支持之间的交互作用。Cohen 和 Wills(1985)假设:这些发现之间的差别与给定研究中所用的量度种类有关。他们的理由是,要使缓冲作用发生,可用社会支持的类型应该与压力事件所引发的具体应对需求紧密联系。由于只有功能性量度评估了不同类型的社会支持,所以只有使用功能性量度的研究才应该产生有缓冲作用的证据。使用社会融合结构性量度的研究应该只有主效应,因为该量度评估的是关系的存在或数量,而不是这些关系实际所提供的各种功能。他们的综述支持了这一假设。

人格倾向在社会支持和健康研究中的作用

到目前为止,社会支持和健康研究中一个还没得到满意回答的棘手问题是,人格倾向有多大可能性对社会支持和健康这两种量度之间观察到的关系有贡献。人格可以通过以下两种不同的途径来影响社会支持和健康之间的关系。

1.人格特点能增加个体找到社会支持的概率,同时对个体的应对能力起正面影响。例如,Cohen 和 Wills(1985)通过有效应对压力事件或通过自己的健康增强行为,一个社交能力强的人也更有可能建立起强大的支持网络,并保持健康。这合情合理。

2.人格特点也可能使个体自我报告的社会支持程度和健康症状存在偏差。在把社会支持的功能性量度和压力的自我报告量度与心理和身体症状的自我报告进行相关分析的研究中,这个问题尤为突出。例如,在我们关于丧亲问题的图宾根研究中观察到,社会支持可用性感与“艾森克人格问卷”所测出的神经质情况之间存在显著相关性($r=0.32$)。神经质得分高的个体更趋向于报告自己的社会支持程度低。Watson 和 Pennebaker(1989)提出,这些人也更可能报告更高程度的压力性生活事件和更高程度的心理和身体问题症状,所以,神经质可能是社会支持感、压力感以及病症感的部分原因。

有各种策略可以处理社会支持感和健康感研究中的这些问题。一种策略是,通过使用可客观化的生活事件(如失业、丧偶)和生物医学健康量度来减少报告偏差的影响。第二个安全措施是采用前瞻性的研究设计。这样,就可以评估时间 1 所测量的压力和社会支持对时间 2 的症状的影响,并同时统计控制时间 1 时的症状差异。第三个策略涉及把人格倾向中那些已知与社会支持相关的因素(如神经质、社交能力)包括进来,并用这些量度作为控制变量。

Cohen 等人(2003)就用了第三个策略。给参加研究的志愿者被试都染上了感冒病毒。Cohen 等人发现,社交性的人格维度似乎给了感染者某种防护感冒的屏障。社交性的增加和患病率的降低约呈线性相关。由于社交性也和社会支持量度正向相关,在社交场上更活跃的人拥有更高程度的社会支持,所以,这些结果可以从另一个方面说明很多有关社会支持与健康之间联系的发现。然而,令人惊讶的是,社会支持程度与本研究中患上感冒的可能性无关。此外,对社会支持量度的统计控制,并没有降低本研究中社交性与患上感冒可能性之间的联系。

在关于社会融合与死亡率关系的前瞻性流行病学研究中,人格倾向有潜在混杂影响的问题并不是很大。首先,比起社会支持感的自我报告,人格变量更不可能影响这些研究中的典型简单网络量度(如结婚报告、组织成员报告)。其次,死亡率是不受这类报告偏差影响的因变量度。最后,通过使用前瞻性设计,能够控制人格对社会网络大小(如神经病患者不太可能有伴侣或朋友)和自身健康状况影响的其他可能性。所用的这些前瞻性设计可以示明,随着时间的推移,社会支持能影响健康状况的变化。

(4)社会支持是如何影响健康的?

社会支持可能通过一系列的心理和生理过程来影响个体的健康。有趣的是,虽然行为过程可能会解释社会支持的主效应,但是,生理过程却与对压力的缓冲作用更为一致。例如,融入家庭和朋友大社交网络的个体,要受到社交控制和朋辈压力的左右,从而影响该个体的规范健康行为。取决于压力是促进健康行为模式还是不健康行为模式,社会融合可能对健康产生正面影响,也可能对健康产生负面影响。然而,有些证据表明,社会支持与健康促进行为(如不吸烟、足够睡眠、谨慎饮食、饮酒适量行为)正相关。同样,Berkman 和 Syme(1979)指出,在他们的社会支持结构性量度与各种健康行为之间也存在正向关系。

来自有关患者坚持医学治疗的研究也强烈支持,健康行为与社会支持之间有联系。坚决听从医疗建议是治疗成功重要决定因素,有研究表明,数量可观的患者(多达 25%~40%)不遵医嘱坚持治疗(DiMatteo,2004)。通过激发患者的乐观心态和自尊心,再加上给予实际援助(如帮助监视毒品摄入量),家庭和朋友的援助和支持对患者的坚持有很大影响。DiMatteo(2004)提出通过对 122 项有关患者坚持医疗方案与功能及结构社会支持相关性研究的整合分析发现,对患者的实践性和情绪性社会支持都与患者是否遵循医疗方案显著相关,其中,实践性社会支持的相关程度更高一些($r=0.31$),而情绪性社会支持的相关性更低一些($r=0.15$)。在社会支持—坚持关系中,功能性社会支持量度与坚持之间的相关更强,而婚姻状况与坚持之间的相关更低($r=0.06$)。最后一个发现是,患者是否遵循医嘱坚持治疗,这在很大程度上受到家庭冲突的影响。高冲突家庭患者不坚持治疗的优比是低冲突家庭的两倍以上。

很多把社会支持与健康及心理幸福联系在一起的心理过程,都可能要通过自尊的中介,也就是说,要通过个体对自身的正面或负面信念以及评价这个中介。临床、人格和社会心理学家广泛接受,一个正面而稳定的自尊对个体的福祉颇为重要。Tajfel(1978)强调,我们所属的社会群体是我们定义"自我"的主要决定因素,是奠定我们社会身份的基础。社会身份是人们自我概念的这样一个部分,该部分从人们关于自我的知识中衍生而出,这些知识就是自己都是哪些各种社会群体中的一员以及自己对各种成员所赋予的情感意义。因此,融入一个大的人际关系和社交网络,就可能使人们对自己的社会身份和自尊有一个正面评价。

社会关系也能实现一系列有利于个体自尊的支持功能。社会帮扶业中一个广泛的共识是,情绪支持在自尊和心理健康中具有核心地位。正如 Bernard(1968)所言:正面且富有表现力谈话的主要功能之一,是提高对方谈话者的地位,是给予对方帮助和奖励;在一般的人类关系中,谈话发挥的是抚摸功能。就像婴儿需要肉体上的抚摸或爱慰才能生活和成长甚至存活一样,我们成年人也需要情感或心理上的抚摸或爱慰才能保持正常状态。

群体中的成员还有一种核实功能,这对个体解释现实非常重要。对形势要求反应的成败不仅取决于个人的技能,还取决于个人是否有能力来实事求是地评估环境要求。人们失败,往往是因为高估了自己的能力,或者低估了任务的难度。Festinger(1954)提出,对于自己关于现实信念的有效性的评估,对于自己能力水平有效性的评估,这经常要靠社会比较过程,特别是缺乏客观标准时。社会比较过程对于评价个人情绪反应的适当性也十分重要,特别是在新颖的、激发感情的情境中。所以,在身体症状的感知和评价中,这样的过程可能有重要作用。

最后,社会和心理变量对身体健康的影响必须通过生理过程传输。在评论社会支持和生理过程之间的关系时,内野和同事特别关注社会支持与身体健康关系背后的机理。Uchino 等人(1996)报告,在 81 项关于检查社会支持和生理过程的研究中,57 项研究集中在心血管功能方面。最常用的心血管量度包括心率、血压的收缩压和舒张压。总的来说,虽然社会支持与血压之间相关关系的平均效应值($r=0.08$)相对较小,但是,研究结果却与高程度的社会支持和更好的心血管调节(例如降低血压)相联系这一假设一致。因为从相关研究结果中得出因果结论始终会有问题,需要指出的是,也有来自关于正常血压和高血压个体的前瞻性干预研究的证据,在一定程度上一致支持,社会支持对心血管调节有积极作用。最后,甚至有来自实验室研究的证据表明,在急剧压力情况下,社会支持能降低心血管的反应(效应值 $r=0.28$)。这些都是寻找社会支持影响心血管调节之一机制的研究。这些积极影响甚至可以在紧急压力情况下不需要其他人在场。压力的心血管反应甚至可能因为社会支持感而降低。

Uchino 等人(1996,2006)还对少量有关社会支持和内分泌功能的研究进行了评论。对内分泌功能的检查非常重要,因为它与心血管和免疫系统都有关系。据研究发现,低社会支持程度与高儿茶酚胺(即肾上腺素和去甲肾上腺素)水平一致相联系。在他们早期的评论中,很少有证据表明社会支持与皮质醇水平之间存在联系。然而,在最近一些研究中,通过在不同时间点上对唾液皮质醇的测定,更一致性地发现,皮质醇水平与社会支持之间存在反比例关系(Uchino,2006)。与这些发现和皮质醇抑制免疫作用相一致,Uchino 等人(2006)通过对 9 项有关社会支持与功能免疫量度关系研究的整合分析揭示,两者之间存在中等强度的联系($r=0.21$),这就表明,更高程度的社会支持和更强的免疫功能相联系。

最近,有不多的证据表明,在社会支持与疾病过程的联系中,免疫系统的发炎机理可能起一定的作用。Miller 等人(2002)提出这一假设的支持证据来自一项关于患癌症儿童父母的研究。在健康儿童的父母中,发现社会支持与糖皮质激素的敏感程度没有联系。然而,在患癌症儿童的父母中,糖皮质激素的敏感程度降低如此之大,以至于父母报告称自己受到的实质性支持低。这些结果表明,实质性社会支持缓冲了压力在父母身上的效应,减少了他们免疫系统的发炎反应。不过,证据既有支持的,也有不支持的。Penwell 和 Larkin(2010)总结指出,尽管社会支持与发炎可能有联系,但是要说炎症过程就是社会支持作用于健康的机理的话,不够成熟。

(5)提高社会支持可以改善健康状况吗?

在众多研究中都可以观察到,社会支持与健康之间存在正向联系。这就向我们暗示,那些为了给人们提供社会支持的干预,应该引起人们健康状况的显著改善,至少应该引起低社会支持程度个体健康状况的显著改善。这不仅有实践上的重要性,对于干预也有理论上的重要意义,因为它们最终会展示社会支持与健康之间的因果关系。这非常重要,因为,前面评论过的所有关于社会支持和健康的研究都是观察性的。尽管前瞻性观察研究可以排除逆向因果关系(即,健康水平的提高导致了社会支持的改善),但是不能排除社会支持与健康之间关系取决于某第三变量这种可能性。这个第三变量有可能是社交能力这样的人格因素,也有可能是某个遗传因素。该遗传因素决定,谁享受高程度的社会支持,谁同时也享有健康的身体。

不幸的是,那些为数很少的用来评估社会支持干预效果的随机对照试验一直都没有成功。社会支持的典型干预方式是,为患有严重危及生命疾病(如心脏病、癌症)的患者提供某种形式的团体治疗。多站点"增强冠心病康复"试验是最大的社会支持干预项目之一。这是一项随机化的有对照临床试验,共有 2 481 名病人参加,他们都患有心肌梗塞,社会支持程度较低,以及/

或者有抑郁症。病人被随机分配到干预小组或普通的护理组。干预小组接受了认知行为疗法,以解决患者的抑郁症或缺乏社会支持问题。6 个月后,与对照组相比,干预组的社会支持感有显著改善。然而,29 个月后,干预组和对照组并没有表现出生存差异。Goodwin 等人(2001)也报道了同样的负面影响。这项研究的对象是转移性乳腺癌患者,为了对比结果,把患者随机地分配为表达性团体治疗组或无干预对照组。尽管干预组的女性报道痛苦的较少,但是干预并没有延长患者的生存时间。相似结果在其他关于乳腺癌患者的研究中也有报道[可参见(Cohen,2004)]。

虽然根据这些研究结果可以得出结论,为患有严重疾病的个体提供团体治疗不太可能增加生存时间,但是还可以质疑,其他形式的社会支持是不是就不会有更好的效果。毕竟,在观察性研究中所观察到的这些社会支持的正面影响,是源于他们社交网中的朋友、亲人、伴侣,以及所有接近他们的人和关照他们的人。相比之下,治疗支持小组则是由一些陌生人组成,至少一开始是陌生的,他们之间可能永远不会发展亲密关系。尽管在"加快冠心病康复"中的治疗似乎帮助人们扩宽了他们的社会支持网络,但是,这些效果都不明显,也没有持续多长时间。

个人内应对资源

多个人格变量都被建议作为压力对健康影响的调节者,而且,这个列表还在继续加长。本章中,我们不可能如此雄心勃勃,把那么丰富且复杂的文献都全部评述一番,而是选择了坚韧性和气质性乐观这两个人格变量进行讨论。作为调节压力和健康之间关系的应对资源,这两个变量受到了广泛研究。这两个人格应对资源都能够增加个体对压力的弹性。之后的部分,我们会讨论敌意和焦虑。这两个人格变量虽然能调节压力和健康之间的关系,但它们并不构成应对资源。

坚韧人格

Kobasa(1979)提议,可以把坚韧性作为一个能保护个体免受压力对健康造成伤害的人格特征群。坚韧人格有 3 个组成部分:控制力、承诺力、挑战力。

1.控制力是人们关于自己能够影响生活中事件的信念。

2.承诺力是人们对自己生活中事件和活动的目的感和投入感。

3.挑战力是一种在生活中把变化而不是稳定作为常规期待的心理倾向,是一种把生活中的事件改变当作好事和机遇来期盼而不是当作坏事和威胁来躲避的倾向。

坚韧性个体在以上 3 个维度上的得分都很高,因而他们的人生观就能够保护自己免受压力性生活事件的削弱性影响。

(1)坚韧性的测量

在坚韧性这个概念的发展过程中,用来测量它的量表也发生了变化。在最近的研究中,用来测量坚韧性的最常用工具是一个由5个量表组成的复合量表。控制力是通过"回避测验"的"无力量表"和"外控制点量表"来测量的。承诺力是通过"回避测验"的"回避自我量表"和"回避工作量表"来测量的。挑战力是通过"加利福尼亚生活目标评价量表"中的"安全量表"来测量的。对于所有这些量表,分数越高表示坚韧性相对越低。

把不同量表所测分数合成一个总分的假定基础是,个体在不同量表上得分的差异反映了坚韧性的共同维度。如果这个假定正确,那么,个人在每一对量表上得分的相关性就应该高,并且5个量表上得分的因素分析应该只产生一个共同因素。可是,这个假定却受到了很多质疑。事实上,Kobasa等人(1981)就报道过,用来测量坚韧性的这些量表,每对之间的相关性惊人地低。

(2)坚韧性与健康

坚韧性这个概念是在一项试图把病人和健康个体对压力的反应在他们人格层面上区分开来的研究中提出并检验的。缓冲效应的建议性证据则是来自一项关于公用事业公司执行情况的前瞻性研究。在这项研究中,Kobasa等人(1981,1982)收集了3组数据,收集的时间间隔是一年。通过用所报告的第2年和第3年的生病次数和作为因变量,用第1年的压力事件、坚韧性和先天因素(父母疾病情况的量度)作为预测因素,他们发现压力事件、坚韧性以及先天因素都存在显著的主效应。虽然均值的模式与坚韧性的缓冲效应相一致,但交互作用都不显著。尽管如此,Kobasa等人(1982)的研究显示,对于相同数据,控制了第1年的生病情况并丢弃先天因素之后的分析,揭示了显著缓冲效应的存在。

Rhodewalt和Zone(1989)所做的一项关于小型文科学院女校友样本的回顾性研究,为坚韧性对压力的缓冲效应提供了进一步的证据。在这项研究中,生活压力是用改编后的"最近生活事件量表"测量的。测量时,要求参试标出自己在过去12个月中所经历的事件,还必须对事件是合意还是不合意、可控还是不可控,以及为了应对事件自己需要做出的调整大小进行评定。评估健康状况用的是"贝克抑郁量表"(一种自我报告型的抑郁常见症状量表)以及Kobasa(1979)所使用的疾病评定量表。Rhodewalt和Zone发现,坚韧性对抑郁和自我报告的身体疾病都有缓冲效应(见图7.4)。因此,坚韧性似乎可以保护女性在一定程度上减少压力对心理和身体健康的负面影响。

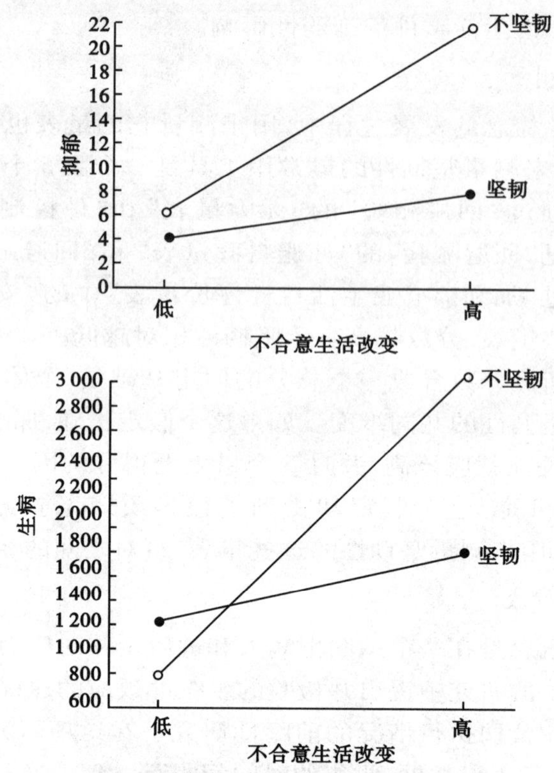

图 7.4 对于坚韧性与不合意生活改变交互作用所预测出的抑郁和生病量值

资料来源：Rhodewalt 和 Zone(1989)。

这项研究非常有趣，因为它还评估了压力评估中与坚韧性有关的差异。虽然坚韧女性和不坚韧女性在所报告的压力事件绝对数量上并没有什么差别，但是，不坚韧女性报告了更多的不合意生活改变。因此，不坚韧女性宣称，大约有40%的生活经历都是不合意的，而坚韧女性却只报告有27%的不合意经历。除了报告有更多的负面事件外，与坚韧女性相比，不坚韧女性还报告称，那些负面事件需要做更大的调整。这些发现显示，坚韧性的缓冲效应至少部分地受评估过程中差异的中介影响。

然而也有几项研究，要么报告称未找到缓冲效应的证据，只观察到坚韧性量表某个组成部分的缓冲效应，要么称只找到关于男性缓冲效应的证据，但没有找到关于女性的证据。此外，有证据表明，坚韧性与负面情感或神经质高度相关。Watson 和 Pennebaker(1989)指出，压力和健康抱怨的自我报告型量度反映的是负面情感或神经质的普遍情绪倾向。因此，也许并不是坚韧性个体能特别抵抗压力，而是不坚韧性个体神经质和心理失调，于是就把生活看得更负面、更有压力，并因此而报告出更高程度的健康抱怨。就像 Watson 和

Pennebaker 研究进一步显示的那样，这些抱怨可能与身体健康问题没有关系。所以重要的是，在今后的研究中，要检验坚韧性的缓冲效应能否在使用生物或其他客观性健康状况指标的客观压力情况下复制得出来。

人格乐观

人格乐观是被建议作为压力—健康关系调节者的第二个人格变量。Scheier 和 Carver(1985,1987)提出，乐观的本质能激发人们去更有效地应对压力，因而减少了患病的危险。在他们两个看来，乐观人格中的一个关键因素是，乐观者比悲观者更有可能把合意性结果看作自己可以得到的。一方面，那些把合意性结果看作可以得到的人，会继续努力去得到自己想要的结果，即使这样做很困难。另一方面，当结果无法得到时，人们就会减小自己的努力，并最终放弃对给定目标的追逐。由于假定乐观者比悲观者把合意性结果看得更容易得到，所以他们就应该更坚持不懈地去取得结果，他们比悲观者也应该更有可能使用前进型应对策略，而不是用回避型的应对策略。

Solberg Nes 等人(2009)通过对大学中继续学习现象的前瞻性研究发现，在大学入学时所测量的人格乐观与一年之后的继续留下来学习情况显著相关。这就表明，乐观者更坚持不懈。学生进入大学后越乐观，他们辍学的可能性就越小(优比值为 1.40)。即使在控制了学术倾向和高中平均绩点之后，这种效应依然显著。与悲观者相比，乐观者的动机也更强，把自己调节得更好，而且痛苦更少。进一步的结构方程分析显示，乐观对于继续留下来学习的作用是以动机和调节/痛苦为中介的。因此，乐观者动机更足，把自己调节得更适应大学生活，结果就更不可能辍学。

(1)对乐观的测量

Scheier 和 Carver(1985)的研究，是以编制人格乐观的度量工具“生活定向测验”开始的。1994 年推出了该测验的修订版。“生活定向测验”设计的目的是，测量个体在多大程度上期望泛泛的好事会发生在自己身上。修订后的“生活定向测验”由 10 个项目构成，其中 6 个反映乐观，4 项是无关项目。在 6 个乐观项目中，有 3 个项目用的是正面措辞(如，“在不确定的时候，我一般报最好的期望”)，另外 3 个用的是负面措辞(如，“如果有什么不好的事情可能发生在我身上，它就会发生在我身上”)。无关项目的目的是把受测的注意从量表的目的上干扰开。使用时，参试只需要在五点尺度上标出自己对每个项目的同意程度。

(2)乐观与健康

很多研究都报告，应对中存在与乐观有关的差异。例如，Scheier 等人

(1986)用“生活定向测验”和“应对方式问卷”对本科生样本进行了测试。结果发现,乐观与更多的使用问题聚焦应对相关,与寻求社会支持以及强调压力情况的积极方面有关。而悲观却与否认和拉大距离相关,也与把注意力聚焦在压力源正在干扰的目标上有关。

Solberg 等人(2006)通过对 50 项(11 629 名参试)有关“生活定向测验”与应对之间关系研究的整合分析,进一步澄清了乐观与应对风格之间的联系。乐观与前进式应对正相关($r=0.17$),与回避应对负相关($r=-0.21$)。与问题聚焦应对($r=0.13$)和情绪聚焦应对($r=-0.08$)的相关性稍低一些。然而,当把问题聚焦应对分为问题前进型和问题回避型时发现,乐观与问题前进型应对正向相关($r=0.17$),与问题回避型应对负相关($r=-0.29$)。对于情绪聚焦应对也得到了相似的区别:乐观与情绪前进型应对的相关是 $r=0.13$,与情绪回避型应对的相关是 $r=-0.21$。于是,作者得出结论:乐观能更好地预测前进型与回避型应对之间的区别,而不能如此好地预测问题聚焦应对与情绪聚焦应对之间的差别。

数项研究已经示明,乐观对生活压力调节的影响,至少部分地要受到应对风格差异的中介作用。例如,Aspinwall 和 Taylor(1992)对大学生进行了两次访谈,一次在他们入学后不久,另一次在 3 个月之后。结果发现,乐观者更少使用回避型应对。回避型应对又预测了 3 个月之后对大学生活的欠成功调整。越乐观也越多使用积极应对,这又进而能预测到,乐观者会更好地调整自己从而使自己适应大学生活。

乐观对于调整的影响只是部分地以应对策略差异为中介,这就表明,应对风格上的差异并不是乐观者在压力情境中能更好调整自己的唯一理由。Mosing 等人(2009)提出,乐观与调整之间部分联系的可能性,也许是这些变量之间的遗传学协变所致。莫星等人的研究被试是大量的同卵和异卵老年双胞胎样本。研究获得了他们的“生活定向测验”分数、心理失调分数,以及自我评定健康状况分数。据作者报告,20%的心理健康方差变异和 14%的自我评定健康方差变异由乐观者共享的遗传学因素解释。这就这意味着,“生活定向测验”与调整量度之间相关的大部分可能是由遗传决定的。

乐观不仅减少了与压力生活经历相联系的痛苦,还似乎缓解了生活压力的身体效应。对这一假设的支持来自一项由 Segerstrom 等人(1998)的前瞻性研究。该研究是关于美国某顶尖大学法学院第一年这个号称主要压力源的影响的。前测数据在进入法学院之前的两个星期内收集,后测数据在第一学期的中期收集。关于乐观的数据是通过“生活定向测验”测得的,前测时并用情境特定乐观量表加以补充。因变量度是情绪变化和免疫系统的各种量度。研究结果支持了预测:人格乐观和情境乐观与更少的情绪扰动以及对免疫系统更少负面效应相联系，其中，情绪扰动和负面效应是在第一学期中期进行的后测中取得的。

这项研究还检查了乐观与情绪和免疫功能之间的关系是否受应对风格中乐观有关差异的中介影响。与以前的研究发现一样，乐观与更少的回避型应对有关。尽管控制应对风格差异降低了乐观与情绪之间的联系，但没有影响乐观与各种免疫参数之间的联系。由于情绪扰动又与免疫障碍的各种量度相联系，所以，发现中的模式与假设一致。也就是，在乐观—情绪关系中，应对起部分的中介作用，情绪扰动又进而在根基上损害了免疫功能。

Scheier 等人(1989)关于心脏搭桥和妇女乳腺癌手术病人的研究表明，动过大手术之后，乐观者能更快地恢复健康。在心脏搭桥手术病人中，乐观者从手术的影响中恢复得更快，而且乐观与术后六个月的生活质量也存在正向关系：乐观患者远比悲观患者生活得好。一项关于女性早期乳腺癌的纵向研究也报道了类似的结果。在手术之前对这些女性进行过一次访谈，在手术之后又进行过几次访谈。结果，在每个测量时间点上，乐观患者都比悲观患者报告有更少的痛苦，而且该效应受到受试应对反应侧面的中介影响，特别是乐观者很少使用否认以及行为解脱趋势的中介影响。

然而，和坚韧性研究一样，基于乐观量表的研究也一直受到批评，因为它和负面情绪及神经质有重叠。在对 Scheier 和 Carver(1985)关于大学生压力研究的复制研究中，Smith 等人在用"生活定向测验"测量的基础上，还进行了负面情感测量。他们用"生活定向测验"得到的结果与舍勒和卡福的结果相当：乐观者比悲观者倾向于使用更多的问题聚焦应对，更少的回避型应对，而且第二次评估中，还报告出更少的症状。然而，当把神经质水平加以统计控制后，这些关系就消失掉了。相比之下，对乐观分数的统计控制并没有消除神经质与同样这些症状之间的关系。正如 Smith 等人(1989)所总结的那样，这些发现至少表明，"生活定向测验"所定义的乐观与应对没有关系，也与所报告的独立于神经质影响的症状没有关系。Scheier 等人(1994)反驳了这一批评，指出，由于悲观主义是神经质概念的一部分，所以可以预料，控制神经质就会降低乐观与健康量度之间的联系性。他们还进一步用数据库表明，控制神经质削弱了乐观与抑郁之间的联系，但未能消除这种联系。此外，由于神经质主要与症状报告相关，而不是与实际的身体变化相关，所以，像 Segerstrom 等人(1998)报告的免疫变化，并不能用神经质来解释。

压力与健康关系的其他调节者

并不是所有调节压力—健康关系的人格特征都是应对资源。有些人格特征不仅不能帮助个体减轻压力经历的影响,反而会增加个体的脆弱性。本节仅讨论愤怒和焦虑这两个例子。

敌 意

长期以来,愤怒和敌意一直被怀疑是损害健康的危险因素,尤其是冠心病。然而,最近关于敌意与冠心病关系的研究,大都起因于关于A型行为模式研究结果的不一致问题。1950年代,A型这种“易患冠心病”的行为模式被认定为冠心病发生的一个危险因子。Friedman和Rosenman(1974)提出,A型个体就是这样的一个人,他/她为了在越来越短的时间内获得越来越多的东西,就会攻击式地卷入漫长的不停不息的争斗之中,而且如果需要,还会卷入反对他人他事努力的争斗之中。

尽管有相当多的证据支持把A型行为作为冠心病的独立危险因素,但也有充分的反面证据刺激寻求对这些不一致结果的其他解释。Siegman(1994)建议,A型构念的多维本质就是这些不一致的潜在原因之一。A型行为模式所包含的行为反映了如此各异的动机,像野心、敌意、时间紧迫、攻击等,以至于有可能并不是所有这些因素都与冠心病有关系。更具体地说,有人建议,潜在敌意最有可能是A型行为模式中的“有毒”成分。

敌意被定义为对他人的持久性负面态度,包括认知、情感以及行为成分。认知成分反映了对他人的负面信念,包括愤世嫉俗和不信任他人。情感成分由各种各样的负面情绪构成,小到生气和大怒,大到愤恨和蔑视。行为成分包括攻击和各种更微妙的对抗形式。因此,敌意隐含着对他人价值和动机的贬低,还隐含了他人可能是错误作为根源的这种期望(这是反对他人的关系观)以及渴望伤害他人或看到他人受到伤害。

敌意的测量

敌意有各种不同量度,这些量度要么以结构化访谈这种最早用来评估A型行为的方法为基础,要么以自我报告式的问卷为基础。结构化访谈由一系列关于个体对各种情境反应的问题构成。测量时,先要把访谈录下来,然后再评定其中的敌意性内容(如,自我报告的恼火)、恶意的强度(报告或显示出强烈的感情)、恶意的风格(即访谈中表现出的行为)以及敌意的整体潜能(以临床判断为基础)。基于结构访谈的敌意量度与冠心病之间表现出最高的相关性。

敌意的最常用问卷量度是“库克—麦德勒和量表”(Cook-Medley Ho Scale)。“和量表”起初是在“明尼苏达教师态度量表”的基础上,根据项目的实证表现而编制出来的。“明尼苏达教师态度量表”能把和学生关系好的教师与和学生关系差的教师区分开来。尽管“和量表”被用作敌意的指标,但有证据表明，它是多维的。该量表测量的主要维度是愤世嫉俗（对他人的负面信念）、敌意情感（相对他人的负面情绪）、攻击性反应（用攻击作为应对问题方法的倾向）、敌意归因（反映他人要伤害自己的信念）。“和量表”广泛使用的根源是，很多实证发现都把它与众多的健康结果联系起来，包括与冠心病和全因过早死亡联系起来，虽然联系的强度和一致性都没有结构性访谈量度好。

敌意与冠心病

关于敌意和身体健康的研究大都评估了敌意与冠心病之间的联系。用作冠心病的不同指标有心绞痛、心肌梗塞、心源性猝死，以及各种程度的冠状动脉堵塞。敌意是冠心病一个危险因素的最具说服力的证据，来自一项关于健康个体的前瞻性研究。这可能是最早的、建立在一个大型研究（即“西方合作组研究”）子样本基础之上的前瞻性研究。研究所用的子样本中有 62 名男性，他们在 4 年半的时间里患上了不同形式的冠心病；子样本还有 124 名年龄相当的健康男性，他们是作为对照组的。在患冠心病之前，对受试进行了结构化访谈，并对访谈结果中反映敌意的方面按照 A 型易患冠心病行为模式进行盲评。能把患心脏病男性与健康控制组男性区分开来的最佳变量是潜在敌意评定、外向性生气、排队等候时的发怒和发火。Barefoot 等人（1983）提供了更让人信服的证据。这是一项为期 22 年的跟踪研究，被试是 225 名来自北卡罗莱大学的医科学生。在接受“和量表”测试时，他们还是学生。与“库克—麦德勒和量表”得分在中位分以上的受试相比，敌意分在中位分以下的受试，在 22 年中所经历的冠心病事件更少。

虽然来自前瞻性研究的证据还不完全一致，但是已经为敌意与心脏病之间的联系提供了强有力的支持。Miller 等人（1996）通过对一系列实证研究的整合分析得出结论：来自横断面研究和前瞻性研究的证据都表明，敌意是一个强大的危险因素。虽然相关的大小随着所用测量工具的不同而不断变化，但是，用结构化访谈敌意量度的效应值，要等于或大于冠心病传统风险因素的效应值，例如血清中的胆固醇升高、高血压以及吸烟等。

Chida 和 Steptoe（2009）整合分析，也得出相似的结论。这项研究所分析的，都是有关发火和敌意与冠心病之间联系的前瞻性研究，有些个体一开始并没有患心脏病，有些一开始就患有心脏病。结果显示，发火和敌意使健康人群患冠心病的危险增加 19%，使已患冠心病者的预后差危险增加 24%。作者认为，他们的发现暗示，除了对冠心病进行药理治疗外，对发火和敌意的心理管理也有必要。

敌意与健康相关联的机理

接受了敌意是冠心病的一个危险因素后，现在必须要解决的问题是，敌意是直接通过压力与健康之间的关系来危害健康呢,还是更具体地通过调节压力与健康之间的关系来危害健康呢?要示明敌意是一个(压力)调节变量,就必须示明,压力事件对高敌意的个体有比低敌意个体更强烈的健康影响。在多种关于敌意与健康之间关系的理论说明中,其中有一种就提供了我们所寻找的联系,这个说明就是通过生理反应性。Williams 等人(1985)指出,心存敌意的人可能会表现出两种心理反应,这两种反应都与生理唤醒增加有关。于是,他们就极易发火,极易警惕自己所处的社会环境,搜寻一切敌对行为的迹象。发火和警惕都会使血压升高、心率加快、压力有关激素增加。由于容易发火,心怀敌意的人就比普通人更经常发火,火气也更大。更频繁的发火就会使心血管压力升高,使神经内分泌增多,而这些反应就会提高冠心病的发病率。来自实验室的研究支持了这个结论。实验室研究发现,怀有敌意的个体在应对潜在压力时,他们的心率、血压以及神经内分泌(如皮质醇、儿茶酚胺)提高得更多,持续的时间也更长。最近研究发现,敌意与炎症标志物(如血浆白细胞介素-6 浓度)也正向相关。炎症标志物是另一个压力—健康关系的潜在调节因素。

第二种解释是心理脆弱模型。该模型显示,虽然敌意自身不是压力—健康关系的调节者,但是,它却与社会支持这个强大的调节变量有联系。对他人的不信任以及对他人行为的敌对性期望,都会引发心怀敌意个体对他人的对抗和攻击。他们的这种行为模式就可能降低他人支持他们的意愿,激起来自他人的人际冲突和敌意。而且,对社会环境的敌对态度,不仅会降低社会支持的可用程度,还会提高自己卷入社会冲突与人际压力的危险。

第三种解释是,怀有敌意的个体更有可能陷入损害健康的行为模式,而这些行为会以中介形式来影响敌意与疾病之间的关系。有证据表明,心怀敌意的个体报告有更多的损害健康行为。Leiker 和 Hailey(1988)发现,高"和量表"分数与报告有更少的体育锻炼、更少的自我关照以及更多的酒精摄入(包括酒驾)有关系。Houston 和 Varak(1991)也得出了类似的结论。这种模式也与 Junger 等人(2001)的一项研究结果相一致。这项研究表明,荷兰青少年的犯罪行为与他们倾向于采取有害健康的行为模式以及不健康的身体状态有关联。然而,Miller 等人(1996)的一项研究表明,即使统计上控制了各种健康行为变量,敌对心态与冠心病仍然关联。同样,Junger 等人(2001)也发现,即使在控制了健康行为中的相关差异之后,犯罪行为与健康之间关系仍然显著。可见,尽管敌意和有损健康行为模式之间的关系可能是心怀敌意个体健康问题的根源,但是,健康行为模型并没有完全解释敌意与身体健康之间联系的深层机理。

焦 虑

焦虑是一种强烈的负面情绪,其核心之一就是担忧。流行病学研究中有大量证据表明,慢性焦虑是冠心病的一个独立危险因素。其中最有说服力的证据来自 Shen 等人(2008)的一项纵向研究。这项研究评估了焦虑特性是否能够在独立于其他已知心理危险因素的条件下预测心肌梗死的发病,这些已知心理危险因素包括敌意、A 型行为等。该调查是"正常老去研究"项目的一部分。"正常老去研究"是一项纵向研究,其焦点是老去过程中的生物医学和心理变化,调查对象是一组开始时还健康的男性,在本案例中对他们进行了12 年以上的跟踪。除了焦虑(用几种标准焦虑量度评估),研究中还对 A 型行为、敌意以及抑郁情况进行了评估。所有焦虑量度都前瞻性地预测了心肌梗死的发生,其相对危险在 1.36 到 1.47 之间变化。然而,最重要的是,控制了敌意、A 型行为、抑郁甚至喝酒和吸烟之后,也没有降低这种联系。

担忧是焦虑的核心组成部分。有证据显示,担忧可能会增加焦虑个体中的冠心病发病率。例如,Holman 等人(2008)的一项为期三年的美国全国性研究发现,"9 · 11"恐怖袭击事件之后,在报告有急剧压力反应的个体中,心血管疾病有所增加。然而,恐怖袭击事件发生两年和三年之后,在那些报告有持续担忧恐怖袭击的个体中,这些效应有所加剧。进一步的证据来自 Kubzarsky 等人(1997)的一项前瞻性研究。样本是以"正常老去研究"项目为基础的。以 1975 年为基线测量了参试的担忧情况,所用量表由 20 个关于担忧的项目组成。测量时,要求被试标出自己对 5 个领域情况的担忧程度(社会环境、健康、经济状况、自我定义、老化)。然后,该研究评估了 1975 到 1995 年这 20 年被试的冠心病问题。结果显示,担忧的总分与冠心病的所有发病情况都有显著关系,尤其是与心肌梗死的发病情况。

虽然我还不清楚,是不是有研究评估了焦虑和慢性担忧能加剧压力生活事件对健康的影响,但是这样的调节者作用非常合乎情理。那些焦虑和担忧事情的人最有可能受到压力事件的强烈影响,这几乎是一个不证自明的假定。事实上,高度焦虑的人很可能把所有的事件都当作压力事件来经历,而这些事件根本不会困扰一个更坚强的人。焦虑和担忧能调节压力事件的影响,这一点在第 6 章中讨论过的理论和实证工作中也有所暗示(例如,Brosschot 等人,2007;Pieper 等人,2010)。根据 Brosschot 等人和 Pieper 等人持续的认知假设,担忧是一个人延长压力源认知表征的首要原因,并伴随有压力的生理效应。Brosschot 和 Pieper 的研究发现支持了这个假设。他们的研究结果表明,压力事件对心率和心率变异性的影响主要是由于人们的担忧,而不是由于压力体验本身。

小结与结论

本章的焦点是应对策略和应对资源是如何作为调节因素来左右压力对健康的影响的。就缓解压力对健康的有害影响而言，尽管关于应对基本维度和应对策略差异影响的研究明显不一致，但是一些具有普遍性的发现已经正在开始显现。第一，回避与前进维度和情绪聚焦与问题聚焦维度都已开始显示出是两个主应对维度。第二，尽管像否认、拉大距离或逃脱这样的回避性应对策略在应对创伤事件的早期阶段有时有效，但是如果长期使用，就可能会成为对压力事件进行敌对反应的一个危险因素。第三，一旦情绪聚焦应对量度中的概念问题得到解决，就会有越来越多的证据表明，情绪前进式应对可以有效应对很多种压力事件。有关乐观的研究暗示，如果个体有能力应对压力事件，那么，情绪和行为的前进式应对都可能有效。

个人外应对资源讨论的焦点是社会支持对健康的有益影响，以及社会支持作为压力缓冲资源的作用。流行病学研究有一致证据表明，受到社会支持程度较低的个体，其病发率和死亡率都较高。还有证据表明，感觉到的可用社会支持，可以缓冲压力事件带给人们的影响。我还讨论了一些生理的、行为的以及心理的过程，并假定，这些过程在社会支持对健康的影响中可以起正面的中介作用。

在关于个人内应对资源部分，我对有关人格特征的研究进行了评述，这些特征都有助于保护个体免受压力事件的负面影响。讨论集中在两个人格维度上，两个都是在健康这个特定的环境中提出的，而且似乎传达了个体某种程度的弹性。这两个维度分别是坚韧的人格和人格上的乐观。坚韧性包含控制力、承诺力以及挑战力三个部分。我们相信，在这三个维度上程度较高的个体能更好地经受住压力的影响，而且这种关系是通过自我评估过程中的差异作为中介的。坚韧的人通常把压力事件评价得没有那么大压力、没有那么可怕，而不坚韧的人则会把压力事件评价得有更大的压力、更加可怕。有证据表明，坚韧性具有缓冲作用，自我评价过程起着中介作用。然而，由于坚韧性和负面情感或神经质之间的高相关，对于坚韧性的缓冲作用到底是它对健康的保护作用呢，还是神经质者对压力和健康症状感知或报告的个体差异呢，目前还不甚清楚。

人格乐观是作为第二个人格变量讨论的，并且假定，该变量可以调节压力对健康和幸福感的影响。有假定认为，乐观者对压力的更强大抵抗，是通过应对策略差异这个中介而发挥作用的。具体而言，乐观者更倾向于用问题聚焦应对方法,而悲观者却更倾向于用否认和拉大距离应对方法。为了支持这一假设,我们提供了各种证据。然而,就像坚韧性一样,乐观与神经质相关,但目前仍不清楚,神经质在什么程度上是乐观与健康及幸福感之间关系的原因。

最后,作为压力与健康之间关系潜在调节变量的例子,我们讨论了敌意和焦虑,但是两者都不构成应对资源。有强有力的证据表明,敌意和焦虑都与冠心病有联系。然而,目前还不够清晰,它们到底是构成独立的危险因素(即在不存在压力的情况下也会影响健康),还是压力与健康之间的调节者。不过,对于这两种可能,都有强力的证据暗示,即使它们可以构成独立的危险因素,它们仍可以扮演压力与健康之间关系的调节者角色。

从本章所讨论的大量研究中,我们找到了两个重要的个人资源:个人外资源和个人内资源。这两种资源似乎都能保护个体免受生活压力事件的有害影响,或者帮助个体减少与压力事件的接触。由于个人内资源对健康的影响,大多数似乎都以认知评价和应对方式作为中介,这就出现了一种可能性,那就是,可以操纵干预方式,从而改变个体的自我评价或应对风格。此外,既然评价和应对都受到社会支持的影响,那么就可以为个体提供像社会支持这样的个人外资源,从而改善他们处理压力的本领。

第 8 章 社会心理在健康促进中的作用

本书在流行病学数据的基础上,确定健康损害行为和心理社会压力是健康状况不佳的重要致因。社会心理学知识有可能被用来改变健康行为模式,减少心理社会压力,从而使社会心理学家为公共卫生事业作出重大贡献。在本书的最后一章,我想就社会心理学在健康促进中的作用谈一些个人看法,所谈方面都颇有争议。

劝说的局限性

虽然我们对态度形成和变化原理的理解有了重大发展,但是,健康教育计划对健康行为模式的影响却时不时地让人沮丧。阻碍我们成功劝说人们改变生活方式的因素有以下 3 个:

1.很难让人们相信自己在健康危险面前脆弱不堪。

2.即使成功使人们相信自己很脆弱,但这还不足以激发他们做出改变。

3.即使个体被我们说服而愿意改变自己有损健康的行为,但是他们经常发现很难把意图变成行动。

诚如第 3 章所讨论,个体对健康危险的看法有别于群体的观点。公共卫生政策是在群体归险逻辑的指导下制订的,即群体中多出的病例数可能是由于给定因素引起的,但是,个体的决策则是由绝对和相对危险决定的。很多损害健康行为模型的问题是相对危险很低,即有某种危险行为个体的发病机会与无该危险行为个体的发病机会之比很小。例如,虽然每天喝一整瓶酒或久坐的生活习惯会增加发病率和过早死亡率,但其相对危险并不算高。而且,这些习惯在西方社会非常普遍,所以归咎在这些因素上的群体负荷是相当高的。

但是,即使归咎于给定行为的相对危险高,例如吸烟,绝对危险仍可能低得使人觉得没必要去改变。例如,吸烟者患肺癌的概率比非吸烟者高得多,但是,一名 35 岁老烟枪吸烟 10 年得肺癌的绝对危险仅仅 0.3%左右,得心脏病的危险仅为0.9%。然而，这些微小的数字从群体角度看就非常显著。在一组100万35岁男性吸烟者中，近万人会因吸烟习惯而无谓地在45岁之前死亡。另一方面，如果从个体角度来看，即使不改变行为，存活的概率也要远远超过死亡的概率。

幸运的是，从公共卫生政策和健康促进的角度来看，个体往往高估归咎于主要行为危险因素的危险。而且，即使他们趋向于把自己的危险预估得比同胞的要低很多，这些估计也(可能)超过其“真实危险”。最后，有证据表明，在影响健康决策时，相对危险可能比绝对危险更重要。至少在其他领域里做判断时，人们倾向于对源自基率的先验概率使用不足，在与健康有关的决策中，情况可能也是这样。

令大多数公共卫生专家难以接受的是，使人们相信自己身处危险并不足以激发他们放弃自己有损健康的行为或习惯，从而去养成有益健康的习惯。例如，在异性恋者使用安全套的决定因素中，有证据表明，知道不安全性行为对健康的威胁并不是安全套使用得好的预测因素。虽然方法因素可能是这一具体发现的原因之一，但这样的结果也可能表示，我们过分抬高了健康威胁易感染性在健康促进中的目标定位。由于大多数人都知道自己进行无保护性行为所要承担的危险，那些仍然坚持无保护性行为的人，总有其他重要理由而不采用安全措施。就使用安全套而言，异性恋似乎更在乎性快感，而不是安全性。因此，Becker(1976)指出，身体健康长寿是大多数人的重要追求，但并不是他们的唯一追求。

即使健康教育能有效激励人们改变想法，但是，人们往往并没有去把自己改变了的想法变成行动。因此，吸烟者首次戒烟成功的可能性非常低。大多数吸烟者开始戒烟几个月之内便会重拾恶习，就算他们能够成功，也是屡败屡战后才能获得成功。这就提出了一个问题：在认知行为治疗过程中，为什么所教的应对技能在高危情况下抵制诱惑的作用如此有限？对于这个老问题，从社会认知研究到健康心理学的方法和理论应用，都提供了一些新的答案。研究表明，内部或环境刺激会触发一些自动化的响应倾向或冲动(部分地反映在内隐态度之中)，经常在人们的意识和/或控制之外发挥作用。根据反思—冲动模型，自律行为是冲动和反思(即故意)行为之间的一场拔河赛，并且往往是冲动胜出，尤其是在人们的应对资源枯竭之时。神经冲动是享乐所刺激的自动响应，个体很难控制。相比之下，个体可以控制反思行为，可以考虑长期目标。反思—冲动模型用两个不同的系统来解释冲动和反思行为之间的差异，而我们的目标冲突模型则假定，冲动行为是目标之间冲突的结果，是及时享乐、胡吃海喝、吞云吐雾，还是考虑将来的生活、保持身材、头脑清醒、健康长寿之间冲突的结果。人们在做冲动行为时，要控制住这些冲动，最先要控制的便是享乐目标。

不过,这两种理论路线的一致点是,环境刺激可以启动自动化的或冲动性的反应倾向,连续性的启动可能会导致反思性控制的失效。这种情况特别容易出现在因为劳累、饮酒、精神不集中或心情沮丧之时,因为这时个体的应对资源就会枯竭。确定了内部或环境刺激触发的自动响应倾向是人们难以抵制高危险情况下诱惑的原因之一后,认知技能培训只能提供有限保护这一点就变得显而易见了。人们学会如何识别高危险情境之后,他们就可以努力减少接触这些情境。例如,打算戒酒或戒烟的人就可以不到附近的酒吧去找酒友。他们也可以在家不再继续储藏酒精饮料或烟。但是,虽然人们可以减少接触危险情境的次数,但不能永远完全避开它们。而且,不仅外部线索能够触发冲动,内心的欲望和渴望也可以。

由于自动化的反应倾向或冲动的特点是,个体无法通过意识对此施加控制。因此,为了抑制这些反应倾向,研发一些能够在同样自动化水平发挥作用的技术就很重要了。就像我们在第 3 章中所讨论的,这样的方法已经出现,有些也已经通过了最初的实证测试。事实上,已经有初步的证据显示,这类方法可以在一个临床试验群体中产生长期效果。不过,要把这些技术变成治疗酗酒、抽烟以及肥胖症临床治疗的一个部分,还需要更多的证据。

健康教育的副作用

健康教育中也可能存在一些令人不快的副作用,而心理学家却迟迟没有认识到。通过使人慢慢相信,每一个人都应该对自己的健康负责,健康教育不仅提高了人们改善自己行为的动机,还可能激励人们去责怪那些没有达到这些新标准的其他人。很多年以前,当我不得不做心脏搭桥手术时,我就很不愉快地意识到了这一点。搭桥并不是什么让人快乐的手术,我当时很想得到朋友的同情,但却吃惊地意识到,朋友中的很多人却觉得,我得这病在很大程度上都怪我自己。

作为一个社会心理学家,我不应该对此感到大惊小怪。我当时的这种反应,很多社会心理理论都可以预测得到。例如,归因理论就认为,对于确定事件及其后续行为的情感反应,对造因的知觉结果起重要的作用。如果是严重的身体疾病,那么,患者及其社会环境中的成员就会寻找原因来解释为什么会生这种病。这种归因过程的结果,在很大程度上都取决于对所患疾病的觉察控制程度。如果认为疾病不可控制,那么,就会免除患者对患上此病的任何责任,其他人就会对患者充满同情和怜悯。然而,要是所患疾病被认为是可以控制的,那么,就会认为患者对患上此病负有责任,患者收到的不再是什么怜悯,而是责怪。有关艾滋病的研究显示,艾滋病患者被认为应该对自己的病负责,因此激起的不是他人的怜悯，而是他人的愤怒。改变归因就可以改变这种情感反应，例如告诉人们，此人患艾滋病的原因是输血，而不是性交危险行为。

虽然行为原因对艾滋病的贡献要比对冠心病的贡献大得多，但是 Weiner 等人（1988）提出，对于心脏病却具有中等的可控性。此外，当告知参试某人一直抽烟且饮食不健康时，他们的觉察可控性就会增加，对患者的责怪程度也会上升。

人们特别喜欢责怪病人咎由自取，其原因也多种多样。例如，有一位和你健康状况差不多的朋友突然病倒了，而且病入膏肓，很是吓人。毕竟这种事既然发生在朋友身上，那也可能发生在自己身上。于是，人们就难免会十分关心病因。为什么朋友会生这种病，而自己却没生？把生病归咎于朋友的生活方式，就回答了这个问题。人们喜欢指责他人咎由自取可能还有另一个原因。那就是，他们自己已经放弃了一些让人愉悦但有损健康的行为模式，但其他人却继续不顾后果，及时行乐。戒了烟的人特别容易责怪那些一直抽烟的病老烟枪。毕竟，把老烟枪生病的原因归咎于他们不停地吸烟，戒了烟的人能够因此而得到一些慰藉，说明自己戒烟期间的苦没有白受。

不幸的是，这种新清教主义可能是我们为了获得解放所不得不付出的代价。如果没有把人们对自身健康的责任部分地放置于自由之上并加以约束的话，我们就不能激发他们改变自己的不良健康习惯，接受好的健康习惯。一旦他们接受了这一责任，他们就会立马掉过头去检查其他人有没有承担好各自的责任，这是人之常情。

超越劝导：改变激励结构

通过改变有关行为的奖励方式和成本，就可以避免许多与健康教育有关的问题。有证据表明，提高烟或含酒精饮料的售价会降低这些产品的需求。同样，提高青少年可以购买酒的最低年龄，或强制系安全带之类的法律限制，对人们的行为也有积极影响。法律和经济策略的好处就是，它们能有效地影响现有的生活习惯，能防止新的有损健康的习惯的发展。

然而，这些策略的可用性也有局限。因此，只能在为了从事某些健康行为必须购买物质或物品的方面，经济奖励政策才能使用。就像吸毒例子示明的那样，高售价并不一定就能防止人们的物质滥用。同样，只能在那些文化上可以接受，并能强制实施的领域，法律制裁才可以实行。例如，规定在性交过程中必须始终使用安全套的法规，就既没有社会可接受性，也无法强制实施。

法律制裁的有效性取决于法律的接受度，取决于个体对违犯该法规所受到制裁的高度危险性的觉知。例如，强制使用安全带法就很可能不会像预期的那样有效,如果人们还没有接受,这条法律是为了他们自己利益的最大化。事实上,要是没有健康教育活动的知识普及让大家知道,系上安全带可以大大降低交通事故中受伤的危险,那么,这样的法律是不可能在英国议会通过的。同样,可能只有在通过大规模的健康教育活动改变了吸烟的公共环境之后,美国各州才能显著提高各自的卷烟税。因此,反吸烟"战争"是个很好的例子,说明如何把经济和法律手段与说服教育结合起来,从而取得旨在改变健康行为的公共卫生活动的较大影响。

自由与约束

本书中的数据倾向于支撑这样的结论:大多数的死亡在一定程度上都是自食其果。意思是说,要是人们选择了健康的生活方式,或者放弃了有损健康的行为模式,他们或许就不会这么早地死亡。这对个体决策和公共卫生政策都有重要启示。个体层面上的启示是,人们可以自由选择对自己健康有不同影响的生活方式。例如,个体可以自行决定是继续抽烟,并承担早逝的危险,还是尽早戒烟,从而大大降低生病以及因癌症和心脏病而死亡的危险。

对公共卫生政策层面的重要意义是,必须确保人们做出的选择是知情后的抉择。必须让个人了解他们所选择的生活方式对自己健康所可能产生的影响。但是,政府为什么就应该使用法律手段和税收优惠激励来影响个体行为,从而便侵犯了公民依据自己所选择方式生活的自由呢?毕竟,很多国家把自杀当作刑事犯罪的日子已经一去不复返了。因此可以认为,人们有自由选择慢性自杀的方法,比如连续不断地吞云吐雾,或者拿酒当水喝。

不过,政府给个人自由加上一些约束也是有理由的。理由之一是,政府往往会阻止那些妨碍他人健康和幸福的个人行为。例如,法律禁止人们酒后驾车的理由是,醉驾司机就是其他市民的危险炸弹,而且每年确实也有很多人死于醉驾司机之手。同样,被动吸烟现已经被确定为健康危险。据估计,英国每年约有 1 000 人死于被动吸烟。据《星期日独立报》1993 年 1 月 31 日报道称,那些认为自己健康在孩童时期就受到被动吸烟损害的人们,甚至接受法律建议而起诉自己亲生父母。这起事件导致限制在飞机上、公共大楼和办公室内吸烟,并最终导致禁止在公共场所吸烟法律的颁布。类似的法律已在大多数的欧洲国家及美国实施。

但是,用法律来约束人们不能自由地选择只损害自身健康的行为模式,这有什么说得过去的理由吗?例如,对未系安全带的人实行法律制裁,用提高税的方式来减少卷烟的消费量。法律必须让人承认,允许个体以这种方式损害自身健康也会造成他人的负担。健康,更准确些说是治病的费用,往往构成公共产品。既然是公共产品,那就不能让产品的提供者或生产者把那些不自我伤害的人排除在外。例如,清洁空气是一项公共产品的意思是,那些要花钱或承受不适才能避免继续污染空气(如乘坐公共交通工具而不开私家车)的人们都不能防止他人既不花钱还能从自己的行动中受益(即,免费乘车)。因此,免费乘车的确很诱人。同样,在完全医疗保险的国家,医疗费用就是公共产品,因为保险费通常与生活方式因素独立。那些选择有损健康行为模式的人,其结果是引发了高昂的医疗费用。这在一定程度上,就是坐了那些选择有益健康行为的人的免费车。

小结与结论

本书中,我主张采取综合的公共卫生干预,既使用健康教育,也同时使用经济和法律措施来影响给定行为。诚如反吸烟"战争"示明的那样,这两类策略应该被看作是互为补充的。如果人们了解并接受政府机构推出这些措施的理由,那么,他们就更愿意接受法律和经济措施。只要可行,就也应该改变环境,以减少乃至消除改变行为的必要性。例如,为了尽量减少因操作者粗心而造成自我伤害的可能性,机械设备的结构造型就应该改变。

1950 年之前,大多数预期寿命的增长都是因为年轻时死亡可能性的降低所致。20 世纪下半叶,65 岁之后生存状况的改善,使得预期寿命得以增加。有观点认为,在整个 20 世纪,人们的平均预期寿命增长率一直在增长。而与之相反的观点认为,到了 20 世纪 80 年代,人们平均预期寿命的增长率不增反降。现在有越来越多的证据表明,预期寿命增长明显趋缓只是一个假象。Oeppen 和 Vaupel(2002)表示,预期寿命已经稳步上升了 160 年,尽管如此,我们两个人也没有看到任何停止继续上升的证据。此外,对于生命,不死并不是全部的内容。健康的生活不仅可以延长我们的寿命,还可能提高生活质量,延长我们能自理生活的积极寿命。那种年事已高之后就难免会被疾病和残障困扰的传统信念,已经被新的看法所取代。这种新看法认为,生活方式因素和社会支持网络能改变很多自然老去的特点。因此,如果年轻之时就采取健康的生活方式,那么,我们就可以大大增加自己成功老去的机会。此外,通过让不适、住院和患病平均时间的大幅降低,健康生活方式不仅可以改善个体的生活质量,还可以显著减少群体的医疗开支。

参考文献请扫描封底二维码获取。

后记

《社会心理学与健康》（原书第3版）的翻译，几经周折，终于画上了句号。因为这是一本学术性和实用性都很强的著作，加上原文作者喜用长句的行文风格，使汉译工作面临双重挑战。第一重是内容方面的。我们既不是专门研究社会心理的，也不是研究公共卫生的，而是学习和研究英语的。我们只有一边学习一边翻译，遇到问题及时请教或多查资料。好在社会心理和公共卫生问题并不抽象，都很接近日常生活，通过我们的集体努力，所遇到的内容问题大都得到了解决。这从一个侧面表明，这本书不仅适合专业读者阅读，也很适合广大的普通读者阅读。

我们遇到的第二重挑战是语言上的。英语句子的结构性较强，通过层层嵌套，一个句子轻而易举就是百十个单词。要用汉语表达出来，一般需要二百多个汉字。英语结构的复杂，尤其表现在名词短语上。它既可以通过前置修饰语扩展，更经常通过后置修饰语或补充语延伸。而用来作后置扩充的，既可以是短语，也可以是分句（从句），包括关系（定语）分句、同位语分句、不定式分句（短语）等。相比之下，汉语句子中的名词短语就只能通过非常有限的前置修饰语进行扩充了。这就要求我们译者不得不对英语名词短语的信息进行重新设计安排，让核心信息以前置修饰语的形式呈现，让外围信息以分句的形式呈现。因为只有这样，汉语译文的可读性才能得到保障，译文才有可能取得和原文相比拟的功能。我们翻译本书的指导思想是，在保持原文思想内容前提下尽量增强译文的可读性。所以，行文中夹注方面，我们也在不影响原意的前提下，做了相应的删减，以促成中文语句的易读性。

当人们解决了温饱问题之后，健康就自然成为大家普遍关心的事情。健康不仅会影响人们的身体、工作和学习，还会直接影响人们的生活质量和心情，使人们的幸福感大打折扣。《社会心理学与健康》这本书告诉我们，对于人类这种社会性和意识性的“动物”，健康问题的解决并不只是一个单纯的医学课题，也是一个很重要的社会心理课题；不仅医术对健康能有所贡献，社会机构，尤其是社区机构也能大有所为。我们翻译此书的目的，就是希望为奔向小康的国人，提供一个更多的看待健康问题的视角，以便在了解他方成功经验的基础上，科学地、通过多方位的努力来更有效地改善自己的健康状况。书中提到了药物属于科学研究的部分，请读者不要以此为参考。用药还需谨遵医嘱。

我们之所以能够完成这项艰巨的翻译任务，是因为有多方面的帮助、援助和支持。重庆大学出版社的雷少波和陈曦为本书版权转让、续让以及读者定位、版面设计等做了大量的工作。于霞、廖玲丽、李潇伶、卯冰菁、刘冰雪、刘垠、严琼、许婷婷、熊佟、唐丽参加了本书部分章节的初稿翻译和校对工作。重庆邮电大学的唐欣玉博士也参加了本书初稿翻译的组织工作。对他们的辛劳和贡献，我们非常感谢。

王　蓉　席仲恩

2019 年 8 月

图书在版编目(CIP)数据

社会心理学与健康/(荷)沃尔夫冈·斯特罗毕(Wolfgang Stroebe)著;王蓉,席仲恩译.--重庆:重庆大学出版社,2019.9

(欧美名校通识课)

书名原文:Social Psychology and Health(Third Edition)

ISBN 978-7-5689-1456-7

Ⅰ.①社… Ⅱ.①沃… ②王… ③席… Ⅲ.①社会心理学—高等学校—教材②心理健康—健康教育—高等学校—教材 Ⅳ.①C912.6②G444

中国版本图书馆 CIP 数据核字(2019)第 021623 号

社会心理学与健康

(原书第 3 版)

(荷)沃尔夫冈·斯特罗毕(Wolfgang Stroebe) 著

王 蓉 席仲恩 译

策划编辑:陈 曦

责任编辑:陈 力 版式设计:陈 曦

责任校对:杨育彪 责任印制:张 策

*

重庆大学出版社出版发行

出版人:饶帮华

社址:重庆市沙坪坝区大学城西路 21 号

邮编:401331

电话:(023) 88617190 88617185(中小学)

传真:(023) 88617186 88617166

网址:http://www.cqup.com.cn

邮箱:fxk@ cqup.com.cn(营销中心)

全国新华书店经销

重庆升光电力印务有限公司印刷

*

开本:710mm×1020mm 1/16 印张:18 字数:344千

2019 年 9 月第 1 版 2019 年 9 月第 1 次印刷

ISBN 978-7-5689-1456-7 定价:68.00 元

Wolfgang Stroebe
Social Psychology and Health, Third Edition
978-0-33-523809-5

版贸核渝字(2013)第 007 号